Helmut Konrad von Keusgen

Gold – Juno – Sword
Britisch-kanadische Invasionsräume

„Was ist die Historie anderes, als eine vereinbarte Lüge?"
Napoléon I.

„Im Krieg ist die Wahrheit so kostbar, daß sie nie anders als mit einer Leibwache von Lügen auftreten sollte…"
Josef Stalin

Diese beiden Persönlichkeiten waren sich zweifellos des schwergewichtigen Gehalts ihrer Aussagen bewußt…
Da bekanntlich die Wahrheit das erste Opfer eines jeden Krieges ist, bedeutet, sich mit der Historie zu befassen, nicht Heldentaten zu glorifizieren, sondern die Wahrheit in den bisherigen Darstellungen der Ereignisse zu finden. Wer Geschichte schreibt, muß die Wahrheit finden und berichten; auch wissentlich unterschlagene Informationen sind nicht mehr die Wahrheit.

Helmut Konrad von Keusgen

Diese Neuauflage obliegt dem Originaltext mit der alten deutschen Rechtschreibung.

Normandie D-Day 6.Juni 1944

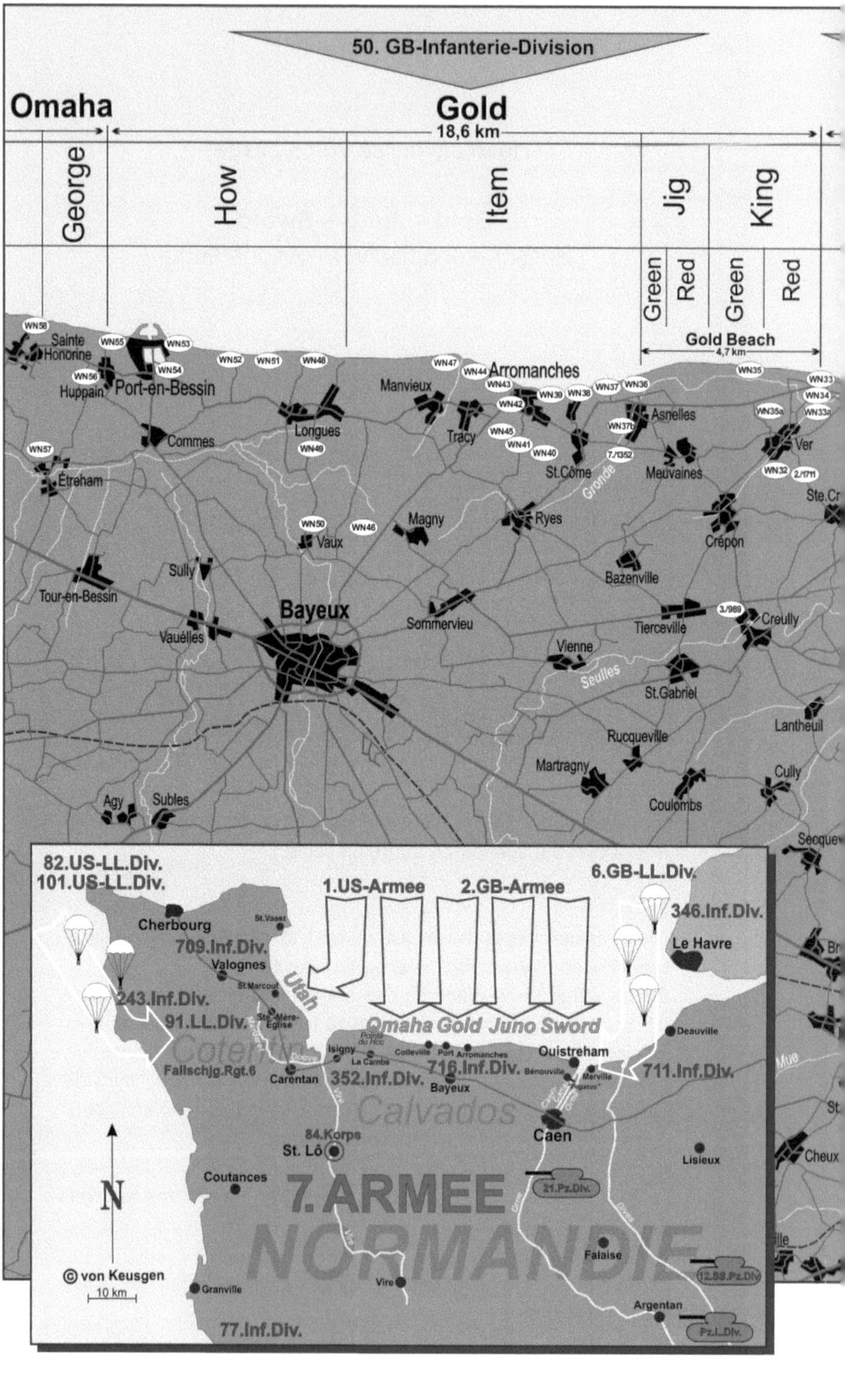

50. GB-Infanterie-Division

Omaha

Gold — 18,6 km

George | How | Item | Jig | King

Green | Red | Green | Red

Gold Beach — 4,7 km

WN58 — Sainte Honorine
WN55
WN53
WN54
WN56
WN57
Huppain — Port-en-Bessin
Étreham
Commes
Tour-en-Bessin
Sully
Vauélles
Agy — Subles

WN52 WN51 WN48
Longues
WN49
WN50 WN46
Vaux

Manvieux
Tracy
Magny
Bayeux
Sommervieu

WN47 WN44 Arromanches
WN43 WN39 WN38 WN37 WN36
WN42 WN45 WN41 WN40
7./1352
St.Côme
Ryes
Bazenville
Vienne
Tierceville
St.Gabriel
Rucqueville
Martragny
Coulombs

WN35 WN33
WN34
WN35a WN33a
Asnelles
WN37b — Ver
WN32 2/1711
Meuvaines
Ste.Cr
Crépon
3/989 — Creully
Lantheuil
Cully
Secquev

Inset map

82.US-LL.Div.
101.US-LL.Div.

6.GB-LL.Div.

1.US-Armee 2.GB-Armee

346.Inf.Div.
Le Havre

Cherbourg
709.Inf.Div.
Valognes
St.Vaast
St.Marcouf
243.Inf.Div.
91.LL.Div.
Ste-Mère-Église
Fallschjg.Rgt.6
Carentan
Isigny
La Cambe
Colleville
Port Arromanches
716.Inf.Div.
Bénouville
Merville
Pegasus
Ouistreham
Deauville
711.Inf.Div.

Cotentin

Omaha Gold Juno Sword
Pointe du Hoc

352.Inf.Div.
Bayeux
Calvados
Caen
Mue
St

84.Korps
St.Lô
Coutances
Lisieux
Cheux

7.ARMEE

NORMANDIE

21.Pz.Div.
12.SS.Pz.Div.
Falaise
Vire
Granville
Argentan
Pz.L.Div.

77.Inf.Div.

© von Keusgen
10 km

N

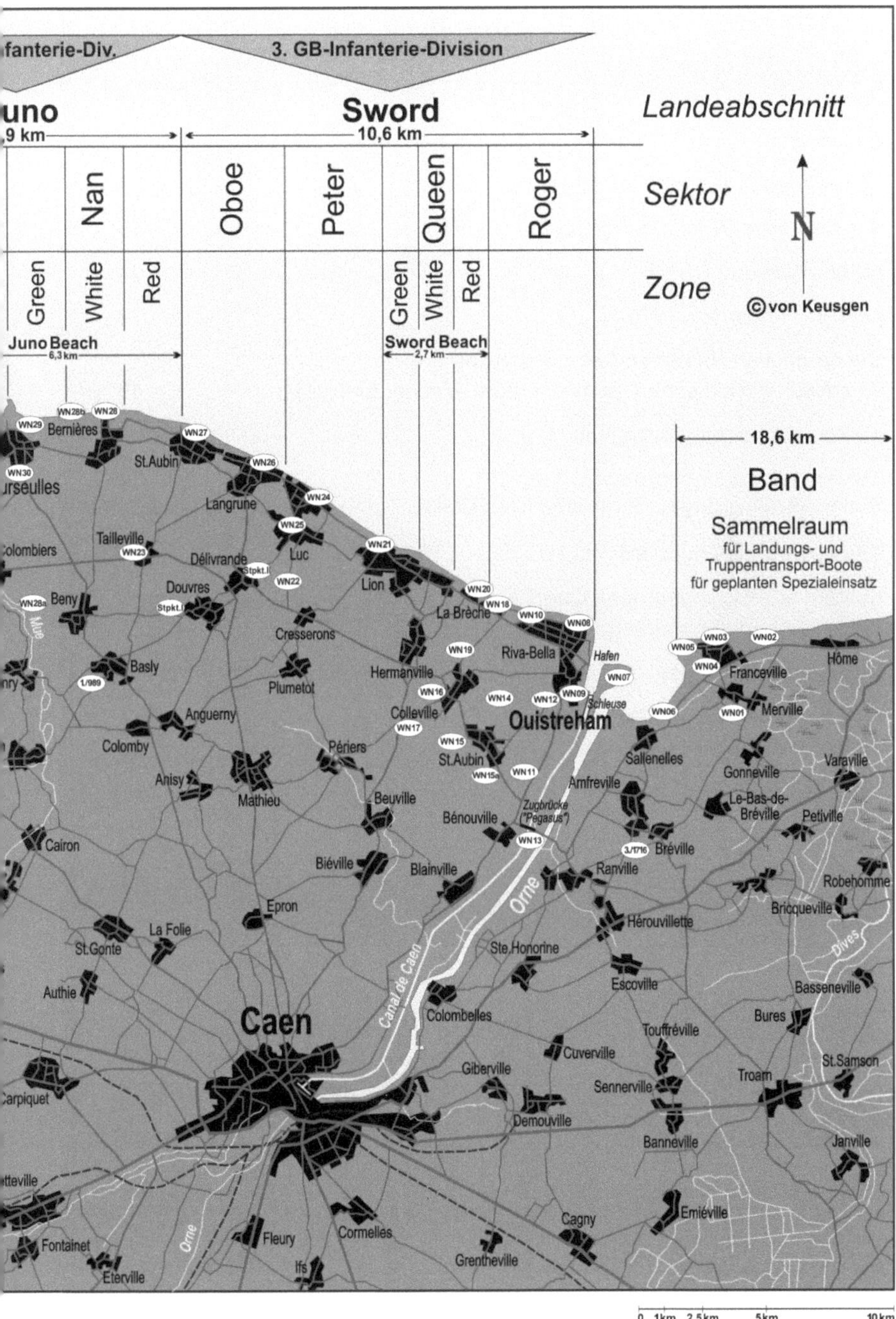
..fanterie-Div.
3. GB-Infanterie-Division
uno
Sword
Landeabschnitt
9 km
10,6 km
Nan
Oboe
Peter
Queen
Roger
Sektor
N
Green
White
Red
Green
White
Red
Zone
© von Keusgen
Juno Beach
6,3 km
Sword Beach
2,7 km
WN28b
WN28
WN29
Bernières
St.Aubin
WN27
WN30
WN26
rseulles
Langrune
WN24
Colombiers
Tailleville
WN23
Délivrande
WN25
Luc
WN21
18,6 km
Band
Sammelraum
für Landungs- und
Truppentransport-Boote
für geplanten Spezialeinsatz
Stpkt.I
Douvres
WN22
Lion
WN28a
Beny
Stpkt.I
Cresserons
WN20
La Brèche
WN18
WN10
WN08
WN05
WN03
WN02
Hôme
WN04
Franceville
Basly
WN19
Riva-Bella
1/989
Hermanville
Hafen
Merville
nry
WN16
WN14
WN12
WN09
WN07
Gonneville
Varaville
Anguerny
Colleville
WN17
Ouistreham
Schleuse
WN06
WN01
Plumetot
Colomby
Périers
WN15
St.Aubin
WN15a
WN11
Sallenelles
Le-Bas-de-
Bréville
Petiville
Anisy
Amfreville
Mathieu
Beuville
Zugbrücke
("Pegasus")
Bénouville
Cairon
Biéville
WN13
3/1716
Bréville
Robehomme
Blainville
Ranville
Bricqueville
Epron
Hérouvillette
La Folie
St.Gonte
Ste.Honorine
Dives
Authie
Escoville
Basseneville
Caen
Colombelles
Touffréville
Bures
Carpiquet
Cuverville
Troam
St.Samson
Giberville
Sennerville
tteville
Demouville
Banneville
Janville
Fontainet
Fleury
Cormelies
Cagny
Emiéville
Eterville
Ifs
Grentheville
0 1km 2,5km   5km   10 km
Deutsche Verteidigungsanlagen im britisch-kanadischen Invasionsraum

Inhalt

Gold · Juno Sword

Britisch-kanadische Invasionsräume

Helmut Konrad von Keusgen

Vorwort

Mit dem 85-jährigen „Bob" Orrell beim Interview am „Grand Bunker", jedoch immer wieder von respektlosen Autogrammjägern gestört. Aber Orrells Story ist wirklich gut – doch sollte dieses Interview sein letztes sein… Fotos: Élodie 2004

Zum ersten Mal war ich, der Autor dieses Buches, im April 1973 an die Küste der Normandie gekommen und ganz spontan von dem, das ich dort alles sah, gleichermaßen betroffen wie fasziniert. Nie zuvor an Derartiges gedacht, stellte sich dort der Wunsch ein, eines Tages in Buchform über die historischen Ereignisse des D-Day 1944 zu berichten. Nach nunmehr fast fünfzig Jahren intensiver Recherchen und bereits neun publizierten themenbezogenen Büchern *(davon bisher acht zu dieser ganz speziellen Serie)* hier nun mein letztes Werk zum Thema D-Day.

In diesen fünf Jahrzehnten bin ich insgesamt 446 amerikanischer, britischer, deutscher, französischer und kanadischer Zeitzeugen begegnet, beziehungsweise habe sie ermitteln und mit ihnen sprechen können. Auf etliche bin ich bereits in meinen vorherigen acht Publikationen speziell eingegangen, so möchte ich auch hier wieder einen ganz besonderen Menschen hervorheben – Bob Orrell: Der Brite Robert „Bob" Orrell war 1944 als 25-jähriger Leutnant der 91. Feldkompanie der Royal Engineers *(Pioniere)* und Einsatzleiter einer fast unbedeutenden aber spektakulären Aktion gewissermaßen zu einer „very important person" geworden. Über bereits mehrere Jahre hatte meine Mitarbeiterin, Karin Clarissa Röhrs, bereits mit Orrell korrespondiert und mir somit wichtige Informationen betreffs seiner Person und seiner damaligen „Aktion" besorgen können. Aber erst am 7. Juni des Jahres 2004, einen Tag nach dem 60. Jahrestag der Invasion, ergab es sich endlich, daß Orrell und ich einander treffen konnten – an genau der Stelle seines damaligen spektakulären Wirkens, im *Grand Bunker* in Ouistreham, dem heutigen Ortsteil Riva-Bella.

Der zu diesem Zeitpunkt 85-jährige Orrell war ein höchst sympathischer Mann, der in Begleitung seiner beiden Töchter und seines Sohnes zu den Jahrestagsfeierlichkeiten in die Normandie gekommen war und der mich in seinem Rollstuhl sitzend im Foyer des Bunkerriesen mit freudigem Lächeln empfing. Er hatte bereits einige meiner Publikationen erhalten und war ebenso an unserem Treffen interessiert wie ich. Damit wir uns ungestört unterhalten könnten *(so glaubten wir)* schob Orrells Sohn seinen Vater nach draußen, in eine zurückgelegene, von einer dichten und hohen Hecke umwachsenen Ecke neben dem Bunker. Obwohl ich Bob's Geschichte aus einem langen Brief von ihm längst kannte, hatte ich dennoch einige spezielle Fragen dazu. Unser annähernd zwei Stunden lang dauerndes Gespräch *(mehrmals von respektlosen Schaulustigen und Autogrammjägern gestört)* wurde, von ihm nochmals äußerst interessant erzählt. Seinen faktisch präzisen Bericht der damaligen Ereignisse stellte er als eine außergewöhnliche Humoreske dar.

Am Tag nach unserem Treffen reiste Bob Orrell mit seinen Kindern zurück nach Großbritannien – und verstarb ganz plötzlich einen Tag darauf, am 8. Juni, und auf den Tag genau 60 Jahre nach jener äußerst gefährlichen Aktion im Jahr 1944.

Wie der Titel dieses Buches schon ausweist, wird hier der Angriff der Briten und Kanadier in ihren drei Landeräumen Gold, Juno und Sword anläßlich der großen Invasion am 6. Juni 1944 in der Unteren Normandie, im Departement Calvados, anhand diverser internationaler, auf ihren Tatsachengehalt geprüfter Publikationen, offizieller behördlicher Protokolle und Dokumente sowie den Berichten von 61 Zeitzeugen dargestellt.

Die Aktionen der britischen, der kanadischen und der deutschen Truppen sowie der 21. Panzer-Division im äußersten östlichen Invasionsraum wurden von mir in meiner *Publikation Pegasus-Brücke und Batterie Merville* bereits detailliert und umfangreich beschrieben, dennoch sehe ich mich veranlaßt, viele Ereignisse nochmals darzustellen, wenn auch nur im Wesentlichen, aber so, daß mit diesen neuen beziehungsweise ergänzenden Berichten der historische Ablauf sowie der Zusammenhang der Ereignisse dem Leser verständlicher ist. Da es sich auch bei diesem Buch um ein weiteres meiner im direkten Zusammenhang stehenden 9-bändigen D-Day-Serie handelt, setze ich voraus, daß der Leser über besagte Vorgänge im östlichen Invasionsraum in der Nacht zum 6. Juni 1944 durch meine entsprechenden Publikationen bereits detailliert informiert ist oder sich noch informieren wird. Um meinen Lesern eine Gesamtübersicht über die vielen einzelnen, sehr unterschiedlichen Ereignisse in den drei insgesamt 38,1 Kilometer breiten britisch-kanadischen Landeräumen zu vermitteln, beschreibe ich die Abläufe mit den jeder Aktion vorausgestellten Uhrzeiten[1]. Da in den mir zugeführten Berichten und Interviews jedoch nicht immer alle Uhrzeiten angegeben wurden, konnten diese dennoch anhand des Ablaufs der damaligen Ereignisse zeitlich zugeordnet werden *(wenn auch nicht immer minutiös exakt).* Die häufig eingefügten

Die Hafenstadt Ouistreham stellte 1944 für die britischen Truppen den direkten Zugang nach Caen dar, der Hauptstadt respektive dem Hauptverkehrsknotenpunkt der Unteren Normandie. Gemäß Montgomerys Befehl bildete diese Stadt am 6. Juni 1944 das Hauptangriffsziel an der normannischen Küste.

Hier, wo am östlichen Stadtrand von Ouistreham der Orne-Kanal mittels einer 1857 erbauten und im Laufeder Zeit modernisierten Schleuse mit dem Ärmelkanal verbunden wurde, installierte 1943 die deutsche (Bau-)Organisation Todt im östlichen Teil des Stützpunktes WN 08 auf beziehungsweise in einem Bunker eine Maschinengewehr-Panzerglocke. Mittels eines in ihrer Spitze eingebauten Periskops diente sie auch zur Rundumbeobachtung. Auf der westlichen Seite des Kanals befindet sich heute der Anleger für die Englandfähre. (Rechts im Bild mündet die schmale, relativ flache und fast parallel zum Kanal fließende Orne in die Bucht.) **Fotos: von Keusgen**

---

1   Sämtliche in diesem Buch angegebenen Uhrzeiten entsprechen der kontinentalen Sommerzeit 1944.

Meldungen der verschiedenen Kommandostellen tragen somit zu einer verständlicheren Gesamtübersicht der Geschehnisse bei. Sämtliche dieser Meldungen beziehen sich ausschließlich auf die britisch-kanadischen Landeabschnitte. Zum einfacheren Verständnis der ohnehin vielen verschiedenen Aktionen und den ebenso vielen verschiedenen Kampfstätten wird in dieser Publikation von einigen ausführlicheren Beschreibungen des Kampfgeschehens abgesehen, aber auch, weil das insgesamt den Rahmen dieser Publikation deutlich übersteigen würde.

Helmut Konrad von Keusgen

Einführung

Am 6. Juni 1944 betrug der gesamte Invasionsraum an der normannischen Küste am sogenannten D-Day *(Decision-Day = Entscheidungstag)*, 80,4 Kilometer und war in fünf Angriffsabschnitte unterteilt. In den beiden insgesamt 42,4 Kilometer breiten Abschnitten *Utah* und *Omaha*, im westlichen Angriffsraum, landeten US-amerikanische Truppenverbände; in den östlich gelegenen, insgesamt 38,1 Kilometer breiten Abschnitten *Gold, Juno* und *Sword*, landeten britische und kanadische Truppen. Der relativ geringe Gesamtanteil kanadischer Einheiten bestand *(außer spezieller Luftlandetruppen)* ausschließlich im Abschnitt *Juno (auch dort im Verbund mit britischen Truppen)*, und das hatte einen historischen Hintergrund:

Bereits 1942 hatten kanadische Truppen bei der nordfranzösischen Hafenstadt Dieppe an der britischen Landeoperation Jubilée teilgenommen *(erst im Nachhinein als Vorübung zur geplanten großen Invasion in der Normandie bezeichnet)*. Im Morgengrauen des 19. August waren 6.086 Soldaten der kanadischen 2. Division sowie zweier britischer Kommandounternehmen samt 28 Panzern über den Ärmelkanal angelandet worden. Die Briten griffen die westlich Dieppe gelegenen deutschen Batterien von Varengeville und die östlich gelegenen deutschen Stellungen bei Berneval an, das Gros der Kanadier war frontal gegen Dieppe vorgegangen. Allerdings konnten bei diesem Angriff lediglich an der westlichen Flanke „gewisse Erfolge" erzielt werden, ansonsten waren die Truppen auf zu starke Gegenwehr gestoßen, die im Verlauf des Vormittags infolge des Einsatzes deutscher Jagdflugzeuge und der somit erlangten Luftüberlegenheit über dem Angriffsraum noch verstärkt

Aus der am 19. August 1942 bei Dieppe gescheiterten Landeoperation konnten die West-Alliierten sehr wichtige Erfahrungen und Erkenntnisse für eine weitere, sehr viel besser vorzubereitende Invasion gewinnen, insbesondere betreffs des tatsächlich erforderlichen technischen und personellen Aufwandes, der für eine wirklich groß angelegte Invasion erforderlich war.
Foto: Archiv Gerstenberg

wurde. Als bereits gegen Mittag der Rückzug der Angreifer begann, waren dazu nur noch zwei Fünftel ihrer Truppen in der Lage. Die insgesamt 4.350 Verluste an Soldaten der britisch-kanadischen Truppen bestanden aus 1.179 Gefallenen, 981 Verwundeten und 2.190 Gefangenen. Die Royal Air Force hatte 106 Flugzeuge verloren, die Navy 33 Landungsfahrzeuge. Die Verluste auf der deutschen Seite betrugen 311 Gefallene und 280 Verwundete; die Luftwaffe verlor 48 Flugzeuge.

Da die Kanadier den deutlich höheren Anteil der Verluste bei Dieppe zu verzeichnen hatten, wurde anläßlich der nun für 1944 geplanten Invasion in der Normandie darauf Rücksicht genommen und im Verhältnis zum gesamten Soldatenpotential sämytlicher einzusetzender Truppen der Alliierten ein nur relativ geringer Anteil kanadischer Soldaten in diese neue Landeoffensive mit einbezogen, hauptsächlich im Abschnitt *Juno*, in dem von den Planern der Invasion infolge einer sehr flachen Küstenregion mit stark sumpfigen Vorstrandregionen und folglich weit zurückgelegenen Verteidigungsanlagen ohnehin der geringste Widerstand seitens der deutschen Abwehr an der gesamten Invasionsfront zu erwarten war – an der Küste des Departements Calvados.

Der Namensursprung Calvados

Bereits auf einer Landkarte des Jahres 1675 war zweimal die Bezeichnung Calvados eingetragen – im Bereich der Steilküste des Bessin *(im Raum Port-en-Bessin)* sowie im fast zwanzig Kilometer in westliche Richtung entfernten Bereich des Grand Camp *(im Raum der Landzunge Pointe du Hoc)*. Dort befinden sich auf beziehungsweise hinter der schroffen Steilküste zwei Bodenerhebungen, die als *dos (Rücken)* benannt wurden *(aus dem Lateinischen dorsa)*, auf denen es keinerlei Vegetation gab, die folglich völlig kahl waren, lateinisch *calva*. Diese markanten und somit von See her bereits aus weiter Entfernung leicht erkennbaren Anhöhen boten den damaligen Seefahrern, die mit nur mangelhaften nautischen Instrumenten und Seekarten ausgerüstet waren, gute Orientierungspunkte, um unterseeische Felsvorsprünge *(Riffs)* zu umschiffen. Diese wurden damals *Calvadô* genannt *(ohne „s")*.

Heute ist nicht nur der gesamte, 86 Kilometer lange Küstenlandstrich zwischen der Vire- und der Orne-Bucht als Calvados benannt, sondern auch der in dieser Region hergestellte Apfelbrand, anerkanntermaßen eine der besten Spirituosen der Welt. Der Ursprung des Eau de vie *(Wasser des Lebens)* de cidre *(anfangs noch nicht als Calvados bezeichnet)* liegt zeitlich sehr weit zurück, bis ins XVI. Jahrhundert. Eine offiziell kontrollierte Anbaugebietsbezeichnung *(Appellation d'Origine Contrôllée)* wurde 1942 unter der deutschen Besatzung eingeführt.

Die sogenannten Tschechenigel waren für Panzer unüberwindbare „stachlige" Eisenhindernisse.

Foto: Archiv von Keusgen

Der deutsche Verteidigungsplan

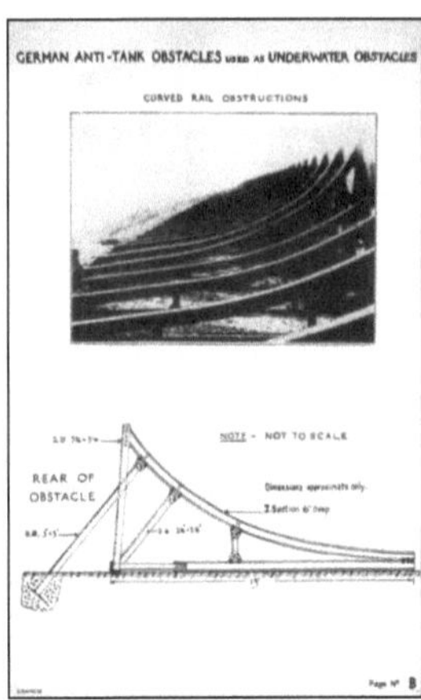

Ein Teil der vielen verschiedenen Strandhindernisse waren von Rommel selbsterdacht. Aber alle Hindernisse waren dem Planungsstab der Alliierten infolge intensiver Aufklärungsarbeit längst bekannt. Man hatte für die Offiziere der jeweiligen Angriffseinheiten sogar spezielle Mappen mit entsprechendem Anschauungsmaterial erstellt.

Abbildung: Archiv von Keusgen

Tobruk-Stände waren als Ein-Mann-Stände für Infanteristen konzipiert. Meistenswurde nach ihrer Fertigstellung zur Sicherheit bis zur Oberkante Erdreich angeschüttet. Ihr tiefgelegener Eingang war dann vom Laufgraben aus zugänglich. **Foto: von Keusgen**

Ende 1942 war mit dem Bau des sogenannten Atlantikwalls begonnen worden, gleichzeitig beherrschten die Briten zunehmend den Luftraum und unternahmen immer öfter und immer heftigere Attacken auf die Baustellen, und eine Invasion der Alliierten zeichnete sich immer deutlicher ab...

Der deutsche Plan zur Verteidigung der Küste im Falle einer Invasion beinhaltete zwei wesentliche Maßnahmen: Erstens sollten Strandhindernisse verschiedenartiger, möglichst unüberwindbarer Typen sowie ein Minengürtel entlang des gesamten Strandes um den Angreifer bereits am Küstensaum stoppen, zumindest desorganisieren. Zweitens mußten die Kräfte des Gegners im Falle einer Überwindung der Hindernisse durch einen starken, möglichst noch küstennahen Gegenangriff aufgerieben werden.

Die gesamte Küste entlang zog sich eine Reihe von sogenannten Widerstandsnestern und Stützpunkten. Diese Verteidigungsanlagen mit einer durchschnittlichen Länge von 350 Metern waren in unterschiedlichen Abständen zueinander, mit ebenso unterschiedlicher Bewaffnung ausgestattet – zum Teil mit als Tobruk-Stand bezeichneten, in den Erdboden betonierten Ein-Mann-Stellungen *(die Rommel vom Afrika-Feldzug „mitgebracht" hatte)*, und die als MG- oder Granatwerfer-Stand oder mit einer aufgesetzten Panzerkuppel für die Strandverteidigung in den Erdboden betoniert waren. In vielen dieser meistens von Minen umgebenen und eingezäunten Verteidigungsanlagen waren mehr oder weniger große Kasematten für Geschütze verschiedener Typen und Kaliber *(bis 10,5 cm)* errichtet worden, ebenso unterschiedliche ober- und unterirdische Bunker als Mannschaftsunterkünfte oder B-Stellen *(Beobachtungs- beziehungsweise Observations- und Feuerleitstände der vorgeschobenen Artillerie-Beobachter)*. Fest installierte kleine Flammenwerfer dienten zusätzlich der Verteidigung der Anlagen.

Dann gab es auch noch die Küsten-Batterien, denn das Erste, das die heranfahrende Invasionsflotte noch möglichst weit auf See treffen sollte, war die deutsche Küsten-Artillerie mit weitreichenden Geschützen *(Kaliber bis zu 21 cm mit maximaler Reichweite von 33 Kilometern, von denen es allerdings lediglich drei in der Batterie Marcouf am äußersten westlichen Flügel des späteren Invasionsraums gab[2], alle anderen Geschütze hatten deutlich kleinere Kaliber mit ebenso*

---

2 Siehe den speziellen Titel zu dieser Buchserie: Die Kanonen von Saint Marcouf – Deutsche Küsten-Batterien Azeville und Crisbecq.

*deutlich kürzeren Reichweiten – im Gegensatz zu den Schiffs-
geschützen der Alliierten mit Kalibern bis 35,6 cm und Reichweiten bis zu mehr als 50 Kilometern)...*

Zu einem wesentlichen Anteil an der Verteidigung sollten auch die diversen küstennah errichteten Radarstationen beitragen. Die größte dieser Anlagen in der Unteren Normandie stellte die sieben Kilometer hinter dem zukünftigen britischen Landeabschnitt Sword, Sektor Oboe, nahe der Ortschaft Douvres-la-Délivrande, dar. Ausgestattet mit mehreren größeren, halbunterirdischen Bunkern und großen Radarschirmen war sie 1942 als Frühwarnanlage errichtet worden – unter dem Decknamen *Distelfink*.

Die zweite große Verteidigungsmaßnahme stieß bei den deutschen Führungskräften allerdings auf unterschiedliche Meinungen betreffs ihrer Durchführung und löste heftige Debatten aus. Generalfeldmarschall Erwin Rommel, wegen seiner genialen Strategien und Taktiken im Afrika-Feldzug als „Wüstenfuchs" bezeichnet, plädierte dafür, die Invasoren noch während ihrer Anlandung mit aller Macht anzugreifen, genau in jenem Moment ihrer größten Schwäche. Rommel sagte: „Die Hauptkampflinie ist der Strand."

Deshalb hatte er auch viele Strandhindernisse ersonnen und sie massenhaft an den Küsten aufstellen und ebenso entlang der Strände Minengürtel anlegen lassen. Auch vertrat er die Meinung, daß die deutschen Panzer-Divisionen im Raum der Normandie unbedingt küstennah stationiert werden sollten, da sie somit schon am ersten Tag einer Landung sofort einsatz- und abwehrbereit wären.

Reichsfreiherr Leo Geyr von Schweppenburg, Oberbefehlshaber der Panzergruppe West, sowie Generalfeldmarschall Gerd von Rundstedt, der Oberbefehlshaber West, lehnten Rommels Strategie kategorisch ab. Sie waren der Meinung, daß es besser wäre, die Invasoren erst anlanden zu lassen und sie dann mit starken, konzentrierten Kräften in einer offenen Feldschlacht zu schlagen. Aber Rommel war auch der Meinung, daß, wenn dem Gegner erst einmal die Anlandung gelingen und er einen sogenannten Brückenkopf für jeglichen Nachschub bilden würde, der Krieg für Deutschland verloren wäre *(die späteren Ereignisse bestätigten Rommels Prognose)*. Doch von Schweppenburg und von Rundstedt beharrten auf ihrer Strategie, die Panzer-Divisionen als Reserve weiter im Hinterland aufzustellen.

Hitler, der über diese Argumente informiert war, traf einen Kompromiß, indem er verfügte, eine der drei im Großraum stehenden Panzer-Divisionen für einen sofortigen Einsatz näher an der Küste zu stationieren *(die 21., die südlich von Caen aufgestellt wurde)*, unter dem Befehl des Heeresgruppe B *(Rommel)*; die beiden anderen in der Normandie befindli-

Am 3. November 1943 war Generalfeldmarschall Erwin Rommel von Hitler zum Oberbefehlshaber der Heeresgruppe B ernannt worden und trat seinen Dienst in der Normandie im Januar 1944 an. Rommel war gleichermaßen bei seinen Soldaten wie bei der französischen Bevölkerung beliebt.

Foto: Kollektion R. Munninger

Generalfeldmarschall Karl Rudolf Gerd von Rundstedt, der Oberbefehlshaber West.

Foto: Archiv Gerstenberg

Erich Bissoir (in fünfter Generation französischer Abstammung) Krad-(Kraftrad) Melder des SS-Panzer-Regiments 12.
Foto: Kollektion E. Bissoir

Minen der unterschiedlichsten Art wurden als zusätzliche Absicherung vor vielen Verteidigungsanlagen verlegt und (gemäß Genfer Konvention) mittels Warnschildern gekennzeichnet. Nicht selten wurden diese Schilder auch nur zur Abschreckung aufgestellt, obwohl dort gar keine Minen verlegt worden waren.
Foto: von Keusgen

chen *(die 12. SS-Panzer-Division „Hitlerjugend" und die Panzer-Lehr-Division)* sollten bis 160 Kilometer weit im Hinterland stationiert werden – was dann auch realisiert wurde.

Erich Bissoir war seit Juni 1943 Sturmmann *(Gefreiter)* im Krad-Aufklärungszug der Stabskompanie des SS-Panzer-Regiments 12 der 12. SS-Panzer-Division *Hitlerjugend (Kommandeur war Brigadeführer [Generalmajor] Fritz Witt)*. Bissoir erzählte: „1944 war ich 19 Jahre alt und als Krad-Melder fast täglich unterwegs. Wir waren in der Panzer-Division *Hitlerjugend* ja alle nur erst siebzehn bis zwanzig Jahre alt. Ältere gab's nicht, deshalb ja auch diese Bezeichnung für unsere Division. Wir hatten in unserer Heimat den Deutschlandsender, die Rhein-Pfalz-Zeitung und die Westmark-Zeitung, und was da alles Propagandistisches geredet und geschrieben stand, das hatten wir zu glauben, und haben es auch geglaubt. So war auch ich ein ganz begeisterter Freiwilliger bei der Waffen-SS geworden.

Im Januar '44 war unser Regiment nach Belgien verlegt worden. Unser Kommandeur war Obersturmbannführer *(Oberstleutnant)* Max Wünsche, Chef der Kampfgruppe Wünsche. Doch schon bald waren die schönen, ruhigen Tage dort vorbei und wir wurden in den Raum Louviers-Evreux in Nordfrankreich verlegt *(streckenmäßig über Caen 165 Kilometer von der Küste entfernt)*. Unsere Stabskompanie wurde in einem alten aber noch gut erhaltenen Schloß beim Dorf Acquigny etabliert, die Masse des Regiments in den umliegenden Dörfern. Die Offiziere und Mannschaften waren in den Häusern der dortigen Bevölkerung einquartiert, mit der sehr schnell eine sehr gute Zweckfreundschaft entstand. Wir lieferten den Franzosen Kommißbrot, Kartoffeln, Salz und irgendwelche Kleinigkeiten aus Beständen unserer Marketenderware und erhielten dafür gute Butter, frische Eier und frisches Fleisch. Nicht selten wurden wir jungen Soldaten auch von den Ortsbewohnern zum Essen eingeladen. Gelegentlich mußten wir als sogenanntes Jagdkommando ausrücken, um nach abgesprungenen Agenten oder abgeworfenen Waffen für den französischen Widerstand zu suchen. Diese Einsätze waren oft erfolgreich und wir konnten manches gute Beutestück bei unserem Regiment abliefern. Unser erfolgreichster und größter Fang waren eines Tages zwei Agenten sowie ein paar Kisten mit Maschinenpistolen, Munition und Sprengstoff; war alles in einem Bauernhaus unter alten Autoreifen versteckt."

Neben der 352. Infanterie-Division *(die größtenteils in dem von den Amerikanern angegriffenen westlichen Invasionsraum aufgestellt war und nur wenig in den östlichen Raum hineinragte)* stand die 716. Infanterie-Division schwerpunkt-mäßig im östlichen Invasionsraum.

Im Mai 1941, im Zuge der 15. Aufstellungsperiode zusammengestellt, setzte sich die 716. überwiegend aus Freiwilligen zusammen *(auch italienischen)*. Dennoch bestanden viele Truppenteile aus älteren Deutschen und Männern aus anderen, von Deutschland besetzten Ländern, insbesondere aus der Ukraine. Noch im selben Jahr nach Frankreich geschickt, in den Raum um Saint-Lô und Soissons, ab Oktober 1942 ohne rollendes Material, wurde die Division nun als „bodenständige Division" deklariert und mit ihren 6.000 Soldaten ins Zentrum der normannischen Küste verlegt und der 15. Armee unterstellt – zur Verteidigung des 47 Kilometer langen Küstenstreifens im Großraum Caen.

Bis 1944 wurde die 716. Division personell mit Soldaten anderer Truppenteile, auch russischer Kriegsgefangener sowie sogenannter Volksdeutscher ergänzt respektive aufgefrischt. Ab Anfang dieses Jahres bestand die Division aus rund 40 Prozent Volksdeutscher, was die Kommunikation der deutschen Offiziere mit den Ost-Truppenteilen oftmals deutlich erschwerte – und sie war eine der schwächsten deutschen Divisionen, noch dazu ohne jede Kampferfahrung. Kommandeur der 716. Infanterie-Division war Generalleutnant Wilhelm Richter.

(Nach ihren hohen Verlusten infolge der schweren und langanhaltenden Kämpfe in der Normandie – bis zum 15. Juni 60 Prozent der Soldaten verloren – und einer dann folgenden, starken personellen Auffrischung, wurde die Division bei der Verteidigung von Lyon und dem Elsaß Anfang 1945 fast völlig aufgerieben. Im April desselben Jahres und im Zuge der 33. Aufstellungsperiode nun als 716. Volksgrenadier-Division benannt, geriet sie im Mai in Bayern komplett in amerikanische Gefangenschaft.)

Schützenabwehrminen (auch als Schrapnellminen bezeichnet) gehören zu den gefährlichsten Landminen, die jemals entwickelt wurden. Es gibt Ausführungen mit drei und mit zwei Zünderstiften, die bereits auf leichten Druck oder Zug reagieren. Sodann wurde die Schrapnellmine ausgelöst, schnellte etwa 70 cm hoch und explodierte, wobei sie Hunderte Stahlkugeln „verschoß".

Foto: Archiv von Keusgen

Rommel legte auch größten Wert darauf, daß die neu aufgestellte 21. Panzer-Division[3] im küstennahen Hinterland gefechtsmäßige Stellungen beziehen und sich alle Einheiten mit dem Gelände vertraut machen sollten – auch bei Nacht. Außerdem hatte er den strikten Befehl erteilt, daß die Panzerdivision bei einer feindlichen Landung erst nach Freigabe durch „seine" Heeresgruppe B eingreifen dürfe.

Am 5. Juni lagen die beiden Panzergrenadier-Regimenter der 21. Panzer-Division in ihren ausgebauten Gefechtsstellungen westlich und nördlich von Caen *(Panzerregiment 192)* und östlich *(Panzergrenadier-Regiment 125)* in ihren ausgebauten Gefechtsstellungen. Kommandeur des Panzergrenadier-Regiments 125 war der erst sechs Wochen zuvor zur 21. Panzer-Division versetzte 32-jährige, hochdekorierte Ex-Russland- und Afrika-Kämpfer Major Hans-Ulrich Freiherr von Luck und Witten.

---

3 Am 6. Juni 1944 war die 21. Panzer-Division der einzige deutsche motorisierte und aktive Kampfverband im gesamten Invasionsraum.

Einige Wochen vor der Invasion hielt Rommel eine Ansprache an die Truppe mit folgendem Wortlaut *(obwohl er die militärischen Mißstände in der Normandie genau kannte)*: „Im Hinblick auf den vorzüglichen Geist unserer Truppe, auf die neue Bewaffnung und die Kampfmittel, die uns in die Hand gegeben sind, können wir den kommenden Ereignissen mit größter Ruhe entgegensehen, brauchen uns keine Sekunde den Kopf zu zerbrechen ob es gut oder schlecht geht. Es geht bestimmt gut."

Die bisher eher provisorisch errichteten und noch weit voneinander entfernten Küstenverteidigungsanlagen am sogenannten Atlantikwall blieben (mit Ausnahme am Pas de Calais) bis Anfang 1944 nur wenig ausgebaut.

Fotos: Archiv von Keusgen

Hitlers Weisung Nr. 51
(vom 3. November 1943)

Die Gefahr im Osten ist geblieben, aber eine größere im Westen zeichnet sich ab: Die angelsächsische Landung! Im Osten läßt die Größe des Raumes äußersten Falles einen Bodenverlust auch größeren Ausmaßes zu, ohne den deutschen Lebensnerv tödlich zu treffen. Anders im Westen! Gelingt dem Feind hier ein Einbruch in unsere Verteidigung in breiter Front, so sind die Folgen in kurzer Zeit unabsehbar...

Ich kann es daher nicht mehr verantworten, daß der Westen zu Gunsten anderer Kriegsschauplätze weiter geschwächt wird. Ich habe mich daher entschlossen, seine Abwehrkraft zu verstärken, insbesondere dort, wo wir den Fernkampf gegen England beginnen werden. Denn dort muß und wird der Feind angreifen, dort wird die entscheidende Landschlacht geschlagen werden... Luftwaffe und Kriegsmarine müssen den zu erwartenden starken Angriffen aus der Luft und über See mit allen nur greifbaren Kräften in rücksichtslosem Einsatz entgegentreten.

Infolge dieser Weisung Hitlers befahl das Oberkommando der Wehrmacht *(OKW)* einen weiteren Ausbau der als *Atlantikwall* bezeichneten Küstenverteidigungsanlagen *(der bisher schwerpunktmäßig am Pas-de-Calais betrieben wurde)* und die bereits vorhandenen zu verstärken. Doch der im fünften Kriegsjahr im Osten und Süden stark bedrängten Wehrmacht mangelte es deutlich an den dazu notwendigen beweglichen Kräften, und Hitlers Weisung Nr. 51 blieb somit lediglich ein „Lippenbekenntnis". Hitler ließ die Masse der militärischen Ressourcen auch noch während des weiteren Ausbaus des *Atlantikwalls* immer wieder zu den derzeit wichtigsten Krisenherden schicken – in den Osten, sogar nach Italien, denn bereits am 10. Juli 1943 waren die Alliierten auf Sizilien gelandet und von Süd-Italien auf dem Vormarsch nach Norden...

Angesichts des gewaltigen Aufmarsches der Alliierten in Großbritannien warnten der OB West *(Oberbefehlshaber West, Generalfeldmarschall Gerd von Rundstedt)* sowie die

Oberbefehlshaber der an der Kanalküste eingesetzten Armeen betreffs der nur geringen Abwehrschwäche. Doch Hitler war nicht bereit, im Norden, Süden oder Osten freiwillig und planmäßig Gebiete zu räumen, um somit mehr Kräfte für den Westen freizusetzen. Dennoch gelang es zwar, die Anzahl der im Westen stationierten Divisionen von Dezember 1943 bis Mai 1944 von 38 auf 54 zu erhöhen, doch entstanden diese Neuaufstellungen überwiegend durch Umgliederungen, „Auskämmen" anderer Divisionen und Auffüllen mit noch sehr jungen, kampfunerfahrenen Soldaten sowie älterem, sogar krankem und fremdem Personal *(Soldaten gefangengenommener und/oder übergelaufener Ost-Truppen)*, die infolge mangelhafter Ausbildung *(sogar fehlender Sprachkenntnisse)* nur unwesentlich zu einer echten Verstärkung beitragen konnten. Die zur Küstenverteidigung eingesetzten Infanterie-Divisionen waren sogenannte „bodenständige" mit deutlich beschränkter Kampfkraft. Ihre Bewaffnung war völlig unzureichend, sehr oft waren sie außer mit Karabinern und Panzerfäusten lediglich mit einem „Sammelsurium" von Beutewaffen ausgerüstet. In Ermangelung an Zugmitteln *(Pferde und Kraftwagen)* waren sie im Bewegen schwerer Waffen

Generalfeldmarschall Rommel (rechts) während einer Inspektionstour entlang der normannischen Küste. **Foto: R. Munninger Kollektion von Keusgen**

weitgehend eingeschränkt. Ihre Versorgung war von ebenfalls „bodenständigen" Einrichtungen abhängig. Diese Truppen waren, wie Generalleutnant Hans Speidel, der Chef des Stabes der Heeresgruppe B, sagte, „… dem erwarteten motorisierten und wendigen Gegner niemals gewachsen, wenn der Kampf in einen Bewegungskrieg übergehen sollte". Lediglich die wenigen Panzer- und Panzer-Grenadier-Divisionen waren für eine bewegliche Kampfführung gegen motorisierte und gepanzerte Truppen geeignet – vorausgesetzt, daß die Luftwaffe imstande war, den Luftraum über und hinter ihnen zu sichern *(wie das 1942 bei Dieppe der Fall war)*.

Während der Suche nach wichtigen beweglichen Verbänden bot Generaloberst Heinz Guderian *(Generalinspekteur der Panzertruppen)* seine Lehr-Truppen an: „Um wenigstens noch etwas für die Westfront zu schaffen, ordnete ich die Zusammenfassung aller Lehr-Truppen der Panzerschulen zu einer Panzer-Lehr-Division an, die in Frankreich ausgebildet wurde. Sie erhielt neues Gerät und ausgesuchte Offiziere. Ihr Kommandeur wurde mein alter Ia, der General Bayerlein."

Was die Befestigungsanlagen am Strand und in Strandnähe betraf, betrieb Generalfeldmarschall Erwin Rommel, der Oberbefehlshaber der Heeresgruppe B, zwar ab Januar 1944 den weiteren, verstärkenden Ausbau des *Atlantikwalls*, der jedoch trotz der großen Masse eingesetzter Bauarbeiter, aber eines nur viel zu beschränkten Nachschubs an Material, bis Juni 1944 noch längst nicht gänzlich fertiggestellt werden konnte und in dem erhebliche Lücken klafften, besonders auch an der normannischen Küste. Infolge dieser Mißstände waren viele der dort mehr oder *(meistens)* weniger großen Verteidigungsanlagen geradezu bedeutungslos.

Der Feldpostbrief eines an der normannischen Küste stationierten deutschen Soldaten vom 24. Mai 1944 *(13 Tage vor der Invasion)* an seine Freundin spiegelt die infolge der ständigen deutschen Propaganda flagrante Fehleinschätzung betreffs der tatsächlichen Gesamtsituation:

Auch noch in der Zeit während des von Rommel betriebenen Ausbaus der Verteidigungsanlagen blieben etliche kleine, improvisierte Stellungen als Widerstandsnester undeklariert. **Fotos: Archiv von Keusgen**

Franzosen im – freiwilligen – Dienst der deutschen Wehrmacht, die für ihre Arbeit ordentlich bezahlt wurden.
Foto: von Keusgen

Liebe Marie,
Endlich komme ich dazu, Deinen Brief vom 23.04.44 zu beantworten. Ich hatte es mir schon öfters vorgenommen, aber es kam immer wieder etwas dazwischen, denn seit gut einem Monat ist unser Leben hier etwas bewegter als die erste Zeit [...]
Wir warten hier auf die „Invasion", ob sie kommt, darüber gehen die Meinungen auseinander. Eins steht jedenfalls fest, wir werden ihnen schon einen warmen Empfang bereiten, wenn sie es wagen sollten. Ich kann Euch eins versichern: Wenn dieses Heer im Osten wäre, stünde der Russe im September hinter Moskau. Wenn es zur Zeit auch nicht so rosig aussieht, ich bin der Meinung, daß auch unsere Zeit mal wieder kommen wird. Hoffentlich ist es recht bald soweit, damit der Krieg bald ein Ende hat. [...]
Herzliche Pfingstgrüße von Deinem Hans-Peter

Briefe von am Atlantikwall stationierten Soldaten mit einem derartigen Tenor waren durchaus keine Seltenheit, aber es war den Soldaten ja auch überhaupt nicht möglich, aus ihrem Blickwinkel und infolge mangelnder militärischer und waffentechnischer Kenntnisse, die Situation objektiv zu bewerten.

Die deutschen Küstenverteidigungsanlagen im britisch-kanadischen Invasionsraum Anfang Juni 1944[4]

Die deutsche Küstenbefestigung bestand in den insgesamt 38,1 Kilometer langen britisch-kanadischen Invasionsräumen Gold, Juno und Sword *(von der Orne-Mündung bis unweit über Port-en-Bessin hinaus und überwiegend im Aufstellungsraum der 716. Infanterie-Division; auf der westlichen Seite auch noch der 352.)* aus einer Reihe von mehr oder weniger nahe beieinander liegender Verteidigungsanlagen, sogenannter Widerstandsnester *(WN)* – insgesamt 59, zuzüglich neun nicht als WN deklarierter Stützpunkte und etlicher völlig undeklarierter kleinerer Stellungen, aber auch aus WNs, die gleichzeitig Stützpunkte waren *(in denen komplette Kompanien standen).*

---

4   Jene Verteidigungsanlagen, die infolge zu mangelhaften Ausbaus, nur geringer Dimension und/oder nur schwacher Bewaffnung fast bedeutungslos waren, werden hier nicht näher beschrieben. Auch wird von einer detaillierten Beschreibung der Waffenbestückung jeder einzelnen Anlage *(Kleinwaffen wie Granatwerfer, Maschinengewehre, Flammenwerfer und Minen)* weitgehend abgesehen, da diese gewissermaßen zur „Standardbewaffnung" gehörten.

Allerdings gab es nahe östlich der Orne-Bucht noch sieben weitere Widerstandsnester *(WN 01 bis WN 06)*, inklusive der Heeres-Küsten-Batterie Merville *(WN 01)*, die ebenfalls im *(nicht offiziellen)* Angriffsplan der Briten als *(im Eventualitätsfall alternative)* Angriffsziele *(ohne WN 01)* verzeichnet waren. Die HKB *(Heeres-Küsten-Batterie)* Merville gehörte zur Gesamtverteidigungsanlage dieser Bucht, in der sich auch die *(für die Briten strategisch sehr wichtige)* Schleuse mit der Einfahrt zum Caen-Kanal befand *(und noch immer befindet)*.

Der Ausbau der Verteidigungsanlagen respektive ihrer Bunker wurde überwiegend von der deutschen *(Bau-)Organisation Todt* betrieben, aber auch von privaten französischen Bauunternehmen, die hauptsächlich im näheren bis nur etwas weiteren Umfeld ihres Standortes tätig waren.

Der damals 7-jährige Jacques Ravelli wohnte mit seinen Eltern in Bayeux. Er konnte sich als Erwachsener noch gut an die für ihn beeindruckende Zeit erinnern: „Mein Onkel arbeitete bei einer Baugesellschaft in Bayeux, die hat Bunker gebaut. Eines Tages hat mein Onkel mich mitgenommen, um einen neuen Bunker anzusehen, der in Caen gebaut worden war, zusammen mit zwei deutschen Offizieren in Uniform. So fuhren die beiden Offiziere mit uns von Bayeux nach Caen. Ich hatte keine Angst vor ihnen. Auf der Strecke dorthin haben sie angehalten, den Kofferraum geöffnet und zwei Jagdgewehre herausgeholt. Dann haben sie Kaninchen geschossen. Franzosen durften nicht auf die Jagd gehen, auch keine Schußwaffen besitzen. Mein Onkel und ich haben die erschossenen Kaninchen dann eingesammelt. Es waren ziemlich viele, am Ende ein ganzer Berg. Mein Onkel hat auch welche davon bekommen.

Dann waren wir in Caen, den Bunker ansehen. Ich hatte mitbekommen, daß die Deutschen Angst vor Angriffen aus der Luft hatten. Dieser Bunker, der auf weitem, flachem Gelände erbaut wurde, ist noch immer dort, aber niemand außer mir weiß heute noch, daß er noch existiert. Er befindet sich auf einem Gelände, auf dem heute Pferderennen stattfinden. Er steht in einer Ecke, inzwischen längst von einem nicht sehr hohen Erdhügel überschüttet. Da drunter ist dieser kleine Bunker…"

Ost-Soldaten in der Uniform der Wehrmacht.

Fotos: Archiv Gerstenberg

Die 716. Infanterie-Division bestand aus den in Küstennähe aufgestellten Grenadier-Regimentern 726 und 736, sowie dem weit auseinandergezogenen, beiderseits der schmalen Orne stehenden Ost-Bataillon 642 *(freiwillig der Wehrmacht beigetretene, ursprünglich kriegsgefangene Russen)* sowie einem Reserve-Regiment. Außerdem war das Artillerie-Regiment 1716 dieser Division unterstellt, das im Januar 1944 aufgestellt worden war. Das Artillerie-Regiment gliederte sich in drei Abteilungen und wurde im Raum Caen eingesetzt.

Über die ihm unheimlich erscheinenden Männer der Ost-Truppen erzählte Jacques Ravelli: „Da waren viele nahe bei Bayeux, in Saint-Martin-des-Entrées, nur eineinhalb Kilometer entfernt, Kosaken. Sie sahen wild und gefährlich aus, waren aber ganz lieb. Sie ritten auf kleinen Pferdchen, die nicht gesattelt waren. Sie hatten auch kleine Panjewagen, mit denen sie Rundfahrten für die Kinder veranstalteten. Die Kinder durften auch selbst lenken. Das hat Spaß gemacht."

Der 34 Kilometer breite Küstenaufstellungsraum der 716. Infanterie-Division reichte – von Westen kommend, wo dort angrenzend die 352. Infanterie-Division stand *(auch bis teilweise noch hinter dem geplanten britischen Landeraum „Gold")* – bis etwa zehn Kilometer östlich der Orne, dann begann – nach Osten hin – der 56 Kilometer breite Aufstellungsraum der 711. Infanterie-Division, der bis an die Seine grenzte *(aber von der Invasion am 6. Juni nicht wesentlich berührt wurde).*

Die Masse der deutschen Soldaten war in Häusern auf dem Land und in den Städten und Dörfern einquartiert, auch in Bayeux. Dazu berichtete Jacques Ravelli: „Die deutschen Soldaten lebten in Häusern, überall verteilt, in Bayeux, in Caen, eben überall. Aber in Bayeux gab es keine Garnison, die standen draußen auf dem Land, mehr in den Dörfern. Die Offiziere waren in den besseren Häusern, sogar in den vielen Schlössern der Normandie einquartiert. Die Russen hat man nicht in den Häusern wohnen lassen; man hatte Angst vor ihnen. Wie ich gehört habe, waren die meisten von ihnen im Raum Caen untergebracht, alle in Holzbaracken, in einem ganzen Lager, wie auch in Saint-Martin-des-Entrées, direkt an der Verbindungsstraße von Bayeux nach Caen, der Route Nationale 13, ganz nahe Bayeux. Das Lager war auf der einen Straßenseite, auf der anderen Seite hatte man den oberen Teil der Kronen einiger hoher Bäume abgeschnitten und da oben hinein Holzplattformen gebaut, mit Maschinengewehren darauf. Es führten schmale Leitern zu diesen MG-Stellungen hinauf.

Wir, meine Eltern und ich, wohnten damals in einer sehr schmalen Straße in Bayeux, in der Rue Saint Georges. Eines Nachmittags kam ein deutscher Soldat, der ein aufgerolltes Stromkabel bei sich hatte. Ich stand da und habe zugesehen, was er tat. Da hat er mir ein kleines Stück einer längeren, kleingliedrigen Kette geschenkt. Ich habe es angenommen und mich gewundert, daß ich das geschenkt bekommen habe. Ich sollte mir davon ein Armband machen. Es war aus rötlichem Messing. Ich habe es lange aufbewahrt, als ein schönes Andenken an die Deutschen."

Erwin Rommel, ein Mensch, der sowohl die Historie wie die Kultur der Franzosen schätzte, hatte angeordnet, daß in der mittelalterlichen Fachwerkstadt Bayeux keine deutsche Garnison untergebracht wird, damit die Stadt im Falle einer in diesem Gebiet stattfindenden Invasion weder bombardiert noch beschossen wird (was in der Folge auch nicht geschah, was die Franzosen Rommel noch heute hoch anrechnen).

Küstenverteidigungsabschnitt H1
Küstenverteidigungsgruppe Caen
Küstenverteidigungsuntergruppe Riva-Bella:

Die deutsche Küstenverteidigung in den drei aneinandergrenzenden britisch-kanadischen Angriffsabschnitten wurde von insgesamt 58 Widerstandsnestern respektive Stützpunkten gebildet *(aufgelistet nach ihrer offiziellen, fortlaufenden Numerierung von Osten nach Westen):*

Stützpunkt Widerstandsnest[5] **01** *(WN 01)* wurde vom 640 x 457 Meter großen Terrain der **Batterie Merville** gebildet *(benannt nach der nahen Ortschaft Merville)*. Diese **1. Batterie** des **Artillerie-Regiments 1716**, das der 716. Infanterie-Division unterstellt war, bildete die äußerste rechte respektive östliche Flanke dieses Regiments *(während der Invasion befand sie sich ebenfalls am östlichen Flügel des Angriffsraums).*

Bäume boten sowohl einen gut getarnten Aussichtsplatz wie auch die Möglichkeit, darin erhöhte Schießstände zu errichten.

Die Batterie war mit vier veralteten, tschechischen, leichten 10-cm-Feldhaubitzen bestückt – Modell 1914 *(mit einer Reichweite von zwanzig Kilometern)* mit noch eisenbereiften Holzrädern und ab Ende 1943 in vier geräumigen neuen, betonierten Kasematten aufgestellt, deren Öffnungen mit den Geschützen auf die Orne-Bucht ausgerichtet waren. *(Weil sich der Schwerpunkt der deutschen Küstenverteidigung auf die Seehäfen konzentrierte, war für die Alliierten die Einnahme von Binnenhäfen – besonders jenem im vierzehn Kilometer hinter der Küste gelegenen Caen – von großer Bedeutung. Obwohl man die hohen Schleusentore mit Sprengsätzen versehen hatte, war auch eine der Haubitzen der 1. Batterie auf die Schleuse des Orne-Caen-Kanals sowie dem dazugehörenden Maschinenhaus ausgerichtet, um es eventuell zerstören zu müssen und einem Angreifer somit die Zufahrt durch den Kanal zum fast im Stadtzentrum gelegenen Hafen von Caen unmöglich zu machen.)*

Auf dem Batterieareal befanden sich auch noch eine 7,5-cm-Feldkanone, ein Flak-Stand mit einer 2-cm-Schnellfeuerkanone, drei Nahverteidigungsstellungen *(Tobruk-Stände)* mit Maschinengewehren sowie zwei Gruppenunterstände.

Außer in betonierten Unterständen und offenen Ringstellungen wurden gerade besonders große, auf Lastwagen transportierte und oft auch darauf fest montierte Scheinwerfer für die Luftabwehr im Freien aufgestellt.

Fotos: *Archiv von Keusgen*

---

5   In einem sogenannten Widerstandsnest wurden lediglich einige Gruppen einer Kompanie stationiert, hingegen in einem Stützpunkt eine gesamte Kompanie oder *(bei der Artillerie)* eine gesamte Batterie aufgestellt war. Ursprünglich als Widerstandsnester bezeichnete Verteidigungsanlagen *(mit nur gewissen Mannschaftsanteilen einer Kompanie)* wurden, wenn man sie personell bis zur Kompanie- beziehungsweise Batteriestärke erweitert hatte, zu Stützpunkten, somit als Stützpunkt WN bezeichnet *(alle mit entsprechender, fortlaufender Nummer)*. Verteidigungsanlagen, die gar nicht erst als WN eingerichtet waren, wurden bei entsprechender personeller Besetzung *(mindestens in Kompanie- oder Batteriestärke)* von Beginn an als Stützpunkt bezeichnet und entweder ebenfalls numeriert oder mit dem Namen des Standortes versehen.

Der 24-jährige Leutnant Raimund Steiner war seit dem 20.
Mai 1944 der neue Chef der
1./1716 im Stützpunkt WN 01.
Foto: Kollektion A. Steiner

Die gesamte Anlage war von einem dichten, 1,20 Meter ho-hen und ebenso breiten Spiralstacheldraht eingezäunt. Auf der östlichen Seite erstreckte sich vor dem Terrain ein brei-ter aber nicht sehr dichter Gürtel aus Schützenabwehrminen, und vor einem Panzerabwehrgraben gab es einen nur kurzen Streifen Schützenabwehr- und T-Minen. Beide Minenfelder hatte man *(wie es allgemein üblich war)* mit Warnschildern gekennzeichnet. Der Stützpunkt wurde von vier unterschied-lich langen, im Zick-zack verlaufenden Schützengräben durchzogen[6].

Am 20. Mai 1944 war der 24-jährige Österreicher und Ex-Russlandkämpfer Leutnant Raimund Steiner zum *(neuen)* Chef der 1. Batterie des Artillerie-Regiments 1716 ernannt worden. Seine Beobachtungsstelle *(B-Stelle)* befand sich in einem geräumigen Bunker im WN 03, 1,6 Kilometer der Batterie vorgelagert, direkt am Strand, bei Franceville-Plage *(Strand)*. Der Personalbestand der Batterie betrug sechzig Artilleristen. *(Auch über die Entstehung dieser 1. Batterie sowie die dortigen D-Day-Ereignisse wird im Buch „Pegasus-Brücke und Batterie Merville" detailliert berich-tet.)*

Stützpunkt Franceville *(benannt nach der 1,4 Kilometer östlich der Orne und fast 1,8 Kilometer hinter der Küste ge-legenen kleinen Ortschaft Franceville)* war die am äußersten östlichen Flügel befindliche Verteidigungsanlage, die von der Invasion betroffen wurde und bestand aus einem Verbund der **Stützpunkte Franceville** Ost und dem 4,1 Kilometer da-von entfernten **Stützpunkt Franceville West** sowie eben dem mehrere hundert Meter *(unregelmäßig)* breiten und 4,1 Kilometer langen Zwischenraum.

Der unmittelbar an der Küste gelegene Stützpunkt befand sich außerhalb des von den Alliierten „offiziell" geplanten In-vasionsraums von See her, 4,7 Kilometer östlich des Lan-deabschnitts „Sword". Jedoch war dieser von der Orne bis zu fünf Kilometer breite Bereich von den Briten zwar für einen Flankenangriff mit aus der Luft abzusetzender Truppen vor-gesehen, doch infolge eines (für sie) militärischen Desasters wurde er für sie gewissermaßen zwangsläufig zu einem „er-weiterten" Angriffsraum von See her[7].

---

6   Das Anlegen von Schützenrespektive Laufgräben hatte sich infolge der starken Bombardierungen, die den An-griffen vorausgingen, als sinnlos erwiesen, denn durch die starken Bombenexplosionen wurden sie fast vollstän-dig eingeebnet. Außerdem wurden die Verteidigungsanlagen durch diese Gräben für die heranfliegenden Bom-berpiloten deutlicher erkennbar, ebenso für die vorausgehende Luftaufklärung für die Planung der Invasion.

7   Über die Ursache besagten Desasters, das in der Folge die Briten veranlaßte, diesen Küstenraum als zusätz-lichen Landeabschnitt von See her zu nutzen, wird in der weiteren Abhandlung noch detailliert eingegangen...

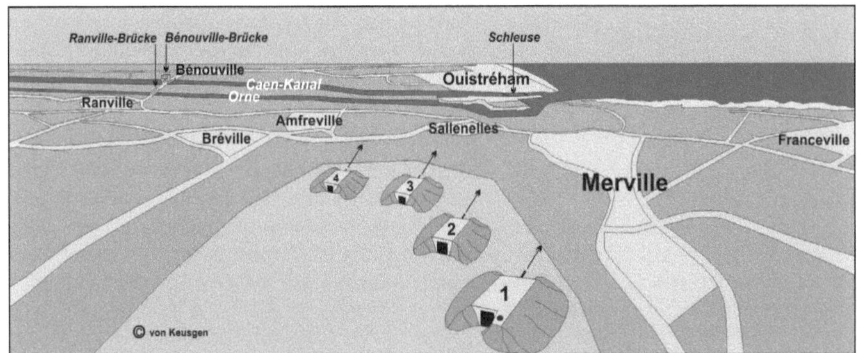

Nach Fertigstellung der vier Kasematten waren alle darin aufgestellten Geschütze (Seitenrichtbereich von 5°) auf Ziele in der Orne-Bucht ausgerichtet, eines speziell auf das Maschinenhaus der Schleuse.

Grafik: von Keusgen

WN 02 befand sich im Stützpunkt Franceville Ost der nur wenige hundert Meter östlich Franceville gelegen war. Das Widerstandsnest wurde gebildet aus einigen kleinen betonierten Ständen, einem Kleinschartenstand mit einer 5-cm-KwK, einem Ringstand mit einer weiteren 5-cm-KwK, einer unverbunkerten 4,7-cm-Pak, einer Flak-Stellung mit 3,7-cm-Flak, einem MG-Schartenstand, einem Unterstand mit Schartenturm sowie einem Scheinwerferstand.

WN 03 lag im Raum zwischen Franceville Ost und Franceville West. Die Anlage bestand aus einem Doppelschartenstand *(Sonderkonstruktion)* mit einer 5-cm-KwK, in der sich der Observationsstand *(Beobachtungsstelle = B-Stelle)* der unweit im Hinterland gelegenen

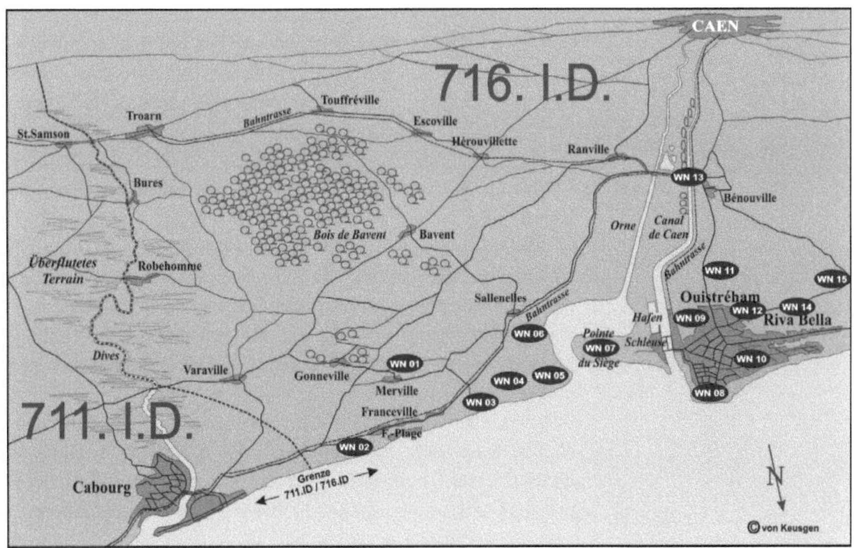

Im Aufstellungsraum der 716. Infanterie-Division, im Bereich der Orne-Mündung, waren 15 Verteidigungsanlagen entstanden.

Grafik: von Keusgen

Renault-Panzerkuppel auf einem Tobruk-Stand.

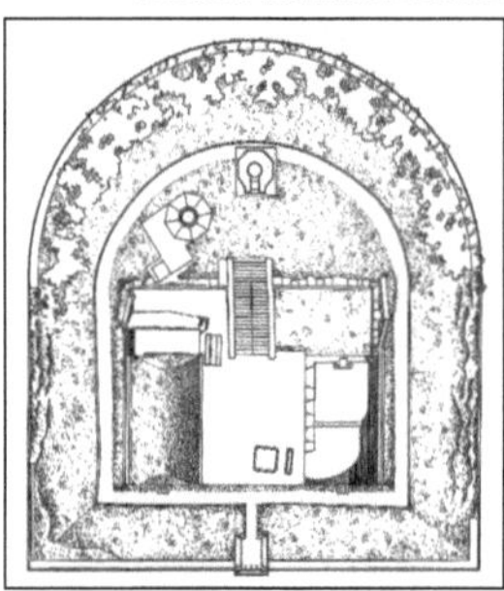

Die 1779 vom Festungsbaumeister Sébastien Le Prestre de Vauban erbaute „La Redoute" wurde 1943 von der Organisation Todtzum WN 04 ausgebaut.

Batterie Merville befand. Auch gab es einen Ringstand mit einer weiteren 5-cm-KwK und noch eine 5-cm-KwK in offener Position, außerdem ein Stand mit 3-Scharten-Turm.

WN 04 lag in der Mitte nahe hinter besagter Stützpunktgruppe. Es wurde von einer alten, hufeisenförmigen, 1779 errichteten und als La Redute *(Die Festung)* benannten Zitadelle mit 5,50 Meter hohen Außenmauern gebildet. 1943 wurde auf der seewärts gerichteten Seite ein Tobruk-Stand mit einem Renault-Panzerturm[8] mit einer 3,7-cm-Kanone erbaut.

WN 05 lag am vorderen, äußersten östlichen Rand der OrneBucht und war Bestandteil des Stützpunkts Franceville West. In seiner strategisch gut positionierten Lage bildete er eine weitere wichtige Verteidigungsanlage, ausgebaut mit drei Schartenständen, einem für eine 3,7-cm-Pak und zwei für 4,7-cm-Festungspanzerabwehrkanonen sowie einem Schartenstand für ein 7,5-cm-Feldgeschütz, einem Ringstand mit einer 4,7-cm-Pak und einer 3,7-cm-Flak.

Im WN 05 befand sich das Hauptquartier des I. Bataillons des Infanterie-Regiments 736.

Das gesamte Stützpunkt-Terrain, das auch den an der Küste liegenden Teil der kleine Ortschaft Franceville beinhaltete, war von drei Minenfeldern gegen einen Angriff von der Landseite her geschützt – wenngleich noch nicht alle Minen bis zum 6. Juni 1944 ausgelegt waren. In allen drei zum Stützpunkt Franceville gehörenden Widerstandsnestern waren mehrere Gruppenunterstände *(betonierte Mannschaftsunterkünfte)* und Tobruk-Stände errichtet worden.

WN 06 wurde vom **Stützpunkt Sallenelles** gebildet und lag unmittelbar am Ost-Ufer der Orne-Mündung, beim Weiler Moulin Buisson, auf Höhe der Batterie Merville. In einem Unterstand des Typs R 634 mit einem 6-Scharten-Turm, einigen Ein-Mann-Stellungen und ausgerüstet mit einer 5-cm-KwK sowie einer 3,7-cm-Flak, waren dort lediglich wenige Infanteristen der 2. Kompanie des Grenadier-Regiments 736 stationiert.

Beim ebenfalls am Ost-Ufer der Orne und 2,3 Kilometer südlich Sallenelles gelegenen Bréville stand die **3. Batterie des Artillerie-Regiments 1716** der 716. Infanterie-Division in offener Feldstellung, bestückt mit vier 7,5-cm-Feldkanonen.

---

8   Die meisten der auf sogenannten Tobruk-Ständen installierten Panzertürme waren von erbeuteten französischen Panzern demontiert worden.

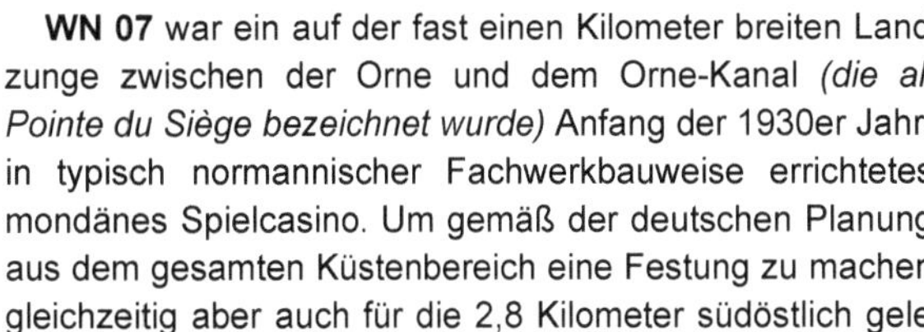

WN 07 war ein auf der fast einen Kilometer breiten Landzunge zwischen der Orne und dem Orne-Kanal *(die als
Pointe du Siège bezeichnet wurde)* Anfang der 1930er Jahre
in typisch normannischer Fachwerkbauweise errichtetes,
mondänes Spielcasino. Um gemäß der deutschen Planung,
aus dem gesamten Küstenbereich eine Festung zu machen,
gleichzeitig aber auch für die 2,8 Kilometer südöstlich gele-

*Nach dem Abriß des Spiel-
casinos (oben) wurde das
Kellerfundament von der
Organisation Todt zur Verteidigungsanlage WN 07 ausge-
baut (links; das Foto entstand
im Januar 1944).*

Fotos: Archiv von Keusgen

gene Batterie Merville ein freies Schußfeld auf die Orne-Mündung, die Kanal-Einfahrt und
die Kanal-Schleuse zu schaffen, wurde das Casino im Winter 1941/42 durch die deutsche
Organisation Todt abgerissen. Lediglich das größtenteils überirdisch gelegene Tiefgeschoß
blieb erhalten. In den vier Ecken des Fundaments wurde jeweils eine Kasematte eingebaut,
die nur zwei Meter über den Erdboden herausreichten, mit jeweils einer 2-cm-Schnellfeuer-
kanone. Auch gab es zwei Ringstellungen mit je einer 5-cm-Kampfwagenkanone, eine weitere sowie eine 4,7-cm-Pak standen in offenen Feldstellungen. So war es möglich, in jede
Richtung schießen zu können – eine zusätzliche Maßnahme, die strategisch bedeutsame
Orne-Bucht mit ihrer ebenso wichtigen Kanal-Schleuse verteidigen zu können.

WN 08 wurde vom **Stützpunkt Riva-Bella** gebildet und sollte mit einer Länge von 1.200
Metern und einer Breite von 200 Metern die größte und stärkste Verteidigungsanlage im
gesamten britisch-kanadischen Angriffsraum werden. An der westlichen Flanke der Orne-
Bucht gelegen, sollte WN 08 *(ebenso wie WN 07)* einen feindlichen Vorstoß in die Bucht
respektive in den Orne-Kanal und somit einen raschen Angriff auf Caen verhindern. Es
war geplant, in diesem Stützpunkt die sechs französischen 15,5-cm-Kanonen der **1. Batterie** der **Heeres-Küsten-Artillerie-Abteilung 1260** permanent aufzustellen, was anfangs,
1942, auch so geschehen war. *(Der Gefechtsstand der Heeres-Küsten-Artillerie-Abteilung
1260 befand sich im 27 Kilometer westlich entfernten Arromanches.)*

Der bis Ende Mai 1944 fertige Teil der großen Verteidigungsanlage bestand aus einem fast 300 Meter langen und direkt an den Strand angrenzenden, vor seiner Errichtung
noch besiedelten nördlichen Teil des Ouistreham-Vorortes Riva-Bella, war von nur wenigen
schmalen Straßen durchzogen und rundum von Stacheldraht eingezäunt. In Strandnähe
befand sich ein breiter, betonierter Panzerabwehrgraben, außerdem waren ein 5-cm-und
ein 8-cm-Granatwerfer aufgestellt sowie zwei MG'34-Panzertürme installiert. Dazwischen
gab es mehrere Tobruk-Stände und Munitionsbunker.

Auch innerhalb der Anlage waren mehrere Zäune in Strandnähe errichtet *(um einen eingedrungenen Gegner am raschen Vorgehen zu hindern)*. Über die gesamte Länge der An-

*5-cm-Kampfwagenkanone
(KwK) in einer offenen Ring-
stellung (inspiziert von britischen
Sodaten nach dem „D-Day").*
Foto: Battlefield Historian Ltd.

lage *(und darüber hinaus)* verlief direkt am Strand eine einen Meter hohe Betonmauer zur weiteren Panzerabwehr. Die Bestückung des Stützpunktes bestand aus sechs strandnah in den Erdboden aus Beton gebauten offenen Ringstellungen für besagte 15,5-cm-Kanonen mit einer Reichweite von 21,3 Kilometern *(siehe Foto unten)*. Außerdem gab es vier *(teilweise auch noch nicht ganz fertig)* verbunkerte 5-cm-Kampfwagenkanonen, im Zentrum der Anlage eine 5-cm-Pak im Keller eines *(weiteren)* ehemaligen Casinos fünf MG-Stände zur Rundumverteidigung. Innerhalb dieses Stützpunktes hatte die *Organisation Todt* fünf große Bunker errichtet – einen aus dem *(alten)* Westwall-Bauprogramm, der wegen seines oben herausragenden Panzerturms eigentlich nicht für die Beobachtung von Seezielen geeignet ist, hatte sich aber als B-Stelle für Heeresbatterien bewährt *(siehe Foto Seite 7)*, einen Maschinengewehr-Schartenstand, einen mit einer 6-Scharten-Stahlglocke, sowie zwei Schartenstände mit 7,5-cm-Kanonen. Darüber hinaus gab es sechs Mannschafts-respektive Gruppenunterstände, drei davon nahe unter dem Erdboden gelegen. Zwei unterirdische, insgesamt 400 Meter lange Gänge, die parallel zum Strand verliefen, dienten zur Verbindung der Verteidigungsstellungen untereinander, außerdem sollten auch mehrere *(bis zum „D-Day" noch nicht gänzlich ausgehobene)* Laufgräben die Kasematten, Unterstände und etliche kleine Munitionsbunker miteinander verbinden.

Als die Verteidigungsanlage noch kurz vor der *(tatsächlich hier erwarteten)* Invasion im Bau befindlich war, wurden alle sechs 15,5-cm-Geschütze nach zwei schweren Bombenangriffen *(am 9. Mai und 1. Juni 1944)* am 3. Juni in eine 2,9 Kilometer zurückgelegene provisorische Feldstellung nahe östlich St.-Aubin-d'Arquenay transportiert und dort aufgestellt, unweit westlich des Caen-Kanals.

In dem großräumigen Stützpunktareal gab es auch noch ein Nahrungsmittel-Depot, eine Bäckerei und eine Kraftfahrzeugwerkstatt. Ein spezieller Bunker mit einem starken Stromag-

Aus den strandnah angelegten Ringstellungen wurden nach den beiden schweren Bombenangriffen die sechs 15,5-cm-Kanonen entfernt und in einer zurückgelegenen Feldstellung aufgestellt (im Hintergrund der hohe Observationsbunker des großen Stützpunktes).
Foto: Battlefield Historian Ltd.

Einer der beiden Schartenstände mit der 7,5-cm-Feldkanone.
Foto: Archiv von Keusgen

gregat versorgte die gesamte Anlage mit Elektrizität. Wie es *(mit einigen leichten Abwandlungen)* auch andernorts üblich war, gab es auf dem Strand vor der großen Anlage ein dichtes Geflecht aus Stacheldraht, davor ein schmales Minenfeld, davor sogenannte Tschechenigel, in den Sand gegossene Betonpyramiden mit abgeflachten Spitzen *(„Drachenzähne" genannte Panzerhindernisse)* und tief in den Sand eingeschwemmte Holzpfosten, an deren Spitzen Tellerminen befestigt waren *(„Rommel-Kerzen", wie es im Landserjargon hieß).*

Für die Verteidigung der 2,4 Kilometer breiten Orne-Mündung im südlichen Raum der Ortschaften Colleville-sur-Orne, Ouistreham mit Riva-Bella, Franceville und Merville war das Infanterie-Regiment 736 zuständig, ein Bataillon von Ost-Truppen *(Ost-Bataillon 648),* das 11. Pionier-Bataillon der Garnison sowie das 85. motorisierte Pionier-Bataillon. Den Strandbereich hatte die 1. Batterie der Heeres-Küsten-Artillerie-Abteilung 1260 zu verteidigen. Außerdem standen im Bereich der Bucht *(zirka)* 200 Männer der *Organisation Todt,* überwiegend bestehend aus Österreichern. Im Hafen von Ouistreham lagen fünf *(von den Franzosen „übernommene")* Minenräumboote und ein Begleitboot an den Anlegestellen der 10. Räumboot-Flottille.

(Am 6. Juni 1944 betrug die personelle Stärke in diesem Raum deutscherseits insgesamt [bei ständigen Zu- und Abgängen] zirka 1.800 Soldaten zuzüglich der [zirka] 200 Arbeiter der OT. In keinem anderen Abschnitt des späteren gesamten Invasionsraums war die Küste derart stark besetzt und befestigt, wie vor Ouistreham und Riva-Bella.)

Im mittleren, leicht östlich gelegenen Bereich des großen Stützpunktes erhob sich einer der höchsten Bunker des gesamten, viertausend Kilometer langen *Atlantikwalls* – der 17 Meter hohe, 4-etagige *Grand Bunker (wie die Franzosen ihn nennen).* Dieser Bunker bildete mit seinem im obersten Stockwerk aufgestellten Telemetriegerät einen sogenannten Hochleitstand respektive die Feuerleitstelle für die *(zuerst)* vor Riva-Bella aufgestellte 1. Batterie. Er war als reiner Observationsstand gebaut, von dem aus an die umliegenden Batterien Informationen und Koordinaten übermittelt wurden, es aber keinerlei Möglichkeit gab, nach außen zu schießen.

Im Erdgeschoß dieses „Riesen" befanden sich einige kleine Mannschaftsunterkünfte und integrierte Nahverteidigungsanlagen. In der 1. Etage gab es einen Kommunikationsraum, außerdem waren hier die Ventilatoren für die Luftversorgung des Bunkers installiert. In der 2. Etage befanden sich die Betriebsräume mit den notwendigen Aggregaten. In der 3. Etage gab es den Offiziers- und Kartenraum. Die 4. Etage bildete den *(zur Seeseite offenen)* Ob-

Der große Observations- und Feuerleitbunker war 1943 von der Organisation Todt im Ortskern von Riva-Bella errichtet worden, zur teilweisen Tarnung und vor Beschuß geschützt, die Beobachtungsscharte dem Meer zugewandt, hinter Wohnhäusern, dessen Bewohner zuvor evakuiert worden waren, (das Foto war erst nach dem „D-Day" aufgenommen worden).
Foto: Archiv Grand Bunker / F. Corbin

Einer der kleinen Räume im großen Bunker, der als Mannschaftsquartier diente.

Auf der Seite der Alliierten war man sich betreffs der diversen Strandhindernisse durchaus im Klaren – mehr noch: Inzwischen wurden kleine Info-Mappen hergestellt, die anläßlich der geplanten Invasion an einsatzleitende Offiziere ausgehändigt werden sollten...

Abbildungen: Archiv von Keusgen

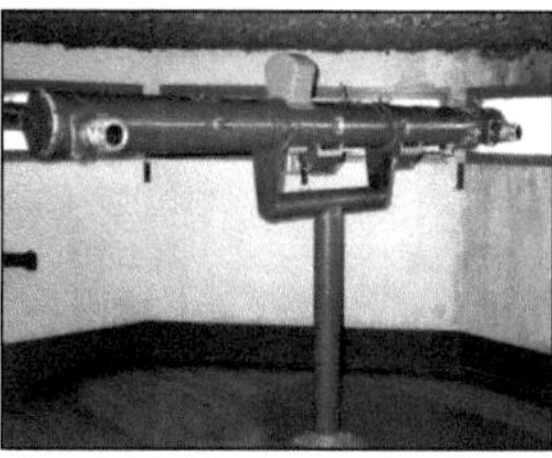

Im Observationsraum steht das lange Telemetriegerät.

Fotos: von Keusgen

Der Hochleitstand bot einen sehr guten Ausblick auf das Meer und das weitere Umfeld.
Ganz oben: Blickrichtung seeseitig, mit dem Strand sowie dem damaligen Vorstrand mit den diversen Befestigungsanlagen.
Darunter: Die Orne-Bucht mit dem jenseits gelegenen und zur Stützpunktgruppe Franceville West gehörenden Terrain des WN 05 (der Pfeil weist auf einen seiner strandnahen Bunker).

Albin Wienand – 21-jähriger Artillererist, wurde von der Pointe du Hoc zum Stützpunkt WN 08 strafversetzt.

Foto: Kollektion A. Wienand

servationsraum mit dem *(ungewöhnlich großen)* 2,20 Meter langen Telemetriegerät. Auf der flachen Abdeckung des Bunkers war eine 2-cm-Flak aufgestellt, der für Nachteinsätze mittels eines großen Scheinwerfers mit einem Durchmesser von 1,5 Metern geleuchtet wurde *(siehe auch Seite 19)*.

Der Artillerist Albin Wienand, ein 21-jähriger Abiturient und inzwischen Obergefreiter OA *(Offiziersanwärter)*, der das NS-Regime insgeheim ablehnte, hatte bis zum 18. März 1944 als Angehöriger der auf der Pointe du Hoc stationierten 2. Batterie der Heeres-Küsten-Artillerie-Abteilung 832 kategorisch verweigert, eine Kriegsschule zu besuchen, um danach zum Offizier befördert zu werden *(siehe den Titel zu dieser Buchserie „Pointe du Hoc – Rätsel um einen deutschen Stützpunkt)*. Infolge der Verweigerung hätte Wienand eigentlich in ein Strafbataillon versetzt werden müssen. Doch da sein Batteriechef, der 27-jährige Leutnant Frido Ebeling, sehr human eingestellt war, veranlaßte er, daß Wienand lediglich vom Stützpunkt Pointe du Hoc zu der 56 Kilometer östlich entfernten, im Stützpunkt Riva-Bella stationierten 1. Batterie der HKAA *(Heeres-Küsten-Artillerie-Abteilung)* 832 versetzt wurde: „Hier war noch alles im Bau befindlich", erklärte Wienand, „innerhalb des Stützpunktes standen etliche kleine villenähnliche Häuser, deren Bewohner evakuiert worden waren. Einige von ihnen hatten reichen Franzosen zuvor als Sommerresidenz gedient, nun waren sie Unterkünfte für Stützpunktmannschaften. Diese sechs großen französischen 15,5-cm-Geschütze hatte man direkt am Strand aufgestellt. Als ich nach Riva-Bella kam, stand der große, betonierte Hochbunker bereits. Ganz da oben drin befand sich die B-Stelle, der ich, weil ich als Beobachter ausgebildet war, sofort zugeteilt wurde."

Die **2. Batterie** der **Heeres-Küsten-Artillerie-Abteilung 1260** war nahe südlich Houlgate aufgestellt, an der „Trennlinie" der 716. zur 711. Infanterie-Division, und verfügte ebenfalls über vier französische 15,5-cm-Kanonen, von denen zwei verbunkert waren.

WN 09 befand sich im Zentrum Ouistrehams und war lediglich eine Niederlassung der 4. Kompanie des Grenadier-Regiments 736.

WN 10 lag am westlichen Ortsrand von Riva-Bella, in unmittelbarer Strandnähe. Flankierend befanden sich am Strand zwei Kasematten, in denen jeweils eine 7,5-cm-Feldkanone Modell 1938 aufgestellt war, außerdem eine Ringstellung mit einer 5-cm-KwK sowie eine solche in offener Feldstellung.

WN 11 war ein nur kleines Widerstandsnest direkt an der Landstraße von Caen nach Ouistreham, in Höhe St.-Aubind'Arquenay. In ihm stand ein Teil der 2. Kompanie des Grenadier-Regiments 736.

WN 12 wurde gebildet von der **4. Batterie / Artillerie-Regiment 1716** und befand sich in der Mitte zwischen Riva-Bella und Saint-Aubin. Die Bewaffnung bestand aus vier schweren französischen 15,5-cm-Feldhaubitzen und zwei 2-cm-Flie-

Helmut Römer (rechts und Foto oben) mit Erwin Sauer als Doppelposten auf der Kanal-Brücke nahe Bénouville – Soldaten der 4. Kompanie des Grenadier-Regiments 736:
Foto: Kollekt. H. Römer

Die Kanal-Brücke, neben der sich (noch heute) die offene Ringstellung mit der (damals mit Tarnanstrich versehenen) 5-cm-Kampfwagenkanone befindet. **Fotos: F. Montag & Battlefield Historian Ltd.**

Oberst Ludwig Krug
Foto & Kollektion: H. Sauer

Das nach dem Abriß des Brückenwärterhauses übriggebliebene Kellerfundament diente den deutschen Soldaten als provisorische Mannschaftsunterkunft und Gefechtsstand.
Foto: Battlefield Historian Ltd.

In Reminiszenz an den britischen Generalfeldmarschall Bernard Montgomery wurde der Name der Ortschaft mit seinen Namenszusatz erweitert. **Foto: von Keusgen**

gerabwehrkanonen. Die Kasematten für diese schweren Geschütze waren bis zum *D-Day* noch nicht fertiggestellt.

WN 13 befand sich bei Bénouville, unmittelbar an der Hebebrücke über den Orne-Canal. Es bestand lediglich aus einigen kurzen Laufgräben auf der östlichen Uferseite sowie einem halbunterirdischen Unterstand und einer in den Erdboden eingelassenen kleinen Ringstellung mit einer 5-cm-KwK. Dort waren nur 18 Soldaten des *(halben)* Brücken-Wachzuges stationiert. Obersoldat Helmut Römer sagte über die kleine Brückenverteidigungsanlage:

„Davon, daß unser kleiner Standort als Widerstandsnest 13 bezeichnet sein sollte, hatte ich nichts gewußt; das haben wir niemals gehört. Es hieß lediglich Brückenwache Bénouville. Man war noch überall schwer am buddeln, aber bei uns hatte sich bis Anfang Juni 1944 noch nicht viel getan. Zusammen mit französischen Hilfskräften wurden Bäume zur Errichtung von Hindernissen gegen Luftlandeunternehmen gefällt, und das Wohnhaus des Brückenwächters wurde bis auf den Keller abgerissen. Darauf wurde eine neue Betondecke gegossen. Da sollte ein Gefechtsstand entstehen, aber vorher wurde er noch als kleines Munitionsdepot und Schlafraum für sechs unserer Soldaten genutzt. Daneben war erst im Frühjahr in einem mit Holzbalken und Zeltplanen überdachten Laufgraben ein kleiner, improvisierter Unterstand eingerichtet worden, in dem erst einige von uns Wachsoldaten schlafen mußten; dann quartierte sich unser Zugführer darin ein. Wir mußten von da an in einem alten, zu einer Mannschaftsunterkunft umgebauten und aus Ziegelsteinen gemauerten Stall in 3-etagigen Betten schlafen. Er bestand nur aus einem einzigen Raum, in dem außer der Betten und ein paar Holzschemeln auch ein kleiner Tisch stand, mit einem Telefon darauf; der Raum diente nämlich gleichzeitig als Wachstube. Es war alles äußerst primitiv."

WN 14 lag geographisch auf derselben Höhe wie WN 12, nur etwa einen Kilometer weiter westlich, und bestand aus einem Unterstand mit einem 6-Scharten-Turm sowie einem Kleinschartenstand mit einer 5-cm-KwK. Hier lag der Stab des I. Bataillons des Grenadier-Regiments 736.

WN 15 befand sich im Ort Saint-Aubin-d'Arquenay und wurde lediglich aus der sogenannten Schreibstube des I. Bataillons des Grenadier-Regiments 736 gebildet.

WN 16 nahe Colleville-sur-Orne[9] wurde von der **2. Batterie** des **Artillerie-Regiments 1716** mit vier veralteten, tsche-

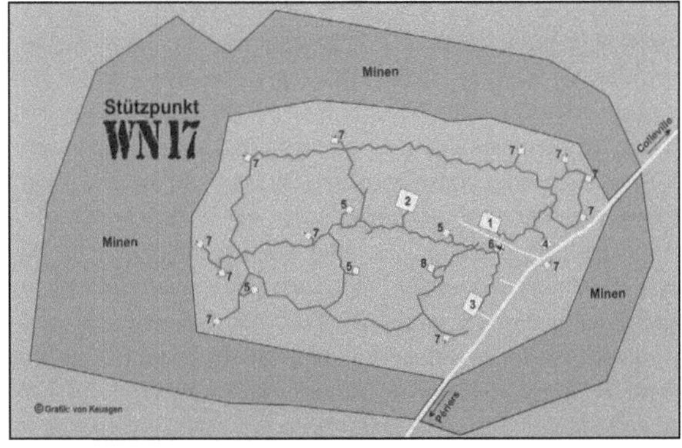

Karte des WN 17
1 = Gefechtsstand A (Krug)
2 = Gefechtsstand B
3 = Geschäftsstelle mit Garage
    mit 7,5-cm-Pak
4 = Küche
5 = Unterstände
6 = Plattform mit 4,7-cm-Pak
7 = Verteidigungsstände
8 = Brunnen

Grafik: von Keusgen

chischen leichten 10-cm-Feldhaubitzen gebildet. Drei dieser Geschütze standen in bereits fertigen Kasematten des Regelbau-Typs H 669 *(Schartenstände für Feldgeschütze ohne Nebenräume). (WN 16 war in den britischen Gefechtsplänen als Stützpunkt mit dem Decknamen „Morris" verzeichnet.)*[10]

WN 17 war Teil der als **Stützpunkt Höhe 61** bezeichneten Verteidigungsanlage *(benannt nach der 61 Meter hohen Geländeerhebung, auf dem sie sich befand)* und lag 3,8 Kilometer von der Küste entfernt und im *(geplanten)* britischen Landeabschnitt *Sword*, Sektor *Queen*, knapp einen Kilometer südwestlich Colleville-sur-Orne.

WN 17 lag auf einer 24 Hektar großen, zum Gemeindegebiet von Colleville-sur-Orne gehörenden Anhöhe, von der aus sich ein phantastischer Ausblick bot, sowohl aufs Meer hinaus, wie auch ins Landesinnere. *(Diese strategisch bedeutsame Anhöhe war deutscherseits mit dem Codenamen „Rittmann" benannt worden, von den Invasionsplanern als „Festung" mit dem Decknamen „Hillman".)*

In dieser großen Anlage mit ihren vielen Laufgräben, Unterständen und Verteidigungseinrichtungen war der Stab des Grenadier-Regiments 736 mit seinem Kommandeur, dem Österreicher Oberst Ludwig Krug, etabliert. Bereits 1942 hatte die *Organisation Todt* damit begon-

Der Gefechtsstand des Oberst Krug befand sich in diesem halbunterirdischen Bunker mit einer Beobachtungsglocke (am Horizont die 3,8 Kilometer entfernte Küste, die am „D-Day" den britischen Landeabschnitt „Sword" Sektor „Queen" bildete).
Fotos: von Keusgen

Hans Sauer war im Kommandeursbunker als Bürokraft und Gefechtszeichner tätig.

Foto: Kollektion H. Sauer

nen, auf einem 400 x 600 Meter großen Terrain eine starke Verteidigungsanlage mit 18 unterirdischen Bunkern anzulegen. Zur Verteidigung dieses Widerstandsnestes dienten 150 Soldaten des Grenadier-Regiments 736. Die Bunker waren mit 20 bis 30 Zentimeter dicken, gepanzerten Abdeckungen versehen, außerdem mit einem elektrischen Ventilator-System sowie mit Nahverteidigungsanlagen mit Maschinengewehren ausgestattet. Die Bunker und Mannschaftsquartiere, die eine Kommunikationsstelle und einen Speiseraum enthielten, waren mit einem gut geplanten Netz aus Tunneln und Laufgräben miteinander verbunden, ebenso mit einer bis zu drei Meter tief eingegrabenen Telefonleitung. An der höchsten Geländeerhebung war eine gepanzerte Beobachtungsglocke in eine Bunkerdecke einbetoniert worden. Auf einer Plattform war eine 4,7-cm-Pak aufgestellt, in einer Garage am Haupteingang stand eine 7,5-cm-Panzerabwehrkanone. An verschiedenen Stellen befanden sich infanteristische Verteidigungsstellungen, davon sieben mit Maschinengewehren und fünf Granatwerfern. An drei Seiten gab es ein breites Minenfeld. Die nahe vorgelagerten Widerstandsnester 16 und 19 bildeten einen zusätzlichen Schutz.

Der 21-jährige Obergefreite Hans Sauer war Melder und *(weil von Beruf Technischer Zeichner)* sogenannter Gefechtszeichner im Stab des Grenadier-Regiments 736 der 716. Infanterie-Division im WN 17. Er berichtete: „Ende Juni 1942 war ich in die Normandie gekommen. Nachdem Rommel Anfang 1944 auch in die Normandie kam, veranlaßte er, daß da sofort wie verrückt gebaut wurde. Vorher war ja da nicht viel geschehen, nur ein paar kleine Strandhindernisse. Dann ging's Hals über Kopf los. Da wurde jede Menge gebuddelt und betoniert. Auch wir aus der Schreibstube mußten mit 'ran, Bäume absägen, Löcher buddeln und darin den Rommelspargel pflanzen und alle Stämme mit Draht miteinander verbinden, damit, wenn Lastensegler kommen, die da nicht landen können. Die große Menge Draht, die dafür gebraucht wurde, war den Bauern weggenommen worden.

Ich war zu dieser Zeit noch im Château *(Schloß)* Beuville, habe oben im Gesindezimmer geschlafen. Oberst Krug hatte ein größeres Zimmer, aber der kam erst später; zuerst hatten wir da als Kommandeur noch Oberst Domasch gehabt. Im Château wohnten auch zwei Offiziere, der Adjutant und der Ordonnanzoffizier und die Feldwebel.

*Hans Sauer an „seinem"
Schreibtisch im Gefechtsstand.*

Foto: Kollektion H. Sauer

Im März sind wir dann auf die Höhe 61 bei Colleville übergesiedelt, in den fertigen Stützpunkt. In der Mitte des Dreiecks Colleville-sur-Orne, Périers-sur-le-Dan und Saint-Aubin gibt es eine 61 Meter hohe Geländeerhebung, die heißt Höhe 61. Da haben sie das große Widerstandsnest 17 gebaut, das aber gleichzeitig auch ein Stützpunkt war. Aber wir haben immer nur Höhe 61 gesagt. Von da oben hatten wir einen tollen Ausblick auf's Meer; das war nur knapp vier Kilometer entfernt. Von hier bestand eine direkte Kommunikation mit dem Divisions-Hauptquartier des Generals Richter. Der ganze Stützpunkt war ein-

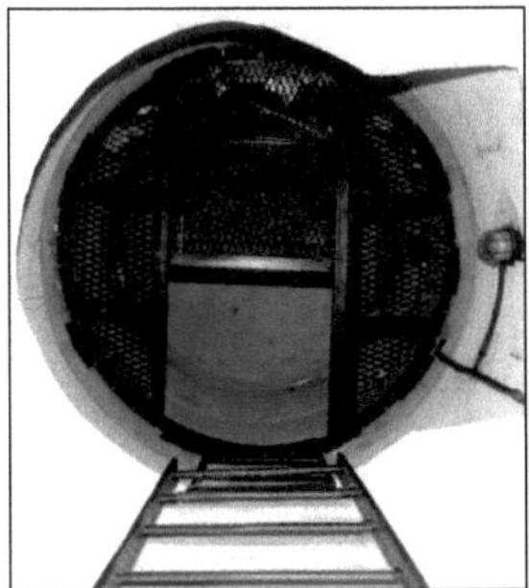

Der Aufstiegsschacht in den Beobachtungsstand.

Die Beobachtungsglocke auf Oberst Krugs Gefechtsstand (heute ein Nachbau, weil das Original von Altmetallhändlern in den 1950er Jahren demontiert wurde). **Fotos: von Keusgen**

Tobruk-Stand im WN 17. Diese auch ebenerdig betonierten infanteristischen Ein-Mann-Stellungen wurden nach einer Idee Rommels während des Nordafrika-Feldzugs gefertigt.

1 = Zentrale
2 = Fernmelderaum
3 = Kartenraum
4 = Telefonzentrale
5 = Offiziersquartier
6 = mit einem MG bestückte
    Beobachtungskuppel
7 = Quartier des Kommandeurs
8 = Ruheraum
9 = Ventilator-Raum
10 = Heizungsraum
11 = Poststelle
12 = Eingangsbereiche (von
    Nahverteidigungseinrich-
    tungen gesichert)
13 = Tobruk-MG-Stand
14 = Stromgenerator-Raum.

Der **Regimentsgefechtsstand** des Oberst Ludwig Krug entsprach dem Regelbau-Typ H 608 in leicht modifizierter Bauweise und mit einem integrierten, mit einem Maschinengewehr bestückten Panzerbeobachtungsstand. Hier befanden sich die Geschäftsräume für die Führungskräfte des Regimentsstabs sowie das Quartier des Kommandeurs und jenes drei weiterer Führungskräfte. Das weitere Personal war in anderen Unterständen untergebracht.

Die große ehemalige Radaranlage, von der noch vieles erhalten blieb, ist heute ein sehr interessantes Museum. **Fotos: von Keusgen**

gezäunt wie beim Ersten Weltkrieg, mit mehreren Reihen Stacheldraht an schräg nach außen gerichteten Pflöcken.

Oberst Krug war in einem der Bunker untergebracht. Das war ein Führungsbunker, der Stabsbunker unseres Regiments 736. Der Krug, der hat da drinnen auch geschlafen. Da waren auch noch zwei große Räume drin, einer war das Geschäftszimmer; da habe ich an der Schreibmaschine gesessen. In einem der unterirdischen Bunker mit zwei Räumen, der Pak-Bunker genannt wurde *(mit einer 7,5-cm-Pak)*, stand Krugs Kommandeurswagen, ein BMW, und mein französisches Fahrrad. Eine tschechische 4,7-cm-Pak stand im Freien.

Mit den Franzosen ging alles ganz ruhig ab; aufgefallen ist mir aber die Armut der Bevölkerung. Von der Résistance gab's da nichts zu befürchten. Unser Zahlmeister saß da unten im Dorf; da hatte er eine Freundin und ist dann einfach dageblieben. Friedlich war da alles, und ich konnte da mit dem Fahrrad allein 'rumgondeln. Schlimmer war unsere eigene Truppe, die wurde ja personell mehrmals durchgekämmt, weil in Russland Leute fehlten. Ich war erst einundzwanzig und hatte ein Gefühl, als wenn ich am Rande eines Vulkans leben würde. Russland war der Horror. So hatten wir 1944 nur noch fast alles uralte Leute in unserem Verein."

Stützpunkt WN 18 befand sich direkt am Colleville-Plage, 2,4 Kilometer nördlich Colleville-sur-Orne und nahe der kleinen Ortschaft Hermanville-la-Bréche vorgelagert, zum westlichen Gemeindegebiet von Riva-Bella gehörend, in dem die 10. Kompanie des Grenadier-Regiments 736 stationiert war. Als Stützpunkt La Bréche benannt, besaß die Anlage keine durchgehende Umzäunung, da sie im gesamten Ort gewissermaßen „integriert" war. WN 18 bestand aus einer Kasematte mit einer französischen 7,5-cm-Feldkanone, einer Kasematte mit einer 5-cm-KwK, einer weiteren 5-cm-KwK in einer Ringstellung, einem Tobruk-Stand mit einem 8-cm-Granatwerfer und einem Maschinengewehr-Stand; auch gab es mehrere betonierte Gruppenunterstände fürs Personal.

WN 19 war lediglich eine kleine, vor dem nördlichen Teil von Colleville-sur-Orne gelegene, unbewaffnete Verwaltungsstelle.

Stützpunkt WN 20 im direkt am Strand gelegen Weiler Hermanville-la-Brèche, bildete eine sich am gesamten Strand vor der Ortschaft erstreckende, großräumige Verteidigungsanlage mit einer 8,8-cm-Pak in einem großen Schartenstand, einem weiteren Schartenstand mit einer 5-cm-Kampfwagenkanone, zwei offenen Ringständen mit je einer 5-cm-KwK, einem Sonderkonstruktion-Doppelschartenstand mit einer 5-cm-KwK, eine weitere 5-cm-KwK in offener Stellung und einem Renault-Panzerturm mit 3,7-cm-Kanone auf einem Tobruk-Stand.

WN 21 lag direkt im kleinen Küstenort Lion-sur-Mer und war mit zwei 5-cm-KwK in speziellen Stellungen bewaffnet.

WN 22 bestand lediglich aus der Verwaltungsstelle für die beiden großen, unweit südwestlich befindlichen Radar-Stationen Douvres I und Douvres II beim Dorf Douvres-la-Délivrande, 3,2 Kilometer hinter der Küste gelegen, und war völlig unbewaffnet.

Stützpunkt Douvres I und **Stützpunkt Douvres II** bildeten eine durch eine Landstraße getrennte, insgesamt 10 Hektar große Radarstation der Luftwaffe, deren Deckname *Di-*

Der größte Unterstand auf dem weitläufigen Terrain der Radaranlage bei Douvres-la-Délivrande war der sogenannte halbunterirdische Hindenburg-Bunker mit seinen zwanzig Räumen.   **Foto: von Keusgen**

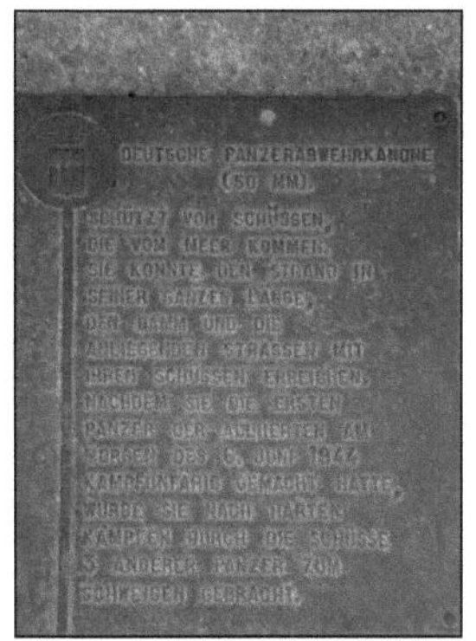

Der Kleinunterstand des WN 27 mit der 5-cm-KwK wurde auf der Promenade, direkt am Strand, errichtet. Eine in den 1990er Jahren daran montierte Bronzeplatte informiert in französischer und deutscher Sprache über den ehemaligen Zweck dieser kleinen Verteidigungsanlage: „Deutsche Panzerabwehrkanone (50 mm) schützt vor Schüssen, die vom Meer kommen. Sie konnte den Strand in seiner ganzen Länge, den Damm (die Promenade) und die anliegenden Straßen mit ihrenSchüssen erreichen. Nachdem sie die ersten Panzer der Alliierten am Morgendes 6. Juni 1944 kampfunfähig gemacht hatte, wurde sie nach harten Kämpfen durch die Schüsse 3 anderer Panzer zum Schweigen gebracht. "In vielen Ortschaften an der normannischen Küste wurden die ehemaligen deutschen Verteidigungsanlagen ins moderne Stadtbild integriert, wie hier in Saint-Aubin-sur-Mer.

Fotos: von Keusgen

stelfink war. Ende 1942 zur Abwehr von Angriffen von Großbritannien aus errichtet, war sie die größte Radarstation in der Region Calvados. Ausgestattet war die Anlage mit einem mehr als 50 Meter hohen Radarturm des Typs *Wassermann*. Im südlichen Teil der Anlage, im Stützpunkt Douvres I, waren zwei *Freya*-Stationen sowie zwei große Radargeräte, bekannt als *Würzburg-Riesen*. Das Herzstück dieser Radarstation war der sogenannte *Hindenburg-Bunker*, ein aus 20 Räumen bestehender, halbunterirdischer Bunker, der das operative Zentrum der gesamten Anlage bildete. Als Stützpunkt bezeichnet wurde die Radarstation, weil sie mit mehr als dreißig Verteidigungsstellungen mit einem weitverzweigten Tunnelsystem ein waffenstrotzendes Bollwerk darstellte – eine unterirdische Festung. Fast sämtliche Stellungen befanden sich unterhalb des Erdbodens und waren durch verwinkelte Gänge miteinander verbunden. Die großflächige Anlage wurde von mehreren Fliegerabwehrgeschützen, Panzerabwehrkanonen, Maschinengewehr- und Granatwerferstellungen sowie sie umgebende Minenfelder und Panzerabwehrgräben gesichert. Insgesamt waren dort 230 Luftwaffensoldaten stationiert *(denen es in den ersten Tagen der Invasion gelang, alle Angriffe der Alliierten abzuweisen)*. Ihr Chef war Oberleutnant Igle. Von hier aus wurden per Funk alle Truppenbewegungen der Alliierten gemeldet, die man beobachten konnte. Außerdem führte ein Erdkabel nach Caen, somit die große Radarstation auch als Artilleriebeobachtungsstelle dienen konnte. *(Erst am 17. Juni 1944, elf Tage nach ihrer Landung im Abschnitt „Sword", gelang es, die vierhundert Soldaten des 41. Royal Marine Commandos, die 2. Dragoons der Artillerie sowie einige Kriegsschiffe entsprechend zu koordinieren, um endlich die für die weitere Invasion so gefährliche und starke Radarstellung angreifen zu können. Unter dem Schutz der vom starken Beschuß der vielen Kriegsschiffe entstandenen und sich weit ausbreitenden Rauchentwicklung wurde ihr Angriff gleichzeitig von Westen und Süden her geführt, blieb aber vorerst problematisch. Dabei verloren die Briten zwölf ihrer Panzer. Doch infolge der Verstärkung ihrer Truppen durch starke Teile der britischen 3. Infanterie-Division sowie der kanadischen 3. Infanterie-Division gelang es endlich, die deutsche Stellung zu eliminieren.)*

WN 23 war keine in sich abgeschlossene Verteidigungsanlage, sondern bestand aus einigen im Weiler Tailleville *(unterhalb Saint-Aubin, 3,2 Kilometer hinter der Küste gelegen)* errichteten kleinen Verteidigungsstellungen, deren stärkste Bewaffnung eine 5-cm-KwK bildete.

WN 24 und **WN 25** bei Luc-sur-Mer bestanden aus insgesamt acht kleinen Verteidigungsständen. Auch hier war eine 5-cm-KwK die stärkste Waffe.

WN 26 befand sich in der Ortschaft Langrune-sur-Mer, unmittelbar am Strand und wurde lediglich von fünf kleinen Verteidigungsstellungen gebildet, deren größte ein Ringstand mit einer 5-cm-KwK war.

WN 27 wurde in Saint-Aubin-sur-Mer von vier kleinen Verteidigungsstellungen sowie einem Kleinunterstand mit einer 5-cm-KwK und einer in offener Stellung plazierten 5-cm-KwK gebildet – alles das im direkten Strandbereich.

Der Kleinunterstand mit einer 5-cm-KwK im WN 28, unmittelbar am Strand vor Bernières-sur-Mer. Das Foto entstand während der Invasion (siehe die Kriegsschiffe am Horizont). *Foto: Battlefield Historian Ltd.*

Derselbe Unterstand ist heute eine Gedenkstätte für die in diesem Bereich (am "Juno Beach") angelandeten kanadischen Soldaten. *Foto: von Keusgen*

Küstenverteidigungsabschnitt H1
Küstenverteidigungsgruppe Caen
Küstenverteidigungsuntergruppe Courseulles:

WN 28 befand sich in Bernières-sur-Mer, im Strandbereich, und bestand aus drei MG-Ringständen, einem mit einer 5-cm-KwK, einer weiteren verbunkerten 5-cm-KwK *(Foto siehe Seite 35)*, fünf Unterständen mit Panzertürmen und einer in offener Feldstellung plazierten 7,5-cm-Feldkanone.

WN 28a wurde nahe westlich von Bény-sur-Mer, 4,4 Kilometer im Hinterland, von der **7. Batterie / Artillerie-Regiment 1716** gebildet, deren vier leichte Feldhaubitzen mit 10,5-cm-Kaliber in offener Feldstellung für eine zusätzliche Verteidigung der kleinen Hafenstadt Courseulles-sur-Mer sowie der Mündung der Seulles aufgestellt waren.

WN 28b wurde im westlichen Strandbereich von Bernières-sur-Mer errichtet, vor einem stellenweise direkt bis zum Strand reichenden Sumpfgelände, und bestand hauptsächlich

Die Position dieser Kasematte vor Bréche le Bissonist im offiziellen Verzeichnis deutscher Küstenverteidigungsanlagen infolge der Nichtvollendung einer Verteidigungsanlage nicht verzeichnet. Der offenbar extrem starke Beschuß durch die Schiffsartillerie und die vielen Einschläge hinterließen deutliche Spuren... *Foto: von Keusgen*

aus zwei 5-cm-Panzerabwehrkanonen. Bei Basly, sechs Kilometer unterhalb der Küste, war die **1. Batterie / schwere Artillerie-Abteilung 989** in einer offenen Feldstellung statio- niert – mit vier russischen schweren 12,2-cm-Feldkanonen.

WN 29 bildete lediglich einen Teil der wegen des kleinen Hafens stark befestigten Küsten- kleinstadt Courseulles-sur-Mer, direkt an der Mündung der Seulles. Am östlichen Ortsrand ge- legen, bestand die Verteidigungsanlage aus 14 unterschiedlichen Kleinunterständen, davon sechs Tobruks für Maschinengewehre, Granatwerfer sowie einem Renault-Panzerturm und drei Kasematten für eine 7,5-cm-Pak, eine 8,8-cm-Pak sowie eine 5-cm-KwK. Dazu kamen neun Mannschaftsunterstände, einer mit einer stählernen Beobachtungs-kuppel ausgestattet.

WN 30 befand sich im südlichen Teil von Courseulles, war eine nur kleine Anlage und le- diglich mit infanteristischen Mitteln ausgestattet.

Stützpunkt WN 31 bildete den Hauptteil der Stadtverteidigung Courseulles, lag im Be- reich der Hafeneinfahrt und war befestigt mit drei Kasematten mit 7,5-cm-Feldkanonen, ei- ner Doppelschartenstand-Sonderkonstruktion mit eine 5-cm-KwK, zwei weiteren verbun- kerten 5-cm-KwK, zwei Ringständen für 5-cm-KwK sowie sechs Kleinunterstände.

Beim Weiler Amblie, sechs Kilometer leicht westlich unterhalb Courseulles, war die **2. Batterie / schwere Artillerie-Abteilung 989** mit vier russischen schweren 12,2-cm-Feld- haubitzen in offener Feldstellung aufgestellt – die sogenannte Batterie Mont Fleury. Ledig- lich eine der Feldhaubitzen war bis zum *D-Day* in ihrer Kasematte installiert worden, die drei anderen standen noch in offenen Feldpositionen neben den unfertigen Geschützbunkern. *(Diese aus Blocksteinen gemauerten Kasematten entstanden erster Bauphase durch den Guß des Betonfundaments, dann wurde eine Innen- und eine Außenwand hochgezogen, zwischen die man den sogenannten Schalungsbeton goß – ein für die Schnellbauweise sehr geeignetes System, jedoch ist das Objekt deutlich weniger widerstandsfähig als die konventionelle Bauweise – siehe auch die Kasematten auf der Pointe du Hoc.)*

Dem weitläufigen, stellenweise bis zu 600 Meter breiten, bis zum Strand reichenden Sumpf- gelände dieser Küstenregion und 3,6 Kilometer der Ortschaft Graye-sur-Mer vorgelagert, wurde direkt am Strandausgang bei Bréche le Bisson *(wie es gerade an derart wichtigen Stel- len üblich war)* eine Kasematte für eine 8,8-cm-Panzerabwehrkanone errichtet. Zur Erstellung einer kompletten Verteidigungsanlage war es bis zum 6. Juni 1944 nicht mehr gekommen.

WN 32, beim Weiler La Marefontaine, 3,8 Kilometer hinter der Küste und unterhalb Ver-sur-Mer gelegen, bestand aus der Batterie Vera, der **6. Batterie / Artillerie-Regiment 1716** mit vier veralteten tschechischen leichten 10-cm-Feldhaubitzen. Die Bauarbeiten der hierfür zu erstellenden Kasematten waren erst kurze Zeit vor dem 6. Juni 1944 begonnen und bis zum *D-Day* noch nicht fertiggestellt worden.

Die **2. Batterie / Artillerie-Regiment 1711**, die sogenannte Batterie Marefontaine, stand einen Kilometer südöstlich Ver-sur-Mer, auf dem Hügel 44 – ebenfalls unweit des Weilers La Marefontaine und der 6. Batterie – mit vier verbunkerten tschechischen 10,5-cm-Feldhaubitzen Model 1918 *(überhaupt waren am „Atlantikwall" viele veraltete Waffen aus dem Ersten Weltkrieg aufgestellt).*

WN 33 war eine 4,6 Kilometer westlich Courseulles, am Strand des Weilers Le Paisty Vert gelegene, unfertige Anlage, direkt auf der Trennlinie der Abschnitte *Juno* und *Gold*. Sie bestand aus drei noch unbestückten Kasematten, zwei Ringständen für 5-cm-KwK, drei Sonderkonstruktion-Kasematten für 8,8-cm-Panzerabwehrkanonen, zwei Unterständen mit 5-cm-KwK sowie 5 Kleinunterständen.

WN 33a lag beim Weiler Le Buisson, 2,4 Kilometer westlich von Courseulles und 1,2 Kilometer hinter der Küste. Das kleine Widerstandsnest bestand lediglich aus einer Kasematte mit einer 7,5-cm-Feldkanone.

Bei Creully, 6 Kilometer hinter der Küste und 2,3 Kilometer süd-westlich unterhalb Ver-sur-Mer, waren in offener Feldstellung vier russische 12,2-cm-Feldhaubitzen der **3. Batterie / schwere Artillerie-Abteilung 989** aufgestellt.

WN 34 befand sich unmittelbar beim Weiler Mont Fleury, 850 Meter unterhalb des WN 33, und bestand aus einem Ringstand mit einer 5-cm-KwK, einer verbunkerten 5-cm-KwK und drei Kleinunterständen.

WN 35, nördlich Ver-sur-Mer, beim Weiler Hable de Heurtot und direkt am Strand gelegen, war eine kleine, noch unfertige Küstenverteidigungsanlage mit nur wenigen offenen MG- und Granatwerfer-Stellungen sowie einem Ringstand mit einer 5-cm-KwK.

Stützpunkt WN 35a wurde von der **3. Batterie / Heeres-Küsten-Artillerie-Abteilung 1260** gebildet, auch Batterie Mont Fleury genannt. Sie befand sich am westlichen Ortsrand von Ver-sur-Mer, nahe des Schlosses Mont Fleury, und war bestückt mit vier russischen 12,2-cm-Kanonen, die in Sonderkonstruktion-Kasematten untergestellt werden sollten. Bis zum *D-Day* war aber erst einer der vier Geschützbunker fertiggestellt und einer noch im Bau befindlich; mit den beiden anderen war erst begonnen worden. So konnte nur eines der Geschütze verbunkert werden, die drei anderen wurden feldmäßig aufgestellt. Zusätzlich gesichert war die Batterie lediglich mit einer 2-cm-Flak und einigen offenen MG-Ständen.

WN 36 befand sich direkt am Strand vor Asnelles-sur-Mer, am sogenannten *Roseau Plage*, dem *Schilfrohr-Strand*. *(WN 36 sowie WN 36a gehörten noch zur Küstenverteidigungsuntergruppe Cour-seulles)*. Befestigt war das Widerstandsnest mit einem Ringstand mit einer 5-cm-KwK, einem MG-Stand und einer weiteren, offen aufgestellten 5-cm-KwK.

Küstenverteidigungsabschnitt H2

Küstenverteidigungsgruppe Bayeux
Küstenverteidigungsuntergruppe Bessin

WN 35b, 1,2 Kilometer westlich Crépon und 4 Kilometer hinter der Küste gelegen, wurde diese Verteidigungsanlage von der **5. Batterie / Artillerie-Regiment 1716** sowie dem Gefechtsstand der II. Abteilung des Artillerie-Regiments 1716 gebildet. In offener Feldstellung waren dort vier tschechische leichte 10-cm-Feldhaubitzen aufgestellt.

WN 37 lag direkt am und im Weiler Le Hamel, war relativ unbefestigt und bezog einen nicht unerheblichen Teil der kleinen, nahe südlich gelegenen Küstenortschaft Asnelles mit ein. Der Durchgang zum Strand wurde außer von drei offenen MG-Ständen auch von einer 7,5-cm-Feldkanone gesichert.

WN 37a wurde lediglich von der Ortschaft Asnelles gebildet, in vielen der Häuser deutsche Soldaten einquartiert waren.

WN 38 befand sich im Strandbereich vor St.-Côme-de-Fresné, 1,5 Kilometer westlich Asnelles, und wurde von einem Ringstand mit einer 5-cm-KwK, einer in einem Kleinunterstand aufgestellten 5-cm-KwK sowie einem Granatwerfer- und einem MG-Stand gesichert.

Der nur schmale Strandausgang beim Weiler Le Hamel sollte im Angriffsfall von dieser Kasematte mit einer darin installierten 5-cm-KwK gesichert werden. Jedoch war das Geschütz bis zum „D-Day" darin nicht installiert. Deshalb wurde hier eine 7,5-cm-Kanone in Stellung gebracht. **Foto: von Keusgen**

Foto oben: Am östlichen Ortsrand von Arromanches befindet sich jene Kasematte, in der einst eine 7,5-cm-Kanone aufgestellt war – in Schußrichtung der vor dem Ort befindlichen Bucht.
Fotos oben links: Auf den bis zu 53 Meter hohen Küstenerhebungen beiderseits Arromanches befinden sich noch heute die Reste der einstigen Radarstellungen und der großräumigen Verteidigungsanlage.
Fotos: von Keusgen
Abbildung links: Marineartillerieabzeichen, gestiftet 1941, verliehen an bewährte Angehörige der Marineartillerie für erfolgreichen Einsatz. **Abbildung: Archiv von Keusgen**

WN 39 befand sich im direkten Küstenbereich nahe östlich der Kleinstadt Arromanches. Das 32 Meter über dem Meeresspiegel legene Plateau war *(und ist noch immer)* benannt als *Point de Vue (Aussichtspunkt)*. Am Strand war eine Kasematte mit einer 4,7-cm-Skoda-Kanone erbaut worden, und auf halber Küstenanhöhe gab es zwei Sonderkonstruktion-Kasematten, bestückt mit je einer 7,62-cm-Feldkanone, sowie drei MG-Tobruk-Stände. *(Auch war mit dem Bau einer Kasematte für eine 5-cm-KwK begonnen worden, war jedoch bis zum 6. Juni 1944 nicht fertiggestellt.)* Auf dem Plateau *(an jener Stelle, auf der nach dem Krieg die große Statue der Heiligen Jungfrau aufgestellt wurde)* hatte die Kriegsmarine eine kleine Peilstation errichtet *(bestehend aus einem FUMO 27 „Seetakt" sowie einem „Würzburger Riesen" FUMG 65).*

Die in den Kasematten der Marine-Küsten-Batterie Longues installierten vier Geschütze waren von Skoda in Pilsen produzierte 15,2-cm-Langrohr-Torpedobootkanonen, Modell 1936. Die Feuergeschwindigkeit betrug sechs Abschüsse pro Minute. Ein Splitterschutzgehäuse aus 10 Millimeter dickem Stahl bot den Artilleristen zusätzlichen Schutz.

Abbildung & Foto: Archiv von Keusgen

WN 40 lag 2,1 Kilometer westlich von St.-Côme-de-Fresné und ebenso weit hinter der Küste, beim Weiler Le Puits d'Herode. In zwei ostwärts ausgerichteten Kasematten waren 7,5-cm-Feldkanonen aufgestellt. Auch gab es zwei schwere Granatwerfer.

WN 41 war *(provisorisch)* beim Weiler Le Petit Fontaine angelegt worden, 900 Meter südlich Arromanches. *(Dorthin sollte die 5. Batterie / Artillerie-Regiment 1716 mit ihrem dann neuen Namen „Batterie Franziska" verlegt werden. Am 6. Juni 1944 stand die 5. Batterie jedoch noch im WN 35b.)*

WN 42 bildete den **Stützpunkt Arromanches** der in einer weiten Bucht liegenden Küstenkleinstadt. Auf der beiderseits zwanzig bis dreißig Meter hohen Steilküste waren einige große Ortungsgeräte aufgestellt *(Point de Vue östlich, Tracy westlich)*, und mit ihrem Peilstand der 2. Funkmeßabteilung war die gesamte Anlage eine Station der Kriegsmarine. Zu ihrer Verteidigung gab es eine Kasematte, bestückt mit einer 7,5-cm-Feldkanone, und drei 2-cm-Flak-Ständen.

WN 43 auf der westlich Arromanches gelegenen Steilküstenanhöhe bildete die eigentliche Verteidigungsanlage der Radaranlage und war ausgestattet mit einem Ringstand mit einer 5-cm-KwK, zwei in offenen Feldstellungen errichteten 5-cm-KwK sowie einem MG-Tobruk-Stand. Auch waren in einer offenen Feldstellung zwei 10,5-cm-Feldhaubitzen der **8. Batterie** der **IV. Abteilung** des **Artillerie-Regiments 1352** aufgestellt. Unweit südwestlich standen zwei weitere Haubitzen der **9. Batterie**.

WN 44, nur 400 Meter weiter westlich gelegen, ebenfalls auf dem hohen Küstenstreifen, dem *Felsen von Tracy (der gleichnamigen Ortschaft 1,1 Kilometer vorgelagert)*, jedoch bis hinunter zum Strand, war nur eine kleine, gewissermaßen auf drei „Etagen" befindliche Verteidigungsanlage, ausgestattet mit einer 7,5-cm-Feldkanone, einer 4,7-cm-Skoda-Pak und einem 5-cm-Granatwerfer-Tobruk-Stand. Die Kasematte für eine 5-cm-KwK war bis zum 6. Juni 1944 noch nicht fertiggestellt.

WN 45, dem südwestlichen Ortsausgang von Arromanches vorgelagert, war ein nur winziger, noch nicht einmal eingezäunter Verteidigungsposten, lediglich ausgestattet mit einem leichten Granatwerfer und einem Maschinengewehr.

WN 46 befand sich auf der westlichen Seite der Verbindungsstraße von Arromanches nach Bayeux, 4,6 Kilometer südwestlich Arromanches, auf Höhe des Weilers Magny-en-Bessin und bildete eine weitere kleine Funkmeßstation der Luftwaffe – unbefestigt und unbewaffnet.

WN 47 war angelegt am Rand auf der Steilküste des *Cap Manvieux*, zwischen Tracy und Manvieux, und verfügte bis zum 6. Juni 1944 über noch keinerlei Bewaffnung.

WN 48 wurde von der **Marine-Küsten-Batterie Longues** gebildet *(benannt nach der nahe südlich gelegenen kleinen Ortschaft Longues-sur-Mer)*, der **4. Batterie** der **Heeres-Küsten-Artillerie-Abteilung 1260**, und bildete einen weiteren Schwerpunkt der deutschen Küstenverteidigung im *(von den Alliierten geplanten)* britischen Angriffsraum. Der Standort der Batterie war auf dem baumlosen Hochplateau der an dieser Stelle bis zu 66 Meter über dem Meeresspiegel befindlichen Steilküstenerhebung gut gelegen *(und befand sich am „D-Day" im östlichen Bereich des Landeabschnitts „Gold", auf der Trennlinie der Sektoren „Item" und „How" und war die einzige Marine-Küsten-Batterie im gesamten britisch-kanadischen Landeabschnitt).*

Am 19. November 1943 war der Standplatz für die vier zu errichtenden Kasematten der Batterie 950 Meter vom nordöstlichen Rand von Longues-sur-Mer sowie 4,9 Kilometer östlich Port-en-Bessin, ausgewählt worden. Bereits im folgenden Monat, am 31. Dezember, wurde mit dem feldmäßigen Ausbau der Stellung begonnen. Weil es an jeglichem Material mangelte, ging es mit der Fertigstellung jedoch nur sehr langsam voran; nicht einmal die Männer einer zusätzlich zu den deutschen und französischen Bauarbeitern abgestellten Pionier-Kompanie verfügten im vollen Umfang über die benötigten Mengen an Werkzeug. *(Wegen eines Mangels zur Verfügung stehender Arbeitskräfte konnte die „Organisation Todt" zu diesem Zeitpunkt noch nicht mit den umfangreichen Bauarbeiten beginnen.)*

Am 15. Januar 1944 wurde die Baustelle mit dem vorerst erforderlichen Bedarf an Baumaterial und Werkzeug versorgt und mit der Verlegung der Eisenbettung für Geschütz Nummer II begonnen, ebenso mit der Errichtung eines das Terrain umgebenden Zaunes, dem Bau von Tobruk-Ständen für Maschinengewehre und Granatwerfer sowie dem Ausheben von Schützenlöchern und Laufgräben.

Am 18. Januar wurde die *Organisation Todt* vor Ort in das Bauvorhaben eingewiesen und konnte am 31. Januar mit der Arbeit beginnen. *(Als Arbeitskräfte dienten der Organisation freiwillige französische Hilfskräfte, Kriegsgefangene von der Ostfront und extra herangeholte KZ-Häftlinge. Feldmarschall Rommel hatte befohlen, daß grundsätzlich kein Franzose zur Arbeit gezwungen werden durfte, freiwillige Arbeit dafür aber gut zu bezahlen sei; auch sollten sie gleich gut wie die deutschen behandelt werden.)*

Am 15. Februar waren bis zu insgesamt 300 Meter Laufgräben ausgehoben, drei Flak-Stände und ein Tobruk-Stand in den Erdboden gegossen.

Am 29. Februar wurde mit dem Erdaushub für den *(den Kasematten 260 Meter vorgelagerten)* Feuerleitstand begonnen und alle weiteren Arbeiten planmäßig fortgeführt.

Am 07. März wurde die erste der vier 15,2-cm-Kanonen eingeschossen – Geschütz Nummer I *(an der westlichen Flanke der Reihe der Kasematten)*.

Beide Fotos oben: Seit 1944 blieben die Kasematten mit den Geschützen unverändert – als einzige komplett verbliebene im ehemaligen Invasionsraum.

In jeder der großen Kasematten führt ein schmaler Gang vom Ein- beziehungsweise Ausgang bis in den Gefechtsstand. Die beiden Seitenräume dienten als Munitionslager.

Foto rechts: Der Ein- beziehungsweise Ausgang der Kasematte, neben dem sich die Ausgänge der dicken Rohre der Absauganlage befinden.   **Fotos: von Keusgen**

Am 08. März trafen zwei Züge des Marinefestungs-Pionier-bataillons als zusätzliche Arbeitskräfte auf der Baustelle ein.

Am 15. März wurde das Geschütz Nummer IV montiert . Doch für die anderen Bauarbeiten kam es infolge des Mangels an Facharbeitern und des Ausfalls des einzigen zur Verfügung stehenden Baggers zu neuerlichen Verzögerungen.

Am 30. April wurden die Geschütze Nummer II, III und IV in ihren fertigen Kasematten eingeschossen, auch waren fünf Munitionsunterstände, zwei Ring-, sieben Tobruk- und zwei unterirdische Mannschaftsunterstände sowie der Scheinwerfer- samt Aggregatunterstand fertiggestellt. Am weiteren Ausbau der Rundumverteidigungsstellungen wurde ebenfalls gearbeitet, ebenso am großen, im mittleren Bereich der Batterie 260 Meter vorgelagerten Feuerleitstand, dessen Arbeitssohle *(Fundament)* gegossen war und nun mit der Verschalung begonnen werden konnte – aber es mangelte an ausreichend Kies und Zement *(auch für andere dortige Bauprojekte)*...

Am 31. Mai waren alle vier Kasematten und der zweietagige Observationsbunker fertiggestellt. Jede Kasematte wurde auf einer zwei Meter dicken Betonsohle errichtet und ist 15 Meter lang, 10 Meter breit und 6 Meter hoch. Die Abdeckungen und Seitenwände sind mehr als zwei Meter dick, und für die Erstellung jeder einzelnen Kasematte wurden 600 Kubikmeter Beton und vier Tonnen Moniereisen verwendet. Über jeder Kanone wurde eine große Absaugvorrichtung montiert, die das durch die Abschüsse entstehende giftige Gas durch dicke Rohre ins Freie leiten konnte. An die Flanken und die Rückseite aller Kasematten wurden mit Planierraupen große Mengen Erdreichs angeschüttet, das einen zusätzlichen Schutzwall bildete – sechs Tage vor der Invasion.

Die vier in den Kasematten installierten Geschütze waren einst von der Firma Skoda *(unter deutscher Aufsicht)* produzierte 15,2-cm-Langrohr-Torpedobootkanonen. Sie waren durch ein sie umgebendes Splitterschutzgehäuse zusätzlich gesichert und verfügten in ihren sogenannte „blinden" Positionen *(das Meer war für die Artilleristen nicht einsehbar)* über einen maximalen Schwenkbereich von 180° *(demzufolge sie am „D-Day" die Landestrände „Omaha" und „Gold" hätten beschießen können, was aber infolge unausreichenden Einblicks seitens der B-Stelle nicht geschah)* und über eine Reichweite von maximal 20 Kilometern. *(Diesbezüglich sagte der Feuerleitoffizier, „daß von vornherein klar war, daß wir mit unseren Kanonen die bis zu dreißig und mehr Kilometer entfernten Schlachtschiffe mit ihren deutlich größeren Kalibern und folglich größerer Reichweite hätten gar nicht beschießen können, sie aber uns. Das war zweifellos einer der wichtigsten Vorteile der Alliierten.")*

Die vier Kasematten *(Regelbautyp M 272)* waren nicht in direkter Front nebeneinander, sondern mit leichtem Versatz und einem Abstand von durchschnittlich 70 Metern zueinander errichte worden.

Als nächste Bauprojekte wurden sechs Gruppenunterstände, drei 2-cm-Flak-Stände und fünf Ein-Mann-Stände für Granatwerfer und MG's erstellt. Außerdem waren inzwischen etliche einigermaßen befestigte Wege und etliche verzweigte Laufgräben sowie mehrere unterirdische Munitionslager und Schutzräume für die Kanoniere fertiggestellt.

Der nur 16 Meter vom Rand des Kliffs entfernte Observationsbunker war die B-Stelle der Marine-Küsten-Batterie Longues – ohne Sicht auf den 66 Meter unter der Steilküste vorgelagerten Strand. Im Untergeschoß befand sich die Feuerleitstelle für die vier 260 bis 320 Meter zurückliegenden 15,2-cm-Kanonen.

Eine 70 Zentimeter dicke Betonplatte überspannte einen seitlich rundum völlig offenen Raum oberhalb des Bunkers, der mit einem Telemetriegerät als Beobachtungsplattform dienen sollte.

Auch an den Flanken und an der Rückseite des großen Bunkers wurden erst einige Tage vor der Invasion erhebliche Erdanschüttungen vorgenommen, um ihn somit vor der Erkennung und vor seitlichem Beschuß durch feindliche Schiffsartillerie zu schützen. Offen blieb *(wegen der Seebeobachtung)* lediglich die dem Meer zugewandte Seite mit der Beobachtungsscharte. In dem umlaufend offenen Telemetrie-Stand wurde erst einige Tage vor der Invasion ein moderner *Parallax*-Feuerleitrechner montiert *(als derart einziger an der gesamten späteren Invasionsküste)*, der ein Schießen auf bewegliche Seeziele ermöglichen sollte. Die Schießdaten konnten mittels Feldtelefon an die Geschützführer in den vier zurückgelegenen Kasematten übermittelt werden. „Aber", so sagte der ehemalige Feuerleitoffizier, „das Ding war kaum installiert, da wurde es nach ein paar Tagen wieder demontiert und nach irgendwo hin mitgenommen. Das war am 3. Juni, drei Tage vor der Invasion; das vergesse ich nicht."

Fast zeitgleich war „von ganz oben", wie der Feuerleitoffizier berichtete, „befohlen worden, daß wir zur Tarnung, wie es hieß, nur ein paar Meter vor der Scharte des unteren Beobachtungsstandes einen mehr als einen Meter hohen und über die gesamte Breite des Bunkers reichenden Erdwall aufschütten mußten, obwohl dennoch der größte Teil des Bunkers darüber hinausragte. So war von dort unten eine Seezielbeobachtung gar nicht mehr möglich."

(Anmerkung des Autors: Nachdem mir der erste aller meiner Zeitzeugen – der mir 1973 namentlich leider unbekannt gebliebene Feuerleitoffizier – die vorstehend beschriebenen Umstände berichtet hatte, fügte er hinzu: „Inzwischen bin ich der Meinung, daß auf deutscher Seite ganz gezielt Sabotage betrieben wurde."

Im April 2004 erzählte mir der Sohn eines 1944 in Rouen stationierten Oberfeldarztes: „Mein Vater hatte Ende Mai 1944 in seinem Büro einen telegrafischen Irrläufer erhalten, in dem befohlen wurde, daß sämtliche Telemetriegeräte im Raum zwischen Rouen und Cherbourg sofort

Hinter jedem Geschütz gibt es einen (heute der Sicherheit halber verschlossenen) Schacht (siehe Kennzeichnung), der in eine 2,6 Meter tiefe Hülsengrube führt, in den der Ladekanonier nach dem Abschuß der Granate die heiße Hülse fallen ließ. **Fotos rechts: von Keusgen**

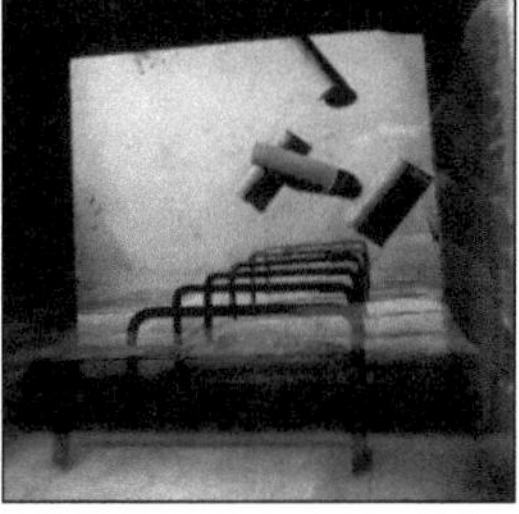

1973 war der Buchautor in eine der damals noch offenen Hülsengruben hinabgestiegen und hatte darin eine Schachtel mit Gewehrmunition gefunden.
Fotos: von Keusgen, ganz links M. Schnüll

zu einer Inspektion eingezogen werden – unmittelbar vor der schon so lange erwarteten Invasion und exakt auf der gesamten Breite des späteren Angriffsraums der Alliierten."

...Oder die Telemetriegeräte wurden trotz der Fertigstellung der Observationsstände gar nicht erst geliefert, wie im Fall der Marine-Küsten-Batterie Marcouf – siehe meine Buchpublikation „Die Kanonen von Saint-Marcouf". Über sehr ähnlich mysteriöse Mißstände in weiteren deutschen Verteidigungsanlagen habe ich bereits in anderen Büchern dieser meiner D-Day-Serie berichtet.)

Jede einzelne der Kasematten war mittels eines 1,80 Meter tief in der Erde verlegten Telefonkabels mit der vorgelagerten Feuerleitstelle verbunden, zu der auch schmale Wege führten. Die weitläufige, fast völlig ebenerdige und baumlose Anlage war zur Selbstverteidigung noch mit einer freistehenden belgischen 12-cm-Kanone sowie zwei russischen 7,5-cm-Kanonen und sieben MG- und Granatwerfer-Tobruk-Ständen verstärkt, außerdem war sie mit sechs das Batterieareal flankierenden Minenfeldern sowie umlaufenden Stacheldrahtverhauen gesichert. Trotz bester Tarnung mittels großer Tarnnetze war auch diese Batterie den Alliierten infolge

Der zwei-etagige Observations-
und Feuerleitstand der weitläufigen Marine-Küsten-Batterie
Longues war den Geschütz-
ständen durchschnittlich 300
Meter vorgelagert und befand
sich nur 16 Meter vom Rand
der 66 Meter hohen Steilküste entfernt. Im Souterrain
des Bunkers befand sich der
Feuerleitstand mit der breiten
Beobachtungsscharte mit Blick
aufs Meer. Im dahinter liegenden Raum wurden die Berech-
nungen der Schießkoordinaten
erstellt, angrenzend befanden
sich der Kartenraum, die Telefonzentrale (von der aus die
Koordinaten an die Geschützstände übermittelt wurden) und
zwei Schlafräume fürs Personal. Anfang der 1960er Jahre
war im Feuerleitstand eine
spektakuläre Szene für den
Film „Der längste Tag" gedreht
worden. Im Obergeschoß war
der Observationsstand mit dem
Telemetriegerät in einem sogenannten Splitterschutzbecken
eingerichtet. **Fotos: von Keusgen**

Luftaufnahme der noch im Bau
befindlichen Marine-Küsten-
Batterie Longues vom 22. Mai
1944. An der Bildoberkante
befinden sich die Steilküste
und das Meer, unten rechts
der nordwestliche Ortsrand
von Longues-sur-Mer. Auch
die im Zick-zack verlaufenden
Schützengräben sind gut zu erkennen. Die hellen Stellen entstanden infolge des Aushubs
des kalkhaltigen Erdbodens.
B = B-Stelle / Observations-
    und Feuerleitstand
K = Kasematten der Nummern
    (von links) 1, 2, 3 und 4
F = Flak-Stand M = Minenfeld
■ = Schutzraum oder Mann-
    schaftsunterkunft
■ = Munitionsbunker
● = Tobruk-Stand
    Foto: Battlefield Historian Ltd.

Foto links: University of Keele
Foto unten: von Keusgen

Der Flak-Stand (F) unweit des Kliffs.

ihrer intensiven Luftaufklärung bekannt und war vom 28. Mai 1944 bis zum 3. Juni mit insgesamt 1.500 Bomben beworfen worden, ohne jedoch erheblichen Schaden an den Kasematten und Unterständen anzurichten. Dazu sagte der Feuerleitoffizier: „Danach war ich nicht der Einzige, der nun vermutete, daß eine Invasion in dieser Gegend stattfinden würde. Warum sonst derartig schwere Bombardierungen genau hier?"

Das Personal der Batterie bestand aus 184 Männern, von denen mehr als die Hälfte älter als 40 Jahre war. Außer jener in den Mannschaftsunterständen untergebrachter war der größte Teil in den beiden benachbarten Ortschaften Longues und Manvieux in französischen Privathäusern einquartiert, so auch der Batteriechef, Oberleutnant zur See der Reserve Kurt Weil. Die Batterie verfügte *(noch nicht)* weder über eine Verbindung zu irgendwelchen Marine- oder Heeresstellen, noch war von der B-Stelle eine ausreichende Sicht auf die *(späteren)* Landungsstrände möglich, folglich auch ein Beschuß derselben ausgeschlossen.

Für die frühe Seefahrt, als man das Meer sicherheitshalber hauptsächlich auf Sichtweite der Küste befuhr, stellte dieser Küstenabschnitt mit seinem steilen, unregelmäßigen Kliff und mehreren etliche Meter vorgelagerten haushohen, natürlichen Kalksteinsäulen und einem sich lang hinziehenden, unterseeischen Riff eine erhebliche Gefahr dar. Und weil dort einst Strandräuber

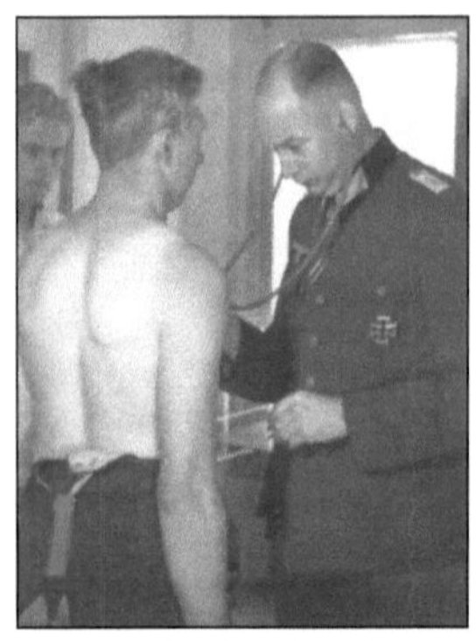

In einem der Batterie nahestehenden Haus in Longues war eine kleine Sanitätsstelle eingerichtet worden (nicht nur für die Batterie), in der auch ein Arzt anwesend war.
Fotos: Kollektion H. Welter

bewußt falsche Leuchtfeuer als trügerischen Hinweis auf eine problemlose Fahrrinne aufgestellt und somit etliche Schiffe haben auflaufen lassen und nach ihrer Havarie ausrauben konnten, hatte man diesem Küstenbereich den Namen Le Chaos gegeben – und am „D-Day" sollte sich genau hier wieder ein Chaos ereignen, jedoch deutlich größeren Ausmaßes...

Im gesamten Aufstellungsraum der 352. Infanterie-Division waren im Küstenbereich in unregelmäßigen Abständen zusätzlich insgesamt 12 Batterien des Artillerie-Regiments 1352 mit je zwei oder vier Feldhaubitzen (neun im Kaliber 10,5 cm und drei 15 cm) stationiert, von denen sieben im (zukünftigen) britisch-kanadischen Landeabschnitt aufgestellt wurden – alle lediglich in improvisierten, offenen Feldstellungen. Eine von ihnen war die 7. Batterie der III. Abteilung, die sich im 2,4 Kilometer entfernten Hinterland von Arromanches, zwischen Saint-Côme und Asnelles, beim Weiler Pierre-Solain befand, auf und neben dem Gehöft Tringale, wo nur zwei veraltete tschechische 10,5-cm-Haubitzen aufgestellt waren.

Der 20-jährige Gefreite Herman Welter, Ex-Russlandkämpfer (389. Infanterie-Division, Stalingrad und Tscherkassy), war Angehöriger dieser 7. Batterie, über die er berichtete: „Wir standen da mitten im Gelände, in einer völlig offenen Feldstellung, mitten auf einer großen Viehweide. Unsere Haubitzen hatten wir unter Apfelbäumen aufgestellt, irgendwann mit Tarnnetzen darüber, wegen der feindlichen Flugzeuge. Die beiden Geschütze standen schräg versetzt hintereinander, damit wir sie nacheinander abfeuern konnten. Dann mußten wir die ganze Stellung mit einem etwa einen Meter hohen Erdwall umgeben, den wir Artilleristen aufschaufeln mußten. Für die Geschütze hatten wir dann auch noch flache Mulden ausheben müssen. Die Kartuschen und Granaten haben wir dahinter aufgestapelt, ohne jeden Schutz, außer von den Bäumen über uns. Wir hatten auch keine Lauf- oder Splitterschutzgräben, keine Ein-Mann-Löcher – nichts. Da war alles sehr provisorisch. Die Protzen *(Zugwagen für*

Eine der zwei alten, in Stellung gebrachten und völlig ungetarnten tschechischen 10,5-cm-Feldhaubitzen der 7. Batterie.

Eine der zwei alten, in Stellung gebrachten und völlig ungetarnten tschechischen 10,5-cm-Feldhaubitzen der 7. Batterie.
Fotos: Kollektion H. Welter

die Haubitzen) für die anderen *(bespannten)* 11 Batterien standen nahe südlich von Ryes, zweieinhalb Kilometer von uns entfernt. Aber wir hatten für unsere zwei Geschütze eine sogenannte Nahprotze, die stand unweit unserer Stellung auf einer kleinen Anhöhe, bei der Ferme *(landwirtschaftliches Anwesen)*, in der wir Quartier bezogen haben. Da waren auch unsere vier Pferde untergestellt. Unser Vorgeschobener Beobachter war unser Batteriechef, Hauptmann Rudi Müller, mit dem wir uns gut verstanden. Der hielt sich hauptsächlich in seiner B-Stelle auf, oben an der Küste, im Widerstandsnest 38, vor Saint-Côme. Wir mußten extra einen kleinen Betonunterstand für ihn bauen. Das war kein Regelbautyp, sondern einfach so ausgedacht. Da haben wir zu Dritt d'ran gearbeitet, und immer nur im Dunkeln, wegen der feindlichen Flieger. *(Heute befindet sich dort eine Sturmflutschutzmauer, die im Gegensatz zu einigen anderen Schutzmauern nicht von den Deutschen errichtet wurde, sondern erst nach dem Krieg.)*

Herman Welter: „Mit achtzehn hatte ich schon Fronterfahrung – in Russland, da habe ich ein schreckliches Grauen erlebt…“ **Foto: Kollektion H. Welter**

In unserer Abteilung waren drei Offiziere, die schon den Ersten Weltkrieg mitgemacht hatten. Einer von ihnen war damals in der Champagne dabei gewesen, zwei bei Verdun. Aber was da wirklich losgewesen war, hat uns keiner gesagt, auch in der Schule hatten wir nichts davon gehört. Das wurde einfach verschwiegen…

Unsere Batterie bestand aus etwa 135 Leuten, die alle in der großen Scheune des Anwesens einquartiert waren. Die meisten waren noch sehr jung. Im Spätherbst '43 kamen etliche vom Jahrgang '26, die waren gerade erst 18 Jahre alt und erst seit ein paar Wochen Soldat. Die haben ihre Ausbildung dann bei uns gemacht. Die Mannschaftssoldaten waren in der Normandie alle noch sehr jung, zum Teil auch noch viel jünger. Die Älteren waren meistens nur beim Troß *(Gefolge)*. Die Jungen kamen oft nicht damit zurecht, daß sie Soldaten sein mußten, und weit weg von zuhause. Eines Morgens war dem UvD aufgefallen, daß einer von ihnen fehlte. Er fand ihn dann in der kleineren Scheune, wo er sich in der Nacht zuvor aus Verzweiflung erschossen hatte."

Über die Beziehung zur französischen Bevölkerung und allgemeiner, die Batterie betreffender Angelegenheiten sagte Welter: „Der Umgang mit den Franzosen war im Allgemeinen gut. Natürlich wußten wir, daß es Widerstandsgruppen gab, auch daß es zu Sabotageaktionen wie der Sprengung einer Bahnlinie gekommen *war, aber mehr nicht. Mit dem Bauern, bei dem wir im Quartier lagen, haben wir uns gut verstanden. Er brachte uns jeden Tag zwei Kannen frisch gemolkener Milch, ein großes Stück Käse und Schnaps, diesen landestypischen Calvados. Aber alles das wurde von unserem Batteriechef bezahlt; das war Befehl von ganz oben (Rommel).*

Eines Tages erschien zur Mittagszeit völlig überraschend General Kraiß bei uns *(Generalleutnant Dietrich Kraiß, Komandeur der 352. Infanterie-Division)*. Er war nur zufällig bei uns vorbeigekommen, weil er eine Pause einlegen wollte. Er war ohne seinen Stab unterwegs, allein, nur mit seinem Fahrer. Einen Tag zuvor war bei unserem Bauern ein Schwein geschlachtet worden. Bei unserem Trupp war auch ein guter Metzger, der auch Koch und in den dreißiger Jahren selbständig gewesen war, der konnte alles ganz wunderbar verwerten. Weil ja gerade Mittag war, haben wir dem General etwas von unserem guten Essen 'reingetragen. Er war erstaunt, als er erfuhr, daß die Mannschaften auch dieses Essen be-

Hauptmann Rudi Müller, Chef der 7. Batterie

Foto: Kollektion H. Welter

Der Kommandeur der 352. Infanterie-Division: General-leutnant Dietrich Kraiß.

Foto: Archives Éditions Heimdal

kommen. Kraiß konnte das gar nicht glauben. Allerdings war das Essen an diesem Tag etwas besser als sonst. So verließ er die Schreibstube und kam 'raus, um sich davon zu überzeugen, daß wir wirklich alle dasselbe Essen bekamen.

Weil es in unserer Gegend dort nur wenige junge Mädchen gab, hatten auch nur zwei oder drei meiner Kameraden eine Freundin. Der Pastor dieser Gemeinde war ein katholischer, ein älterer, der hat auch viel für eine positive Verständigung getan. Als wir mal in seiner Kirche waren, hat er uns Soldaten sogar etwas in Deutsch gesagt. Es gab eine positive Beziehung zur Bevölkerung; man grüßte sich und wechselte gelegentlich ein paar Worte, soweit das möglich war. Dennoch war uns befohlen, in Anwesenheit von Franzosen betreffs militärischer Angelegenheiten ausschließlich Deutsch zu sprechen – sicherheitshalber.

Der Mai 1944 war sehr heiß und trocken; auch die letzten Tage vor der Invasion waren gar nicht so schlecht, nur der Himmel war bewölkt und es war etwas kühler. Aber da lag was anderes in der Luft; da wurde viel geredet, aber etwas Konkretes wußten wir nicht..."

Am 19. Mai 1944 hatte der vom Stützpunkt Pointe du Hoc strafversetzte Artillerist Albin Wienand seinen neuen Dienst in dem 17 Meter hohen Observationsstand im Zentrum des Stützpunktes Riva-Bella angetreten: „Am Ostersonntag 1944 mußten wir in viele der hübschen kleinen leerstehenden Villen gehen und sämtliche Bleirohre *(Wasserrohre)* herausreißen. Das Material wurde dann per Zug nach Deutschland transportiert; Kriegsgutbeschaffung nannte man das. Einige Häuser mußten wir mit abreißen, weil sie nicht mehr in unser Gefechtsfeld paßten *(freies Schußfeld schaffen)*. Eines Tages kam Feld-

*Der 1944 noch kleine Hafen von Ouistreham bei Ebbe – Montgomerys erkorenes „Tor zum Erfolg",
doch es sollte ganz anders kommen...*

Foto und Kollektion A. Wienand

marschall Rommel und hat da Wirbel gemacht. Dann mußten in den tiefergelegenen Landstrichen Überschwemmungs-
gebiete gegen feindliche Luftlandeunternehmen geschaffen
werden, und auf die höhergelegenen wurden hoch herausra-
gende Holzpfähle gerammt, der sogenannte Rommel-Spargel.
Und dann erfolgten immer wieder Bombenangriffe, auch auf
unsere Batterie. Während eines dieser immer sehr schweren
Bombardements Ende Mai, erhielt unser Hochleitstand auf seiner Seeseite einen Nahtreffer, direkt am Fundament, *aber die
Bombe richtete dennoch keinen großen Schaden an. Indessen
wurde der noch unfertige Stützpunkt vor uns (WN 08) geradezu umgegraben. Als Folge dieser schweren Bombardierungen mußte man bald einsehen, daß die sechs Geschützstel-
lungen in der unmittelbaren Nähe des weithin auffälligen Hochbunkers nicht länger bestehen
bleiben konnten. So wurden die Kanonen nun nach Saint-Aubin geschafft und irgendwo dort
aufgestellt. Daraufhin hat Rommel darauf bestanden, daß sämtliche Geschütze kasemattiert
(verbunkert) werden sollten. Dann rückte die Organisation Todt an. Die hat aber nicht nur mit
eigenen Leuten gebaut, sondern auch mit arbeitswilligen Franzosen, die man für ihre freiwillige Arbeit bezahlt hat. Da wurde mit Hochdruck gearbeitet, dennoch habe ich irgendwelche
Zwangsarbeiter dort nicht gesehen. Als die schweren Bombenangriffe fortgesetzt wurden, ließen wir so lange wie möglich die Tür zu unserem Hochbunker offen, damit die französischen
Bauarbeiter noch mit hinein konnten. Sie waren dafür sehr dankbar.*

    Dann setzte Rommel ein Sperrfeuerschießen für sämtliche im Großraum der Orne-Mün-
dung an der Küste stationierten Batterien an, auf einen imaginären Gegner, der sich hier der
Orne-Mündung nähern würde. Das Schießen sollte mit scharfen Granaten erfolgen, quasi zur
Abwehr einer dort angenommenen Invasion – und dann ging's
schlagartig los. Da begann plötzlich ein solcher Feuerzauber,
daß hinterher alle, die das Spektakel miterlebt hatten, der Meinung waren, daß hier niemals ein Angreifer durchkommt…"

*Doch genau dort wollte Montgomery „durch". COSSAC
(Chief of Staff to the Supreme Allied Commander – Oberster Chef des Mitarbeiterstabs der alliierten Führung) war im
Mai 1943 beauftragt worden, eine Invasion an der französischen Küste zu planen. Sehr bald hatte COSSAC erkannt,
daß der normannische Küstenstreifen an der Seine-Bucht,
zwischen der Cotentin-Halbinsel (an deren Spitze Cherbourg
liegt) und der Mündung der Orne, die am besten geeignete
Gegend für eine Anlandung amphibischer Truppen darstellte.
So wurde dieser insgesamt 80,4 Kilometer breite Invasionsraum in fünf Abschnitte für eine amphibische Landung unterteilt (von Westen nach Osten): „Utah" und „Omaha" für
die Anlandung amerikanischer Truppen, „Gold" für britische,
„Juno" für kanadische und britische und „Sword" für weitere
britische Truppen. An den Flanken des Invasionsraums waren die Absprungräume für amerikanische und britische-ka-
nadische Luftlandetruppen vorgesehen.*

*Albin Wienand – von der Pointe
du Hoc nach Riva-Bella strafversetzt.*

Foto: Kollektion A. Wienand

*Bernard Law Montgomery
(1887-1976), britischer General
und am 6. Juni 1944 Kom-
mandeur über die gesamte
Invasionsstreitkräfte der Alliierten sowie der britischen 21.
Armee-Gruppe.*

Foto: Archiv Gerstenberg

Sir Percy Cleghorn Stanley Hobart, am 14. Juni 1885 geboren, war ein militärisch erfolgreicher Panzerfachmann und -Ingenieur, der bis zum Rang eines Generalmajors aufgestiegen war. **Foto: Battlefield Historian Ltd.**

Ergänzend zu ihren eigenen britischen Panzern wurden den Engländern auch noch amerikanische Sherman-Panzer zugewiesen, die sie aber gar nicht gern in den Einsatz bringen wollten, weil sie bei Beschuß leicht in Flammen aufgehen konnten. So wurden sie zynisch als „Tommy-Kocher" bezeichnet.

Foto: Imperial War Museum

Die „Geheimwaffen" der Alliierten

Der britisch-kanadische Angriff bei Dieppe, der am 19. August 1942 in einem verlustreichen Desaster für die Angreifer innerhalb nur weniger Stunden geendet war, hatte ergeben, daß bei einer amphibischen Landung stationäre, befestigte Hindernisse von normalen Panzern wie auch von der Infanterie nicht oder nur äußerst schwer überwunden werden konnten.

Für ein großes Unternehmen, wie jenem als *(mit dem Decknamen) Overlord* geplante Invasion, wurden dringend ganz spezielle Fahrzeuge benötigt. So hatte man den Panzer-Fachmann Percy Hobart *(1942 im Alter von 57 Jahren)* damit beauftragt, eine neue Panzer-Division mit Einheiten mit speziellen Rüstungen aufzustellen – die 79. Armoured *(gepanzerte)* Division.

Weil Hobart nach Ausbruch des Zweiten Weltkriegs so viel Kritik geübt und so viele unkonventionelle Ideen betreffs der Panzerkriegführung hatte, war er – inzwischen als Exzentriker bezeichnet – 1940 seines Kommandos enthoben worden.

Im Alter von 55 Jahren in den Ruhestand zurückgezogen *(er konnte seinen Rang als Generalmajor behalten)*, trat Hobart den Local Defense Volunteers *(Heimatwehr)* bei – freiwillig als Gefreiter – und war mit der Verteidigung seiner Heimatstadt beauftragt worden. Doch Hobarts Entlassung aus der Armee war stark kritisiert worden, sogar öffentlich in der Zeitung. Daraufhin hatte der britische Premierminister Winston Churchill veranlaßt, daß Percy Hobart wieder in die Armee zurückberufen wurde. Die dann unter Hobarts Leitung produzierten und infolge ihrer ungewöhnlichen Konstruktionen teilweise grotesk aussehenden Panzer-Sondermodelle wurden in der britischen Armee allgemein als *Hobarts Funnies (Hobarts Scherzartikel)* bezeichnet. Es handelte sich dabei um mehrere völlig unterschiedliche Arten von Spezial-Panzern.

Ein britischer Churchill-AVRE-Panzer, der während des Beginns der Invasion, am 6. Juni 1944, im Einsatz war – heute ein Ausstellungsobjekt am östlichen Ortsrand von Graye-sur-Mer. **Foto: von Keusgen**

Bis zu ihrer Auflösung am 20. August 1945 leitete Hobart die 79. Armoured Division persönlich, deren Spezialfahrzeuge aber niemals als Einheiten dieser Division eingesetzt, sondern an verschiedene andere Einheiten ausgegeben wurden. Außer ihrer regulären konventionellen Bewaffnung verfügten die Alliierten nun über einige technische Neuheiten, die für einen Angriff auf ein großdimensioniertes Verteidigungsbollwerk wie den *Atlantikwall* mit seinen vielen verschiedenartigen Hindernissen und zu deren Überwindung noch von größtem Nutzen sein würden…

(„Hobo", wie Percy Hobart allgemein scherzhaft genannt wurde, kehrte 1946 in seinen Ruhestand zurück und verstarb – mit mehreren Orden und Medaillen ausgezeichnet – am 9. Februar 1957 im Alter von 71 Jahren.)

Hobarts „Funnies" *waren jedoch alles andere als Scherzartikel, vielmehr gleichermaßen simple wie geniale Konstruktionen, technisch auf genau den individuellen Bedarf ausgerichtet, für den sie dann in Einsatz kommen sollten…*

AVRE-Panzer (Armoured Vehicle Royal Engineers) waren anstatt eines konventionellen Kanonenrohrs mit einem dicken Stummelrohr für 29-cm-Mörsergranaten ausgestattet – zur Beseitigung von Strandhindernissen und Betonbefestigungen.

AVRE-Petarden-Panzer, den „normalen" AVRE-Panzern technisch identisch, konnten aber aus ihrem kurzen Rohr Minen ähnliche 29-cm-Sprengladungen abfeuern, die selbst in dicke Bunkerwände große Löcher zu schlagen vermochten. Von den deutschen Soldaten wurde er verächtlich als *Mülltonnenwerfer* bezeichnet.

Brücken-Panzer konnten zehn Meter lange Brücken transportieren, mittels deren Verlegung Gräben, Bäche oder große Bombenkrater und Granattrichter überfahr- und übergehbar wurden.

Dreschflegel-Panzer waren Sherman-Panzer, die man über ihre gesamte Breite des Frontbereichs mit einer an zwei langen, stählernen „Armen" vor sich her tragenden, einen halben Meter dicken Achse ausgerüstet hatte, an der etwa einen Meter lange, grobgliedrige Ketten hingen. Wenn die große Achse zu rotieren begann, wirbelten die Ketten wie Dreschflegel herum, trommelten auf den Erdboden und konnten somit Minen zur Explosion bringen und folglich die eliminierten Minenfelder von nachfolgenden Fahrzeugen und Infanteristen überwunden werden.

Auch die „Dreschflegel" waren Sherman-Typen, die trotz ihrer Spezialvorrichtung imstande waren, auch wie konventionelle Panzer an einem Gefecht teilzunehmen und zu schießen.

Faschinen-Panzer waren nur flache, zirka zwei Meter hohe, speziell für ihre Aufgabe konstruierte Panzerfahrzeuge, die folglich nicht kampffähig waren.

Fotos: Imperial War Museum

Faschinen-Panzer führten große Mengen gebündelter, dünner Baumstämme mit, mit denen Panzergräben ausgefüllt und somit für andere Fahrzeuge wieder leicht überwindbar wurden.

Krokodil-Panzer glichen äußerlich den AVRE-Petarden-Panzern, waren aber zusätzlich mittels eines gepanzerten Flammölanhängers und dessen Inhalts imstande, aus ihrem ebenfalls kurzen, dicken Rohr einen deutlich stärkeren und weitreichenderen Flammestrahl auszustoßen, als es jeder infanteristische Flammenwerfer vermochte.

Pflug-Panzer schoben zwei beiderseits vor ihren Kettenlaufwerken angebrachte stählerne Krallen vor sich her, mittels derer sie im Strand die *(im Allgemeinen nicht tief)* vergrabene Minen „aufspüren" und zur Detonation bringen konnten. Direkt hinter den Krallen halbschräg angebrachte Stahlschilde konnten die infolge der Explosion entstehenden Minen-Stahlsplitter seitlich abweisen. So entstanden für die nachfolgenden Fahrzeuge und Infanteristen zwar nur schmale aber minenfreie Pfade.

Spulen-Panzer konnten von einer mehrere Meter breiten Spule über ihrem „Rücken" verschiedene Arten von Bodenbelägen und Drahtnetzen vor sich entrollen, fuhren darüber und hinterließen sie als „künstliche" Fahrbahn für nachfolgende Fahrzeuge, was gerade auf losem, rutschigem und sandigem Untergrund wie dem Strand, Dünen und Morast sehr wichtig war.

Rampen-Fahrzeuge waren relativ flache und in ihrer Bauweise den Faschinen-Panzern ähnliche, kampfunfähige aber gepanzerte Fahrzeuge ohne Kuppel, die eigenständig und allein durch ihre entsprechende Plazierung augenblicklich eine stabile, sogar von Panzern überfahrbare Rampe bilden konnten.

Rampen-Fahrzeuge waren dafür konstruiert, daß sie möglichst rasch größere Bodenvertiefungen wie Panzer(abwehr)gräben überfahrbar machen konnten.   **Fotos: Archiv von Keusgen**

Tank-Dozer waren an ihrer Frontpartie mit großen, den Bulldozern ähnlichen Schiebeschaufeln ausgerüstet und dienten der Planierung unebenen Terrains

...Und dann gab es noch die ***Amphibien-Panzer*** und die ***Duplex-Drive-Panzer***...

Ein Duplex-Drive-Panzer mitheruntergeklapptem, aus Segeltuch bestehendem Schwimmsack. **Foto: US National Archives**

Als **Amphibien-Panzer** wurden konventionelle, aber wasserdichte Sherman-Panzer bezeichnet, auf deren Heck hintereinander zwei große Luftschächte angebracht waren, sogenannte Hutzen, von denen die eine den Motor mit Luft versorgte, die andere der Luftversorgung im Innenraum diente. Die Panzer konnten in Strandnähe in einer Wassertiefe bis zu 2,6 Meter abgesetzt werden und dann selbständig an Land fahren.

Tank-Dozer waren komplett-kampffähige britische und amerikanische Panzer (hier ein während der späteren Kampfhandlungen in der Normandie teilweise zerstörter Sherman-Dozer). **Foto: Imperial War Museum**

Duplex-Drive-Panzer waren ebenfalls konventionelle und wasserdichte amerikanische und britische Panzer. An ihnen wurde ein relativ dünnes *(bei höherem Seegang sehr fragiles)*, das gesamte Fahrzeug umgebendes Eisengestell montiert, das vom Fahrer auf- und abklappbar war, und dieses mit einer Hülle aus wasserfestem Segeltuch umspannt. Am Heck des Panzers waren zwei 38 Zentimeter große Bootspropeller für den Antrieb angebracht und mit dem Motor gekoppelt. Wenn die Segeltuchhülle heraufgeklappt wurde, bildete das Ganze eine Art offenen Bootes, dessen Boden der Panzer selbst, und die Außenhülle die Bord*(Planen-)*wände bildete. Und alles das erschien, wenn es im Wasser herumschwamm, geradezu harmlos, denn auch von dem Turm mit dem Kanonenrohr war dann nichts zu sehen. Außerdem konnte dieses amphibische Vehikel nachdem es ins Wasser abgesetzt war, aus eigenem Antrieb an den Strand schwimmen, somit die großen und beladen schwer manövrierbaren und leicht verwundbaren Panzer-Landungsboote nur bis etwa vier Kilometer an die Küste heranzufahren brauchten. Die schwergewichtigen Panzer hatten jedoch auch einige sehr schwerwiegende Nachteile. Ein wesentlicher bestand darin, daß die Panzer zwar relativ mühelos von den Transportbooten über eine Rampe ins Wasser abgesetzt, nicht aber wieder an Bord zurückgenommen werden konnte. War der Panzer erst im Meer, mußte er bis zum Land schwimmen – oder untergehen. Ein weiterer Nachteil war für seine Besatzung der Umstand, daß außer dem im Turm sitzenden Panzerkommandanten und dem Fahrer, der über ein Periskop verfügte, es niemandem von der fünf-

General Dwight D. Eisenhower, Oberster Befehlshaberder Alliierten Expeditionsstreitkräfte. **Foto: US National Archives**

köpfigen Besatzung möglich war, zu sehen, was um den Panzer herum vorging. Noch ein Nachteil bestand darin, daß zwar jeder Soldat für den Notfall über ein kleines, jedoch nur für kurze Zeit verwendbares U-Boot-Atemgerät verfügte, aber ein Aussteigen aus dem Panzer, wenn er zu sinken begann *(und die 32-Tonnen-Kolosse sanken schnell)*, war wegen des durch die Luke hereinbrechende Wassers kaum möglich. Es bedurfte nur eines kleinen Risses in der Ummantelung, beziehungsweise Schwimmhülle *(die dann infolge des hohen Wasserdrucks sofort aufriß)* oder einer nur etwas zu hohen Welle, die deren oberen Rand überspülte, und schon versank der Panzer im Meer...

Erfunden hatte den *DD-Panzer* nicht Sir Percy Hobart, sondern ein als Ingenieur in Großbritannien arbeitender gebürtiger Ungar namens Nicholas Straußler. Zwar hatte die britische Admiralität dieses Modell als völlig seeuntauglich verworfen, doch das Kriegsministerium interessierte weniger die Seetauglichkeit, als vielmehr die Möglichkeit, diese Sonderkonstruktion als „Überraschungswaffe" anläßlich der Invasion einzusetzen. Der Oberste Befehlshaber der Expeditionsstreitkräfte, US-General Dwight David Eisenhower und General Bernard Law Montgomery waren von den Schwimmpanzern begeistert. So wurde der Auftrag erteilt, eine größere Stückzahl Panzer zu derartigen Amphibienfahrzeugen umzubauen.

Sämtliche dieser Spezialfahrzeuge wurden allen an der geplanten Landung in der Normandie beteiligten Streitkräften angeboten, doch nur die Briten nahmen sie an, die Amerikaner lehnten fast alle ab; bei ihnen sollten lediglich die Amphibien- und die Duplex-Drive-Panzer zum Einsatz kommen.

Kam die Invasion wirklich überraschend?

Nein! Bereits seit der zweiten Hälfte des Jahres 1943 war auf deutscher Seite eine schon bald zu erfolgende Invasion erwartet worden, die Frage war lediglich, *wann* und *wo* sie stattfinden würde. Hitler, der einen feindlichen Großangriff in der Normandie nicht ausschloß, hatte am 20. Dezember gesagt: „Es gibt gar keinen Zweifel, daß im Frühjahr *(1944)* der Angriff im Westen kommen wird; das ist völlig außer Zweifel."

General der Artillerie Erich Marcks, Kommandierender General des LXXXIV. Armeekorps, schätzte einen Invasionstermin unter Berücksichtigung der Vollmondphase und der klimatischen Verhältnisse noch konkreter ein: „Wie ich die Engländer kenne, werden sie am Sonntag, den 4. Juni, noch einmal in die Kirche gehen und am Montag kommen *(wie es ursprünglich tatsächlich geplant war)...*"

Marcks war auch der festen Meinung, „daß sie in der Normandie landen werden", und dafür häuften sich bereits vier Wochen vor Invasionsbeginn die Anzeichen: Starke Bombardierungen der dortigen Bahnlinien und Anfahrtsstraßen, ebenfalls der Brücken, hauptsächlich der Seine. Dazu berichtete Günter Halm, 21-jähriger Leutnant und Ordonnanzoffizier im I. Bataillon des Panzergrenadier-Regiments 192 der 21. Panzer-Division: „Unsere Division war in Afrika zusammengestellt worden. Erst Mitte Mai 1944, drei Wochen vor der Invasion, war sie in den Raum Caen verlegt worden. Unser Bataillon stand bei Rocqu-

General der Artillerie Erich Marcks, Oberbefehlshaberüber die 7. Armee (fiel am 24. Juni 1944 bei einem Jagdbomber-Angriff bei Saint-Lô.)

Foto: Bundesarchiv Koblenz Bild 183-L19841a / Scherl Bilderdienst

ancourt, sieben Kilometer unterhalb Caen; die Kompanien waren auf die umliegenden Ortschaften verteilt.

Man konnte sich ja schon, seit wir hierher verlegt waren, nicht mehr auf der Straße sehen lassen. Mir haben die Jabos *(Jagdbomber)* in diesen drei Wochen drei Fahrzeuge unter dem Hintern weggeschossen, wenn ich unterwegs war. Man konnte sich wirklich nur aus der einen Deckung zur nächsten fortbewegen und ständig aufpassen, ob im wahrsten Sinne des Wortes die Luft rein ist. Erst dann ging's ein Stück weiter – oder nachts.

Acht Tage vor Invasionsbeginn bekam ich den Auftrag, mit einigen unserer Männer nach Paris zu fahren und dort sieben Schützenpanzer abzuholen. Wegen der ständig herumfliegenden Jabos war es schon riskant, überhaupt dorthin zu fahren. Als wir in Paris auf dem Güterbahnhof ankamen, mußten wir erstmal nach dem Zug mit den Panzern suchen; der stand da irgendwo in der Landschaft. Den Zug haben wir dann gefunden, aber ohne eine Lokomotive davor. Wir zu den Franzosen hin, war aber nichts. Auch die Pistole hat nichts geholfen; da war keiner zu bewegen, eine Lok heranzuholen. Da stand in der Nähe ein Waggon voller Strohballen, die haben wir dann als Rampe hinter den letzten Anhänger gestapelt und die sieben Panzer darüber 'runtergefahren, auf die Gleise. Das war eine ziemlich blöde Angelegenheit. Dann aber die Rückfahrt zur Einheit. Wir haben uns wirklich von Haus zu Haus und von Baum zu Baum bewegt. Die Jabos haben uns nicht erwischt; wir waren immer sehr vorsichtig."

Günter Halm als 21-jähriger-hochdekorierter Leutnant in der Normandie. Als 19-jähriger Richtschütze im Panzergrenadier-Regiment 104 des Afrika-Korpshatte er am 22. Juli 1942 bei El Alamein mit seiner Pak bei einem starken britischen Angriff innerhalb weniger Minuten neun Panzer vernichtet und sechs weitere manövrierunfähig geschossen. Als jüngstem einfachen Soldaten des Afrika-Korps war Halm am 29. Juli 1942 durch Rommel das Ritterkreuz verliehen worden.

Fotos: Kollektion G. Halm

Am 30. Mai beurteilte der Oberbefehlshaber West *(von Rundstedt)* die Feindlage wie folgt: „Planmäßige Bekämpfung, insbesondere sämtlicher Verkehrsanlagen des Bereichs durch feindliche Luftwaffe, erweist Feindabsicht, Verkehrsnetz und damit Truppenverschiebungen und Nachschub bis in die Tiefe des Raumes zu zerrütten und lahmzulegen. Neuerdings mit Erfolg durchgeführte Angriffe auf Seine-Brücken haben zwischen Paris und Rouen erhebliche Lahmlegung des Uferwechsels und damit Abschnürung der Kanalfront nördlich der Seine von direkter Verbindung nach Seine-Bucht und Normandie bewirkt. Diese könnten auf Feindabsichten gegen Normandie hindeuten. Feindeinwirkung auf HKL *(Hauptkampflinie)* ist nach wie vor trotz gesteigerter Zahl der Angriffe verhältnismäßig gering. Invasionsmoment ist zwar nähergerückt, jedoch nach Tempo der Luftangriffe noch nicht unmittelbar bevorstehend."

Oberleutnant Eberhard von Brunn war Pilot einer Ju 88 und Angehöriger des Kampfgeschwaders 54. Er berichtete: „Am 29. Mai 1944 startete ich mit einem größeren Verband in Evreux zu meinem 33. Feindflug und flog zunächst nach Caen zum Zwischenstopp auf

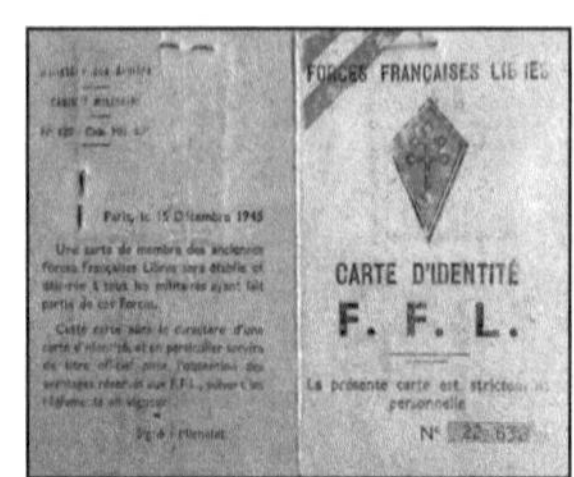

Foto links: Widerstandskämpfer Jean Favel, Mitglied der „ForceFran-
caises Libres".
Fotos oben: Offizieller Mitgliedsausweisder Widerstandsbewegung.
Derartige Dokumente verhinderten, daß sich Spione unter die Mitglieder der Organisation einschleichen konnten. Jedoch stand seitens
der deutschen Besatzer die Todesstrafe auf der Mitgliedschaft einer
solchen Vereinigung.   **Foto & Abbildungen: Kollektion J. Favel**

dem Flugplatz von Carpiquet. Von dort aus ging es nach Westen, zur Insel Guernsey, dann weiter nach Norden, bis vor den Hafen Torquay *(an der westlichen Seite der Südküste Großbritanniens)*, den wir im Tiefstflug anflogen. Dort sahen wir eine Menge tief im Wasser liegender, also vollbeladener Frachter. Uns war klar, daß nun die Invasion unmittelbar bevorstehen müsse. Es wäre jetzt durchaus an der Zeit gewesen, in den Nächten mehrmals die sicher auch in den anderen Häfen versammelte Landungsflotte erfolgreich zu bekämpfen. Unverständlich war mir, daß dieses unser letzter Angriff vor der Vollmondperiode gewesen sein sollte...

Um 03:13 Uhr landete ich von diesem Angriff, der im Kriegstagebuch des OKW *(Oberkommando der Wehrmacht)* lediglich mit der Bemerkung festgehalten wurde: *Am 29.5. wurde Plymouth (45 Kilometer westlich Torquay) von etwa 100 Flugzeugen angegriffen.*

Man befürchtete jetzt, daß die Alliierten verstärkt unsere Flugplätze mit viermotorigen Verbänden angreifen würden, um deren weitere Benutzung zu verhindern. Inzwischen hatten sie bereits sämtliche Seine-Übergänge, von der Mündung stromaufwärts, bis kurz vor Paris, nachhaltig zerstört. Deshalb verlegten wir alle unsere Maschinen in der Nacht auf den 30. Mai zurück nach Marx *(in Ostfriesland)*. Ich sollte noch einige Tage in Evreux als Nachkommando zurückbleiben und eine Ju 88, die bei einem Tieffliegerangriff beschädigt worden war, nach ihrer Reparatur zurück bringen.

Am Abend des 31. Mai habe ich noch meinen Schwager Hans Bauer in Le Mans angerufen und ihm die Invasion als unmittelbar bevorstehend geschildert. Er hielt es für unmöglich, daß eine Landung der Alliierten in den jetzt *(mond-)*hellen Nächten tatsächlich erfolgen könnte. Ich sagte ihm, daß ich ganz anderer Meinung sei, denn bei der *(bereits bekannten)* Überlegenheit des Gegners werden sie nach meiner Überzeugung in der Vollmondzeit, also um den 5., 6. Juni, zu erwarten sein. Die inzwischen vollbeladenen, vor dem Hafen von Torquay liegenden Transportschiffe deuteten ganz offensichtlich darauf hin..."

Das Lothringerkreuz mit seinen zwei charakteristischen Querbalken entspringt der Symbolik der Fürsten von Anjou und wurde nach der deutschen Besatzung Frankreichs zum Symbol des französischen Widerstandes.

Abbildung: Archiv von Keusgen

Hans Bauer war Oberleutnant bei der Nachrichtenabteilung des AOK *(Armeeoberkommando)* 7 in Le Mans. Er berichtete nach dem Krieg seinem Schwager, daß man *(angeblich)* den Beginn der Invasion beim AOK zu diesem Zeitpunkt bis zuletzt nicht erwartet hatte *(was jedoch im Widerspruch zu General Marcks' Prognose steht).*

Dazu weiter Eberhard von Brunn: „Hans erzählte mir auch von der Überraschung, die die Partisanen bereitet hatten: In den ersten Nachtstunden des 6. Juni waren plötzlich alle Drahtverbindungen vom AOK unterbrochen. Der Ausfall dieser Nachrichtenverbindungen muß ganz erhebliche Störungen hervorgerufen haben..."

Um die diversen Kommandostellen der französischen Widerstandsbewegung, der Résistance und ihrer verschiedenen Gruppierungen, für ihren Einsatz am *D-Day* zu benachrichtigen, war man seitens der Alliierten auf die kühne Idee gekommen, den Beginn der Invasion *(und viele andere wichtige Informationen)* einfach über den Rundfunk zu senden – als verschlüsselten Code in den französischsprachigen Sendungen des *BBC*. Der Code betreffs des Invasionsbeginns bestand im ersten Schritt aus der ersten Zeile Paul Verlaines Herbstgedichts: *Les sanglots longs des violons de l'automne... (Das Schluchzen herbstlicher Geigen...)*

Würde diese Zeile zwischen einer Vielzahl anderer, ebenfalls verschlüsselter Meldungen gesendet, bedeutete das, daß die Invasion kurz bevor stand. Von diesem Moment an mußten die Radiosendungen permanent abgehört werden, denn nach der Übermittlung des zweiten Teils des Verses sollte die Invasion innerhalb der nächsten 48 Stunden *(gerechnet von 00:00 Uhr des darauf folgenden Tages)* beginnen: *„...blessent mon coeur d'une langueur monotone (...verwunden mein Herz mit eintöniger Wehmut).*

Ein großer Stab britischer Sicherheitsoffiziere war bemüht, den genauen Termin des Beginns der Invasion streng geheim zu halten, denn nichts war der deutschen Abwehr so wichtig, wie diesen Zeitpunkt herauszufinden – doch ein Mitwisser stand im Dienst der Deutschen. So erfuhr Abwehr-Chef Admiral Wilhelm Canaris von diesem *(militärisch gesehen)* wertvollsten Gedicht der Literaturgeschichte, von dem sofort sämtliche Leiter der deutschen Abhörstellen streng vertraulich informiert wurden – lange bevor sich der erste Soldat der Alliierten in Richtung Normandie in Bewegung setzte...

In den beiden letzten Tagen vor Invasionsbeginn, dem 4. und 5. Juni, hatten sich die Indizien, die auf einen unmittelbar bevorstehenden Angriff der West-Alliierten hindeuteten, deutlich gehäuft, besonders innerhalb der letzten 24 Stunden. Auch war man betreffs des ab Mitte Mai einsetzenden schlechten Wetters, das über Südengland und dem Ärmelkanal herrschte, auf deutscher Seite durchaus von den Meteorologen über ein Zwischenhoch in genau diesem Raum informiert, das eine, wenn auch nur geringe Wetterbesserung ankündigte. Dennoch fuhr Rommel nach Deutschland. *(Diesbezüglich schrieb Hans Speidel, seit April 1944 Chef des Generalstabs der Heeresgruppe B, in seinem 1949 erschienen Buch „Invasion 1944 – Ein Beitrag zu Rommels und des Reiches Schicksal":*

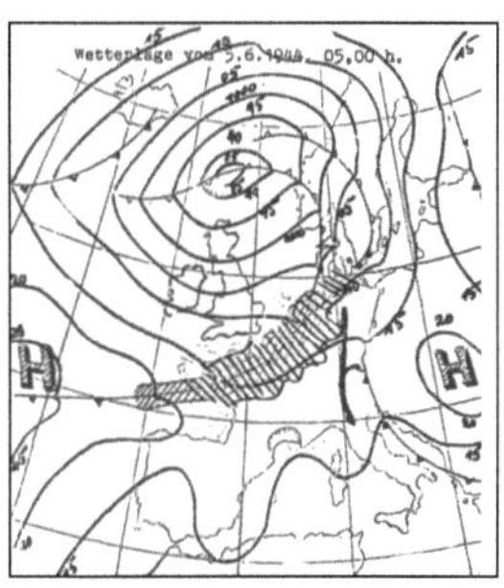

Die damals von deutschen Meteorologen erstellte Wetterkarte beweist, daß man auf deutscher Seite durchaus über das wichtige „Zwischenhoch" am 6. Juni informiert war.

Abbildung: Archiv Gerstenberg

Während (wie offiziell verlautet) auf deutscher Seite niemand über den genauen Zeitpunkt des Beginns der Invasion informiert war, ihn angeblich noch nicht einmal einigermaßen konkret einschätzen konnte, wurde die Uneinnehmbarkeit eines nur lückenhaften „Atlantikwalls" propagiert – in Zeiten moderner Luftlandeunternehmen...

Foto: Kollektion R. Orrell

„Im Einverständnis mit Generalfeldmarschall von Rundstedt fuhr er [Rommel] nach vorheriger fernmündlicher Vereinbarung mit Hitlers Adjutanten, Generalleutnant Schmundt, am 5. Juni[11] *vormittags im Kraftwagen nach dem Obersalzberg [...], um am 6. Juni [dort vor Hitler] Vortrag zu halten [um seine bisher abgelehnte Forderung der Bereitstellung des I. SS-Panzer-Korps mit der 12. SS-Panzer-Division „Hitlerjugend" und der Panzer-Lehr-Division im Raum zwischen Caen und Falaise zu besprechen und dieses möglichst zu erwirken]. Die Nacht 5./6. Juni wollte er bei seiner Familie in Herrlingen bei Ulm verbringen."*

Generalfeldmarschall Rommel war allerdings nicht der einzige wichtige Kommandeur, der zu Beginn der Invasion nicht auf seinem Posten war. Generaloberst Friedrich Dollmann, Oberbefehlshaber der 7. Armee *(in deren Aufstellungsraum die Invasion stattfinden sollte)*, hatte für den 6. Juni eine Kommandeursbesprechung im 175 Kilometer vom Invasionszentrum entfernten Rennes *(Bretagne)* angesetzt *(Beginn 10:00 Uhr)*. Wegen der teilweise großen Entfernungen begaben sich einige Befehlshaber schon am Nachmittag des 5. Juni auf den Weg. Da jeder Divisionskommandeur auch noch seine Regimentskommandeure mitbringen sollte, war es ihnen somit unmöglich, am nächsten Morgen und zum Beginn der Invasion schnell genug zu ihren Einheiten zurückzukehren...

Die Generäle Karl-Wilhelm von Schlieben *(709. Infanterie-Division)* und Heinz Hellmich *(243. Infanterie-Division)* verließen ihre Stabsquartiere auf der Cotentin-Halbinsel, um pünktlich in Rennes einzutreffen, auch General Wilhelm Falley *(91. Luftlandedivision)*, doch der erst in den sehr frühen Morgenstunden des 6. Juni, geriet in die amerikanischen Luftlandungen und verlor dabei sein Leben *(siehe den Titel zur Serie „Sainte-Mère-Église und Merderet – US-Luftlandeunternehmen, 6. Juni'44")*. Marineoberbefehlshaber West, Admiral Theodor Krancke, war nach Bordeaux gefahren, um den dortigen Kriegshafen zu inspizieren. Er war der Meinung, daß die deutschen Vorpostenboote wegen der groben See ihre Stützpunkte nicht verlassen könnten...

Großadmiral Karl Dönitz, der Oberbefehlshaber der Kriegsmarine, war im Urlaub, und Generalmajor Edgar Feuchtinger, der Kommandeur der 21. Panzerdivision, vergnügte sich in Paris mit seiner französischen Freundin. So war schon am Vorabend der Invasion *(die in nur noch wenigen Stunden beginnen sollte)* fast die gesamte Normandie-Küste ohne unmittelbar verantwortliches Führungspersonal.

Inzwischen hatten etliche britische Flugzeuge und Schiffe ihre Basen und Häfen mit der Aufgabe verlassen, in dieser Nacht die größte Funkstöraktion aller Zeiten einzuleiten und somit das Alarmsystem der deutschen Wehrmacht weitgehend auszuschalten. Eine ganz speziell ausgerüstete See- und Luftflotte begann nun, unter den Decknamen *Tuba* und *Piccolo*, die deutschen Radarstationen und Militärflughäfen ganz erheblich zu irritieren – die Invasion wurde eingeleitet...

---

11 Andere zuverlässige Quellen benennen bereits den 4. Juni als Rommels Abreisetag, weil seine Frau am 5. Geburtstag hatte und er auf der Heimfahrt für sie noch in Paris Schuhe als Geschenk kaufen wollte – und es auch tat...

Der 25-jährige Leutnant Robert „Bob" Orrell von der 91.
Feld-Kompanie der Royal Engineers *(Pioniere)* der 3. Beach
Group war einer von 59.000 britischen und kanadischen Sol-
daten, die sich am Morgen des 5. Juni auf den Angriff auf den
Atlantikwall vorbeiten mußten: „Unsere Kompanie stand an
der Pier und wartete darauf, über einen der wackligen Stege
zu dem Landungsboot hinunterzustolpern, das uns nach
Frankreich bringen sollte. Wir wußten nicht genau wann, aber
wir dachten und hofften, daß es am nächsten Tag sein würde.
Es war ein LCI/L *(Landing Craft, Infantry / Large = Infanterie-
Landungsboot / groß)*. Da sagte plötzlich jemand: Ich glaube,
das müßte Ike sein...

Ja, es war Eisenhower, der da auf der Promenade allein
lang ging, mit sehr ernstem, nachdenklichen Gesicht..."

Robert „Bob" Orrell, Pionierin
der 3. Beach Group. Ihm sollte
noch ein ganz besonderes
„Abenteuer" bevorstehen...

Foto und Abbildung:
Archiv Gerstenberg

Als sich Bob Orrell in der weitläufigen Hafenanlage von
Porthmouth umblickte, war er beeindruckt von dem, das er
sah: „Es war der erstaunlichste und spektakulärste Anblick,
den man je gesehen hat; Schiffe und Fahrzeuge jeder Art und
Größe, so weit das Auge reichte, und in geringer Entfernung
einige seltsame, große Objekte, die zusammen wie eine schwimmende Stadt aussahen...
Wie wir erst später erfuhren, waren das Teile einer vorgefertigten, transportablen Hafenanlage, der spätere Mulberry-Hafen.

Dann hockten wir in diesem schmalen, hohen Landungsboot. Unsere Kompanie war,
wie alle anderen auch, auf mehrere dieser großen Boote aufgeteilt, zusammen mit Infanteristen. Wahrscheinlich deshalb, damit, falls unser Boot sinken sollte, nicht gleich alle unsere Pioniere mit untergehen. Außer mir waren auch noch einige andere Offiziere an Bord,
die sich in der winzigen Offiziersmesse zusammendrängten. Der Rest des schlanken Landungsbootes war vollgestopft mit Truppen."

Am 5. Juni, um 21:45 Uhr, meldete die deutsche Rundfunküberwachung fernschriftlich
an den Ia des Oberbefehlshabers West: *Aufnahme von Sprüchen von Radio London um
21:15 Uhr, die ihrer Bedeutung nach bekannt, eine bevorstehende Invasion anzeigen sollten. Obgleich ähnliche Sprüche seit Beginn des Jahres schon öfter vorgekommen waren,
wurde diese Bekanntgabe deshalb von OB West beobachtet, weil sie mindestens zum Teil
für die „French Section" (Widerstandsbewegung) bestimmt war. Infolgedessen wurden alle
in Frage kommenden Kdo.-Behörden hierüber fernmündlich durch Ic voraus unterrichtet
und anschließend auch durch FS (Fernschreiben) entsprechend vorgewarnt, mit dem Zu-
satz, daß damit gerechnet werden müsse, daß die für den Invasionsfall vorbereiteten Sabo-
tagen, unter Umständen sogar Aufstandsbewegungen durch diese Sprüche ausgelöst werden könnten. Sämtliche Dienststellen waren ohnehin durch Befehl und Besprechungen seit
langem auf erhöhte Aufmerksamkeit hingewiesen.*

So teilte AOK *(Armeeoberkommando)* 15 in geheimer Kommandosache und mit dem
verschlüsselten Vermerk *KR (dringend, Vorrang, operative Bedeutung)* als Fernschreiben
an die wichtigsten Stellen mit:

*Auf Grund ausgewerteten Funkspruchs erscheint die Invasion innerhalb 48 Stunden
möglich.*

Die „seltsamen Objekte", die Bob Orrell am Rande des Hafens (nur einem von mehreren Häfen, in denen diese Giganten gebaut wurden) entdeckt hatte, waren riesige Betonbauwerke, deren Zweck derart streng geheimgehalten wurde, daß noch nicht einmal jene Personen, die an ihrer Fertigstellung arbeiteten, darüber informiert waren, was sie da eigentlich bauten... Diese schwimmfähigen Betonkästen waren 60 Meter lang, 17 Meter breit und 18 Meter hoch. Sie sollten die Garanten für die weitere Invasion und noch über viele Wochen auch für den weiteren Feldzug der Alliierten sein. **Abbildung: Archiv Gerstenberg**

Ins Kriegstagebuch der Seekriegsleitung wurde am Abend des 5. Juni 1944 eingetragen (auszugsweise): OB West beurteilt Lage am 30. Mai wie folgt: „[...] Neuerdings mit Erfolg durchgeführte Angriffe auf Seine-Brücken haben zwischen Paris und Rouen erhebliche Lahmlegung des Uferwechsels und damit Abschnürung der Kanalfront nördlich der Seine von direkter Verbindung nach Seine-Bucht und Normandie bewirkt. Diese könnten auf Feindabsichten gegen Normandie hindeuten. Feindeinwirkung auf HKL ist nach wie vor trotz gesteigerter Zahl der Angriffe verhältnismäßig gering. Invasionsmoment ist zwar nähergerückt, jedoch nach Tempo der Luftangriffe noch nicht unmittelbar bevorstehend."

Tagesmeldung der deutschen Wehrmachtführung vom 5. Juni 1944 für den Raum Frankreich: In der Nacht zum 5.6. Einflüge zwischen Dünkirchen und Boulogne und bei Cap d'Antifer. Agentenversorgung in Innerfrankreich.

Am 5.6. Einflüge von ca. 1000 Maschinen zwischen Schelde-Mündung und Normandie mit Schwerpunkt im Küstengebiet. Weitere Einflüge im Raum Brüssel – Charleroi, Paris und Rennes. Es wurden 34 Stützpunkte im Bereich des LXXXIX. bis LXXXIV. Armeekorps (Kanalfront) angegriffen; geringe Schäden. 7 Bahnanlagen wurden mit z. T. erheblichen Schäden angegriffen. Bei Angriffen auf 2 Flugplätze, 1 Ortungsgerät auf Guernesey und 1 Flakmeßgerät S Gaillon entstanden Schäden.

Am Abend des 5. Juni 1944 wurde ins Kriegstagebuch des OKW als geheime Kommandosache unter Nr. 1466/44 eingetragen: AOK 15 teilt mit: „Auf Grund ausgewerteten Funkspruchs erscheint Invasion innerhalb 48 Stunden möglich."

Am Vorabend der Invasion war man sich aber beim OKW nicht darüber bewußt, daß das kriegsentscheidende (Groß-)Ereignis tatsächlich unmittelbar bevorstand. Die gewaltige Armada der Alliierten, die sich bereits seit vielen Stunden über den Ärmelkanal und in Richtung Normandie bewegte, war (angeblich) nicht entdeckt worden. Zwar waren die Witterungsbedingungen für ein Landeunternehmen größten Umfangs absolut ungünstig, dennoch gab es mehrere „Indizien", von denen eines auf einen nahenden „Sturm" hinwies: Die Funkstille im südenglischen Aufmarschgebiet der Alliierten, sowie daß am 5. Juni ab 23:00 Uhr die deutschen Funkmeßstationen zwischen Le Havre und Cherbourg meldeten, daß sie stark gestört würden. Zeitgleich wurden von den Radarstellungen am Pas de Calais (fast 300 Kilometer Luftlinie östlich von Caen) gemeldet, daß im Ärmelkanal ungewöhnlich starke Schiffsbewegungen stattfänden...

Aber was war mit dem von Abwehrchef Canaris schon seit Januar 1944 in Erfahrung gebrachten Text eines Funkspruchs, mit dem Radio BBC kurz vor dem Beginn der Invasion die französische Widerstandsbewegung informieren und zum bewaffneten Widerstand aufrufen wollte, jene zwei Verszeilen aus Verlaine's Chanson d'Autonomne...? Ignoriert – mit der Begründung, daß Eisenhower seine Invasion doch wohl nicht über den Rundfunk ankündigen würde. Doch, genau das tat er tatsächlich. Auch hatte es zum Ende Mai Meldungen seitens einiger Piloten der deutschen Luftwaffe gegeben, die auf eine plötzlich massierte Stationierung von Flugzeugen im Süden Großbritanniens hingewiesen hatten. Ein Luftwaffen-Oberleutnant sagte diesbezüglich: „Das, was da an Flugzeugen in Süd-England alles am Boden stand, konnte in Deutschland doch überhaupt nicht unbekannt geblieben sein. Das mußte unsere Abwehr gewußt haben. Aber wir durften auf gar keinen Fall darüber reden."

Hans Speidel schrieb in seinem vorstehend benannten Buch weiterhin: *Am 5. Juni, um 22:00 Uhr, fing die 15. Armee wiederum ein Stichwort ab, das den Schluß auf einen baldigen Invasionsbeginn zuließ.*

Lediglich die im Raum nordostwärts Caen in Richtung Calais aufgestellte 15. Armee ließ dann am 5. Juni um 23:00 Uhr ihre Truppen alarmieren. Die westlich benachbarte 7. Armee *(die sich nur etwas mehr als eine Stunde später im Invasionsraum befand)* wurde weder vom OB West noch von der Heeresgruppe B alarmiert. Noch am späten Abend des 5. Juni hatte die Funkmelde-Kompanie der 711. Infanterie-Division englische Klartext-Funksprüche aufgefangen, die auf das Beladen von Lastenseglern schließen ließen. Diese Information war von der Funkmelde-Kompanie als offizielle Meldung weitergeleitet worden.

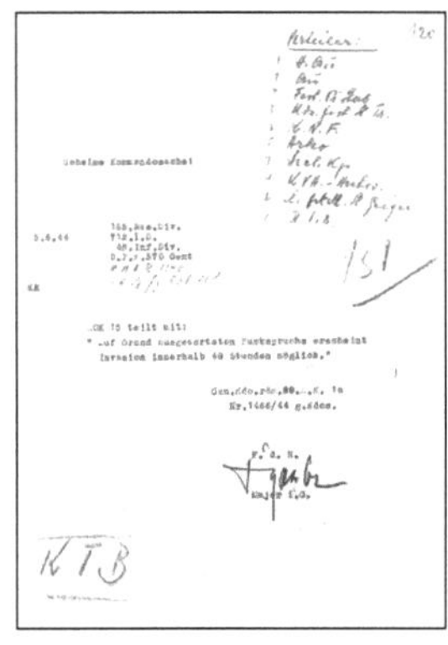

Als „Geheime Kommandosache" deklariert, wurde diese höchst wichtige Nachricht nach Weiterleitung an zehn Kommandostellen eine Anlage zum Kriegstagebuch des Generalkommandos des LXXXIX. Armeekorps vom 5. Juni 1944: „AOK 15 teilt mit: Auf Grund ausgewerteten Funkspruchs erscheint Invasion innerhalb 48 Stunden möglich."

Abbildung: Archiv Gerstenberg

Deutsche Soldaten inspizieren das Wrack eines vor der Küste abgeschossenen feindlichen Bombers.

Foto u. Kollektion R. Heisecke

Anstatt eines Fotos: Portrait-
zeichnung des Luftwaffen-
Oberleutnants – weil er der
Meinung war, seine Aussagen
seien zu brisant, weshalb er
auch seinen Namen nicht
preisgeben wollte: „Ich sah da
so einiges mit großer Skepsis.
Da war mir auf deutscher Seite
vieles sehr befremdlich. Da
konnte was nicht stimmen…"

Abbildung: Archiv von Keusgen

Bereits am 15. April *(nur sieben Wochen vor dem D-Day)* hatte Rommel die militärische Lage folgendermaßen dargestellt *(auszugsweise): Im Westen war die Invasion mit Sicherheit zu erwarten, ihre Abwehr mit den gegebenen Kräften schien nicht gewährleistet […]*

Hans Speidel schrieb in seinem Buch weiter: *Die Kriegsmarine hatte die Küstenstrecke zwischen Orne und Vire (exakt der spätere Invasionsraum) wegen ihrer geologischen Beschaffenheit (vorgelagerte Felsenriffe und regionale Steilküste) als durch eine Landung nicht gefährdet bezeichnet. Eineinhalb Divisionen waren in diesem rund 50 Kilometer breiten Abschnitt eingesetzt.*

Speidel schrieb unter anderem auch noch: „*Die Luft- und Seeaufklärung war auch in den vergangenen Tagen wegen der feindlichen Luftüberlegenheit nicht durchgedrungen. Die Aufklärungseinheiten der Kriegmarine waren am 5. Juni abends wegen zu grober See nicht ausgelaufen.*"

Trotz des schlechten Wetters (hauptsächlich auf der britischen Seite des Ärmelkanals) pflügte zu dieser Zeit bereits die größte Armada der Weltgeschichte durch die aufgewühlte See mit ihren bis zu mehr als vier Meter hohen Wellen – in Richtung Normandie.

Sämtliche deutschen Geschütze in den Kasematten – auch solche, die in offenen Feldstellungen aufgestellt wurden – waren in Richtung der Küste respektive des Meeres ausgerichtet. Den gesamten Strand entlang waren (wie überall am „Atlantikwall") Tausende spezielle Hindernisse aufgestellt: In den Strand gerammte Baumstämme, an deren Spitzen Minen montiert waren, schrägstehende Auflauframpen, um heranfahrende Landungsboote zum Kentern zu bringen sowie in den Strand gegossene Betonblöcke und stählerne Tschechenigel als Panzersperren. Dennoch waren diese Arbeiten bis zum 6. Juni 1944 nicht zum vollständigen Abschluß gekommen. Auch war eine Seeverminung als sogenannte Blitzsperren vorgesehen, die unmittelbar vor einem Angriff von Flugzeugen abgeworfen werden sollten, was jedoch nicht ausgeführt wurde, weil das Oberkommando der Wehrmacht ihren Abwurf in Ermangelung an Flugzeugen abgelehnt hatte.

Die französische Zivilbevölkerung konnte sich fast überall frei bewegen. Es mußten sogar Gassen in den Minenfeldern offengelassen werden, damit die Bauern ihrer Arbeit ungehindert nachgehen konnten. Da niemand vorher wußte, wo die Invasion stattfinden würde, hatte keine Evakuierung der Bevölkerung stattgefunden. So hatte die Résistance Gelegenheit, die genaue Lage der Minenfelder auszukundschaften – was ihre Mitglieder auch getan und ihre Informationen an die Briten weitergeleitet haben.

5. Juni 1944, 22:33 Uhr

Armeeoberkommando 15 orientierte: „Vorwarnung an alle Generalkommandos und Hauptquartiere wegen Durchgabe des zweiten Teils eines feindlichen Tarnspruchs, der bedeutet, daß Invasion innerhalb 48 Stunden beginnt."

Während man auf deutscher Seite noch auf die Durchsage des zweiten Teils Verlains Herbstgedichtes wartete, hatte sich bereits ein großer Teil der Truppen der Alliierten in Bewegung gesetzt...

Foto: US National Archives

Doch noch während man auf die Durchsage besagter Meldung wartete, hatte sich bereits ein großer Teil der Kriegsflotte der Alliierten in Richtung Normandie in Bewegung gesetzt...

22:45 Uhr

Generalkommando LXXXI. Armeekorps gab „Vorwarnung aufgrund einer *(verschlüsselten)* Nachricht des englischen Rundfunks über den Beginn der Invasion. Die korpseigenen Divisionen wurden verständigt. Truppe ist dadurch vorgewarnt."

22:56 Uhr

Die britische 6. Airborne *(Luftlande-)*Division bereitete sich auf ihren Start zur Invasion vor, und Major John Howards zwei Sonderkommandos mit 168 Soldaten der D-Kompanie des 2. Bataillons der Oxfordshire and Buckinghamshire Light Infantry *(in sechs Lastenseglern)* für die ersten Angriffsaktionen *(die als sogenannte „Handstreichaktionen" geplant waren – der Einnahme zweier strategisch wichtiger Brücken über die Orne und den Caen-Kanal)* hoben in sechs Lastenseglern, die von je einem Motorflugzeug an fünfzig Meter langen Seilen geschleppt wurden, nacheinander vom Flugfeld ab.

23:03 Uhr

Vom britischen Militärflugplatz Harwell startete eine Voraus-Einheit für die Luftlandeunternehmen in der Normandie. Sie bestand aus 60 Pfadfindern der 22. selbständigen Fallschirmjäger-Kompanie des 9. Fallschirmjäger-Bataillons der 6. Airborne Division *(der damals einzigen Luftlandedivision der Briten)*, die am *D-Day* um 00:20 Uhr aus sechs Albemarle-Transportflugzeugen abspringen sollten – exakt zeitgleich zu Major John Howards Landung seiner zwei Handstreichkommandos an den beiden Brücken. Bevor die britischen Bomber und dann – mit kurzem Abstand – die Transport-maschinen mit den Fallschirmjägern ihre Absprunggebiete erreichten *(die Batterie Merville und den nordwestlichen Bereich der Absprungzone „V")*, mußten deren Pfadfinder dort bereits mittels mitgeführter Licht- und Funkpeilgeräte den Bombenabwurf- und Absprungraum für die nachfolgenden Fallschirmjäger markiert haben.

23:15 Uhr

Seekommandant Seine-Somme: „Festungskommandant Le Havre befiehlt ab sofort Vorwarnung."

23:25 Uhr

Seekommandant Seine-Somme: „Befehl an Hafenschutzflottille Le Havre: Infolge schlechter Wetterlage keine Positionsbesetzungen vor Le Havre und Dieppe."

23:18 Uhr

Seekommandant Normandie: „Fliegeralarm Cherbourg. Anflüge sehr vieler Maschinen Ost- und Westteil *(Cotentin-)*Halbinsel. Schwerpunkt im Osten."

Von der deutschen Abwehr unbemerkt, näherte sich bei relativ guten Licht- und Sichtverhältnissen des Vollmondes aus nördlicher Richtung der erste große Bomberpulk der normannischen Küste. Es „lag etwas in der Luft" – der Anfang vom Ende des Zweiten Weltkrieges. Dennoch sollte es bis dahin noch ein ganzes Jahr dauern und ein sehr weiter, blutiger und verlustreicher Weg werden und noch viele Frauen ihre Männer und Mütter ihre Söhne verlieren... **Foto: US National Archives**

Die britische 6. Airborne Division sollte ihre Soldaten ab kurz nach Mitternacht vom 5. zum 6. Juni nahe östlich der von der Küste und durch Caen fließenden Orne und den unmittelbar benachbarten Caen-Kanal absetzen, um die linke Flanke des Hauptstoßes des britischen I. Korps zu sichern.

Die primären Operationsziele der britischen 2. Armee (mit rund 75.000 Soldaten unter Generalleutnant Miles Dempsey) des ersten Invasionstages im östlichen Angriffsraum stellten die Einnahme von Caen mit der in südliche Richtung und somit nach Falaise führenden Straße dar (und darüber hinaus große Richtung Paris) sowie die strategisch bedeutsame Sicherung der Ostflanke der Invasionsfront für den weiteren Verlauf ihres Vorstoßes. Der Angriff auf Caen und dessen Einnahme sollte durch das britische I. Korps unter Generalleutnant J. T. Crocker erfolgen (bestehend aus der britischen 3. Infanterie-Division sowie der kanadischen 3. Infanterie-Division im Verbund mit der britischen 27. Armoured Brigade).

Die rechte Flanke des Angriffsraums sollte durch die Unterbrechung der Verbindungsstraße Caen/Bayeux, im Abschnitt zwischen Putot und Carpiquet (mit Caen's kleinem Flugplatz), von der kanadischen 3. Infanterie-Division mit Unterstützung der kanadischen 2. Panzer-Brigade geschützt werden.

*Die Planer der Invasion mußten für die britisch-kanadi-
schen Landeabschnitte eine gefährliche Bedrohung einpla-
nen, die es für die weiter westlich anlandenden Amerikaner
nicht gab: Deutsche Panzer. Deren Gegenangriff abzuwehren, bedingte, daß die Briten und Kanadier rasch ins Hinterland vorstoßen mußten, um Abwehrstellungen zu errichten...*

Längst hatten sich die verschiedenen Konvois der riesigen Invasionsflotte in der sogenannten Zone Z *(auf der britischen Seite des Ärmelkanals, auch als „Piccadilly Circus" bezeichnet)* zusammengefunden und formiert, dann waren die
verschiedenen Streitkräfte in die zehn von Minensuchern ge-
räumten Fahrrinnen in Richtung Normandie gestartet – und
die ganze Nacht hindurch näherte sich die größte Armada der
Weltgeschichte mit 6.991 amerikanischen, britischen, französischen, holländischen und polnischen Schiffen und Booten
der Küste der Normandie, begleitet respektive nachfolgend
von 12.837 Flugzeugen.

*Generalleutnant Sir Miles
Dempsey, Kommandeur der
britischen 2. Armee.*
Abbildung: Archiv Gerstenberg

Eintrag betreffs des Wetters im Küsten- und Vorküstenbereich der Normandie im Kriegs-
tagebuch des Admiral Kanalküste: *(Nach einer warmen zweiten Mai-Hälfte)*
Am 4.6.1944 um 19:00 Uhr +23°C
Am 5.6.1944 um 05:00 Uhr: Wind WSW 5, Seegang 4, Sicht 10 sm
(1 Seemeile = 1,8518 km), Temperatur +13°C
Am 5.6.1944 um 19:00 Uhr: Wind WSW 5, Seegang 4, Sicht 15 sm, bedeckt,
Temperatur +14°C

Die deutschen Meteorologen hatten einige Zeit zuvor unter Berücksichtigung der Großwetterlage, des Gezeitenwechsels und des Mondstandes als günstigsten Zeitpunkt für eine
Invasion den 5. Juni benannt, dann erst wieder den 28. Juni. Generalfeldmarschall Rommel
hatte für diese Zeit zu größter Wachsamkeit ermahnt: „Sie sollten nicht damit rechnen, daß
der Feind bei schönem Wetter und bei Tage kommt..." *(Der Generalfeldmarschall selbst
wollte zu dieser Zeit jedoch in Deutschland sein...)*
Infolge der von den deutschen Marine-Meteorologen am 4. Juni aktuell festgestellten
Großwetterlage wurde – trotz Rommels Warnung – wegen zu schlechter Witterungsbedingungen für den 5. und 6. *(mit dem für Luftlandeunternehmen wichtigen Vollmondes)* nun
nicht mehr mit einer großangelegten feindlichen Offensive gerechnet. Deshalb genehmigte
Major von Luck am Abend des 5. Juni der 5. Kompanie seines II. Bataillons, das im acht bis
dreizehn Kilometer hinter der Küste liegenden Raum zwischen Escoville und Troarn stand
(10 bis 12 Kilometer östlich Caen), für die kommende Nacht eine Übung durchzuführen,
entsprechend der Vorgabe, nach und nach sämtliche Kompanien für Nachteinsätze zu trai-
nieren. So rückten die Soldaten der 5. Kompanie in die windige, regnerische[12] Nacht aus,

---

12 In den verschiedenen Regionen der Normandie herrschten zu dieser Zeit teilweise recht unterschiedliche Wit-
    terungsverhältnisse. Pauschal könnte man die diesbezüglichen Aussagen der deutschen Veteranen folgen-
    dermaßen zusammenfassen: Überwiegend bedeckter Himmel, regional strichweise Regen, gelegentlich et-
    was Wind, kühl, aber nicht kalt. Das „wirklich schlechte" Wetter tobte sich im Süden Großbritanniens und vor
    der dortigen Kanalküste aus.

Der am 15.7.1911 in Flensburg geborene Major Hans-Ulrich Freiherr von Luck und Witten war nach seiner Teilnahme am Polen-Feldzug, anschließend in Russland und Nordfrankreich, bereits in Afrika ein kampferprobter und hochdekorierter Soldat an Rommels Seite. Seit dem Frühjahr 1944 stand er als Kommandeur des Panzergrenadier-Regiments 125 mit seiner Truppe in der Normandie. (Das Ritterkreuz wurde ihm am 8. August 1944 verliehen.)
Foto: Kollektion H. von Luck

mit Übungsmunition *(Platzpatronen)* ausgestattet – genau in jenen Raum, in dem in weniger als vier Stunden mit den britischen Luftlandungen begonnen werden sollte...

Trotz der drohenden Gefahr einer zu erwartenden Invasion hatte Generalmajor Feuchtinger vor seiner Abreise nach Paris seinen Regimentskommandeuren strikte Order erteilt, „daß im Falle eines feindlichen Angriffs jegliche Gegenangriffe zu unterlassen sind, bis von der Heeresgruppe B nähere Umstände geklärt wären.“

Von Luck, ein vom Afrika-Feldzug erfahrener, hochdekorierter Offizier, hatte dennoch den grundsätzlichen Befehl erlassen, daß bei einer eventuellen Landung von Kommandotrupps der Alliierten die damit konfrontierten Bataillone respektive Kompanien sofort völlig selbständig angreifen sollten, ohne erst einen Befehl von vorgesetzter Stelle abzuwarten.

Noch am späten Abend dieses 5. Juni saß von Luck in einem kleinen Haus am Dorfrand von Bellengreville, 12,5 Kilometer süd-östlich von Caen, über seinen Papieren und Landkarten, um weitere Übungen für sein Regiment vorzubereiten...

„Weil viel zu viele Soldaten in dem hohen Bunker im Stützpunkt Riva-Bella untergebracht waren,“ berichtete Artilleriesoldat Albin Wienand, „es waren so an die siebzig, und alles in dem Bunker viel zu beengt, traf mich das Los, von der B-Stelle zu den Geschützen gehen zu müssen. So hatte man mich zu ihrer provisorischen Stellung geschickt, nahe Saint-Aubin-d'Arquenay. Nach den wiederholten Bombenangriffen in den letzten Wochen waren zwei der sechs 15,5-cm-Geschütze ziemlich stark beschädigt und unbrauchbar. Man hatte die vier noch intakt gebliebenen Kanonen dann in der Nähe unter Apfelbäumen aufgestellt und einfach nur mit Tarnnetzen verhängt. In den ersten zwei Nächten beobachtete ich mehrere entfernte Bombenangriffe, konnte sehen, daß auf der anderen Seite der Orne Franceville und Merville stark bombardiert wurden. Dann hatte ich in der Nacht vom 5. auf den 6. Juni von 22:00 Uhr bis 24:00 Uhr Wache. Gegen Mitternacht kamen Flugzeuge, die sogenannte Christbäume abwarfen, die alles hell erleuchteten. Ich meldete das dem Oberleutnant. Der sagte, daß ohnehin schon vermutet werde, daß es bald losgeht und die Invasion bei uns stattfinden würde. Als ich um Mitternacht abgelöst wurde, war an Schlaf gar nicht mehr zu denken. Wir sollten sofort damit beginnen, Ein-Mann-Löcher zu graben und darin abzuwarten.“

Betreffs dieses ersten Bombenangriffs am *D-Day* erzählte der damals siebenjährige Jacques Ravelli: „Es war wohl Mitternacht, denn wir hatten schon geschlafen, da haben wir in Bayeux die Schießerei der Flak gehört. Ich habe dann bis ein Uhr am Fenster gestanden. Wir hatten keine Gardinen, und ich sah, daß der ganze Himmel voller bunter Farben war. Ich hatte große Angst und legte mich dann zu meinen Eltern ins Bett...“

D-Day – der Tag der Entscheidung

*Die ersten sechs Flug-
zeuge mit je einem
Lastensegler im Schlepp
näherten sich den beiden
als erste einzunehmenden
Brücken über die Orne
und den Kanal. In diesem
Moment begann die
Invasion.*

Foto: Archiv Gerstenberg

00:16 Uhr

Der erste kleine Pulk der sechs britischen Lastensegler *(bestehend aus einem mit Lein-
wand bezogenen Sperrholzskelett und jeweils mit einer Länge von 20 Metern und einer
Spannweite von 26 Metern)* hatte seine Ziele erreicht – eine kleine, strategisch wichtige Hebebrücke über den Orne-Kanal und eine ebenso wichtige, nur 425 Meter entfernte, massive
Betonbrücke über die parallel zum Kanal fließende Orne. In den Lastenseglern saßen 168
Infanteristen, die zu Major John Howards Handstreichkommando gehörten und die beiden
Brücken einnehmen sollten, die für die Verbindung des britischen Luftlanderaums zur west-
lichen Seite der Orne und des Caen-Kanals *(dem britischen Hauptangriffsraum von See
her)* so wichtig waren.

Dieses war exakt der errechnete Zeitpunkt, den ersten Lastensegler von der Zugmaschine abzuhängen. Von diesem Moment an begann mit der *Operation Tonga* und dem Angriff auf die beiden Brücken die Invasion der West-Alliierten. *(Dem detaillierten Ablauf der
Ereignisse an den beiden Brücken ist ein spezielles Buch zu dieser Serie gewidmet: „Pegasus-Brücke und Batterie Merville“.)*

00:17 Uhr

Die Leitflugzeuge mit den am 5. Juni um 23:03 Uhr in Großbritannien gestarteten Pfadfindern, die zur Kennzeichnung der bestimmten Luftlanderäume somit vor den nachfolgenden Fallschirmjägern abgesetzt werden sollten, erreichten die französische Küste über
dem britischen Invasionsabschnitt *Sword* – und gerieten sofort in starkes Flak-Feuer. Einige der Maschinen kamen infolge ihrer Ausweichmanöver vom Kurs ab, und ihre Korrektu-
ren nur ungenau. Mit plötzlich stark auffrischendem Wind gab es Probleme beim Absetzen
der Pfadfinder. Es war sehr schwierig, die Pfadfinder genau an ihren vorbestimmten Ab-
sprungstellen abzusetzen. So kamen sie viel zu weit „verstreut“ herunter. Etliche der Männer ertranken in der überfluteten Niederung der Dives. Die drei restlichen, weit voneinander
entfernten Pfadfinder stellten ihre Positionsgeräte einfach dort auf, wo sie sich gerade befanden. Keiner der für den *Sektor N* bei Ranville bestimmten Pioniere erreichte sein Zielgebiet, denn das zu finden, war ihnen nur 33 Minuten Zeit gegeben.

*Major John Howard, Kompanie-
chef und Führer des Handstreichkommandos zur Einnahme der
Bénouville-Brücke.*

Foto: Imperial War Museum

*Joseph Howard Nigel Poett,
37-jähriger Brigadegeneral und
Kommandeur der 5. Fallschirmjäger-Brigade. Poett war der erste in der Normandie gelandete
General der Alliierten.*

Foto: Battlefield Historian Ltd.

00:19 Uhr

Infolge Major Howards Handstreichaktion war es gelungen, die beiden Brücken über den Kanal und die Orne innerhalb von zwei Minuten und ohne jeglichen deutschen Widerstand einzunehmen. Zu dieser Zeit waren zwei Bataillone der britischen 5. Fallschirmjäger-Brigade für die Landezonen K und V ebenfalls viel zu weit verstreut um diese Zonen heruntergekommen – auch in dem für Luftlandeunternehmen gefährlichen Überschwemmungsgebiet der Dives, sieben bis neun Kilometer östlich der Orne. Ihr Führer war der 37-jährige Brigadegeneral Joseph Howard Nigel Poett.

00:20 Uhr

Die in vier Kasematten befindlichen und auf die Orne-Mündung ausgerichteten Haubitzen der 1. Batterie des Artillerie-Regiments 1716 bei Merville stellten eine potentielle Gefahr für die Invasion im britischen Landeabschnitt „Sword" dar. Folglich mußte diese Batterie schnellstens eliminiert werden. Der Befehl dazu war dem 29-jährigen britischen Oberstleutnant Terence Otway übertragen worden. Er lautete, daß die Batterie unbedingt vor den seeseitigen Anlandungen neutralisiert sein müsse – bis spätestens 05:15 Uhr. Sollte das innerhalb der maximal vier Stunden und 25 Minuten jedoch nicht gelingen, würde die Kriegsmarine exakt zu diesem Zeitpunkt mit dem schweren Beschuß der Batterie beginnen. Um die Batterie Merville schon vor Otways Angriff zu zermürben, war geplant, daß ab 00:20 Uhr von 109 Bombern ein zehnminütiges Bombardement darauf niedergehen sollte – insgesamt 382 Tonnen Bomben, darunter Kaliber bis zu 1,816 Tonnen. Gleichzeitig sollten Lastensegler mit Pfadfindern unmittelbarer neben dem Batteriegelände landen – jedoch bahnte sich für Otways Truppe ein grausames Desaster an... (siehe Buch „Pegasus-Brücke und Batterie Merville")

Nun flogen die 109 Lancaster-Bomber heran, gefolgt von den Transportmaschinen mit den Pfadfindern für die Batterie Merville und Otways Absprungzone V. Doch die Führungsmaschine flog versehentlich anstatt die Batterie Merville das nahegelegene, in hellen Flammen stehende Dorf Gonneville an – und der gesamte Flugzeugpulk folgte ihr nach und warf seine Bombenlast auf das Dorf. Doch das Chaos der Briten nahm noch weiterhin dramatisch zu, denn die vom Kurs abgekommenen Bomber gerieten auch noch mit verfrüht eingeflogenen Schleppflugzeugen mit ihren angehängten und vollbesetzten Lastenseglern durcheinander. Gleichzeitig erschienen die Transportmaschinen des Pfadfinder-Aufklärungstrupps, der die Aufgabe hatte, für Otways bald nachfolgende Angriffstruppe einen sicheren Weg durch das Minenfeld der Batterie zu bahnen. In dem ganzen Durcheinander sprang der gesamte Aufklärungstrupp „blind" ab – genau in das höllische Bomben-Inferno bei Gonneville.

00:25 Uhr

In Hans von Lucks Quartier klingelte das Telefon. Kurz zuvor hatte der Major das dumpfe Dröhnen vieler Flugzeugmotore der ungewöhnlich starken Einflüge bemerkt. Er blickte aus dem Fenster in den nächtlichen Himmel, von dem ganz langsam etliche gleißendhelle „Christbäume" herabschwebten, und im Moment begann auch schon ein konzentriertes Bombardement auf Caen. Von Luck berichtete:

„Da brach die Hölle los. Mir war sofort klar, daß in diesem Augenblick die Invasion begonnen hatte. In diesem Moment rief mein Adjutant an, Oberleutnant Helmut Liebeskind. Er teilte mir mit, daß in unserem Abschnitt viele Fallschirmjäger und Lastensegler gelandet waren und auch weiterhin landen. Ich befahl, daß sofort alles zu alarmieren und die Division in Kenntnis zu setzen ist. Wo es erforderlich ist, sollte das II. Bataillon den Gegner angreifen. Auch sollten unbedingt Gefangene zu nehmen sein und zu mir zu bringen. Dann fuhr ich mit

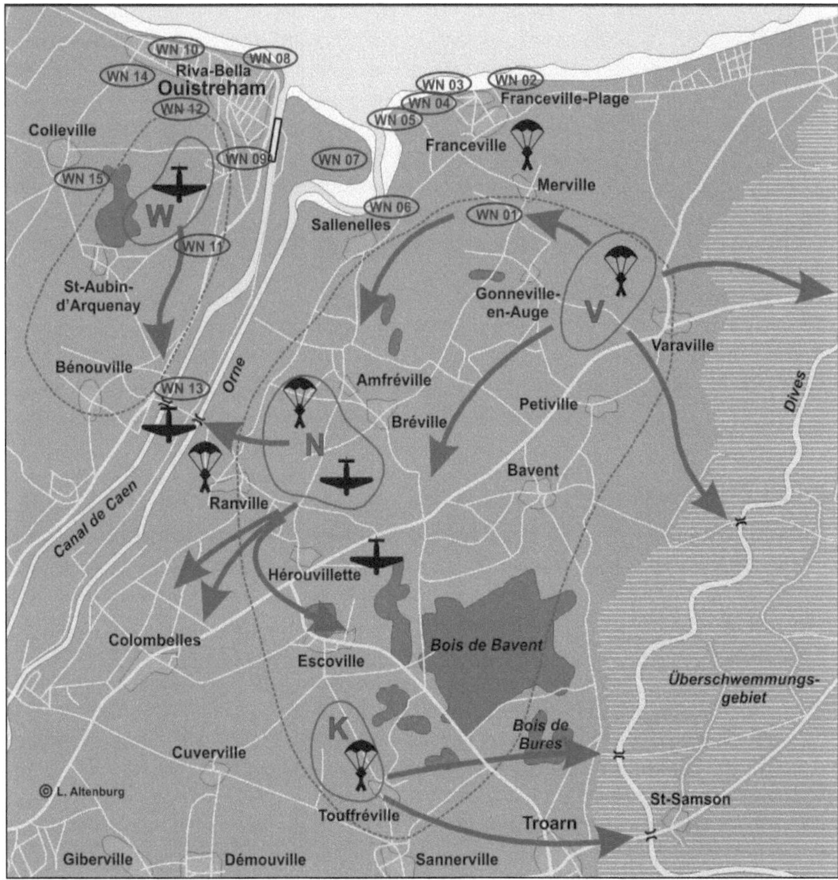

Die östlichste Flanke des gesamten britisch-kanadischen Angriffsraums bildete Montgomerys Haupt-stoßrichtung, um auf kürzestem Weg so schnell wie möglich nach Caen und somit in den „Rücken" der deutschen Küstenverteidigungstruppen zu gelangen, entlang des Caen-Kanals – oder direkt auf ihm…

Grafik: von Keusgen / L. Altenburg

Willi Hornack, 19-jähriger Infanterist der 716. Division, von der Erschöpfung nach den wochenlangen anstrengenden Schanzarbeiten gezeichnet: „Als die Invasion losging, waren die Meisten von uns von der schweren Arbeit mit ihren Kräften am Ende."

Foto: Kollektion W. Hornack

Der 27-jährige Hauptwachtmeister Johannes Buskotte war „Spieß" der 1. Batterie.

Foto: Kollektion J. Buskotte

Liebeskind zu unserem Gefechtsstand. Wie wir dort feststellen konnten, war unsere nur mit Platzpatronen ausgerüstete 5. Kompanie von ihrer Übung noch nicht zurückgekehrt; eine fatale Situation. Und weil über Troarn englische Fallschirmjäger abgesprungen waren, hatte der Kommandeur des II. Bataillons mit den anderen Kompanien schon einen Gegenangriff eingeleitet."

Willi Hornack war Angehöriger der 11. Kompanie des Infanterie-Regiments 936 der 716. Infanterie-Division. Das Widerstandsnest 21, in dem er stationiert war, befand sich direkt am Küstenstreifen vor Lion-sur-Mer. Der 19-jährige MG-Schütze stand zu dieser Zeit auf Wache: „Es war fast halb eins und der Himmel einigermaßen wolkenlos, und der Mond war zu sehen. Da sah ich zwanzig bis dreißig Flugzeuge vom Meer her direkt in meine Richtung kommen, nicht sehr hoch. Sie zogen andere Flieger an langen Schlepptaus hinter sich her. Noch über dem Meer, nicht weit von mir entfernt, wurden sie abgehängt. Die Zugmaschinen flogen davon, und weil die anderen Flieger keine Motorengeräusche machten, war mir klar, das sind Segelflugzeuge, aber ziemlich große Dinger. Die segelten nahe hinter der Küste in Richtung Osten davon."

00:26 Uhr

Der 23-jährige österreichische Leutnant Raimund Steiner war an diesem Tag erst den 18. Tag Chef der Batterie Merville. Wie es üblich war, befand er sich in der B-Stelle seiner Batterie, am Strand vor Franceville, in der in diesem Moment das Feldtelefon klingelte. Am anderen Ende war der „Spieß" der Batterie, Hauptwachtmeister Johannes Buskotte: „Herr Leutnant, im Stützpunkt ist ein großer Gleiter *(Lastensegler)* nahe der Kasematte Nummer vier heruntergekommen; wahrscheinlich wurde er abgeschossen, denn er brennt! Wir haben feindliche Soldaten auf dem Batteriegelände! Es wird heftig geschossen!"

Steiner, der von seinem Einsatz im Osten über erhebliche Erfahrung verfügte, erkannte sofort die Gefahr eines Handstreichkommandos und sagte: „Keinen Widerstand leisten, Buskotte! Lassen sie die Männer sich alle in den Unterständen und Kasematten verschanzen!"

00:30 Uhr

Beginn der massierten Luftlandungen der britischen 6. Airborne Division an der östlichen Flanke des Invasionsraums. *(Die Soldaten dieser Division hatten mehrere Aufgaben mit der Zielsetzung, zuerst eine starke Ausgangsposition zu bilden, von der aus dann die östliche Flanke der ab 06:30 begin-*

nenden seeseitigen Anlandungen gesichert werden konnte. Dazu mußten die Brücken über die Orne und den Caen-Kanal bei Bénouville eingenommen werden, um eine Verbindungslinie zwischen dem Luftlanderaum der 6. Airborne Division und den Landesträndern zu schaffen. Die Brücken über die Dives, von der Anhöhe nahe nördlich vor Caen bis zum Meer, mußten zerstört werden, um einen eventuellen deutschen Gegenangriff der 711. Infanterie-Division aus östlicher Richtung zu vereiteln, gleichzeitig sollte der Raum zwischen der Orne und der Dives weitgehend besetzt und feindfrei gemacht werden. Die nahe der östlichen Flanke in Küstennähe befindliche Batterie Merville mußte unbedingt neutralisiert werden, bevor die Anlandungen von See her beginnen würden. Außerdem sollten weitere Landezonen für spätere Landungen gekennzeichnet werden.)

Augenblicklich nahm die im Raum Ranville stehende 3. Batterie des Artillerie-Regiments 1716 *(einen Kilometer südöstlich des Caen-Kanals und der Hebebrücke bei Bénouville)* die britischen Angreifer massiv unter Feuer.

Im 3,5 Kilometer nördlich der Hebebrücke gelegenen Ouistreham stand Jean-Robert Dubot an seinem offenen Schlafzimmerfenster und blickte zum nächtlichen Himmel hinauf: „Schon kurz vor Mitternacht war ich vom Dröhnen unentwegt über den *(Ärmel-)*Kanal ins Land einfliegender Flugzeuge aufgewacht. Ich drehte mich zu meiner Frau um, die im Bett lag und leise betete, und sagte, es geht los... Damit meinte ich den Beginn der Invasion unserer Befreier, auf die wir schon so lange gewartet hatten. Und nun konnte ich sogar entferntes Schießen der deutschen Fliegerabwehrkanonen hören."

Zu dieser Zeit kehrte gerade der Gefreite Hans Sauer mit dem Kommandeursfahrer zum Stützpunkt WN 17 zurück. Sauer erzählte: „Gegen 22:00 Uhr war ich geweckt worden. Da mußte ein neuer Kommandeur für's 1. Bataillon vom Bahnhof in Caen abgeholt werden, ein Major. Nachdem wir den beim Bataillon abgesetzt hatten und gerade durch Colleville zur Höhe 61 zurückfuhren, da standen plötzlich diese sogenannten Christbäume am Himmel, gleißendhell. Als wir dann so gegen halb eins auf die Höhe 61 zurückgekehrt waren, sagte uns der Torposten, daß in der Nähe gerade eben Fallschirmjäger 'runtergekommen sind, und wir sollten das sofort melden. Wir gingen dann zum Unterstand, und da kam plötzlich ein Fallschirmjäger vom Himmel herabgeschwebt, mitten auf unser Gelände, an so einem grünen Fallschirm. Bevor wir überhaupt richtig begriffen, hatte der sich von seinem Schirm losgemacht und ist mit einem irren Sprung über den Flandernzaun abgehauen, ins Dunkel. Daraufhin gingen unser Feldwebel und noch zwei Leute mit uns beiden los, sehen, wo der Fallschirmjäger geblieben war, der und die anderen; ich wußte ja, in welche Richtung. Wir hatten alle unsere Gewehre dabei, nur der Feldwebel hatte eine Pistole."

Das sieben mal acht Zentimeter große Emblem der britischen Luftlandedivisionen an den Uniformärmeln zeigt ein hellblaues geflügeltes Pferd (den Pegasus) auf dunkelrotem Grund. Das Emblem wurde von der Romanschriftstellerin Daphne du Maurier, der Ehefrau des Kommandeurs der 1. Airborne Division, Generalmajor Frederick „Boy" Browning entworfen. **Fotos: von Keusgen (Mémorial Pegasus)**

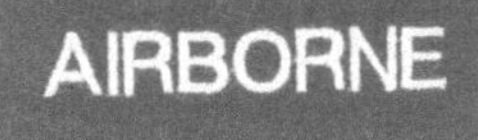

Hans Staab war einer jener Artilleristen der Batterie Merville, die sich in einem der Mannschaftsbunker eingeschlossen hatten: „Als der Phosphor eindrang, glaubten wir, unser Ende sei gekommen."

Foto: Kollektion H. Staab

Oberstleutnant Terence Otway sollte mit seinem Sturmtrupp die Batterie Merville einnehmen... **Foto: Imperial War Museum**

00:35 Uhr

Leutnant Raimund Steiner, der Chef der 1. Batterie des Artillerie-Regiments 1716, rief Generalleutnant Wilhelm Richter an, den Kommandeur der 716. Division *(Gefechtsstand in La Folie-Couvrechef, 4,8 Kilometer nordwestlich Caen)*: „Herr General, ein feindlicher Gleiter ist innerhalb meines Stützpunktes gelandet! Es gibt heftige Kämpfe. Ich glaube, daß die Invasion begonnen hat...!"

(Daraufhin ließ der Generalleutnant Steiners Anruf lediglich als „Meldung von der Orne-Mündung" in sein Divisions-Tagebuch eintragen. Leutnant Steiner war der erste Wehrmachtsoldat, der den Beginn der Invasion offiziell gemeldet hatte.)

00:40 Uhr

Generalleutnant Wilhelm Richter erhielt vom Kommandeur des Grenadier-Regiments 736, Oberst Ludwig Krug *(Gefechtsstand im WN 17, Stützpunkt Höhe 61)* telefonisch die erste Nachricht betreffs der Luftlandeoperationen der Alliierten. Er sagte, daß er soeben eine Meldung über Fallschirmabsprünge ostwärts der Orne erhalten habe.

Hauptwachtmeister Johannes Buskotte rief ein weiteres Mal seinen Batteriechef in der B-Stelle bei Franceville-Plage an: „Herr Leutnant, die Angreifer sind gerade dabei, von oben flüssigen Phosphor durch das Lüftungssystem in die Innenräume unserer Unterstände fließen zu lassen. Wir werden alle ersticken!"

Steiner rief daraufhin Generalleutnant Josef Reichert an, den Kommandeur der 711. Infanterie-Division, und bat um Beschuß seines eigenen Stützpunktes bei Merville mit nur einem einzigen Geschütz dessen Artillerie-Regiments, um somit die feindlichen Soldaten schnell von den Bunkern zu vertreiben. Der General sagte Steiner den Beschuß zwar zu, erbat jedoch, daß sich der Leutnant in die Nähe seines Stützpunktes begäbe, um von dort aus persönlich das Artilleriefeuer zu leiten.

Nachdem Steiner seinen „Spieß" telefonisch vom geplanten Beschuß der Batterie informiert hatte, machte er sich mit seinem Funker und einem Unteroffizier sofort auf den Weg nach Merville.

00:47 Uhr

109 Lancaster-Bomber und eine große Masse Fallschirmjäger-Transportmaschinen der 6. Airborne Division erreichten ihre von den Pfadfindern völlig unkorrekt gekennzeichneten Absprungzonen *K*, *N* und *V*. Zu diesem Pulk gehörten auch 32 Transporter mit der Fallschirmjäger-Truppe des Oberstleutnants Terence Otway.

Seekommandant Normandie *(Leutnant zur See Fritz Sponholz in Ouistreham)* orientierte: „Ab sofort Alarmstufe II *(höchste Gefechtsbereitschaft)* von Division befohlen! Grund:
Schwere Fliegerangriffe in Merville."

Der kleine Trupp mit Hans Sauer war vom WN 17 aus „ungefähr eine Viertelstunde im
Dunkeln herumgelaufen, auf irgendwelchen Äckern; und ich mit meiner Nachtblindheit.
Aber gesehen haben wir niemanden. Dabei hat unser Feldwebel seine Pistole verloren und
nicht wiedergefunden. Den Fallschirm hatte ich die ganze Zeitlang mitgenommen, dicht zu-
sammengelegt; dachte, daß man sich mal was Schönes d'raus machen kann. Aber dazu
sollte es dann nicht mehr kommen..."

*Exakt um 00:50 Uhr begannen an der östlichen Flanke des Invasionsraumes die Massenabsprünge
britischer Fallschirmjäger...*   **Foto: Battlefield Historian Ltd.**

00:50 Uhr

Zeitlich völlig planmäßig – jedoch nur *zeitlich* planmäßig – begannen die Fallschirmjäger-
Massenabsprünge der Kanadier und Briten: Östlich der Orne in den Absprungzonen *N (zwischen Ranville und Amfréville)*, *K (bei Touffréville)* sowie *W (westlich der Orne, zwischen
Ouistreham und Bénouville)* sollten die britischen Fallschirmjäger landen, die kanadischen
in den Zonen *V* und *K (dort zusammen mit britischen)*. Doch die von den Pfadfindern falsch
oder noch gar nicht aufgestellten Positionslampen sowie der stark böige Westwind vereitelten in fast allen Fällen die zielgenauen Anflüge der Transportmaschinen und ein genaues
Absetzen der Fallschirmjäger. *(Die Absprünge dauerten bis 01:17 Uhr.)*

Das kanadische 1. Fallschirmjäger-Bataillon, das in seiner Zone *V (zwischen Gonneville und Varaville)* abspringen sollte – ebenso wie auch Otways 9. Bataillon – kam extrem

Emblem der 716. Infanterie-Division

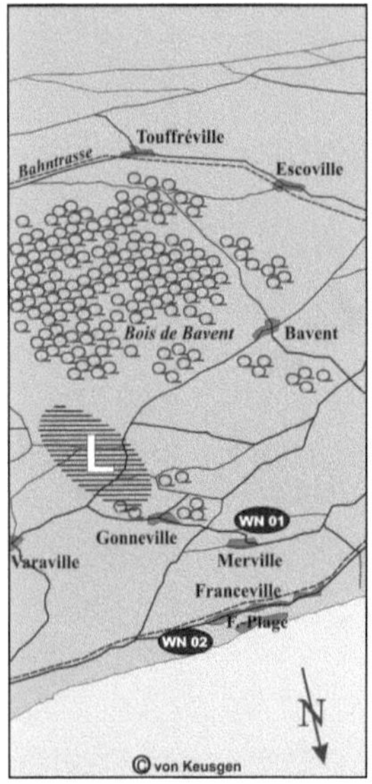

Infolge des Irrtums der Piloten waren Terence Otway und der überwiegende Teil seiner Truppe viel zu weit von ihrem Zielgebiet (L) abgesetzt worden – erst hinter Gonneville und viel zu weit verstreut.

Grafik: von Keusgen

„verstreut" *(bis zu 16 Kilometer vom Zielgebiet)* und folglich total desorientiert und desorganisiert in einem viel zu weiten Landebereich herunter, der vom West-Ufer der Orne bis in das breite Überschwemmungsgebiet der Dives reichte, in dem dann viele der Soldaten mit ihren mehr als vierzig Kilo schweren Ausrüstungen ertranken. Ähnlich erging es auch dem gleichzeitig abgesprungenen 9. Bataillon der 3. Brigade *(von ihm erreichte nur ein kleiner Trupp sein Einsatzgebiet bei Varaville).* Die Masse der Fallschirmjäger des 8. Bataillons wurde anstatt über der Absprungzone *K* über der Zone *N* abgesetzt – 230 Männer. Von den 37 Transportflugzeugen hatten nur vier die Fallschirmjäger über dem eigentlichen Zielgebiet abgesetzt. Der Hauptanteil der britischen Fallschirmjäger landete zwar ebenfalls planmäßig unweit westlich und östlich der Orne, jedoch auch weit auseinandergerissen, aber auch zeitgleich zu Oberstleutnant Otways Bataillon.

Die Kanadier hatten Order, die Eisenbahnbrücke bei Bures und die drei Brücken über die Dives zu sprengen und eine einzunehmen, um einen deutschen Flankenstoß aus östlicher Richtung zu vereiteln, sowie die deutsche Garnison in Varaville zu eliminieren. Die Briten hatten den Auftrag, von Westen wie von Osten auf die beiden Brücken über die Orne und den Caen-Kanal vorzustoßen und sogenannte Brückenköpfe zu bilden.

00:55 Uhr

Oberst Krug ergänzte beim Kommandeur der 716. Infanterie-Division, Generalleutnant Richter, seine Meldung von 00:40 Uhr: „Herr General, die Absprünge dauern noch an, laut Meldung der ostwärts der Orne stehenden Kompanie und laut Artilleriemeldung."

Nach Ansicht des Oberst handele es sich nicht nur um das Absetzen von Jagdkommandos, wie sie zuvor schon öfter stattgefunden hatten, sondern um den Beginn der Invasion, weshalb er für den Abschnitt Riva-Bella *(im britischen Landeabschnitt „Sword")* Alarmstufe II befohlen hatte.

General Richter war derselben Ansicht wie Oberst Krug; und als nur wenige Minuten nach dem Telefonat auf der gesamten Breite der Angriffsfront Bomber einflogen und mit intensiven Bombardierungen auf die an der Küste und in Küstennähe befindlichen Verteidigungsanlagen begannen *(zuerst östlich der Orne, dann auch westlich),* befahl er für die gesamte 716. Infanterie-Division Alarmstufe II. In seinem schriftlichen Bericht notierte der General:

Während dieser telefonischen Meldungen beobachteten auch vom Divisionsgefechtsstand aus der Ia und der Adjutant, daß in Richtung Orne-Mündung die Gegend durch an Fallschirmen abgesetzte, gleißendhelle Vorfeldbeleuchter mit rotviolettem Licht erleuchtet wurde. In der Annahme, es handele sich wieder einmal um die Markierung eines Bom-

benabwurfraumes, wurden die Offiziere jedoch zweifelhaft, da einmal die „Christbäume" rötliches Licht, aber auch weiß-grüne Leuchtsterne zeigten und weil keine Bombenabwürfe in der gleichen Gegend folgten.

Auf General Richters telefonische Meldung an das Korps erging von dort zunächst kein weiterer Befehl.

Die Besatzung des Gefechtsstandes der 1. Pionier-Kompanie der 716. Infanterie-Division, der in Hérouvillette *(2,8 Kilometer östlich der Orne und 10 Kilometer im Inland)* lag *(1 Offizier, 4 Unteroffiziere und 15 Mannschaftsdienstgrade)*, nahm sofort den Kampf gegen die in ihrem Raum herabschwebenden britischen Fallschirmjäger auf. Der kleine Pioniertrupp konnte seinen *(relativ beschränkten)* Einsatzraum infolge heftigen Abwehrfeuers und einem entschlossenen Gegenstoß „von feindlichen Fallschirmjägern säubern", wie es hieß. In einem heftigen Gefecht gelang es ihnen, mehrere Gefangene zu machen, von denen sich einige noch nicht einmal von ihren Fallschirmen hatten befreien können. Auch fielen den Pionieren zwei britische Maschinengewehre in die Hände, und sie konnten sich bis zum Eintreffen von Verstärkungstruppen gegen die deutlich überlegene Masse der Angreifer halten.

Edgar Feuchtinger, Generalmajor und Kommandeur der 21. Panzer-Division hielt sich zum Zeitpunkt des Beginns der Invasion in Paris auf.

Foto: Bundesarchiv / Speck, 30. Mai 1944 Bild 101I-300-1863-21

Inzwischen telefonierte Hans von Lucks Adjutant, Oberleutnant Helmut Liebeskind, mit dem Ordonnanzoffizier der 21. Panzer-Division und erfuhr, daß General Feuchtinger und sein Generalstabsoffizier noch nicht von Paris zurückgekehrt waren. So gab er einen knappen Lagebericht ab und bat ihn, nach der erwarteten Rückkehr des Divisionskommandeurs unverzüglich die Freigabe für einen konzentrierten Nachtangriff zu erwirken.

01:00 Uhr

LXXXIV. Armeekorps orientierte telefonisch die 352. Infanterie-Division: „Alarmstufe II. Fallschirmjäger bei 716. Infanterie-Division abgesprungen."

Der 20-jährige Gefreite Hermann Welter, Artillerist der 7. Batterie der 3. Abteilung, die sich im 2,4 Kilometer entfernten Hinterland von Arromanches befand, auf dem Gehöft Tringale, wo nur zwei veraltete 10,5-cm-Haubitzen aufgestellt waren, berichtete: „Ich hatte mit einigen Kameraden bis zur Dunkelheit im Freien gelegen; es war nicht so kalt. Da gab's Alarm; da sind wir gleich mit den Pferden raus aus dem offenen Erdbunker, in dem sie gestanden hatten. Die Tiere waren sehr unruhig, denn seit einiger Zeit flogen ständig viele große Flugzeuge über uns hinweg, aber weit ins Hinterland. Wir haben uns darüber gewundert, daß keine deutschen Flugzeuge kamen, haben direkt d'rauf gewartet, aber da kam nichts. Da haben wir uns alle wieder hingelegt."

Der Gefreite Werner Kortenhaus vom Panzer-Regiments 22 der 21. Panzer-Division erklärte betreffs der Situation, in der sich seine Einheit befand: „Um etwa 01:00 Uhr standen wir marschbereit an unseren Panzern und wunderten uns, daß wir keinen Marschbefehl nach Norden erhielten. Darüber ärgerten wir uns sehr."[13]

---

13 Die Ursache der Bewegungslosigkeit deutscher Truppen in den ersten Stunden der Invasion bestand primär in der Abwesenheit eines Teils der wichtigsten Führungskräfte: Für die 21. Panzer-Division war das ihr Kommandeur, Generalleutnant Edgar Feuchtinger, der noch nicht aus Paris zurückgekehrt war.

*Der Gefreite Werner Korten-
haus war seit Sommer 1943
Angehöriger der 4. Kompanie
des Panzer-Regiments 22 der
21. Panzer-Division.*

Foto: Kollektion W. Kortenhaus

01:15 Uhr
Telefonische Alarmierung sämtlicher Truppenteile der 352. Division abgeschlossen.

01.20 Uhr
Generalleutnant Richter rief den soeben in seinem Gefechtsstand in Saint-Pierre-sur-Dives *(am äußersten rechten Flügel der 716. Division)* eingetroffenen Kommandeur der 21. Panzer-Division an. Dabei erklärte Feuchtinger, daß er bereits eine kurze Mitteilung von der 716. Division betreffs der Alarmstufe II erhalten und für seine Panzer-Division dasselbe befohlen habe, diese jedoch nicht einsetzen könne, solange keine Genehmigung des OKW *(Hitler)* vorliege.

So könne er, Feuchtinger, lediglich die der Division zugeordneten Infanterie- und Aufklärungstruppen einsetzen *(Panzer-Aufklärungsabteilung)*. Richter bat Feuchtinger mit allen gegenwärtig verfügbaren, südlich Hérouvillette stehenden Teilen seiner Division in den Kampf gegen die aus der Luft landenden Truppen einzugreifen. Feuchtinger sagte einen umgehenden Einsatz zu – wartete aber dennoch damit ab...

01:30 Uhr
Hafenkapitän Ouistreham meldete an Seekommando Normandie *(Leutnant zur See Fritz Sponholz)*: „Viele Lastensegler gelandet und Fallschirmjäger abgesprungen im Raum Ouistreham-Caen."

Zeitgleich meldete Admiral Kanalküste an Marinegruppenkommando West fernschriftlich, daß *bei der 2. Heeres-Küsten-Batterie 1261 und im Bereich der 711. Infanterie-Division (ostwärts der Orne) und 716. Infanterie-Division (Raum Bérnerville bis Auberville) Fallschirmabsprünge in großer Zahl stattfinden. Obwohl es sich nach hiesigen Vermutungen um keine feindliche Großlandung handelt – OB West und Luftflotte 3 beurteilen die Lage wie Gruppe West – wird Sofortbereitschaft für die Streitkräfte der Befehlshaber der Sicherung West und Führer der Schnellboote befohlen. In dem betroffenen Gebiet ist Alarmstufe II ausgelöst. Verschärfte Vorfeldüberwachung in Seine-Bucht wird wegen ungünstiger Tideverhältnisse sowohl beim Aus- wie Einlaufen erst nach Hellwerden möglich und wegen Wetterlage nicht befohlen. Die ungünstigen Tide- und Wetterverhältnisse waren ebenfalls der Grund dafür, daß in der Nacht 5./6.6. keine Vorpostenpositionen besetzt waren. Außerdem keine weiteren Anzeichen für Feindlandung. Nach Meldungen Admiral Kanalküste ergibt sich: Als Schwerpunkt der feindlichen Luftlandetätigkeit zeichnet sich etwa der Raum Caen ab. Fallschirmspringer stellen sich zum Teil als puppen heraus. Weitere Luftlandungen werden von verschiedenen Orten gemeldet. Diese Meldungen werden sofort an OB West weitergegeben. OB West nimmt auch jetzt noch keine größere Operation an.*

Zur selben Zeit ging beim Oberbefehlshaber West die telefonische Meldung der Marine-Gruppe West ein, daß um 01:23 Uhr viele Fallschirmabsprünge im Bereich der 711. und 716. Division gemeldet seien. Das Generalkommando des LXXXIV. Armeekorps hätte Alarmstufe II befohlen. Eine sofortige Rückfrage des Oberbefehlshabers West bei der Heeresgruppe B bestätigte Meldungen des Armee-Oberkommandos 7 über Fallschirmab-

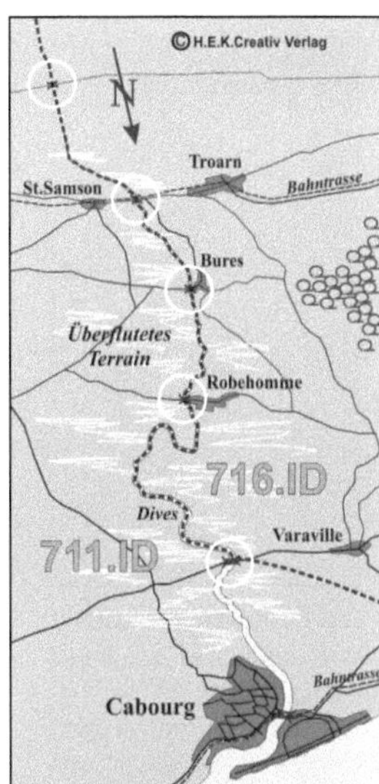

Bis 01:30 Uhr waren in der Landezone N, nördlich Ranville, bereits 152 Lastensegler gelandet und massenhaft Fallschirmjäger herunter gekommen. Ähnliches ereignete sich an der westlichen Flanke des Invasionsraums – während man auf deutscher Seite noch immer nicht an den Beginn der Invasion glauben wollte.

Foto: Battlefield Historian Ltd.

Um einem Gegenangriff der 711. Infanterie-Division in die linke Flanke des Invasionsraumes entgegen zu wirken, mußten zuerst deren Rollbahnen unterbrochen werden. Aus diesem Grund bestand die primäre Aufgabe der ersten britischen Fallschirmjäger darin, die für die deutschen Truppen wichtigen fünf in Ost-West-Richtung führenden Brücken über die Dives (weiß eingekreist) zu zerstören.

Grafik: von Keusgen

sprünge und eine Meldung der 711. Division betreffs mehrerer Einflüge von Verbänden kurz nach Mitternacht – Fallschirmjäger-Absprünge, angeblich auch Lastenseglerlandungen.

01:40 Uhr

Der Offizier vom Dienst meldete dem Ia des Oberbefehlshabers West: „Absprünge auf Halbinsel Cotentin, bei Caen, südlich Seine-Mündung; Lastensegler in Orne-Mündung."

Auch aus dem noch weiter östlich der Dives gelegenen Raum nahmen die Meldungen von Luftlandungen immer mehr zu...

Die 3. Kompanie des Ost-Bataillons[14] 642 wurde dem Grenadier-Regiment 736 zum Angriff auf den nahe östlich der Orne luftgelandeten Gegner zwischen Amfreville und Bréville unterstellt und kam sofort in den Einsatz.

---

14 In der Normandie waren der 709., der 711., der 716., der 243. sowie der 352. Infanterie-Division fünf sogenannte Ost-Bataillone unterstellt, sowie der 709. zwei Georgier-Bataillone. Diese Infanterie-Bataillone bestanden hauptsächlich aus einst gefangengenommenen oder übergelaufenen, dann der Wehrmacht freiwillig beigetretenen Russen.

Rupert war der Deckname dieser aus grober, sandfarbener Jute gefertigten und mit Stroh gefüllten Puppen, die in der Nacht zum 6. Juni von britischen Flugzeugen abgeworfen wurden, um unter den deutschen Truppen Verwirrung zu stiften. **Foto: von Keusgen (Mémorial Pegasus)**

Russischer Scharfschütze des Ost-Bataillons 642.
Foto: Archiv Gerstenberg

Während der Kämpfe mit Fallschirmjägern, die in Amfreville, 2 Kilometer südlich der Orne-Mündung, eindrangen, gab es beim Ost-Bataillon einen Gefallenen und fünf Verwundete. Die Verluste des Gegners betrugen drei Gefallene, zwei Schwerverwundete und fünf Gefangene. Das Ost-Bataillon verfügte über keine starke Kampfkraft, weshalb es schon früh aus der Kampflinie genommen wurde.

Vor Beginn der Invasion hatte das sehr weit auseinandergezogene Ost-Bataillon im Arbeitseinsatz auf der rechten und linken Seite der Orne gestanden, verteilt auf einer Fläche von 15 mal 10 Kilometern.

01:45 Uhr

Seitens des AOK 15 erfolgte eine Lagemeldung an den Chef des Generalstabs der Heeresgruppe B, dann ein Antrag für eine Alarmierung und Zuführung der 12. SS-Panzer-Division *Hitlerjugend*[15] *(die zu dieser Zeit im Raum westlich Paris stand, einhundert Kilometer von der normannischen Küste entfernt)* mit einer Vorausaufklärung in den britischen Absprungraum um Ranville *(dafür hätte es einer Dauer von mehr als drei Stunden bedurft)*. Eine Anfrage betreffs Marine-Ortungsergebnisse blieb negativ: „Keine".

01:47 Uhr

An alle im Großraum stehenden Artillerieführer wurde befohlen, „Hansafeuer"[16] in die gegnerischen Absprungräume zu legen. Major Hans von Luck hatte indessen mehrere britische Gefangene vernommen, die einstimmig aussagten, daß die 6. Airborne Division in dieser Nacht abspringen und die strategisch wichtigen Brücken über die Orne und den benachbarten Kanal unversehrt einnehmen und östlich der Orne einen Brückenkopf bilden sollte – für die für den nächsten Morgen geplante Anlandung von See her. Von Luck war verärgert:

„Noch immer hatten wir keine Freigabe für einen sofortigen Nachtangriff erhalten. Zu diesem Zeitpunkt hätten wir mit einem Gegenangriff durchaus Erfolg haben können, eventuell sogar bis zur Küste vorstoßen und die Bildung eines gegnerischen Brückenkopfes vereiteln. Ich lief mit geballten Fäusten auf und ab, ärgerte mich über die Entschlußlosigkeit des Oberkommandos trotz der eindeutigen Lage. Wenn Rommel

---

15 Es ist bei der 12. SS-Panzer-Division *Hitlerjugend* eine einmalige Erscheinung in der Kriegsgeschichte, daß eine ganz Division – besonders ein so komplizierter Truppenkörper wie eine moderne Panzer-Division – ausschließlich aus Jugendlichen im Alter von 17 und 18 Jahren bestand *(Offiziere und Unteroffiziere ausgenommen)*.

16 Hansafeuer" bedeutete, auf das Stichwort „Hansa" automatisch auszulösendes Artilleriefeuer in alle Teile des Kampfgebietes Küste zu legen, wo Luftlandungen möglich waren. Die Beobachtung und Leitung des Feuers erfolgte von Gefechtsständen, rückwärtig gelegenen Luftspähposten und durch motorisiert zu entsendende vorgeschobene Beobachter.

anstatt in Deutschland bei uns gewesen wäre, dann hätte er,
davon waren wir überzeugt, sämtliche Befehle mißachtet und
selbständig gehandelt."

01:56 Uhr

Oberstleutnant Terence Otway traf bei der vereinbarten Sammelstelle am Rand eines kleinen Waldes ein. Mehr
als eineinhalb Stunden waren seit den Absprüngen seiner
Truppe bereits vergangen, doch von den insgesamt 750 seiner Fallschirmjäger hatten sich bisher nur 48 an der Sammelstelle zusammengefunden. Da Otways Zeitplan noch einen
Spielraum von 15 Minuten hatte, wartete der Oberstleutnant
noch auf weitere seiner Soldaten.

*Gleichermaßen zur Erkennung
wie zur Abschreckung trugen
Otways Männer ein floreszie-
rendes Totenkopf-Emblem an
ihren Uniformjacken.*
Foto: *Musée La Batterie de Merville*

02:00 Uhr

Seitens des Kommandeurs der 716. Infanterie-Division,
Generalleutnant Wilhelm Richter, erging an den Kommandeur der 21. Panzerdivision die Forderung, mit seiner gesamten Division die gelandeten Fallschirmjäger östlich der Orne
anzugreifen und in Verbindung mit den von der 716. Division
eingesetzten Teilen den Raum östlich der Orne wieder freizukämpfen. Doch anstatt der gesamten Panzer-Division setzte
sich lediglich ein kleiner Teil in Bewegung, denen Richter
dann direkte Befehle erteilen konnte.

*In der Zeit zwischen 01:20 Uhr und 02:00 Uhr ergingen
seitens der 716. Infanterie-Division Lagemeldungen an die
Nachbar-Divisionen, an die 352. sowie die 711. Die rechtsseitig benachbarte 711. Division wurde von Generalleutnant
Richter ersucht, in die Kampfhandlungen östlich der Orne
einzugreifen. Gleichzeitig erging die Meldung an das Generalkommando, das man mit den bisherigen Maßnahmen einverstanden war.*

In diesem Moment tauchten aus den dunklen Fluten an der
westlichen und der östlichen Flanke des britisch-kanadischen
Angriffsraums zwei Kleinst-U-Boote auf, das X 20 und das X
23, die schon seit 64 Stunden getaucht vor der Küste lagen,
und es wurde auf jedem ein sechs Meter hoher Mast aufge-
richtet, der zur Seeseite hin ein automatisches Funksignal sowie grünes Licht ausstrahlte.

*Eines der beiden „X-Craft"-
Kleinst-U-Boote, die mit nur
zwei Männern Besatzung fast
einhundert Stunden an den
Flanken des Invasionsraumes
ausgeharrt hatten.*
Foto: *Imperial War Museum*

*(Die beiden X-Craft oder Pocket-U-Boote waren bereits am 2. Juni von Portsmouth in
die Nähe der Normandie-Küste geschleppt worden, was zwei Tage gedauert hatte. Der
Auftrag für ihre Insassen bestand darin, die britisch-kanadischen Landeabschnitte an den
Flanken „abzustecken" und somit den Angriffsraum für die heranfahrenden Schiffe mittels
Funk- und Lichtsignalen zu kennzeichnen. Tagsüber waren sie unter Wasser geblieben und
lediglich nachts aufgetaucht, um ihre Batterien aufzuladen und Frischluft zu „tanken". Über
die 24-stündige Verschiebung der Invasion waren sie per Funk informiert worden.)*

Leutnant Steiner konnte die Einschläge der Granaten auf seinem Stützpunkt beobachten. **Foto: Archiv von Keusgen**

Oberstleutnant Geoffrey R. Pine-Coffin
Foto: Battlefield Historian Ltd.

02:05 Uhr

Zwei Züge der 1. Panzerjäger-Kompanie wurden nach Bénouville, zur Hebebrücke über den Caen-Kanal, in Marsch gesetzt, zur Verstärkung der nur schwachen Brückenbesatzung – in Unwissenheit der bisherigen dortigen Ereignisse.

Zeitgleich unterstellte sich die 716. Infanterie-Division das II. Bataillon Hans von Lucks Panzergrenadier-Regiment 192 mit dem Auftrag, über die Kanal-Brücke bei Bénouville die ostwärts der Orne gelandeten Luftlandetruppen anzugreifen. Zugleich wurde die 2. Kompanie der schweren Artillerie-Abteilung 989 und die 1. Panzerjäger-Kompanie 716 dem II. Bataillon 192 unterstellt.

02:10 Uhr

Leutnant Raimund Steiner war mit seinem Funker und seinem Unteroffizier nach einem höchst beschwerlichen und gefahrvollen Weg von der B-Stelle in die Nähe seiner Batterie bei Merville zurückgekehrt, wie er sagte, „unter einem glutroten Himmel; und überall um uns herum waren Fallschirmjäger heruntergekommen".

Für den 2,9 Kilometer langen Weg, auf dem sie teilweise auf den Knien, sogar auf dem Bauch, weiterrutschen mußten, nahe Franceville auch noch in grausame infanteristische Kampfhandlungen geraten waren, hatten sie fast eineinhalb Stunden gebraucht.

In der Zwischenzeit hatte General Reichert seine der Batterie Merville am nächsten stehende II. Abteilung über Steiners dringliche Bitte um Artilleriefeuer auf seinen Stützpunkt orientiert. Daraufhin waren von der 6. Batterie *(beim neun Kilometer von Merville entfernten Bruère Manet)* vier schwere 15,5-cm-Feldhaubitzen auf die Batterie Merville ausgerichtet worden – sowie auch noch vier weitere desselben Kalibers von der 7. Batterie *(beim 10,5 Kilometer entfernten Grangues).*

Leutnant Steiner hatte sich mit seinen zwei Begleitern seiner Batterie im schwachen Licht des leicht von dünnen Wolken verschleierten Mondes und dem rotorangen Schein der vielen Feuersbrünste nun auf Sichtweite seiner Batterie genähert, nicht ahnend, daß anstatt des angeforderten Beschusses seiner Batterie mit nur einem einzigen Geschütz in diesem Moment acht schwere Haubitzen auf das Terrain ausgerichtet waren: „Deutlich konnten wir die feindlichen Soldaten sehen, die da auf unserem Kommandobunker saßen und Zigaretten rauchten. Sie glaubten wohl, es sei schon alles vorbei. Den Bunker zu sprengen, hielten sie offenbar für nicht notwendig, denn es konnte ja sowieso nicht mehr lange dauern, bis meine Männer da drinnen am Phosphor ersticken würden.

Eines der Geschütze des Artillerie-Regiments 1711 sollte nun unsere Bunker beschießen, und ich wollte dessen Feuer lenken... Wir nahmen einander bei den Händen und wußten, jetzt geht's um Leben und Tod. Um 02:10 Uhr gab mein Funker auf meinen Befehl hin das Kommando durch: Feuer!"

Dann brach ein Orkan los. Alle acht Geschütze feuerten gleichzeitig und mit viel zu großer Streuung auf die Batteriestellung – und auf ihr Umfeld.

02:12 Uhr

Die deutsche 2. Sicherungsdivision der Marine meldete nun ebenfalls, daß es sich bei den gelandeten Fallschirmjägern zum Teil um Strohpuppen handele.

Dem britischen Oberstleutnant Pine-Coffin war es inzwischen gelungen, annähernd einhundert Männer seines 7. Fallschirmjäger-Bataillons zusammenzusammeln – von erwarteten insgesamt 600... Sie hatten bei ihren Landungen fast ihre gesamte Ausrüstung und die schweren Waffen verloren – Maschinengewehre und Granatwerfer. Da Major John Howard an der Kanal-Brücke dringend auf Verstärkung wartete, rückte der Bataillonskommandeur mit den nur wenigen Männern nun in dessen Richtung ab. Für eventuell später eintreffende Fallschirmjäger seines Bataillons ließ der Oberstleutnant seinen Stellvertreter, Major Baume, zurück. *(Insgesamt fanden bis zum anbrechenden Morgen dieses Tages 240 Soldaten des Bataillons zusammen – weniger als die Hälfte des gesamten Bataillons.)*

02:14 Uhr

Meldung des Seekommandanten Normandie an 352. Infanterie-Division: „Feindliche Seeziele 11 Kilometer nördlich Grandcamp geortet." *(Diese Meldung wurde von der Division eine Minute später an ihr Artillerie-Regiment 352 weitergegeben.)*

Ab 02:00 Uhr näherte sich über dem Ärmelkanal ein äußerst bedrohliches Dröhnen von Flugzeugmotoren der normannischen Küste...

Foto: Imperial War Museum

Ohne die französische Bevölkerung zu warnen, begann ab 02:20 Uhr die erste Angriffswelle der Bomber der Alliierten mit dem Bombardement auf Caen – mit schweren Bomben mit Frühzündern.

Foto: US National Archives

Emblem der 352. Infanterie-Division.

Abbildung: Archiv von Keusgen

Die 716. Division orientierte die linksseitig benachbarte 352.: Fallschirmjäger bei Amfreville, Bréville, Gonneville und Hérouvillette."

Auf dem LCI/L, auf dem auch Pionier-Leutnant Bob Orrell mitfuhr, erfuhren die Soldaten, daß die Invasion bereits zwei Stunden zuvor mit den ersten Luftlandungen begonnen hatte: „Wir fuhren in einem langen Konvoi über den *(Ärmel-)*Kanal; das war ein höchst eindrucksvoller Anblick. Trotz der begrenzten Sichtweite *(aufgerissene Bewölkung mit Mondschein)* tauchte endlich die Küste Frankreichs in der Ferne auf, und wir konnten massenhaft Kriegsschiffe, Landungsboote und Frachter aller erdenklichen Art erkennen."

Die Armada der Alliierten bezog in der Dunkelheit der Nacht mit 6.991 Schiffen und Booten mehr als 30 Kilometer vor der Küste und mit einer Breite von 80 Kilometern ihre Aufstellung in einem Angriffsraum außerhalb der Reichweite deutscher Geschütze. Dennoch waren einige der Kriegsschiffe imstande, mit ihren großen Kalibern aus dieser Entfernung die deutschen Küstenstellungen gezielt zu beschießen.

Fotos: US National Archives

02:15 Uhr

Als das Trommelfeuer auf die Batterie Merville nach fünf Minuten beendet war, hatte der enorme, von den krepierenden Granaten erzeugte Luftdruck inzwischen Steiners Funker von ihm weggerissen und einige Meter weit fortgeschleudert. Als der Leutnant nun zu ihm hinkroch, lag da nur noch der zerfetzte, armlose Rumpf seines Oberkörpers. Steiners Unteroffizier war der rechte Fuß bis zur Mitte des Unterschenkels abgerissen. Der Leutnant, der zwischen den beiden Soldaten gelegen hatte, war lediglich von einigen kleinen Granatsplittern leicht verwundet worden. Nach dem starken Artilleriebeschuß gab es auf dem Batteriegelände keine Angreifer mehr, nur noch bis zur Unkenntlichkeit zerfetzte Körper.

Der Batteriechef zog sich den wimmernden und stark blutenden Unteroffizier auf seinen Rücken und kroch mit ihm zum 220 Meter entfernten und nördlich Merville gelegenen Verbandplatz des I. Bataillons des Grenadier-Regiments 736, der sich in einer Scheune befand.

Von der Truppe des Oberstleutnants Otway hatten sich inzwischen *(nach seinen eigenen Angaben)* „etwa 150 Männer zusammengefunden". Die Zeitreserve war abgelaufen und man mußte nun unbedingt zur Batterie Merville abrücken.

02:20 Uhr

Der erste von mehreren großen Pulks anfliegender Bomber der Alliierten begann Caen gezielt zu bombardieren. Die niemals vorgewarnte Bevölkerung wurde im Schlaf völlig überrascht, und es gab massenhaft Todesopfer und Verletzte. *(Obwohl zu dieser Zeit über-*

haupt keine deutschen Truppen in der Stadt standen, sollte durch die Zerstörung der Häuser dennoch eine Blockade der wichtigsten Durchfahrtsstraßen erwirkt werden, um die deutschen Nachschubwege sowie ein Nachdrängen deutscher Verbände – besonders Panzer – zu verhindern. Da Caen für die Alliierten jedoch einen eigenen wichtigen „Drehpunkt" für den weiteren Vormarsch bildete, und um für das eigene spätere Vorwärtskommen keine hinderlichen Bombenkrater zu erzeugen, wurden Bomben mit Frühzündern verwendet, deren Sprengkraft mehr in die Breite gingen und alles regelrecht beiseite fegte. Wie es später seitens der Alliierten hieß, wurden diese Bombardierungen „äußerst erfolgreich" durchgeführt...)

02:26 Uhr

Das Generalkommando des LXXXIV. Armeekorps registrierte starke Bombardierungen nahe westlich der Dives-Mündung, auch Motorengeräusche von See her, doch Anlandungen wurden nicht festgestellt. Es erhärtete sich der Eindruck des Beginns der schon so lange erwarteten Invasion...

02:30 Uhr

Mit einem Abstand von mehr als dreißig Kilometern zur Küste begannen 6.991 Schiffe und Boote *(inklusive Landungsboote)* der Alliierten aufzufahren und „Front" zu beziehen, über eine Breite von insgesamt mehr als achtzig Kilometern – von Ouistreham im Osten *(an der Orne-Bucht)* bis Saint-Vaast im Westen *(an der Westküste der Cotentin-Halbinsel)*. 137 der Schiffe dieser Armada waren reale Kriegsschiffe der britischen Invasionsflotte:

Die *Eastern Task-Force (Sondereinheit der Kriegsschiffe für den östlichen Angriffsabschnitt [„Gold", „Juno", „Sword"] der Briten und Kanadier)* bestand *(für den Fernbeschuß der deutschen Stellungen)* aus den beiden Schlachtschiffen *Warspite* und *Ramillies*, dem Panzerschiff *HMS Roberts*, 12 Kreuzern sowie *(für den küstennahen Beschuß)* 37 Zerstörern – allesamt unter dem Kommando von Rear Admiral Sir Philip Vian, dessen Hauptquartier sich auf der *HMS Scylla* befand.

Die Briten sollten in zwei ihnen zugewiesenen Abschnitten anlanden: Im Abschnitt „Gold" (18,6 Kilometer zwischen Port-en-Bessin und Vers-sur-Mer, mit ihrer 50. Infanterie-Division = „Force G" mit 24.970 Soldaten) und im Abschnitt „Sword" (10,6 Kilometer zwischen Langrune-sur-Mer und Ouistreham, mit ihrer 3. Infanterie-Division = „Force S" mit 28.045 Soldaten.

Die Kanadier sollten im ihnen zugewiesenen Abschnitt „Juno" anlanden (9 Kilometer zwischen Vers-sur-Mer und Langrune-sur-Mer, mit ihrer 3. Infanterie-Division = „Force J" und zusammen mit britischen Soldaten, insgesamt mit 21.400 Soldaten).

Erich Bissoir, Soldat der 12. SS-Panzer-Division „Hitler-Jugend": „Seit einigen Wochen standen wir mit unserer Division müßig herum und schrieben Briefe in die Heimat, aber wir waren dort auf dem Lande gut verproviantiert...

Zwar wurde immer lauter von einer bevorstehenden Invasion geredet, aber es geschah nichts... „Doch das sollte sich ab sofort ändern..."

Fotos: Kollektion E. Bissoir

Die Einflüge von massenhaft Lastenseglern mit weiteren Infanteristen sollten noch lange kein Ende nehmen... **Foto: Archiv Gerstenberg**

Alle drei Divisionen bildeten zusammen die 2. Armee, deren Kommandeur Generalleutnant Sir Dempsey war. Jede dieser Infanterie-Divisionen sollte von einer Bomberflotte begleitet werden.

An den beiden Brücken über die Orne und den Kanal trafen die ersten britischen Verstärkungstruppen ein. Von der westlichen Seite des Kanals war Oberstleutnant Pine-Coffin mit *(etwa)* einhundert Männern zu John Howards beiden Trupps gestoßen. Die bisherigen Brückenbewachungstrupps wurden personell verstärkt und der südliche Teil des kleinen Bénouville besetzt, somit die von der Küste her führende Straße über diese Ortschaft nach Caen von den Briten abgeriegelt.

Die 21. Panzer-Division meldete eigene Einheiten in der Gegend der Orne-Mündung im Kampf mit vielen Fallschirmjägern. Zeitgleich begannen von See her *(jeweils mit größerem zeitlichen Abstand)* weitere „Wellen" von Bombern auf die Küste zuzufliegen und an ihr die deutschen Verteidigungsanlagen und jene im küstennahen Hinterland zu bombardieren – wenngleich dabei auch sehr viele Häuser und französische Einwohner mitbetroffen wurden. Das Bombardement galt speziell den großen Batteriestellungen, insbesondere jenen an der Orne-Bucht *(doch gerade bei diesen verursachte der Luftangriff keinen großen materiellen Schaden, was noch zu nicht unerheblichen Konsequenzen für die im Raum „Sword" anlandenden britischen Truppen führen sollte).*

Als sich inzwischen die beiden vorausgesandten Züge der 1. Panzerjäger-Kompanie 736 der Hebebrücke bei Bénouville näherten, mußten sie erkennen, daß sich der Übergang über den Orne-Kanal bereits in Feindeshand befand. Der Versuch, die Soldaten des britischen 7. Fallschirmjäger-Bataillons zu überwältigen, mißlang; auch der Chef der Panzerjäger-Kompanie wurde bei diesem Gefecht verwundet.

Die Heeresgruppe B meldete an den Oberbefehlshaber West, daß man vom AOK 15 die Meldung von Fallschirmjäger-Absprüngen nun auch im Abschnitt östlich der 716. Infanterie-Division benachbarten 711. erhalten habe. Da noch keine Einzelheiten bekannt waren, außerdem beim Gefechtsstand der 711. Infanterie-Division Gefechtslärm hörbar sei, hatte das AOK 15 Aufklärung aus dem Bereich der 12. SS-Panzer-Division *Hitlerjugend* beantragt. Daraufhin erging augenblicklich ein telefonischer Befehl des Ia an die Panzergruppe West:

„Die 12. SS-Panzer-Division, ohne ihre Eigenschaft als OKW-Reserve zu beeinträchtigen, soll sofort Aufklärung Richtung 711. Infanterie-Division vortreiben, Verbindung mit der

711. Infanterie-Division aufnehmen und halten; und Achtung in eigenem Raum auf etwaige Luftlandung."

02:34 Uhr

Seekommando Normandie meldete Admiral Kanalküste Kampfhandlungen im Raum Caen.

02:35 Uhr

Orientierung der 352. Infanterie-Division seitens der 716.: „Fallschirmjäger bei Amfreville, Bréville, Gonneville sowie Hérouvillette." Beim Generalkommando des LXXXI. Armeekorps ging die Meldung ein, daß beim Divisionsgefechtsstand der 711. Infanterie-Division „erste britische Gefangene eingebracht wurden, und der Feind führt mit Lastenseglern neue Verbände in den Raum südwestlich Glanville" *(14 Kilometer östlich des Aufstellungsraums der 716. Division).*

Im Hafen von Ouistreham: Die Kanal-Schleuse mit ihrem wichtigen Pumpen beziehungsweise Maschinenhaus (im weißen Kreis, und in Steiners Schießplan eingetragen mit der Grundeinstellung „Düsseldorf"). Die anderen drei Einstellungen waren zur Feindabwehr auf verbunkerte Widerstandsnester ausgerichtet.

Foto: Battlefield Historien Ltd.

02:45 Uhr

Meldung von Funkmeßbeobachtung Longues über Fallschirmabsprünge. Gleichzeitig weitere Meldungen an Sicherungsdivision, woraus sich als Landungsgebiet der Fallschirmjäger die Gegend um Caen ergab. Unmittelbar nach Eingang dieser Meldung, Versuch mit Ortungsmeldestelle Cherbourg Rücksprache zu nehmen – aber alle Leitungen nach Cherbourg waren ausgefallen. Befehl an Marinenachrichtenoffizier: „Sofort Funkverbindung mit Ortungsmeldestelle und sämtlichen Funkmeßortungsgeräten aufnehmen."

Befehl an Funkmeßortungsgerät Cap de la Heve: „Geräteführer für übrige Geräte; beste Leute bis Hellwerden."

02:48 Uhr

Telefonat vom AOK 15 mit der 2. Sicherungsdivision: „Nach Rücksprache mit den in Le Havre liegenden Flottillenchefs, der 38. Minensuchflottille, Korvettenkapitän Palmgren, und 15. Vorpostenflottille, Korvettenkapitän Rall, ist Einsatz der Boote bei dieser Wetterlage nicht möglich. Wind 7 bis 8 aus westlicher Richtung."

Die Kriegsmarine in Le Havre hatte gegenüber dem LXXXI. Armeekorps erklärt, daß sie wegen zu starken Seegangs nicht auslaufen könne – während sich bei demselben Wetter und Seegang mehr als sechstausend Schiffe von Großbritannien aus der normannischen Küste näherten...

02:50 Uhr

Leutnant Steiner war zu seiner B-Stelle zurückgekehrt: „Noch immer war es stockfinster. Nun stellte sich heraus, daß der Telefonkontakt mit meiner vorgesetzten Stelle *(im Regimentsgefechtsstand)* unterbrochen war. Damit war ich jetzt auf mich allein gestellt. Ich rief Buskotte an. Er sagte, daß alle aus den Bunkern heraus und gesund wären. Auch teilte er mit, daß sämtliche der Invasoren getötet oder vertrieben waren und der Stützpunkt völlig verwüstet sei, aber die Kanonen noch intakt wären."

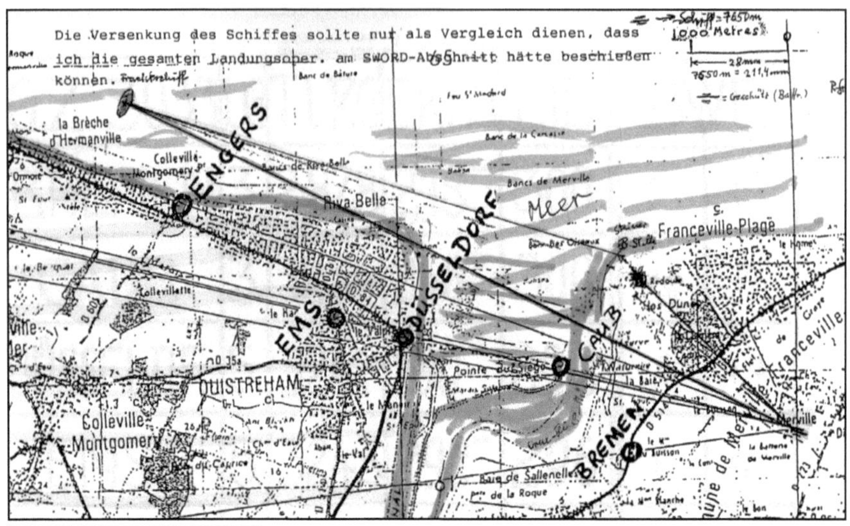

An den oberen Rand dieses Kartenausschnitts schrieb Steiner: „Beleg für meinen Hinweis auf das wichtige 1. Ziel der Invasion: CEAN = Eisenbahn- und Straßenknotenpunkt, und durch den Orne-Kanal leicht zu erreichen – falls die Schleuse intakt bliebe."

Kollektion A. Steiner

Steiner war ein erfahrener Ostfrontsoldat, und es war ihm inzwischen klargeworden, daß die Briten den schnellstmöglichen Weg ins Inland nehmen würden – und das war der Wasserweg auf dem Kanal, direkt bis ins Stadtzentrum von Caen... Wenn der Kanal nun aber nicht mehr schiffbar wäre, könnte es sein, daß die Briten ihre verlustreichen Angriffe auf die Batterie einstellen würden...[17]

02:55 Uhr

Leutnant Steiner rief seinen Hauptwachtmeister an und befahl Buskotte, sofort zwei Geschütze auf das Maschinenhaus der Kanalschleuse auszurichten *(von denen ohnehin eines permanent darauf ausgerichtet war)* und feuerbereit ma-

---

17 Wenn es den Alliierten am *D-Day* gelingen würde, im Zentrum Caen's ein größeres Truppenkontingent zu landen, könnte die Einnahme der Stadt bereits vor einer eventuell zeitlich deutlich späteren Eroberung von See her – und weniger verlustreich – erfolgen, die Briten somit hinter der Hauptmacht der deutschen Küstenverteidigungstruppen stehen und von dort aus die Stadt einnehmen *(in der ohnehin keine deutschen Truppen standen)* und den Nachschub deutscher Kontingente und deren Material in Richtung Küste vereiteln. Eventuell hätten die Briten auch mit einem Teil dieses Truppenkontingents dann nach Norden vorstoßen und der deutschen Küstenverteidigung in den Rücken fallen können...
Den schnellsten Weg ins Zentrum Caen's bildet der von Ouistreham her führende Kanal. Auch John Howards Einnahme der Hebebrücke bei Bénouville *(die während einer Durchfahrt unbedingt geöffnet sein mußte)* wäre dafür von größter Wichtigkeit gewesen, ebenso Otways Einnahme der Merville-Batterie, um so früh wie möglich eine Zerstörung der Schleusentechnik zu vereiteln...
Ein derart kühner Vorstoß mit einer größeren Menge Boote wäre durch die fast parallel zum Kanal verlaufende Orne nicht möglich gewesen, da einerseits noch bis fast zum Mittag des 6. Juni Niedrigwasser herrschte *(was der Merville-Batterie ohnehin noch bis zur Öffnung der Schleuse um 11:48 Uhr Zeit gelassen hätte, sie zu neutralisieren – für Montgomerys geplante Kanalfahrtaktion gefährlich lange)* andererseits der Fluß ohnehin viel zu verschlammt und auch bei Hochwasserstand für vollbeladene Boote zu flach gewesen wäre.

chen zu lassen. Ein einziger Volltreffer des Maschinenhauses würde die gesamte Schleusenanlage schlagartig funktionsunfähig machen – und die Schleusentore waren wegen der gegenwärtigen Ebbe zur Zeit geschlossen...

02:59 Uhr

Hauptwachtmeister Buskotte meldete seinem Batteriechef telefonisch das 1. und 2. Geschütz zum Beschuß der Schleuse feuerbereit.

03:00 Uhr

Der Chef des Stabes der Heeresgruppe B *(Speidel)* beurteilte gegenüber dem Ic *(Feindabteilung)* des Oberbefehlshabers West die Lage als „sehr ruhig; Möglichkeit einer Verwechslung mit abgesprungenen Flugzeugbesatzungen ist gegeben" – trotz Fallschirmjäger-Attrappen...

In einem unmittelbar darauf stattfindenden Telefonat seitens des OB West *(von Rundstedt)* mit dem Ia *(1. Generalstabsoffizier)* der 352. Infanterie-Division, Oberst Zimmermann, wurde dem gesagt: „Die Angelegenheit wird jetzt nicht für bedeutend gehalten."

Exakt zu diesem Zeitpunkt begannen die Luftstreitkräfte der Alliierten mit einem den seeseitigen Anlandungen vorausgehenden Bombardement auf die deutschen Küstenverteidigungsstellungen. Von diesem Moment an nahmen die Meldungen im gesamten Invasionsraum geradezu dramatisch zu, denn einerseits wiederholten sich etliche Meldungen, wenn auch von verschiedenen Stellen, andererseits waren viele Meldungen verworren, unkorrekt und sogar widersprüchlich.

Albin Wienand, der in seinem selbstgeschaufelten Schützenloch bei Saint-Aubin-d'Arquenay hockte, sagte über seine Beobachtungen zu dieser Zeit: „Da begannen in einiger Entfernung Geschütze zu schießen, aber in Richtung Inland, weil dort Luftlandungen einsetzten. Ganz entfernt konnte ich einige helle Fallschirme herabschweben sehen."

Noch immer hielten die Fallschirmjäger-Absprünge und Lastensegler-Einflüge ohne Unterbrechung an, hauptsächlich östlich der Orne, zunehmend aber auch auf der westlichen Seite – doch das weitläufige Sumpfgebiet an der Orne wurde in der Dunkelheit für viele der Segler und Soldaten zu einer tödlichen Falle...

Fotos: Archiv von Keusgen

Auf der östlichen Seite des Kanals hatte sich Oberstleutnant Terence Otway zu diesem Zeitpunkt mit seinem inzwischen nicht viel größer gewordenen Trupp nach einem 2,2 Kilometer langen und äußerst gefahrvollen Weg der Merville-Batterie bis auf fünfhundert Meter genähert. Die Royal Air Force hatte die Batterie inzwischen mehrmals bombardiert – aber auch ebenso oft verfehlt. Da Otway während der ungeordneten Absprünge seiner Truppe im Dunkeln auch die Pioniere mit ihrem Spezialgerät verloren hatte, sah er sich gezwungen, sein in Großbritannien wieder und immer wieder trainiertes Vorgehen auf die Batterie aufzugeben und auf die drei Lastensegler mit dem Handstreichkommando zu warten. Er hoffte, daß duch einen Doppelangriff von Norden und Osten her die Verwirrung der Batteriebesatzung so groß sein würde, daß eine effektive Abwehr einigermaßen unwahrscheinlich wäre. So wartete man weiter ab. Oberstleutnant Otway bereitete seine kleine Sturmtruppe aber den-

Hans Staab: „Ich war Flak-Schütze unserer 1. Batterie. Als ich aber mal kurz den Unterstand verließ, gab es überhaupt keine Batterie mehr, nur noch ein einziges großes Trümmerfeld – aber alle vier Geschütze waren noch feuerbereit geblieben."   **Foto: Kollektion H. Staab**

noch auf den Angriff und die Einnahme der Batterie vor. Dazu ließ Otway einen Major *(zirka)* fünfzig Männer in vier kleine Angriffsgruppen aufteilen, um die Kasematten anzugreifen. Allerdings verfügte Otways Truppe als schwerste Waffe lediglich über ein recht unhandliches Maschinengewehr. Die restlichen Soldaten sollten als Reserve zurückbleiben. Was Otway jedoch nicht wußte, war, daß innerhalb der nächsten Minuten ein Zug *(zirka 40 Soldaten)* der 3. Kompanie des Grenadier-Regiments 736 zur Verstärkung bei der Batterie Merville eintreffen würde, bewaffnet mit Karabinern, mehrereren Maschinenpistolen, zwei Maschinengewehren und Handgranaten...

(Anmerkung des Autoren: Auf das grausame Debal, das Oberstleutnant Otway und seine Männer in der Folge im vergeblichen Ringen um die Einnahme der Batterie Merville erlebten, soll hier nicht weiter eingegangen werden, da dieses bereits ebenfalls im Buch „Pegasus-Brücke und Batterie Merville" detailliert behandelt wird. Die Batterie wird hier lediglich deswegen nochmals angesprochen, um ihre Wichtigkeit und die spätere Konsequenz ihres noch folgenden Einsatzes im Verbund mit den neuen, ergänzenden Fakten in einen verständlichen Zusammenhang zu bringen.)

03:09 Uhr

Das Marinegruppenkommando West ortete in der Dunkelheit nördlich Port-en-Bessin *(am fast äußersten rechten britischen Landeabschnitt „Gold")* „zehn größere Fahrzeuge *(Schiffe)*, die sieben Seemeilen vor der Küste stoppten und damit auf Ausladungstätigkeit hindeuteten. Dieses Symptom sprach im Verein mit dem sich schärfer herauskristallisierenden Umfang der Luftlandung nunmehr doch für eine Landung größeren Stils und führte zur Auslösung folgender Maßnahmen: Vorfeldüberwachung durch BSW-Streitkräfte, Sofortbereitschaft *Landwirt*-U-Boote, Verlegungsbefehl für 8. Zerstörer-Flotte nach Brest, Aufklärungsvorstoß 5. Torpedoboot-Flotte in den Raum Port-en-Bessin/Grandcamp, Aufklärungsvorstoß 5. Schnellboot-Flotte zum Cap Barfleur und 9. Schnellboot-Flotte nach Westen, in Höhe Cap de la Hague. Im Wesentlichen fanden die Luftlandungen statt vor Houlgate und nördlich Caen, ferner bei Octeville und Montevilliers *(nördlich Le Havre)* sowie Carentan und Fontenay-sur-Mer *(Ostküste Cotentin)*. Bei Montevilliers wurde bei einem Gefangenen Kartenmaterial für Caen sichergestellt, so daß angenommen werden konnte, daß die Landungen an dieser Stelle ihr Ziel nicht erreicht haben."

Die 1. Batterie der Heeres-Küsten-Artillerie-Abteilung 1260 des Stützpunktes Riva-Bella, die bei Saint-Aubin-d'Arquenay aufgestellt war, wurde von ihrem Gefechtsstand in Arromanches orientiert – drei Stunden nachdem die Invasion begonnen hatte: „Invasion steht sehr wahrscheinlich bevor."

03:10 Uhr

Das verstärkte II. Bataillon des Panzer-Regiments 192 traf in Bénouville ein. Doch gelang es bei seinem *(bis 03:30 Uhr anhaltenden)* Angriff nicht, die Hebebrücke wieder einzunehmen. So wurde sie mit einigem Abstand auf der westlichen Seite gegen die Briten abgeriegelt.

Inzwischen war es einigen auf der westlichen Seite des Orne-Kanals abgesprungenen britischen Fallschirmjägern gelungen, auf der parallel zum Kanal verlaufenden Landstraße einen deutschen Militärlastwagen auf seiner Fahrt von Blainville nach Ouistreham zu stoppen und zu „übernehmen". Auch hatte zu dieser Zeit der Seekommandant Normandie an Admiral Kanalküste gemeldet, daß im Raum um Caen starke Kämpfe mit britischen Fallschirmjägern entbrannt waren. Beim Gefechtsstand der 711. Division wurden indessen erste Gefangene eingebracht, die angaben, dem IV. Fallschirmjäger-Bataillon der 1. britischen Luftlandedivision anzugehören *(real gab es nur eine britische 6. Luftlandedivision, die durch ihre Numerierung starke Luftlandekräfte vortäuschen sollte).* Unentwegt wurden nun Massen britischer Infanteristen mittels Lastensegler abgesetzt, die permanent das Kampfpotential der Bodentruppen vergrößerten, schwerpunktmäßig im Raum südwestlich Ranville, dann bei Caen und Carentan. Auch am westlichen Flügel der 716. Division wurden Fallschirmjäger-Absprünge im Raum zwischen der Marine-Küsten-Batterie Longues und der kleinen Hafenstadt Port-en-Bessin gesichtet. *(Ähnliches ereignete sich gleichzeitig im gesamten weiteren westlichen Invasionsraum, hinter den US-Landeabschnitten „Omaha" und „Utah".)*

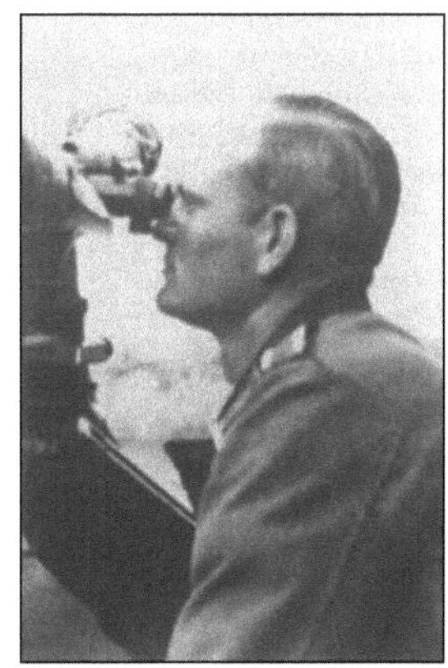

Hauptwachtmeister Johannes Buskotte am Geschützrundblickfernrohr; in der Dunkelheit der Nacht für eine exakte Zielortung zwar nicht verwendbar, jedoch konnten die Geschütze nach vorgefertigten Schießplänen eingerichtet werden.

Foto: Kollektion J. Buskotte

Auf der östlichen Seite der Orne-Mündung griffen britische Fallschirmjäger aus südlicher Richtung die Stützpunkte Franceville und Sallenelles an. In heftigen Schießereien mit den dagegen eingesetzten Teilen der Stützpunktbesatzungen und der noch vorhandenen Reste des Ost-Bataillons 642 konnten diese Angriffe jedoch abgewiesen werden.

03:15 Uhr

Leutnant Steiner rief seinen Hauptwachtmeister Buskotte an und erteilte den Feuerbefehl für die beiden Haubitzen auf das Maschinen respektive Pumpenhaushaus der Schleuse. Sofort wurden von jedem Geschütz sechs Granaten in rascher Folge nacheinander abgefeuert. Von seiner B-Stelle aus konnte Steiner die grellen Explosionsblitze an der Schleuse aufflammen sehen: „Da stiegen hohe Wasserfontainen auf, und es flogen große Gesteinsbrocken umher. Das Maschinenhaus hatte mindestens zwei Treffer erhalten…"

Somit war die gesamte Schleusenanlage funktionsunfähig *(und blieb bis Ende 1945 unbenutzbar).*

Die Marine-Küsten-Batterie Longues *(auf dem Küstenplateau von Le Chaos)* war vom 28. Mai bis zum 3. Juni bereits mit insgesamt 1.500 Bomben beworfen worden, nun wurde sie ein weiteres Mal intensiv bombardiert. 700 Tonnen Bomben fielen auf das Terrain und zerklüfteten es in eine noch schlimmere Kraterlandschaft – und zerfetzten dabei sogar die 1,80 Meter tief in der Erde verlegten Telefonverbindungen der Feuerleitstelle mit allen vier Geschützstellungen.

Das inzwischen verstärkte II. Bataillon des Panzer-Regiments 192 setzte sich von Süden her in Richtung Ranville in Bewegung…

Ferntext vom Admiral Kanalküste an Chef des AOK 15: *Seeziele 10 km ostwärts Orne-Mündung; […]*

Im Raum Bénoville waren inzwischen die ersten deutschen Panzer erschienen.
Foto: Battlefield Historian Ltd.

03:17 Uhr

Das Generalkommando des LXXXI. Armeekorps erhielt die fernschriftliche Meldung: *12. SS-Panzer-Division „angeheizt". 116. Panzer-Division bleibt noch zur Verfügung der Heeresgruppe. Noch kein Spähtrupp freigegeben.*

Weiter wurde gemeldet: *Linker Nachbar Landungsboote festgestellt; wo, nicht bekannt.*

Das Artillerie-Regiment 352 meldete an seine Division: „Zur Zeit Luftangriffe auf II. Abteilung Artillerie-Regiment 352." Nach bereits einige Zeitlang anhaltender Kampfhandlungen mit unterschiedlicher Heftigkeit meldete das XXXXVII. Panzer-Korps an Heeresgruppe B: „Gegner in etwa Regimentsstärke mit Schwerpunkt bei Bénouville auf die Orne zurückgeworfen."

03:22 Uhr

Meldung seitens Artillerie-Regiment 352: *„(Unsere) IV. Abteilung wird seit 03:20 Uhr mit Bombenteppichen belegt. Starke (feindliche) Verbände mit Lastenseglern fliegen (vom Meer kommend) nach Süden ein."*

03:25 Uhr

Hafenkapitän Ouistreham an Admiral Kanalküste: „Bei Cabourg Engländer an Land gegangen. Ostwärts Ouistreham Landungsboote im Anmarsch."[18]

03:30 Uhr

Die Marinestreitkräfte der Alliierten sowie die Küsten-Bombardement-Flotte erreichten ihre Ausgangspositionen vor ihren jeweiligen Landeabschnitten, während bei der Seekriegsleitung die Meldung einging, daß Landungsfahrzeuge im Raum Grandcamp, Port-en-Bessin, Ouistreham und Cabourg *(Großraum Franceville-Plage)* festgestellt wurden, auch daß „sich ein Luftverband mit langsamer Geschwindigkeit der Küste nähert, offenbar Lastensegler..."

---

18 Der erste Teil dieser Meldung wurde offiziell niemals erwiesen, außerdem befindet sich Cabourg 11 Kilometer östlich der äußersten Invasionsflanke. Es ist bei der Masse der teilweise widersprüchlichen, sogar unrichtigen Meldungen nicht auszuschließen, daß es sich bei diesem ersten Teil der Meldung um eine Fehlinterpretation handelt – noch dazu in der Dunkelheit – die jedoch im direkten Zusammenhang mit den gesichteten Booten im zweiten Teil der Meldung steht, denn diese (beladen mit Infanteristen) begannen sich zu dieser Zeit im Seegebiet östlich Sword, zwischen Franceville-Plage und Cabourg, in einem 19 Kilometer breiten (Invasions-)Abschnitt mit der Bezeichnung „Band" zu sammeln und eine Warteposition für einen ganz speziellen Einsatz zu beziehen – wobei für sie eine Anlandung am dortigen Küstenabschnitt nicht geplant war...

Über Großbritannien wurde eine Ansammlung größerer Luftverbände gesichtet. Die Führer der Schnellboote in Cherbourg und Le Havre erhielten den Befehl zur Sofortbereitschaft.

Zu dieser Zeit erfolgte nun auch die Ortung größerer gegnerischer Schiffsverbände vor der Küste, dabei waren auch zahlreiche Landungsboote. Im Orne-Gebiet erfolgten indessen weiterhin massierte Luftlandungen. Die Armee teilte jetzt mit, „daß die 12. SS-Panzer-Division *Hitlerjugend* vorgeführt wird".

Die Heeresgruppe B meldete an OB West, daß die 21. Panzer-Division „an Orne-Mündung Feind in Regimentsstärke zurückgeworfen" hat. Dieser Feind war allerdings ein nur geringer Teil der nach inzwischen annähernd drei Stunden fast unentwegter Luftlandungen abgesetzter Fallschirmjäger und Lastensegler voller Infanteristen...

Zeitgleich meldet die Luftflotte 3 an den Ia des OB West fernschriftlich: *Seit 02:40 Uhr 6 große 4-motorige Verbände in Süd-England in Versammlung begriffen. Großlandung nicht ausgeschlossen. Luftflotte klärt auf in Südengland und vor allem in Seine-Bucht.*

Im östlichen Hinterland des Invasionsraums Sword kam indessen das Gros der britischen Lastensegler herunter; in einem von ihnen hatte bis fünf Minuten zuvor der 48-jährige Kommandeur der britischen 6. Luftlande-Division geschlafen – Generalmajor Richard Gale. Sein Lastensegler war nach dem Aufsetzen auf den Boden mit 150 km/h bis gegen eine Straßenböschung gerast. Dabei wurde das fragile Fahrgestell durch den hölzernen Boden ins Innere des Seglers gerammt, aber keiner der 29 Insassen wurde ernstlich verletzt. Gales Lastensegler war jedoch in ein Chaos geraten: Von den 72 gestarteten Fliegern trafen zu dieser Zeit 49 derart pünktlich ein, daß fast alle im gleichen Moment und auf derselben großen Wiese Bruchlandungen vollführten. Innerhalb von drei Minuten raste ein Segler in den anderen. Tragflächen zersplitterten und Fahrgestelle und Leitwerke wirbelten umher. Einige der Lastensegler blieben auf der „Nase" stehen, andere überschlugen sich. Die Soldaten, die sich aus den ersten Seglern befreien konnten, schwebten dennoch in der akuten Gefahr, von den nachfolgenden zerschmettert zu werden. Daß dieses Chaos nicht in eine Riesenkatastrophe ausartete, lag im Wesentlichen an dem nur geringen Gewicht dieser Segler, die fast ausschließlich aus dünnem und leichten Sperrholz mit einem bestrichenen Leinwandüberzug bestanden. Eintausend Soldaten wurden in diesem Trümmerfeld zu Boden gebracht, sogar mit einigen Jeeps und noch zehn brauchbaren Fliegerabwehrkanonen.

Erst drei Stunden und vierzig Minuten nach ihren Absprüngen und weit auseinandergerissenen Landungen östlich der Orne hatten sich erste vereinzelte Trupps der Kanadier zu-

Generalmajor Richard Nelson Gale, Kommandeur der 6. Airborne Division. Da Gales Jeep irgendwo unter den Lastenseglerwracks lag, mußte er sich zu Fuß und nach Landkarte in sein von ihm erkorenes Hauptquartier im nur wenig mehr als einen Kilometer entfernten Ranville begeben.

Foto: Battlefield Historian Ltd.

Johann Ennenga war Fernmelder bei der 15 Kilometer südöstlich Cherbourg stationierten 7. Batterie der Flak-Abteilung 152: „Wer diese Meldung gehört hat, dem mußte doch wohl klar sein, daß die so lange erwartete Invasion jetzt sozusagen schon vor der Haustür stand…"

Foto: Kollektion Johann Ennenga

sammengefunden. Einigen der einigermaßen zielgenau gelandeten Fallschirmjäger war es inzwischen gelungen, einen Sturmtrupp für einen Angriff auf Varaville zu bilden. Diesem Trupp hatten sich auch etliche Versprengte anderer Kompanien angeschlossen. Es war ihnen auch gelungen, genug Munition und Sprengstoff aus den abgeworfenen Versorgungscontainern zusammenzusammeln. Anderen Trupps erging es ähnlich, und so marschierten sie zu ihren Zielorten und mußten dabei kleine Wasserläufe und sumpfiges Gelände durchwaten, um auftragsgemäß zwei Eisenbahnbrücken über die Dives zu zerstören und eine einzunehmen – was ihnen auch gelang…

„Es war so gegen halb vier morgens", berichtete Herman Welter, Artillerist der 7. Batterie, als unser wachhabender Unteroffizier kam und rief: *Alarm! Alles raus!*

Wir hatten in unserer Protzenstellung geschlafen. Wenn sonst irgend etwas bevorstand, dann hatten wir immer die entsprechende Nachricht schon vorher bekommen; dann haben wir immer gestiefelt und gespornt im Bett gelegen, aber diesmal…; da hat ja keiner d'ran gedacht… Bis auf die Flieger, die man ohnehin oft hören konnte, war es ansonsten zuerst ganz still. Das Wetter war nicht schlecht, so wie am Vortag auch. Dann konnten wir aus der Ferne das Krachen von Bombenabwürfen hören, aber Angst hatten wir keine."

03:35 Uhr

Heeresgruppe B erhielt die Meldung, daß feindliche Luftlandungen im Raum östlich Caen stattfinden, bei Gonneville, Bréville, Hérouvillette und Verson. Auf deutscher Seite herrschte allgemein Verwirrung sowie die Erkenntnis *(mit deutlicher Verspätung)*, daß es sich bei derartigen Aktivitäten des Gegners *(wie sie auch 80 Kilometer weiter westlich mit amerikanischen Truppen stattfanden)* nun tatsächlich um den *(schon so lange erwarteten)* Beginn der Invasion handelte – was zu dieser Zeit jedoch von den beiden höchsten deutschen Stäben in der Normandie noch deutlich *(und für einige Zeit)* bagatellisiert wurde – vom Oberbefehlshaber West, Feldmarschall von Rundstedt *(der Hitler wegen dessen Kriegsführung abfällig als „Böhmichen Gefreiten" bezeichnet hatte)* sowie Rommels Generalstabschef der Heeresgruppe B, Generalleutnant Hans Speidel.[19]

---

19 Bereits am Abend des 5. Juni hatte der Fernmelder Johannes Ennenga in seiner Vermittlungsstelle um 23:40 Uhr folgendes Telefonat mithören können:

„Massen von *(feindlichen)* Flugzeugen aller Typen im Anflug auf Cherbourg."

Zu seinem größten Befremden mußte Ennenga dann mit anhören, daß für sämtliche Waffen Leucht- und Feuerverbot befohlen wurde. Dazu sagte er: „Das hieß, wir durften nicht schießen und auch keine Scheinwerfer betätigen. Das war alles sehr sonderbar. Warum durften wir sie nicht beschießen? Wir hätten sie mit Steinen bewerfen können, so tief und langsam sind sie geflogen…"

Ab 00:15 Uhr hatten auch an der Ostflanke der Cotentin-Halbinsel, respektive an der Westflanke des Invasionsraums, die Massenabsprünge amerikanischer Fallschirmjäger begonnen.

Um 01:42 Uhr war bei der 2. Sicherungsdivision die Meldung eingegangen: „Im Bereich der 716. und 711. Infanterie-Division Fallschirmabsprünge in großer Zahl links der Seine und ostseits der Halbinsel Cotentin." *(Siehe den Buchtitel zur Serie: „Sainte-Mère-Église und Merderet".*

03:37 Uhr

Heeresgruppe B an AOK: „Teile der SS-Panzer-Division zur Aufklärung in Richtung Pont-l'Évêque angesetzt. Feind in Regimentsstärke bei Bénouville auf Orne zurückgeworfen[20]. Sehr viele langsam fliegende Flugzeuge *(wegen der Lastensegler im Schlepp)* über Kanalinseln *(unweit westlich der Cotentin-Halbinsel)*. Landungsboote beiderseits *(vor der Küste vor)* Bayeux gesichtet."

03:40 Uhr

Hafenkapitän Ouistreham an Seekommando Normandie: „Westlich Ouistreham viele weiße Leuchtkugeln auf dem Wasser *(Leuchtbojen zur Kennzeichnung der Wegstrecke und des Angriffsraums „Sword" für die Kriegsschiffe der Alliierten)*, und in Richtung 5 ein Flugzeug brennend abgestürzt."

Ebenfalls wurden dem BSW *(Befehlshaber Sicherung West)* zu dieser Zeit seitens der Gruppe West telefonisch Landungsboote auch vor Ouistreham und Cabourg gemeldet. *(Eine weitere Meldung betreffs deutlich außerhalb des regulären Angriffsraumes liegender Landungsboote in Wartestellung. Die Massenausbootungen mit den Sturmtruppen sollten ohnehin erst ab 04:30 Uhr beginnen.)* Es mußte nunmehr davon ausgegangen werden, daß nicht nur aus der Luft infanteristische Truppen in erheblichem Umfang abgesetzt würden, sondern auch von See her operiert werden sollte. Auf jeden Fall mußten nun alle verfügbaren Streitkräfte des BSW zur Bekämpfung einer Großlandung eingesetzt werden. Auch ging beim BSW vom Seekommandanten Normandie *(mit mehr als drei Stunden Verzögerung)* die Meldung ein, wonach an der gesamten Nordküste der Cotentin-Halbinsel Feindortungen vorlägen und daß feindliche Schnellboote schon seit kurz nach Mitternacht nördlich Cherbourg ausgemacht worden seien...

Generaloberst Friedrich Dollmann war Oberbefehlshaber der in der Normandie stehenden 7. Armee. Er verstarb am 28. Juni 1944. (Sein Stabschef, Generalmajor Max J. Pemsel, sprach von Selbstmord.)

Foto: Archiv von Keusgen

---

20 Auch diese Meldung (die mit einem angeblich ähnlichem „Ergebnis" schon um 03:17 Uhr vom XXXXVII. Panzer-Korps an Heeresgruppe OB West durchgegeben worden war) entspricht nicht den Tatsachen. Zwar waren Teile des II. Bataillons des Panzer-Regiments 192 auf der westlichen Seite des Caen-Kanals bis nahe Bénouville vorgestoßen, um die britischen Soldaten von der von ihnen um 00:26 Uhr eingenommene Hebebrücke über den Kanal zu vertreiben, die seitdem unter ihrer Kontrolle war, ebenso die nur 490 Meter entfernte Brücke über die Orne, außerdem ihr Brückenkopf inzwischen bereits derart stark war, daß es zu einem stärkeren Gefecht kam, das dann noch mehr als fünf Stunden anhalten sollte. Auch hätte die deutsche Truppe durch die Briten hindurch vorstoßen müssen, um sie – wie es hieß – „(den Feind) auf die Orne zurückgeworfen", zu haben (von Bénouville aus 1,6 Kilometer). Gleichzeitig wäre die deutsche Panzer-Truppe (entsprechend besagter Meldung) gezwungen gewesen, um östlich des bis zu mehr als zwei Kilometer breiten Überschwemmungsgebietes der Orne weiterhin besagte „Aufklärung in Richtung Pont-l'Évêque" zu betreiben, hinter den gegnerischen Truppen weiter östlich vorstoßen müssen...

Anmerkung des Autors: Auch diese Meldung – ebenso wie viele andere – läßt eine höchst mangelhafte Aufklärung, sogar die Ignoranz wichtiger Informationen, unausreichende und unkorrekte Kommunikation und folglich eine flagrante Desinformation respektive Unaufgeklärtheit sowie Konfusion auf den unteren Befehlsebenen erkennen – während fast alle Kommandeure abwesend waren: Drei der vier wichtigsten in der Normandie stehenden Infanterie-Divisionen befanden sich bei einem von Generaloberst Dollmanns anberaumten sogenannten (Sandkasten-)Kriegsspiel im 105 Kilometer südlich vom Zentrum der Invasionsküste entfernten Rennes (Bretagne). Der Kommandeur der 91. Luftlande-Division war bereits unmittelbar nach Invasionsbeginn erschossen worden; und der Marinebefehlshaber West befand sich auf einer unwichtigen Tour in Bordeaux.

Fotografie & Kollektion: J. Buskotte

Auf der gegnerischen Seite war die Masse der auf den Schiffen befindlichen Soldaten infolge des hohen Seegangs seekrank, und die Besatzungen der Schwimmpanzer auf den Panzerlandungsbooten peinigte die Frage, ob das Wetter am kommenden Morgen besser sein würde – und ob ihre Panzer unter diesen Bedingungen auch tatsächlich schwimmen können. Jeder war sich darüber im Klaren, daß das bei derartig rauher See unmöglich sein würde...

03:45 Uhr

Der BSW gab an die 2. Sicherungsdivision Weisung zum Einsatz der 5. Torpedoboot-Flottille und der 15. Vorpostenboot-Flottille ab Le Havre gegen die gemeldeten Landungsboote in der Seine-Bucht, und zwar die 5. Torpedoboot-Flottille als schnellerem Verband, mit Angriffsziel gegen den feindlichen Landungsverband vor Port-en-Bessin und Grandcamp, die 15. Vorpostenboot-Flottille gegen den Landungsverband vor Ouistreham und Cabourg. Außerdem sollte die 38. Minensuch-Flottille, Gruppe A, B und D sowie die 10. Räumflottille trotz des stürmischen Wetters aus Le Havre gegen den feindlichen Landungsverband auslaufen. *(Minensuchboot 155 der 6. Minensuch-Flottille wie auch die 4. Räumboot-Flottille lagen zu diesem Zeitpunkt in Le Havre mit Minenladungen. Eine beschleunigte Entladung wurde befohlen, um die Boote möglichst rasch zum Kampfeinsatz zur Verfügung zu haben.)* Die in Saint-Vaast und Port-en-Bessin liegenden sieben Boote der 6. A-Flotte erhielten ebenfalls den Befehl zum Auslaufen sobald die Tide es zuließe – was jedoch vor 08:00 Uhr nicht möglich war.

03:50 Uhr

Der Chef des Generalstabs des AOK 15 meldete dem Chef des Generalstabs der Heeresgruppe B fernmündlich: „LXXXI. Armeekorps meldet geortete Seeziele in Gegend Orne-Mündung. [...]"

03:53 Uhr

352. Infanterie-Division meldete an LXXXIV. Armeekorps: „Die Ortung der Seeziele ist zur Zeit ausgeschaltet." *(Was man auf deutscher Seite nicht wußte, war, daß von den Angreifern Raketen und Granaten verschossen wurden, die kleine Aluminiumstreifen in der Luft ausstreuten, um somit die Ortung ihrer Flotte sowie – während ihrer späteren Annäherung an die Küste – auch die Entfernungsmeßgeräte der Küstenbatterien zu stören...)*

03:55 Uhr

Für Oberstleutnant Terence Otway, der sich unweit der Batterie Merville aufhielt, nahm das Desaster kein Ende. Nun erschienen endlich zwei von drei sehnlichst erwarteten Lastenseglern mit seinem dringend benötigten Sonderkommando; doch der erste geriet durch Flak-Beschuß aus der Merville-Batterie sofort in Brand. Seine möglichst rasch zu erfolgende Landung wurde zu einer Bruchlandung. Zwar konnten sich alle seine zwanzig Insassen noch selbständig aus dem Wrack befreien, doch teilweise heftig blessiert und kampfunfähig. Dann ging das Seglerwrack gänzlich in Flammen auf.

Die Piloten der Zugmaschine des zweiten Seglers verwechselten die fast zwei Kilometer von der Batterie entfernte und größtenteils in Flammen stehende Ortschaft Gonneville mit dem Terrain der Batterie und klinkten den Gleiter folglich viel zu spät aus...

Otways Befehl hatte gelautet, die Batterie Merville mit ihren vier auf die Ouistreham-Bucht mit der Einfahrt zur Schleuse samt ihrem Maschinenhaus gerichteten Kanonen unbedingt zu neutralisieren. Nur dafür war sein Kommando aufgestellt und der gesamte technische Aufwand betrieben worden...

Nun befahl Otway seinen ersten zwei Trupps, die Batterie anzugreifen – Trupps, die ohne Funkgeräte, folglich ohne jede Kommunikationsmöglichkeit auf dem weitläufigen und von Bomben völlig verwüsteten Terrain jeweils auf sich allein gestellt waren...

Schon als sich die ersten Fallschirmjäger der Batterie näherten, waren die ersten im für sie völlig überraschendem Abwehrfeuer der beiden Maschinengewehre der inzwischen eingetroffenen 3. Kompanie gefallen. Dann kam es zu einer heftigen Schießerei innerhalb der Batterie – und der größte Teil von Otways Männern folgte dem ersten nach...

04:00 Uhr

Lageorientierung zwischen dem LXXXIV. Armeekorps und dem AOK 7:

1.) Im Ganzen vorbereitender Kampf.

2.) Zwei Schwerpunkte: Orne-Mündung, Caen und Ste.-Mère-Église durch Fallschirmspringer und Lastensegler.

3.) Neue Luftlandungen auf La Pernelle, bei Barfleur (an der westlichen Flanke des Invasionsraums). Truppe im Gefecht. Landungsboote in schneller Fahrt auf Orne-Mündung. Sehr rege Fliegertätigkeit.

4.) Generalkommando hat Korpsreserve-Regiment 915 auf linken Flügel 352. I.D. gezogen, mit Auftrag, Verbindung über Carentan herzustellen und zu halten. 21. Panzer-Division durch Heeresgruppe B alarmiert und mit Teilen auf Luftlanderaum Orne-Mündung angetreten.

Im Großen zeichnet sich Abschnürung der Halbinsel Cotentin an engster Stelle ab.

(Genau das war eine der wesentlichsten strategischen Maßnahmen der Alliierten.)

04:05 Uhr

Hauptwachtmeister Buskotte rief seinen Batteriechef in dessen B-Stelle an: „Herr Leutnant, der Feind ist wieder in unserer Stellung! Es sind eindeutig britische Fallschirmjäger.

Während auf deutscher Seite erhebliche Verwirrung herrschte, war Major John Howard an der mit einer gelungenen Handstreichaktion eingenommenen Hebebrücke bei Bénouville immer wieder in Abwehrgefechte verwickelt und wartete dringend auf den zugesagten Entsatz, doch der konnte erst mit den Schiffen anlanden – und das würde noch einige lange Stunden dauern...
(Foto oben: Das Terrain an der Brücke. Foto unten: Zwei der drei Seglerwracks.)

Fotos: Battlefield Historian Ltd.

Die Kasematte Nr. 2 inmitten einer Kraterlandschaft...
Foto: Kollektion J. Buskotte

Es wurde geschossen, aber das Schlimmste ist, daß wieder Soldaten auf unseren Bunkern hocken und wieder Phosphor in die Luftschächte gießen. Aber dieses Mal haben sie es angezündet. Wir brauchen dringend nochmals Artilleriefeuer auf unsere Batterie!"

Während von 04:00 Uhr bis 04:10 Uhr gleichzeitig die Widerstandsnester 44 *(nahe westlich Arromanches)*, 47 und 48 *(Batterie Longues)* besonders stark bombardiert wurden, beurteilte noch um 04:05 Uhr der Oberbefehlshaber West *(von Rundstedt)* die Lage als nicht ernst *(infolge der bereits wiederholt von Speidel bagatellisierten Lagebeurteilung)*.

04:07 Uhr
Die 716. Infanterie-Division orientierte die 352., ihre linksseitige Nachbar-Division: „Laufende Verstärkung der Lastensegler- und Fallschirmjäger-Verbände ostwärts der Orne."
In den höchsten deutschen Stäben in Paris herrschte zwar die Meinung vor, daß der starke Einsatz von Fallschirmjägern auf eine folgende Landung von See her deutet, weil man die im Allgemeinen relativ leicht bewaffneten Luftlandetruppen sicherlich nicht einfach so opfern wollte, doch ob es sich bei diesem Angriff tatsächlich um den Beginn der erwarteten Invasion handelte, war noch immer zweifelhaft – vielleicht doch eher ein Schein- beziehungsweise Ablenkungsangriff? Die vielen abgeworfenen Fallschirmjäger-Attrappen sprachen dafür...
Bei den Truppen der Alliierten herrschte indessen völlige Funkstille.

04:10 Uhr
Befehl des Oberbefehlshabers West: „Alarmstufe II für AOK 15 und AOK 7, nach näherer Begrenzung durch Heeresgruppen-Kommando B und erhöhte Marschbereitschaft für Panzer-Gruppenkommando West mit 12. SS-Panzer-Division *Hitlerjugend*, Panzer-Lehr-Division und 17. Panzergrenadier-Division".

04:15 Uhr
Seekommando Seine-Somme fernmündlich an Seekommando Normandie: „Das Generalkommando des LXXXI. Armeekorps wird über das Auslaufen eigener Seestreitkräfte dicht unter der Küste Richtung Cabourg-Ouistreham unterrichtet, das Weitergabe an 716. Infanterie-Division übernimmt, da von hier mit dieser im Augenblick keine Verbindung. Korps meldet starke Luftangriffe auf Gegend Houlgate, Villers-sur-Mer, Abwurf von Phosphor, wie auch von Le Havre aus beobachtet."
Zu dieser Zeit wurde Helmut Ritgen, Hauptmann und Kompaniechef im Panzer-Lehr-Regiment 130 der sechzig Kilometer hinter der Küste stehenden Panzer-Lehr-Division, mit lautem Alarmanruf geweckt: „Landung der Engländer im Morgengrauen wahrscheinlich!"

04:19 Uhr
LXXXIV. Armeekorps orientierte 352. Infanterie-Division: „Lage an der Seine-Mündung ist wahrscheinlich schlimmer als bei uns; dort starke feindliche Fallschirm- und Luftlandetruppen. Nähere Einzelheiten sind noch nicht bekannt. Zur Zeit beim Feind weiterhin absolute Funkstille."

Das von den wiederholten Bombardierungen und dem infernalen Beschuß durch die benachbarten Batterien total verwüstete Terrain der Batterie Merville, wie es in jener Nacht mit leichtem Mondschein Terence Otway und seine Soldaten vorfanden. (Für eine bessere Widergabe der nächtlichen Stimmung hier eine grafische Verdunklung einer Fotografie, die Batterie-Hauptwachtmeister Johannes Buskotte bei Tageslicht aufgenommen hatte.) **Foto: Kollektion J. Buskotte**

04:24 Uhr

Seekommando Normandie erteilte der 38. Minensuch-Flottille und der 10. Räumboot-Flottille den Befehl zum Angriff auf den sich in Richtung Ouistreham bewegenden feindlichen Landungsverband. Derselbe Befehl erging zeitgleich auch seitens der 2. Sicherungs-division.

Eine Minute später erteilte der Befehlshaber Sicherung West fernmündlich den Befehl, daß die ausgelaufenen Streitkräfte auch nach Anbruch der Helligkeit noch auf See bleiben sollen, behielt sich aber einen Rückruf der Flottillen vor. Den für die Seeaufklärung vorge-schriebenen Schnellboot-Verbänden im Bereich des Ärmelkanals war es infolge der Luft-herrschaft der Alliierten seit einiger Zeit ohnehin nur noch bei Dunkelheit möglich, einiger-maßen sicher auf See zu fahren, außerdem herrschte gerade Windstärke 7...

Zu dieser Zeit hatte sich der Oberbefehlshaber der briti-schen 6. Airborne Division, Generalmajor Gale, in seinem Hauptquartier, in einem kleinen Wohnhaus in Ranville, pro-visorisch eingerichtet, da erreichten ihn die ersten Meldun-gen über die nicht unerheblichen Verluste der britischen Fall-schirmtruppen. Doch der General blieb gelassen und war fest davon überzeugt, daß sie ihrer Order gemäß agieren und ent-sprechenden Erfolg haben würden .

04:30 Uhr

Heeresgruppe B unterrichte fernmündlich AOK 7: „Feindli-che Seestreitkräfte vor Orne-Mündung geortet; werden durch eigene Artillerie bekämpft."

Nach Beantragung der Heeresgruppe B, zu dieser Zeit die gesamte 21. Panzer-Division einzusetzen, ist man beim OKW der Ansicht, daß ihr Einsatz zunächst noch abgewar-tet werden müsse.

(Rommels Taktik bestand darin, den Gegner möglichst so-fort an der Wasserlinie und zusätzlich mit Panzern zu be-kämpfen und zurückzuschlagen: „Wenn die Invasion nicht in

Hauptwachtmeister Johannes Buskotte stand als stellvertre-tender Leiter der Batterie fast permanent in telefonischer Verbindung mit seinem Batterie-chef Leutnant Raimund Steiner.
Foto: Kollektion J. Buskotte

den ersten vierundzwanzig Stunden am Strand zurückgeschlagen wird, ist der Krieg verloren."

Im völligen Gegensatz dazu stand von Rundstedts Meinung: „Den Gegner erst landen lassen und dann in einer klassischen Feldschlacht schlagen.")

Leutnant Steiner hatte sich in Begleitung eines Funkers der 3. Kompanie wieder seiner Batterie bis auf Sichtweite genähert, sodaß er das bereits vom ersten Artilleriebeschuß total verwüstete Terrain gut genug erkennen konnte, denn er mußte den nochmals angeforderten Beschuß wiederum leiten: „Das Gelände wurde dieses Mal von mir sicherheitshalber aus größerer Entfernung beobachtet als zuvor..."

Inzwischen hatten auch die Infanteristen der 3. Kompanie in den Bunkern Schutz gesucht, so wurde auf dem Batteriegelände nicht mehr geschossen. Wieder konnte der Leutnant die gegnerischen Soldaten auf den Bunkern erkennen. Mittlerweile hatte Terence Otway auch noch seinen kleinen Reservetrupp in den Kampf um die Batterie geschickt, somit sich alle seine *(etwa 150)* Fallschirmjäger auf dem Terrain befanden. In diesem Augenblick gab Steiner das Feuer frei.

Fünf Minuten lang erfolgte ein deutlich gezielterer Beschuß als zuvor. In rascher Folge heulten die Granaten heran und verursachten auf dem Batteriegelände ein tosendes, brüllendes Inferno...

Flak-Schütze Hans Staab sagte aus: „Was da nun noch einmal bei uns abging, war einfach nur schrecklich. Einerseits hatten wir Angst, in unseren Unterständen an dem Phosphor zu ersticken, andererseits bebten während des schweren Artilleriebeschusses die Bunker geradezu beängstigend."

Foto: Kollektion H. Staab

04:40 Uhr

Die Infanteristen der 3. Kompanie vertrieben zehn Minuten nach dem Granatenhagel die letzten britischen Fallschirmjäger vom Artillerie-Stützpunkt WN 01 – die nur noch wenigen Überlebenden, die das Inferno überlebt hatten. Dabei gelang es ihnen, noch sieben von Otways Männern gefangenzunehmen. Otway sagte hernach: „Ich ging mit 150 Männern hinein und kam heraus mit nur noch 65, die auf eigenen Füßen standen, inklusive mir selbst."

04:45 Uhr

Nachdem man beim OB West noch 40 Minuten zuvor die „Lage als nicht ernst" beurteilt hatte, sah man sich nach den immer häufiger eingehenden Meldungen über feindliche Einflüge und Truppenbewegungen *(auch in den weiter westlich gelegenen Invasionsräumen der Amerikaner)* nun veranlaßt, ein Fernschreiben ans OKW zu senden *(fernmündliche Unterrichtungen waren laufend vorausgegangen): OB West ist sich darüber klar, dass, wenn es sich tatsächlich um ein Großunternehmen des Feindes handelt, ihm nur dann mit Erfolg entgegengetreten werden kann, wenn mit großer Beschleunigung gehandelt wird und insbesondere die vorhandenen nächstgelegenen Führungsreserven noch heute zum Einsatz kommen. Dies sind die 12. SS-Panzergrenadier-Division und die Panzer-Lehr-Division. Sie waren bisher als OKW-Reserve zwischen Seine und Loire in ihren jetzigen Räumen bereitgestellt. Sie können aus diesen Räumen noch heute in einen etwaigen Kampf um die Küste eingreifen, wenn sie frühzeitig in Marsch gesetzt werden. OB West beantragt die Freigabe der OKW-Reserve für alle Fälle.*

05:00 Uhr

Die Bombenangriffe nahmen von nun an deutlich zu und wurden auf die gesamte 80,4 Kilometer Breite des von den West-Alliierten geplanten Invasionsraums ausgedehnt. Bomberwelle auf Bomberwelle[21] kam über den Ärmelkanal herangeflogen und bombardierte die deutschen Verteidigungsanlagen am Küstensaum sowie küstennahe Nachschubwege, folglich auch die insgesamt 38,1 Kilometer breiten, aneinandergrenzenden britischen und kanadischen Invasionsräume *Gold, Juno* und *Sword.* Besonders wurden die großen Radar-Ortungsgeräte bombardiert.

Erste Bomben fielen nun auch auf Ouistreham und Riva-Bella *(Ouistreham – an der Hafeneinfahrt und zur Kanalschleuse – wurde derart gewaltig bombardiert, daß jegliche Telefonverbindung nach außerhalb unmöglich war).* Mehrere der schweren Bomben schlugen krachend in französischen Wohnhäusern ein, als in den dortigen deutschen Stellungen, und es gab etliche Todesopfer. In der Bevölkerung war schon seit einigen Stunden eine gewisse Unruhe spürbar, weil fast die ganze Nacht lang Flugzeuge von See her einflogen und man seit einiger Zeit Kampflärm aus dem etwa vier bis sechs Kilometer entfernten Raum bei Bénouville hören konnte...

Aus Le Havre liefen drei Torpedoboote der 5. Torpedoboot-Flottille und sechs Vorposten-Boote aus, zeitgleich aus Cherbourg die 5. Schnellboot-Flottille.

Seekommando Seine-Somme notierte: *Starkes Flakfeuer noch auslaufender Verbände auf überfliegende Feindverbände. Eigene Fahrzeuge geraten nach Beobachtung vom Land 5 bis 10 Seemeilen westlich Seine-Mündung in Gefechtsberührung; vom Land aus lebhaftes Flakschießen. Schießen der Schiffsartillerie beobachtet. Gegner versucht die Ostflanke seiner von Orne-Mündung nach Westen sich ausdehnenden Landungsflotte, über die noch nichts Näheres bekannt, durch wiederholt von Flugzeugen und Fahrzeugen gelegte Nebelbänke gegen Sicht abzudecken.*

Zur selben Zeit vermerkte das Marinegruppen-Kommando West die Wetterlage im östlichen Bereich des Invasionsraums: *Wind WNW 6, stark bewölkt, Sicht 8 Seemeilen.*

Darüber hinaus wurde vom Marinegruppen-Kommando West an OB West gemeldet, daß man weitere feindliche Schiffe vor Port-en-Bessin sowie bei Saint-Vaast *(an der Ost-Küste des Cotentin)* geortet hatte. Damit wurde immer offen-

Weiterhin berichtete Hans Stab betreffs des zweiten schweren Beschusses: „Auf unserem verwüsteten Gelände lagen Verwundete über Verwundete; die sahen schlimm aus, die hätten sowieso kein Gewehr mehr halten können – und dann die vielen Toten; meistens nur noch Fetzen."

Foto: Kollektion W. Harig

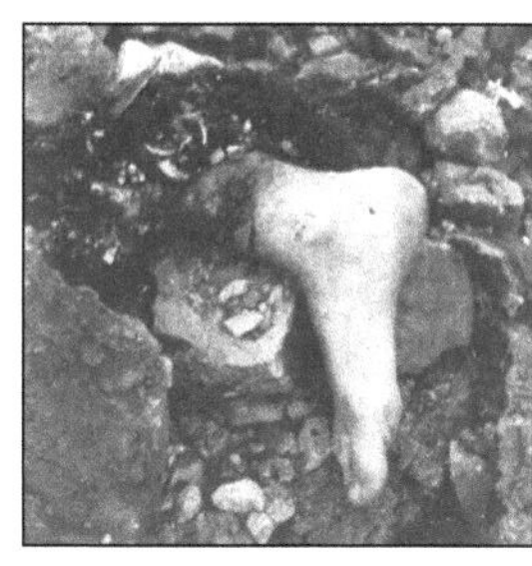

Johannes Buskotte berichtete: "Ich kann mich nicht erinnern, daß wir auch nur einen einzigen Toten gefunden haben, der noch vollständig erhalten war. Da war auch keiner, der noch zu identifizieren war. Es war grauenhaft."

Foto: BundesarchivBild 1011-722-0406-32A / Theobald 1944

---

21 Am 6. Juni 1944 hatten die Bomber der Royal Air Force innerhalb 5 Stunden und 45 Minuten insgesamt 1.316 Einsätze im gesamten Invasionsraum geflogen und dabei 5.853 Tonnen Bomben auf *(vermeintliche)* deutsche Verteidigungsanlagen und 10 der größten Küstenbatterien abgeworfen. Die US Air Force flog 1.083 Einsätze und warf dabei 7.348 Tonnen Bomben ab.

sichtlicher, daß „der Feind sich mit starken Kräften und in breiter Front der Ostküste der Unteren Normandie nähert"...

Die beiden der Küste nahestehendsten Divisionen der strategischen Panzer-Reserve waren die 12. SS-Panzer-Division *Hitlerjugend* und die gut ausgerüstete, 120 Kilometer südwestlich Paris stehende Panzer-Lehr-Division. Zwar durfte die Verlegung dieser Divisionen nur ausschließlich auf Hitlers persönlichen Befehl hin geschehen, doch der OB West, Generalfeldmarschall von Rundstedt, war inzwischen der Meinung, nicht länger auf die Zustimmung des OKW betreffs seines Antrags warten zu können. Deshalb wies er jetzt eigenmächtig an, daß sich die beiden Divisionen in Richtung Küste in Bewegung setzen sollten. Von Rundstedt befahl ihr Heranziehen in den Abschnitt der 711. Infanterie-Division so, daß ein sofortiges Eingreifen gegen einen angelandeten Gegner möglich wäre. Dafür wurde der mehr als sechzig Kilometer von der Küste entfernte Raum südlich Lisieux vorgesehen.

Die 12. SS-Panzer-Division *Hitlerjugend* sollte nun – ohne ihre Eigenschaft als OKW-Reserve zu berühren – Aufklärung in Richtung der 711. Infanterie-Division vortreiben, außerdem Verbindung halten und im eigenen Raum aufpassen.

Der 19-jährige Sturmmann *(Gefreiter)* Hans Henke war Angehöriger der Stabskompanie des Panzer-Artillerie-Regiments 12 der 12. SS-Panzer-Division *Hitlerjugend*. Er berichtete: „In der Nacht zum 6. Juni wurden wir alarmiert und mußten raus; allgemeiner Aufbruch. Unsere Abteilung lag achtzig

Jetzt flammten entlang der gesamten Küstenregion die Suchscheinwerfer der Flak-Stationen auf...

Foto: Archiv von Keusgen

Bevor der 6. Juni richtig begonnen hatte, war bereits ein erheblicher Teil Ouistrehams von Bomben zerstört worden – besonders nahe westlich der Hafenanlage.

Foto: Kollektion W. Hornack

Kilometer westlich von Paris, bei Touhouvre, zwischen Dreux und Alencon. Unsere Division stand in diesem Großraum. Wir waren alle noch sehr jung, waren mit 17, 18 Jahren aufgestellt worden, deshalb ja die Bezeichnung Division *Hitlerjugend*. Ich gehörte zur Artillerie-Abteilung. Sie bestand aus vier Batterien mit leichten 17-Zentimeter-Feldhaubitzen. Ich war bei der Stabsbatterie, das war ein Artillerie-Verbesserungstrupp. Das bedeutete, Funker, Telefon, Versorgung, aber auch Waffen-, Geräte- und Kfz-Reparaturen. Wir wußten, daß wir bisher in Bereitschaftsstellung gelegen hatten, mußten also damit rechnen, daß es bald losgehen würde, wußten nur nicht, wann und wo. Dann sind wir losgefahren, mit unseren italienischen Lastwagen, vornweg; die Anderen waren zehn bis zwanzig Kilometer hinter uns. Es ging Richtung Küste..."

Die Stabskompanie des SS-Panzer-Regiments 12 der
12. SS-Panzer-Division *Hitlerjugend*, der Sturmmann und
Krad*(Kraftrad)*-Melder Erich Bissoir angehörte, war ebenfalls
alarmiert worden. Er erzählte: „Schon um 02:30 Uhr war der
UvD *(Unteroffizier vom Dienst)* in unsere Stube gekommen
und hatte gebrüllt, Alarm! Dann radelte er mit einer Triller-
pfeife durch's Dorf. Innerhalb von zehn Minuten standen wir
dann alle fahr- und abmarschbereit auf dem Sammelplatz in
der Dorfstraße. Da erschien unser Kommandeur, der Wünsche, und jetzt erfuhren wir vom Beginn einer größeren Luftlandung der Alliierten, irgendwo da oben an der Küste, unweit
von Caen. Im Tagesbefehl wurden wir nun aufgefordert, ge-
treu unseres Fahneneids für das Vaterland zu kämpfen und
das in uns gesetzte Vertrauen zu beweisen. Wenn das nun
wirklich die schon so lange erwartete Invasion sein sollte,
würde das für uns Jungen die Feuertaufe bedeuten. Abschließend sagte Wünsche: Wer nicht rechtzeitig sein Gepäck zusammen hat, den bringe ich vor's Kriegsgericht! Dann machten wir Krad-Melder uns in Richtung Lisieux auf den Weg. Wir
hatten den Auftrag, den Weg des Panzer-Regiments zu mar-
kieren."

*Sturmmann (Gefreiter) Hans
Henke war Angehöriger der
Stabskompanie des Panzer-
Artillerie-Regiments 12 der 12.
SS-Panzer-Division „Hitlerju-
gend".* **Foto: Kollektion H. Henke**

Über die Situation in den frühen Morgenstunden an der östlichen Flanke des Aufstellungsraums der 716. Infanterie-Division schrieb ihr Kommandeur, Wilhelm Richter, später: *Die
Entwicklung der Lage ab 05:00 Uhr auf dem West-Ufer der
Orne, in der Mitte, und am linken Flügel der Division zwang
dazu, sich auf dem Ost-Ufer auf Verteidigung zu beschränken
und ein Vordringen des Feindes nach Norden, Osten und Süden zu verhindern, bis der befohlene Angriff der 21. Panzer-
Division auf dem Ost-Ufer durchgeführt war.*

Tatsache war aber auch, daß zu dieser Zeit in sämtlichen Luftlanderäumen unter den Invasionstruppen ganz erhebliche Verwirrung herrschte. Viel zu weit verstreut waren
die Truppen heruntergekommen, und so kam es überall zu
nicht unerheblichen zeitlichen Verzögerungen. So auch unter
den britischen Fallschirmjägern des Majors Roseveare, der
mit seinem Pionier-Trupp bereits um 00:50 Uhr östlich der
Orne, nördlich des Waldes von Bavent, und 11 Kilometer vom

*Obersturmbannführer Max
Wünsche, Kommandeur des
SS-Panzer-Regiments 12 der
12. SS-Panzer-Division „Hitlerjugend"*

Foto & Kollektion: E. Bissoir

Zielort heruntergekommen war. Erst jetzt, um 05:00 Uhr, gelang es dem Trupp, seinen geplanten Auftrag auszuführen und bei Troarn die Brücke über die Dives zu sprengen. *(Erst
bis zum Morgen dieses Tages gelang es den britischen Pionieren, auch die weiteren drei
Brücken über die Dives zu zerstören.)*

05:02 Uhr
Artillerie-Regiment 352 meldete an seine Division: „Vor Port-en-Bessin ein größerer und
vier kleinere Schiffsverbände gesichtet."

Sturmmann Erich Bissoir

*Ab 03:00 Uhr abmarschbe-
reit. Mit dem ersten Licht des
Tages setzte sich der Zug der
Kradmelder in Richtung Lisieux
in Bewegung…*

Fotos & Kollektion: E. Bissoir

05:04 Uhr

Die 5. Schnellboot-Flottille meldete an die Führer der Schnellboote, daß sie bereits kehrtgemacht und somit den Rückmarsch angetreten habe – bevor sie einen Befehl zum Durchhalten bekommen hatte.

Die 1. Batterie HKAA *(Stützpunkt Riva-Bella, WN 08)* wurde in Alarmbereitschaft versetzt.

05:05 Uhr

Der Militärische Befehlshaber Frankreich *(Oberstleutnant Orlig)* teilte der Heeresgruppe B *(Generalleutnant Speidel)* mit, daß für folgenden Raum Alarmstufe II befohlen war: „Rückwärtige Begrenzung: Sercoil – Dieppe – Rouen – Evreux – Argentan – Domfront – südlich Avranches – Pontorson – südlich von Mont-Saint-Michel." *(Alle diese alarmierten Bereiche lagen rings um das von den Alliierten geplante Angriffsgebiet – in dem selbst jedoch noch kein Alarm ausgerufen wurde…)*

Vom Seekommando Normandie erging indessen an die Batterie Longues telefonisch der Befehl, „Feuer frei – sparsamer Munitionsverbrauch!"

Doch wie der Feuerleitoffizier der Batterie erklärte, erschien ihm dieser Befehl wie ein schlechter Scherz, denn da war ja noch der „zur Tarnung" nur wenige Meter vor der Scharte der Feuerleitstelle mehr als einen Meter hoch aufgeschüttete, etwa sieben Meter lange und fast drei Meter breite Erdwall, „den unsere Artilleristen am Invasionsmorgen gar nicht so schnell abtragen konnten, noch dazu im Dunkeln und während der andauernden Bombardierungen. So war aus der unteren Etage eine Seezielbeobachtung überhaupt nicht mehr möglich. Und der wunderbare Parallax-Feuerleitrechner war ja schon drei Tage nach seiner Montage wieder abgeholt worden."

Die Beobachtung der feindlichen Schiffe fand nun mittels Ferngläsern von der höhergelegenen, überdachten Plattform aus – unter Beschuß. Der Feuerleitoffizier erklärte: „Von unserer Batterie aus konnte man ein Ziel nur noch eher zufällig treffen."

Generalfeldmarschall von Rundstedt unterstellte nun die 12. SS-Panzer-Division *Hitlerjugend* der Heeresgruppe B.

05:06 Uhr

Grenadier-Regiment 726 meldete an die 352. Division: „Widerstandsnester, besonders um Arromanches *[…]*, werden durch laufende Luftangriffe mit Bomben schwerster Kaliber belegt. Über Sully *(drei Kilometer westlich Bayeux)*

Fallschirmspringer beobachtet, bei denen es sich wahrscheinlich um die ausgestiegene Besatzung eines abgeschossenen Flugzeugs handelt."

05:10 Uhr

Im Stabsquartier der 716. Infanterie-Division ging eine Meldung vom II. Bataillon des Grenadier-Regiments 736 ein, die besagte, daß gegnerische Fallschirmtruppen südlich der kleinen Küstenortschaft Bernières-sur-Mer *(1,5 Kilometer östlich Courseulles und im kanadischen Landeabschnitt „Juno")*, nahe des Gefechtsstands des II. Bataillons, Grenadier-Regiment 736, luftgelandet und im Angriff nach Norden in Bernières eingedrungen wären. Sowohl das II./736 wie auch das II./726 *(Standort Banville, 5,2 Kilometer südwestlich Bernières)* setzen sofort je eine verstärkte Kompanie gegen die Angreifer ein.

05:13 Uhr

Nun wurden auch nördlich Arromanches schwere feindliche Einheiten gesichtet. Gleichzeitig liefen drei Boote der 5. Torpedoboot-Flottille und sechs Boote der 15. Vorpostenflottille von Le Havre aus. Der Befehlshaber der Sicherung West ließ zur selben Zeit an alle im *(Ärmel-)*Kanal befindlichen Streitkräfte des BSW folgenden Befehl funken: „Nach voller Helligkeit einlaufen, soweit nicht Feindziele gesichtet."

Durch ein Versehens bei der Gruppe West verblieb es jedoch, diesen Funkbefehl abzusetzen. Aufgedeckt wurde das erst infolge einer Anfrage der 2. Sicherungsdivision. Die 2. und 3. Sicherungsdivision wurden dann fernmündlich im Sinne des Funkbefehls angewiesen, Einlaufbefehle zu erteilen.

Vor der kleinen Hafenortschaft Port-en-Bessin wurden indessen *(Zitat)* „etwa fünfzig Landungsboote, dabei vier größere Einheiten, vermutlich Zerstörer" gesichtet. Vom Artillerie-Regiment 352 wurden „dicht vor der Küste eigene Schiffseinheiten beobachtet".

Noch immer wurden weitere Fallschirmjäger abgesetzt; inzwischen auch nahe hinter jenem Küstenabschnitt, der in nur noch 180 Minuten als kanadischer Landeabschnitt „Juno" in die Weltgeschichte eingehen sollte...

Foto: Battlefield Historian Ltd.

05:22 Uhr

Seekommandant Normandie meldete an 352. Division: „Seeziele wurden durch Marine-Einheiten beschossen, dabei ein Feindschiff explodiert *(der von drei Schnellbooten angegriffene norwegische Zerstörer „HMS Svenner", wobei 34 Seeleute starben)."*

352. Infanterie-Division orientierte Seekommandanten: „Vor Port-en-Bessin etwa fünfzig Landungsboote, dabei vier größere Einheiten, vermutlich Zerstörer.

05:25 Uhr

Auf Anfrage des AOK 15 bezüglich der 12. SS-Panzer-Division *Hitlerjugend* bei der Heeresgruppe B, teilte Generalleutnant Speidel mit: „12. SS-Panzer-Division hat Auftrag, aufzuschließen in Raum beiderseits Lisieux, daß Eingreifen bei 711. Infanterie-Division sofort möglich. Aufklärung voraus."

Hans von Lucks Panzer-Regiment hatte befehlsgemäß genau dort eine „Abwehrfront" aufgebaut, wo es inzwischen lange Zeit zur Tatenlosigkeit verurteilt war. Auch der Rest der Division mit dem Panzer-Regiment 192 stand still, wenn auch in höchster Alarmbereitschaft.

Oberleutnant Helmut Liebeskind rief ein weiteres Mal bei der Division an, doch dem Ic *(Dritter Generalstabsoffizier, Feindabteilung)*, Major Forster, war es nicht möglich, die derzeitige Befehlslage zu ändern. Die Armee teilte lediglich mit *(Zitat)*, „daß es sich bei der ganzen Angelegenheit um ein Ablenkungsmanöver handelt, denn schließlich haben die Engländer ja auch eine Menge kleiner Strohpuppen an Fallschirmen abgeworfen..."

Nun schickte Major von Luck seinen Adjutanten zum Divisionsgefechtsstand in Saint-Pierre-sur-Dives *(29 Kilometer südöstlich Caen)*. Er sollte nun endlich die Freigabe zum Gegenangriff erwirken...

Die ersten Fahrzeuge der 12. SS-Panzer-Division „Hitlerjugend" setzten sich ab 05:30 Uhr als Vorausabteilung in den Raum beiderseits Lisieux in Bewegung.

Fotos & Kollektion: E. Bissoir

Von verschiedenen Stellen wurden nun immer größere Schiffsansammlungen vor Arromanches und vor Port-en-Bessin gemeldet, auch dicht vor der Küste eigene kleine Schiffseinheiten. Indessen lag in dem kleinen Hafenbecken von Port-en-Bessin ein deutscher Zerstörer *(aus französischen Beständen)* vertäut an der Pier – ohne Einsatzbefehl *(was ihm noch zum Verhängnis werden sollte)*...

Das 726. Grenadier-Regiment meldete an seine Division: „10 Kilometer nördlich Port-en-Bessin 30 Schiffseinheiten mit geringer Fahrt Kurs West ausgemacht. Marine-Batterie Longues vermutet Kanonenboote oder Zerstörer."

05:30 Uhr

Flugzeuge der Royal Air Force begannen, die britischen Kriegsschiffe vor ihrem Landeabschnitt *Sword* einzunebeln, um sie vor Feindeinsicht zu schützen; die Morgendämmerung stand unmittelbar bevor – grau und bewölkt. Allerdings mußte der Nebel vor den Schiffen infolge des anhaltenden Windes ständig erneuert werden...

Dem BSW wurde von der vor Le Havre stehenden 15. Vorposten-Flottille gemeldet, daß „in der Seine-Bucht *(fast der gesamte Invasionsraum)* große feindliche Streitkräfte stehen".

Das war die *erste* offizielle deutsche Meldung über *starke* Feindstreitkräfte. Mit ihr war die Lage nun weitgehend geklärt; es konnte sich hier nicht nur um ein Kommandounternehmen handeln, das von leichten Seestreitkräften gedeckt werden sollte. Da auch schwere Streitkräfte als Rückendeckung gesichtet wurden, war jetzt von der schon so lange erwarteten Großlandung auszugehen...

Entgegen der Amerikaner, die ihre Truppen bereits dreißig Kilometer vor der Küste ausgebootet und sie somit drei Stunden Anfahrt bis zur Küste hatten *(was sich bei dem hohen Seegang als äußerst nachteilig erwies)*, begannen die britischen und kanadischen Truppen dreizehn bis fünfzehn Kilometer vor der Küste mit dem Besteigen der Landungsboote. Der erst 21-jährige Leutnant John Milton hatte seinen Zug von dreißig Männern des 6. Bataillons der Green Howards zu befehligen, die nun in ein US-Landungsboot steigen sollten. Milton sagte aus:

„Unser 6. Bataillon war ein wunderbares; es herrschte eine gute Stimmung untereinander. Die meisten der Männer waren älter als ich und hatten bereits Kampferfahrung aus Nordafrika oder Dünkirchen. Ich habe sie deshalb respektiert und nicht versucht, besserwisserisch zu sein.

Der Countdown bis zum D-Day war ein langer und schwieriger gewesen. Die Green Howards waren schon am 1. Juni eingeschifft worden, auf dem großen amerikanischen LSI *(Landing Ship, Infantry = Landungsschiff für Infanteristen) Empire Lance*, das uns nach Frankreich bringen sollte; das war ein ganz neues Schiff. Bereits auf hoher See, folgten drei Tage intensiven körperlichen Trainings. Zu dieser Zeit wurde die Invasionsflotte vor Portsmouth zusammengestellt. Dann begann schlechtes Wetter und die Invasion wurde verschoben. Wir hatten uns aber schon alle darauf eingestellt, daß es am 5. Juni losgeht. Doch nun wurde es sehr, sehr stürmisch. Diese vierundzwanzig Stunden des Wartens waren geradezu traumatisch. Am sechsten Tag, den wir auf dem Schiff verbrachten, erscholl um 03:15 Uhr endlich der Weckruf und die Nachricht, daß es jetzt losgeht. Es gab ein verdammt gutes Frühstück mit Rührei und gebratenem Speck, aber wir waren wegen des starken Seegangs und dem ständigen Schlingern des Schiffes fast alle total seekrank. Es geht einem dabei mit Übelkeit und Erbrechen derart schlecht, daß man eigentlich sterben möchte – und es gab Rührei mit Speck...

Dann mußten wir trotz unseres schrecklichen Zustandes in voller Kampfausrüstung mit Gewehren und Munition an den Kletternetzen, die an der hohen Bordwand hingen, hinab zu den auf den hohen Wellen auf und ab und hin und her dümpelnden Landungsbooten steigen, die uns endlich an Land bringen sollten..."

John Milton, Leutnant und am „D-Day" Führer eines Zuges des 6. Bataillons der Green Howards, 21 Jahre alt und völlig kampfunerfahren.

Foto: Kollektion J. Milton

(Die Amerikaner hatten wegen ihres eine Stunde früher beginnden Angriffs und ihrer doppelt so weit vor der Küste liegenden Truppentransporter bereits um 03:15 Uhr mit dem Zuwasserlassen der LCIs und LCAs [Landing Craft, Assault = Landungsboote für den Angriff] und dem Umsteigen ihrer Infanteristen begonnen. Die kleinen Landungsboote [amerikanische mit drei Besatzungsmitgliedern und 30 bis 35 Infanteristen; britische Boote mit zwei Besatzungsmitgliedern und zwanzig Infanteristen] brauchten für die Anfahrt zur Küste bis zu drei Stunden und mehr. Der weitaus größere Teil der Infanteristen in den Booten war nach ihrem inzwischen mehr als 48-stündigen Aufenthalt auf den großen Truppentransportschiffen längst seekrank, und nun stand ihnen bei dem hohen Seegang eine noch schrecklichere Fahrt bevor...)

Der 20-jährige Gefreite Helmut Machemer war Funktruppführer (von zwei Funkern) und persönlicher Funker des Kommandeurs der III. Abteilung des Artillerie-Regiments 352 (7., 8. und 9. Batterie) mit einem sogenannten Verbindungskommando der drei Batterien miteinander. Der Stab dieser Abteilung war im zweieinhalb Kilometer unterhalb der Küste (ebenso weit südwestlich Arromanches) gelegenen Château La Rosière einquartiert – auch Helmut Machemer:

*Helmut Machemer, Gefreiter
und Funker der III. Abteilung,
Artillerie-Regiment 352.*
Foto: Kollektion H. Machemer

„Es war so um halb sechs Uhr und draußen fast noch dunkel, als meine Zimmertür aufgerissen wurde und der Unteroffizier rief: *Los raus, Alarm!*

Die ganze Nacht schon waren die Bomber zu hören gewesen, auch ihre Bomben, die sie abwarfen, auch ihre Einschläge. Klar, sie versuchten, die Feuerstellung unserer Batterie zu treffen und zu zerstören. Ich hatte schon so ein komisches Gefühl... Und nun war mir klar, daß es losgehen würde; es war ja auch schon lange davon geredet worden. Mein Co-Funker, der Karl Rudolf, und ich luden unsere Funkgeräte auf so ein kleines, vollgummibereiftes Wägelchen, vor das Karls Pferd gespannt war. Ich hatte auch so einen kleinen Wagen, davor mein Hengst Wotan, den ich schon im April 1943 zugeteilt bekommen und inzwischen sehr gern hatte. Ich war damals gerade in der Normandie und bei dieser Einheit eingetroffen. Auf meinen Wagen legten wir unsere Sturmgepäcke. Dann sind wir zusammen mit unserem Beobachter, Leutnant Linus, losgefahren, hinauf zur B-Stelle, da oben auf die hohe Steilküste, unweit östlich von Port-en-Bessin...“

05:35 Uhr
LXXXIV. Armeekorps fernschriftlich an AOK 7: *Auf WN 28 und 35 – Raum Courseulles-Asnelles – starke Bombenangriffe, jedoch keine Luftlandungen dahinter. Auf Flugplatz Carpiquet Puppen mit Fallschirmen abgeworfen. Im Raum Granville Ruhe. Raum Pont-l'Évêque und südlich Le Havre Anlandungen von See her.*

Auch die letzte dieser drei Meldungen entsprach den Tatsachen, denn dort wurde seitens der Alliierten ganz bewußt ein Scheinangriff *(in nur geringem Ausmaß)* durchgeführt. In den deutschen Generalstäben herrschte Verwirrung. So hieß es in einer Lageorientierung seitens der Luftflotte 3 an OB West zur selben Zeit: „Feind hat nur mit schwächeren bis mittleren Transportkräften geflogen. Nach Ansicht der Luftflotte 3 handelt es sich bis jetzt um keine größere Unternehmung. Wettermäßig wäre er in der Lage gewesen, viel stärkere Kräfte einzusetzen.“

(Die Einschätzungen der Lage waren von den verschiedenen Kommandostellen teilweise sehr unterschiedlich.)

05:37 Uhr *Morgendämmerung / 20 Minuten vor Sonnenaufgang)*
Noch immer dröhnte Bomberwelle auf Bomberwelle über die Küste und klinkte Tausende Bomben aus, die heulend herabfielen.

In diesem Moment begann das infernale Trommelfeuer seitens der riesigen Armada der Alliierten. Das dumpfe Gebrüll der schweren Schiffsartillerie und das laute Fauchen ihrer vom Meer heranrasenden, großkalibrigen Granaten und die unentwegten Abwürfe der heulend herabfallenden Bomben, ließen diese erste große Feuerwalze gegen den von der deutschen Propaganda so viel gepriesenen und als uneinnehmbar apostrophierten *Atlantikwall* zu einer Apokalypse werden. Ein Feuerschlag noch nie dagewesenen Ausmaßes traf auf den östlichen Küstenabschnitt der Unteren Normandie. Allein im nur 2,2 Kilometer breiten Landeabschnitt *Sword* Sektor *Queen* wurden die deutschen Verteidigungsstellungen von 72 auf LCGs *(Landing Craft, Guns = Landungsboote mit Kanonen)* montierten 10,5-cm-Geschützen mit einer jeweiligen Feuergeschwindigkeit von 200 Granaten pro Minute beschossen. Ein fünfundvierzig Minuten anhaltendes Trommelfeuer schwerster Kaliber vieler Kanonen der Schiffsartillerie *(Kaliber bis 38 Zentimeter)* aus bis zu mehr als dreißig Kilometern Entfernung *(weiter als die dortige deutsche Küstenartillerie reichen konnte)* verwandelte die Strände und die nahe Küstenregionen samt ihrer Ortschaften[22] in eine infernale Explosionshölle. Pionier-Leutnant Bob Orrell beobachtete das heftige Trommelfeuer vom Deck des LCI/L aus *(Landing Craft Infantry / Large; großes Infanterie-Landungsboot),* das sich im Invasionsabschnitt *Sword* Sektor *Queen,* Zone *Red,* der Küste genähert hatte:

„Die Kriegsschiffe feuerten mit abwechselnden Unterbrechungen und spuckten mit flammenden Kanonenrohren und furchteinflößendem Gebrüll ihre Geschosse auf die Küste. Trotz der vielen starken Einschläge gab es von dort her leichten Widerstand, besonders von einem Gebäude am Meer, das ein Außenposten der dortigen Verteidigungsanlage *(Stützpunkt WN 18)* zu sein schien.

05:37 Uhr: Beginn des Beschusses der deutschen Küstenverteidigungsanlagen. Montgomery hatte angeordnet, daß der Beschuß auf die deutschen Stellungen durch die Task-Force East zwanzig Minuten früher einsetzen sollte, als jener der Task-Force West (im amerikanischen Angriffsraum, ab 05:55 Uhr).

Foto: US National Archives

Dann verdunkelte sich der Himmel über uns, als ein Geschwader von Transportflugzeugen mit Lastenseglern im langen Schlepp über uns hinweg flog. Dann konnte man sehen, wie die Segler abgehängt wurden und zur Erde hinab glitten. Etwa eine Meile landeinwärts kam eine Galaxie bunter Fallschirme herunter. Dann kehrten die Transportmaschinen um und flogen zurück aufs Meer. Aber von dem Haus am Meer wurde eine Maschine angeschossen, ging in Flammen auf und stürzte ins Wasser, irgendwo zwischen die vielen Schiffe. Sofort, so schien es, wurden sämtliche Kanonenrohre der Kriegsschiffe auf dieses Haus gerichtet, und in nur kurzer Zeit war es völlig zusammengeschossen.

---

22 Bereits ab 9. April 1944 hatten die Bomber der Alliierten in der Normandie ohne Rücksichtnahme auf die französische Bevölkerung derart rigoros Dörfer und Städte bombardiert, daß dabei Tausende Zivilisten verwundet und getötet wurden und sich infolge dessen noch im Juni 1944 – nach dem Beginn der Invasion – zahlreiche junge Franzosen bei deutschen Einheiten meldeten, um freiwillig auf deutscher Seite gegen die Invasoren mitzukämpfen.

Wir auf den größeren Landungsbooten mußten noch warten, bis wir an der Reihe waren, an die Küste zu fahren, erst wurde sie noch weiter beschossen. Da ich offenbar noch viel Zeit hatte, ging ich zu den Jungs im Laderaum. Es war zwar eine reibungslose Überfahrt gewesen, doch das lange, dicht gedrängte Herumstehen im Laderaum, das ständige Rollen des Schiffes und der starke Geruch von Dieselöl ließ uns alle eine Papiertüte nach der anderen benutzen..."

Manche der kleinen Küstenortschaften waren insgesamt zu Verteidigungsanlagen ausgebaut (auch ganz offiziell als Widerstandsnester respektive Stützpunkte bezeichnet), etliche der Häuser (vornehmlich an der Promenade) sogar mit Geschützen bestückt, wie dieses ehemalige Wohnhaus in Hermanville-la-Brèche.
Foto & Kollektion: R. Vallentin

Der französische Kreuzer *Georges Leygues*, der sich der Küste etwas weiter genähert hatte, begann mit dem Beschuß der Marine-Küsten-Batterie Longues *(seine größten Kaliber waren neun 15,2-cm-Kanonen auf drei Drillingstürmen, folglich dasselbe Kaliber mit derselben Reichweite wie die drei noch intakten Kanonen der Batterie Longues).* Sofort erwiderte die Batterie das Feuer und beschoß den noch näher vor der Küste kreuzenden amerikanischen Zerstörer *USS Emmonds* und das britische Hauptquartierschiff *HMS Bulolo*, woraufhin auch ein zweiter britischer Kreuzer, die *HMS Argonaut*, seinen Beschuß auf die Batterie eröffnete...

Nun war sie da, die Armada der Alliierten, und vor der B-Stelle der Marine-Küsten-Batterie Longues vereitelte der erst wenige Tage zuvor aufgeschüttete Erdwall dem Feuerleitoffizier im ohnehin trüben Morgenlicht eine ausreichende Sicht aus dem unteren Leitstand auf das Meer. Der bläuliche Qualm der nahe der Kasematten einschlagenden Granaten und der in den engen Geschützständen stehende Rauch nach den eigenen Granatabschüssen brannten in den Augen der Kanoniere. Der Feuerleitoffizier versuchte trotz des schweren Beschusses das Feuer seiner Kanonen nach Sicht zu leiten, was aber sehr schwierig war, ebenso die optische Übermittlung der Koordinaten an die Geschützführer in den bis zu fast vierhundert Metern zurückgelegenen Kasematten mittels großformatiger Tafeln an der Rückwand des Leitstandes, die aber wegen des Qualms und Rauchs ohnehin nicht gut zu sehen waren.

Der 20-jährige Gefreite Herbert Herning war erst seit kurzer Zeit Angehöriger der 716. Infanterie-Division und erst seit sechs Tagen auf dem Terrain der Batterie Longues:

„Ich war gerade erst nach einer schlimmen Hepatitis, die ich mir an der Ostfront zugezogen hatte, aus dem Lazarett entlassen und in die Normandie versetzt worden. Meine Kameraden sagten, das sei das Land in dem Milch und Honig fließen. Hier hatte es dann geheißen, daß diese Batterie bisher eine Marine-Batterie war und nun von der Infanterie übernommen werden sollte. Aber kaum waren wir hier angekommen, da ging die Invasion los, und was da ankam, war alles andere als Milch und Honig. Weil ich schon mehrmals als

Melder eingesetzt worden war, sollte ich nun nach der Zerstörung der Telefonverbindungen Kontakt mit der Außenwelt halten, obwohl ich mich in dieser Gegend noch gar nicht richtig auskannte..."

Ins Kriegstagebuch wurde *(im Nachhinein für 05:00 Uhr)* eingetragen: *Besonders starker Luftangriff und später schwerster Seezielbeschuß auf Batterie Longues, was zur Unterbrechung jeglicher Verbindung mit dieser Batterie führte. Auch anhaltend starker Seezielbeschuß auf Küstenbatterie im Raum Marcouf und ostwärts der Orne-Mündung. Gegner schießt zur Blendung schwarze Rauchwolken vor die Batterien (gemeint waren die Kasematten).*

(Nicht ins Kriegstagebuch eingetragen wurde die Versenkung eines Zerstörers durch ein deutsches Schnellboot noch kurze Zeit vor der Eröffnung des Trommelfeuers.)

Herbert Herning als 19-jähriger Gefreiter und Melder im Mittelabschnitt der Ostfront – und bereits von seiner schweren Erkrankung gezeichnet. (Außer der für Melder üblichen Kartentasche und dem Doppelglas war er mit einer Pistole bewaffnet, was nur Offizieren vorbehalten war, jedoch auf Hernings Einsätze in direkter Frontnähe in Russland schließen läßt.)

Foto: Kollektion H. Herning

Innerhalb kurzer Zeit schlugen Tausende Granaten und Raketengeschosse in den Vorstrandbereichen, an den Stränden und Promenaden ein und zerstörten auch etliche Häuser der Franzosen, hauptsächlich jene an den Strandpromenaden, denn zwischen diesen Häusern waren deutsche Verteidigungsstellungen respektive Bunker gebaut worden. In mehreren Ortschaften bezogen manche der sogenannten Widerstandsnester komplette Straßenzeilen und Wohnhäuser mit ein. Folglich wurden auch viele Zivilisten Opfer des lange anhaltenden gewaltigen Beschusses, weil sie von der bevorstehen Invasion überhaupt nicht unterrichtet waren *(entgegen vieler Behauptungen, daß dieses von der französischen Widerstandsbewegung, der „Résistance", systematisch ausgeführt wäre).* Dennoch hatte man bereits im Jahr zuvor die französische Küstenbevölkerung deutscherseits gewarnt, und viele Menschen hatten sich vorsichtshalber weiter ins Hinterland zurückgezogen[23].

Infolge der großen Reichweite der Schiffsgranaten waren aber nicht nur die deutschen Verteidigungsanlagen und Häuser im Küstenbereich von dem schweren Beschuß betroffen, sondern auch weite Bereiche des bis zu mehr als zehn Kilometer entfernten Hinterlandes, so auch die Radarstation bei Douvres-la-Délivrande, deren große Radarschirme und Antennen stark beschädigt wurden. Unvermittelt heulten die Granaten heran und schlugen auch in der Bocage, im Weideland, in landwirtschaftlichen Anwesen und Dörfern ein. Somit wurde auch die Landbevölkerung nicht unerheblich mit betroffen *(ganz besonders, als die Kampfhandlungen immer weiter ins Inland verlegt wurden).* Auf etlichen Weiden lagen schwerverwundete, sterbende und tote Pferde und Rinder; viele waren von den heftigen Explosionen völlig zerrissen oder durch den Phosphor der abgeworfenen Brandbomben auf qualvollste Weise lebendig verbrannt. Aber es waren nicht nur die Tiere, die von dem schweren Be-

---

23 Der 1943 und '44 im Pariser „Untergrund" agierende damalige Widerstandskämpfer Gaston Blanchard sagte diesbezüglich aus: „Die Alliierten hätten uns niemals einen bestimmten Termin für ihren Angriff mitgeteilt; das wäre viel zu gefährlich gewesen, denn es hätte ja auch unter uns Spione und Verräter geben können."

John Pennington war 1942 von der Hochschule und aus seinem Ingenieur-Studium zur britischen Kriegsmarine eingezogen worden und nun als „einfacher" Seemann ein winziger „Bestandteil" der größten Militäroffensive aller Zeiten.

Foto: Kollektion J. Pennington

schuß betroffen waren. Auch die völlig überraschten Bäuerinnen, die so früh auf die Weiden gegangen waren, um ihre Kühe zu melken, konnten so schnell keine Deckung finden…

Artillerist Hermann Welter berichtete: „Wir haben bei unseren zwei Haubitzen gestanden, und uns war klar, daß da soeben die Invasion begonnen hatte. Der Lärm war geradezu betäubend. Auch über uns fauchten großkalibrige Granaten hinweg und verursachten dabei äußerst unangenehme Schallschwingungen, die in den Ohren schmerzten."

Das Grenadier-Regiment 726 meldete an die 352. Division: „Zwischen WN 56, 59, 60 und vor Asnelles *(im britischen Invasionsabschnitt „Gold")* zahlreiche Landungsboote mit Bug zur Küste am Ausschiffen. Kriegsschiffe beginnen, mit Breitseiten die Küste zu beschießen."

Der 18-jährige John Pennington fuhr als „einfacher" Seemann auf dem Kreuzer *HMS Ceres*, der seit Mitternacht vor der normannischen Küste patrollierte: „Wir fuhren drei, vier Kilometer von der Küste entfernt, vor dem britischen Landeabschnitt *Gold.* Brüllender Lärm, und über uns flogen die Granaten Richtung Küste. Aber ich hatte den Eindruck, daß für uns alles ganz ruhig war, jedenfalls dort, wo wir gerade waren. Unsere Aufgabe bestand darin, Signale für die Flugzeugabwehr zu setzen. Ich sollte eine Flak bedienen, aber wir haben kein einziges deutsches Flugzeug gesehen, auch den folgenden Tag lang nicht."

Doch ganz so ruhig und für die Armada ungefährlich, wie die Situation John Pennington erschien, war sie durchaus nicht. Zwar hatten Flugzeuge die östliche Flanke der Armada durch eine künstliche Nebelwand für die deutschen Küstenbatterien bei Le Havre „unsichtbar" gemacht, doch gerade dieser „Nebel" wurde von einer kleinen Schnellboot-Flotille genutzt, die sich von Le Havre her genähert hatte. Während die kleineren Kriegsschiffe der Armada gerade ihre Positionen bezogen, wurde plötzlich der norwegische Zerstörer *Svenner* von einem Torpedo mittschiffs getroffen, brach auseinander und sank schnell. *(67 Seeleute und Marinesoldaten konnten gerettet werden, 33 starben durch die Explosion.)*

Noch weitere fünf Torpedos wurden auf die Kriegsschiffe der Alliierten abgefeuert, verfehlten aber ihre Ziele, weil die beiden beschossenen Schiffe durch rasch ausgeführte Manöver gerade noch ausweichen konnten.

05:39 Uhr

Einige Kilometer südlich von Caen lag die zur 21. Panzer-Division gehörende Panzer-Aufklärungsabteilung als Reserve, die zu diesem Zeitpunkt der *Kampfgruppe von Luck* unterstellt war und die sich sofort zum 19 Kilometer entfernten Troarn *(12 Kilometer östlich Caen)* in Marsch setzen sollte.

05:40 Uhr

In einem Ferngespräch des Chefs des Generalstabs AOK 7 mit dem Chef der Heeresgruppe B wurde diesem mitgeteilt: „Bisher keine Landung von See her erfolgt. Lage ostwärts der Orne anscheinend bereinigt *(was nicht der Fall war)*. Gegner hält noch immer Brücke Bernville *(gemeint war die Brücke bei Bénouville)*. Bei Carentan *(im westlichen Invasionsraum)* anscheinend nur schwache Kräfte, da jedoch feindliche *(Luft-)*Landungen teilweise sehr tief, zwanzig bis dreißig Kilometer, und außerdem Schwerpunkt in den Hängen des Cotentin, ist Möglichkeit eines größeren Unternehmens nicht von der Hand zu weisen."

05:43 Uhr

Hafenkommandant Saint-Malo telegrafierte an Seekommandant Normandie: *Luftlandungen und Seelandungen großen Stils Ostküste Cotentin bis Orne.*

(Diese Mitteilung war nicht ganz korrekt, denn noch war kein einziger Soldat der Alliierten von See her an Land gegangen. Der Hafenkommandant konnte die seeseitigen Angreifer zu diesem Zeitpunkt lediglich kommen sehen.)

05:45 Uhr

Ouistreham wurde ein weiteres Mal bombardiert, derart stark, daß dadurch sämtliche Telefonverbindungen nach außerhalb ausfielen. Auf den Straßen liefen schreiend panische Menschen umher, die bereits den ersten schweren Bombenangriff nicht erwartet hatten, und den zweiten dann erst recht nicht. Der 1944 zehnjährige Franzose Christian Thomas erklärte diesbezüglich: „Es war schon lange von einer bevorstehenden Invasion geredet worden, auch sollten in Ouistreham etliche Häuser geräumt werden, aber alle haben damit gerechnet, daß sie am Pas-de-Calais stattfinden würde, an der Engstelle zwischen England und Frankreich, nahe Calais. Als dann plötzlich hier Bomben fielen, verstand niemand, warum wir bombardiert werden. Alle hatten geglaubt, daß sich die Kampfhandlungen nur auf militärische Anlagen beschränken und wir Franzosen von alledem weitgehend verschont bleiben, erst recht, daß wir nicht bombardiert würden, schon gar nicht derart gewaltig und rücksichtslos. Es gab für uns keinen einzigen Bunker."

Die vielen Grabstätten im ehemaligen Invasionsraum lassen die hohen Verluste der französischen Bevölkerung allein am „D-Day" erkennen. Aber der Krieg in der Normandie war damit noch lange nicht beendet, vielmehr hatte er gerade erst begonnen...
Foto: von Keusgen

05:47 Uhr

Im Morgendunst zählten deutsche Beobachter am Horizont des Meeres nördlich Ouistreham die ersten achtzig Kriegsschiffe *(auch vor den anderen Landeabschnitten des gesamten Invasionsraums, dessen Breite deutscherseits noch nicht auszumachen war, wurden zu dieser Zeit viele weitere Schiffe gesichtet).*

Beginn des Angriffs von See her

Am frühen Morgen des 6. Juni stand der Gefreite Hans Lücking als Beobachter auf der obersten Plattform der Kathedrale in Bayeux, 8,5 Kilometer hinter dem britischen Landeabschnitt *Gold*. Als der Tag heraufzudämmern begann, machte Lücking am Horizont über dem Meer eine erschreckende Entdeckung: „Der Anblick war unvorstellbar. Man konnte gar nicht glauben, daß es überhaupt so viele Schiffe gab. Das Meer am Horizont war schwarz davon…"

(Von den insgesamt 6.991 „Kriegsschiffen" – so die offizielle Angabe – bestand jedoch nur ein geringer Teil auch tatsächlich aus „echten" Kriegsschiffen. Den Hauptanteil bildeten teilweise umgerüstete Schiffe, sogar auch nur Boote der zivilen Seefahrt. Doch bewirkte die große Masse der Schiffe den psychologischen Effekt der Einschüchterung mit Erfolg.)

Der 23-jährige Obergefreite Hans Lücking war Angehöriger der 8./726 und als Kartenzeichner für Rommels Stab tätig.

Foto: Kollektion H. Lücking

Mit dem ersten Tageslicht hatte an der gesamten Invasionsküste ein brüllendes Inferno mit einer solchen Macht begonnen, wie es die Welt nie zuvor erlebt hatte. Trotz des grau bezogenen Himmels und schlechter Weitsichtmöglichkeiten hatte das gewaltige Trommelfeuer der schweren Schiffsgeschütze auf die *(vermeintlichen)* deutschen Küstenverteidigungsanlagen eingesetzt *(seitens der großen Schlachtschiffe aus anfangs dreißig Kilometern, um sich aus der Reichweite der deutschen Küstenartillerie fernzuhalten, im Laufe der Zeit aber näher kommend)*. Der Küste deutlich näher standen Raketenwerfer-Präme *(für Salven mit jeweils 324 Geschossen)*, dazwischen Landungsboote mit leichten Geschützen. Unter dieser konvexen Feuerglocke begannen die ersten Angriffswellen der Landungsboote sich langsam der Küste zu nähern – mit mehreren Tausend Infanteristen.[24]

Auch die Batterie Merville wurde von See her unter Beschuß genommen – mit 15,2-cm-Kalibern vom Kreuzer *HMS Arethusa*. Doch infolge der nach Nordwesten ausgerichteten vier Scharten konnte trotz des lange anhaltenden Beschusses kein einziger Treffer dort hinein und auf eine der 10-cm-Haubitzen erzielt werden.

Exakt um 05:37 Uhr begann die Beschießung der deutschen Küstenverteidigungsanlagen von See her…

Foto: US National Archives

---

24 Der genaue Zeitpunkt für den Beginn der Anlandungen der britischen und kanadischen Truppenverbände in ihren Landeabschnitten war auf 07:35 Uhr festgesetzt – eine Stunde und fünf Minuten nach den weiter westlich bereits um 06:30 Uhr am *Omaha Beach* beginnenden Anlandungen der Amerikaner. Diese zeitliche Verschiebung war zwingend notwendig, weil die aus westlicher Richtung auflaufende Flut im Ärmelkanal die Landeabschnitte der britischen und kanadischen Truppen mit genau dieser zeitlichen Verzögerung von 65 Minuten erreicht – und genau im Moment des Beginns der einsetzenden Flut sollte auch mit den Anlandungen im britisch-kanadischen Landeraum begonnen werden.

Vor dem britischen Landeabschnitt Sword lag das 190 Meter lange Schlachtschiff HMS Ramillies, bestückt mit 32 Kanonen vier verschiedener Kaliber sowie acht Kanonen mit 38,1-cm-Kaliber (Reichweite über 45 Kilometer). Mit 1002 allein von seinen Hauptbatterien während der Operation Overlord abgefeuerten Granten war sie jenes Kriegsschiff, daß die meisten Granaten während der Landeoperation abgefeuert hat – auf die deutschen Küstenverteidigungsanlagen und sogar auf Caen.

Die operativen Ziele für die britisch-kanadischen Truppen bestanden bis zum Abend des 6. Juni darin,
- *daß die britischen und kanadischen Truppen an der östlichen Seite der Calvados-Küste zwischen Arromanches und Ouistreham sowohl aus der Luft wie von See her landen,*
- *daß die britische 3. Infanterie-Division beiderseits der Orne Brückenköpfe errichtet,*
- *daß Panzerverbände die deutschen Linien durchbrechen,*
- *daß die 1. Special Service Brigade eine Verbindung mit der in der Nacht zuvor gelandeten 6. britischen Luftlandedivision herstellt,*
- *daß Caen eingenommen oder (zumindest) erreicht wird (wofür Montgomery ja einen zusätzlichen eigenen Plan erarbeitet hatte…),*
- *daß die britische 50. Infanterie-Division Bayeux einnähme sowie auf den Anhöhen hinter Port-en-Bessin eine Verbindung mit den Amerikanern herstellt,*
- *daß insgesamt die britisch-kanadischen Truppen über ihren gesamten Angriffsraum einen Brückenkopf bilden, der bis an die Route Nationale 13 reicht, die von Caen über Bayeux in die große Richtung Cherbourg führt.*

Weiterhin war geplant, die verkehrsstrategisch wichtigen Städte Caen und Bayeux einzunehmen und noch bis zum Abend des 6. Juni einen 36 Kilometer tiefen Brückenkopf zu bilden.

Fast alle deutschen Stellungen waren in der Zeit vor dem D-Day von der Luftaufklärung der Alliierten ausfindig gemacht und kartographisch erfaßt worden. So konnten sie nicht nur bombardiert (und eher zufällig getroffen), sondern nun auch durch die Schiffsartillerie (zielgenauer) beschossen werden, so auch die drei im nahen Hinterland von Arromanches stehenden Haubitzen-Batterien bei Vaux-sur-Aure, Pierre-Solain und in der Ferme Tringale.

Ein Trommelfeuer von ungeheurer Heftigkeit traf auf den gesamten Küstenstrich. Tausende Granaten und Raketengeschosse schlugen an den Stränden und den küstennahen

General Montgomery, am 6. Juni Kommandeur der gesamten Invasionsstreitkräfte, war während des Nordafrika-Feldzugs wegen seiner geschickten und nur schwer vorhersehbaren taktischen Ideen und ihrer schnellen und überraschenden Ausführung von Rommel (anerkennend) als „Wüstenratte" bezeichnet worden. Auch für den ersten Tag der Invasion hatte sich „Monty", wie ihn seine Soldaten nannten, ein ehrgeiziges Ziel gesetzt, von dem er sogar Eisenhower in Kenntnis setzte: „Am Abend des 6. Juni stehe ich mit einigen Tausend Soldaten im Zentrum von Caen." (14 Kilometer hinter der Küste und der deutschen Hauptverteidigungslinie mit Tausenden Soldaten samt Kanonen und Panzern.) Um diesen geradezu tollkühn erscheinenden Plan auch noch innerhalb derart kurzer Zeit realisieren zu können, bedurfte es wieder einmal einen seiner außergewöhnlichen taktischen „Winkelzüge" umzusetzen…

Foto: Battlefield Historian Ltd.

Das Schlachtschiff „HMS Warspite" (Foto) sicherte zusammen mit der „HMS Ramillies", der „USS Roberts", der „HMS Mauritius", der „HMS Artehusa" und der „HMS Frobisher" zirka zehn Kilometer östlich „Sword" (auf Höhe Cabourg) die östliche Flanke des Invasionsraums – vor dem 19 Kilometer breiten Abschnitt „Band".

Foto: Archiv Gerstenberg

Regionen ein. Der Kreuzer *Frobisher* beschoß mit seinen 38-cm-Granaten die beiden Batterien in Ouistreham, traf aber auch viele Häuser der größten Stadt an der gesamten Invasionsküste, die in einer weiteren Wolke aus Staub und Rauch zusammenstürzten – die inzwischen aber fast alle von der Bevölkerung verlassen werden mußten. Auf dem Meer schwammen inzwischen massenhaft leere hölzerne Granatenkisten und dickwandige Munitionskartons herum, die von den Artilleristen einfach über Bord geworfen worden waren.

Vom Hochleitstand im Stützpunkt Riva-Bella wurden nun erste Schießkoordinaten betreffs der Schiffsziele an seine 1. Batterie und Feuer frei! durchgegeben. Da bereits alles vorbereitet war, wurde das Feuer seitens der Batterie sofort eröffnet.

6:00 Uhr

Das LXXXI. Armeekorps meldete an AOK 7 *(auszugsweise)*: „Vor dem Küstenabs chnitt Orne-Mündung über Bernièrs-sur-Mer, Arromanches, Colleville-sur-Mer und Grandcamp haben stärkere Schiffsverbände Feuer auf die Küste eröffnet. Landungsboote im Anlaufen auf Bernières-sur-Mer.

Neue Luftlandungen südlich Bernières-sur-Mer, wo Feind nach Norden unter gleichzeitigem Angriff von See her vorgeht.

Generalkommando bittet darum, 21. Panzer-Division zur Beseitigung des Luftlandegegners ostwärts der Orne verstärkt einzusetzen."

Auch hatte die *(wenige)* deutsche Luftaufklärung nun gesichtet und gemeldet, daß sich vor der Orne-Mündung etwa 80 große Landungsboote befanden.[25]

---

25 Auch diese Meldung war nicht ganz korrekt, denn es handelte sich nicht um „etwa 80 große Landungsboote", sondern um (wie der Chef der 1. Batterie 1716, Leutnant Raimund Steiner, infolge eigener Beobachtungen von seiner B-Stelle aus ausgesagt hatte) „dreißig Schiffe, dabei Transporter, Kanonen- und Landungsboote voller Soldaten". (Gemäß Steiners Aussage „blieben diese Boote vorerst und für noch längere Zeit mit einigem Abstand von der Küste und östlich meiner B-Stelle auf See liegen – völlig passiv" (in dem als „Band" bezeichneten Sammelraum an der linken Flanke des britischen Invasionsabschnitts „Sword").

Zu dieser Zeit lief aus dem Hafen von Boulogne die deutsche 4. Schnellboot-Flottille aus, in Richtung Normandie. Nur wenige Minuten später meldete sie einen feindlichen Zerstörer. Fast zeitgleich meldete die 5. Torpedoboot-Flottille, daß sie sich westlich Le Havre in einem Gefecht mit schweren feindlichen Seestreitkräften befunden und sämtliche Torpedos verschossen hat und sich nun auf dem Rückmarsch befindet. Eigene Verluste wurden keine gemeldet.

Weiterhin meldeten eigene Vorpostenboote „Gefechte mit feindlichen Seestreitkräften". Die deutschen Sicherungsstreitkräfte *(Vorpostenboote und ihre Bewacher)* befanden sich seit der Morgendämmerung auf dem Rückmarsch in ihre Standorthäfen.

Aus den Meldungen der eigenen Vorpostenstreitkräfte ging hervor, daß der Gegner an den beiden vermeintlichen Flügeln seines Landegebietes zur Sicherung seines Unternehmens Kreuzer und Schlachtschiffe aufgestellt hatte. *(Den ganzen 6. Juni über kam es im Zuge der „Operation Neptune", dem amphibischen Teil der Invasion, im gesamten Aufstellungsrespektive Angriffsraum der Alliierten, zwischen Le Havre und Cherbourg, infolge deutscher Marine-Attacken gegen die Alliierten zu mehr als 200 Versenkungen von Schiffen verschiedener Typen sowie Landungsbooten unterschiedlicher Größen.)*

Beim Flak-Regiment 155 lief zu dieser Zeit die Meldung ein, daß erste Landungsboote (Infanterietransportschiffe – keine Sturmboote) die Küste oberhalb Caen (im britischen Landeabschnitt „Sword" Sektor „Peter") im Schutz starker Vernebelung durch die auf See liegenden Kriegsschiffe erreicht hatten. Auch weiterhin gingen laufend Meldungen über zahlreiche Fallschirmjägerabsprünge sowie die Annäherung feindlicher Schiffe und Landungsboote im gesamten Küstenstreifen zwischen Orne und Saint-Vaast ein.

Trotz des anhaltenden Trommelfeuers auf die Küsteregion verhielten sich viele der deutschen Truppen nicht passiv. Albin Wienand berichtete diesbezüglich: „Schon als es zu dämmern begonnen hatte, haben wir unsere Geschütze aufgesucht und die Tarnnetze heruntergezogen. Dann konnten wir die ersten in der Ferne heranfahrenden Landungsboote erkennen und begannen zu feuern. Allerdings mußten wir unseren Beschuß wegen der in unserer Nähe einschlagenden Granaten ein paarmal unterbrechen. Unser Artilleriefeuer wurde von der B-Stelle im hohen Bunker in Riva-Bella aus geleitet. Die Kriegsschiffe, auf die wir feuerten, haben uns aber offenbar nicht orten können, denn von ihrem direkten Beschuß blieben wir verschont."

Inzwischen näherten sich die kleinen britischen Landungsboote immer mehr der Küste. Für ihre zirka 15 Kilometer weite Fahrt brauchten sie infolge der ungünstigen Witterungsverhältnisse mehr als 90 Minuten (die amerikanischen Boote wegen der längeren Distanz mehr als doppelt so lange).
Foto: Archiv Gerstenberg

Um 05:10 Uhr hatten das II. Bataillon des Grenadier-Regiments 736 und das II./726 je eine verstärkte Kompanie gegen die in Bernières eingedrungenen Fallschirmjäger eingesetzt. Um eine Zersplitterung der Kräfte zu vermeiden, hatte die Division die Teile des II./726 in ihre Ausgangsstellung zurück befohlen. Der Angriff der verstärkten 8. Kompanie 736, war dann im schlagartig einsetzenden Feuer der Schiffsartillerie liegengeblieben und wurde vollständig zerschlagen; niemand überlebte. Das Verhängnis der Soldaten der 8. Kompanie hatte darin bestanden, daß das völlig flache Küstenterrain in dieser Gegend keinerlei Deckungsmöglichkeiten bietet.

Die kleinen, offenen und hölzernen Landungsboote hüpften und dümpelten durch die hohen Wellen der aufgewühlten See. Rear-Admiral Sir Philip Vian, Befehlshaber der britischen Einsatztruppe Ost, sagte: „Es gab kein Zurück, und viele der kleinen Fahrzeuge mußten einfach so lange mitmachen, bis sie untergingen…"

Und tatsächlich versanken etliche Landungsboote, teils durch Beschuß, teils infolge des starken Seegangs. Die dann im kalten Wasser treibenden Überlebenden hatten nur eine äußerst geringe Chance auf Rettung, denn es gab einen Befehl an sämtliche Bootsführer, grundsätzlich keine Rettungsaktionen zu unternehmen: „Ihr seid Angriffsboote, keine Rettungsboote! Euer Ziel ist ausschließlich der Strand!"

Helmut Machemer legte seinen weiten Weg zur B-Stelle auf der Steilküste täglich zu Pferde zurück.

Foto: Kollektion H. Machemer

An der östlichen Flanke des Invasionsraums, östlich der Orne, wurde indessen noch immer heftig gegen die vielen britischen Fallschirmjäger und die inzwischen aus der Luft abgesetzten Infanteristen gekämpft.

Auf Regimentsbefehl trat nun das Ost-Bataillon 642 mit dem einen Zug der 1. Kompanie und dem Stab über Le-Bas-de-Bréville zum Kampf gegen die britischen Fallschirmjäger bei Gonneville an. Der Troß igelte sich in Amfreville ein. In diesem Großraum befand sich einer der Schwerpunkte der Lastenseglerlandungen. Am Ostrand von Amfreville gab es länger andauernde Schützenkämpfe mit Fallschirmtruppen. Nordöstlich Le-Bas-de-Bréville verstärkte sich das Feuer von allen Seiten derart, daß dort von den Soldaten des Ost-Bataillons eine Igelstellung gebildet werden mußte. Eine auf Gonneville angesetzte Gefechtsaufklärung ergab, daß das Dorf infolge der schweren nächtlichen Bombardierungen vollständig zerstört worden war. Dort gab es weder eine eigene noch eine gegnerische Besetzung mehr. In diesem Augenblick erhielt das Bataillon per Funk den Befehl, nun in südliche Richtung vorzustoßen. Seitens des Bataillons wurde beschlossen, mit den bereits gefangengenommenen Briten auf das nur einen Kilometer weiter nördlich gelegene Dorf Bavent vorzugehen und sich dort mit dem Rest der 4. Kompanie zunächst bis zur Sammlung aller Truppenteile einzuigeln. Aber außer auch dort dauernder Tieffliegerangriffe kam es fortwährend zu Heckenkämpfen.

Zu dieser Zeit erging vom Führerhauptquartier verärgerter Einspruch auf von Rundstedts eigenmächtige Handlungsweise betreffs seines Befehls an die 12. SS-Panzer-Division *Hitlerjugend* sowie an die Panzer-Lehr-Division. Daraufhin wurde ihr Verlegungsbefehl des Generalfeldmarschalls wieder aufgehoben.

06:01 Uhr

Seekommando Normandie meldete betreffs der britischen Angriffsräume *Sword* und *Gold: 1. (Batterie, in Riva-Bella) und 3. (Mont Fleury) schießen auf erkannte Schiffsziele. Mit (Batterie) Longues noch keine Verbindung. Störtrupp unterwegs. Feuerbefehl blind abgesetzt. Große Schiffsverbände vor Ryes-Grund (Arromanches).*

Als der kleine Funktrupp – Helmut Machemer und Karl Rudolf – mit dem Beobachter, Leutnant Linus, auf der 38 Meter hohen Steilküste ankam *(2,4 Kilometer westlich Le Chaos mit der Batterie Longues und 1,6 Kilometer östlich der Hafen-Kleinstadt Port-en-Bessin)*, war Machemer betreffs der sogenannten B-Stelle des vorgeschobenen Beobachters höchst befremdet:

„Unten am Weg, da haben wir die Pferde angebunden stehenlassen. Dann ging es steil hoch. Da mußten wir den Hang hochkraxeln. Niemals zuvor war ich da oben gewesen, aber das, was ich da sah und was da als B-Stelle bezeichnet wurde, war nichts anderes als ein großes Loch in der Erde mit einem Tarnnetz d'rüber. Sonst war da nichts, nur unser Abteilungskommandeur, Major Witt, der war schon vorausgeritten.

Wir waren noch gar nicht ganz da oben angekommen, da hatte schon ein orkanartiger Beschuß auf die Küste eingesetzt. Es heulte und dröhnte; gar nicht zu beschreiben. Und über uns donnerten die schweren Granaten der Schiffsartillerie hinweg; die Luft schien regelrecht zu beben.

Der Leutnant hat uns dann gesagt, daß wir sehen sollten, daß wir Verbindung zu unseren drei Batterien bekommen. Es sollte aber keine Antenne errichtet werden, damit wir nicht gesehen werden. Aber die wäre sowieso sofort weggeblasen worden. Ich habe dann außer dem Funkgerät auch unser Scherenfernrohr aufgebaut. Und als ich da durchgesehen habe, verschlug es mir den Atem. Schiffe, soweit das Auge reichte; kleine, mittlere, große; die standen da draußen wie eine Mauer. Aber ihr Beschuß ging fast alles über die Küste hinweg. Wehe, wo das alles im Hinterland runterkam…

Die Befehle unseres Abteilungskommandeurs an die Batterien lauteten immer nur: Reinschießen, reinschießen… Die Ballerei und die in beide Richtungen über uns hinwegjagenden Granaten war dermaßen laut, daß wir uns anschreien

Was Helmut Machemer von der Steilküste herab durch sein Scherenfernrohr am Horizont erblickte, war eine erschreckende „Mauer" aus Kriegsschiffen… **Foto: Archiv von Keusgen**

Fast auf die Minute genau erreichte um 06:31 Uhr die erste Angriffswelle mit Landungsbooten, vollbesetzt mit Infanteristen für den amerikanischen Landeabschnitt, „Omaha Beach".
Foto: US National Archives

mußten, um uns überhaupt zu verständigen, auch beim Funken. Aber wo sollten unsere denn reinschießen? Die Schlachtschiffe lagen da draußen doch viel weiter entfernt, als unsere Artillerie überhaupt reichen konnte.

Und dann kamen noch weit da hinten, halb links von uns, die ersten Landungsboote auf die Küste zugefahren, viele *(die erste Angriffswelle der Amerikaner)*, dorthin, wo die Küstenanhöhe nicht mehr so steil ist, nur noch flach ansteigt *(Omaha Beach)*. Ich konnte es gut sehen, und wir konnten jetzt nur noch abwarten..."

Als Hans von Luck durch sein Fernglas sah, „konnte ich die dunkle Linie der Kriegsschiffe am Horizont gut erkennen..."

Foto: Kollektion H. von Luck

06:03 Uhr

Der Ic des OB West rief Generalfeldmarschall von Rundstedt an und empfahl: „Propaganda überlegen, wegen Vernichtung von Feindkräften. Mund vollnehmen!"

06:07 Uhr

Beim Seekommando Seine-Somme liefen erste Meldungen seitens der deutschen Seestreitkräfte betreffs Anzahl und Stärke der feindlichen Schiffsverbände ein: „Bis zu 80 Einheiten aller Größen, dabei auch viele Landungsfahrzeuge."

06:10 Uhr

Beim Befehlshaber der Sicherung West ging die Meldung der 15. Vorposten-Flotte ein, daß sie von schweren Feindeinheiten beschossen werde. Diese Meldung bekräftigte ebenfalls den Eindruck einer schon bald bevorstehenden Großlandung. *(Nur wenige Minuten später wurde eines der deutschen Vorpostenboote von einer Granate getroffen und sank innerhalb nur kurzer Zeit.)*

Es war bereits hell, wenngleich noch immer mit stark bewölktem Himmel, als Leutnant Steiner ein zweites Mal zu seiner B-Stelle westlich Franceville-Plage zurückgekehrt war: „Es war noch sehr diesig, und als ich hinaus blickte, sah ich *(am Meereshorizont)* ein schwaches, dunkles Band. Einen Moment später konnte ich einzelne Lichter erkennen, dann Schiffe, Hunderte! Ich war tief beeindruckt."

Bisher hatte die 21. Panzer-Division noch immer keinen offiziellen Einsatzbefehl erhalten, war zu dieser Zeit aber bereits dem AOK 7 unterstellt worden. Hans von Luck sagte diesbezüglich aus: „Mit dem Fernglas konnte ich von den Geländeerhebungen östlich Caen die dunkle Linie der Kriegsschiffe am Horizont gut erkennen, die dabei waren, die deutschen Küstenbefestigungen zu zerschlagen, sogar bis weit ins Hinterland punktgenau schossen. Auch die weiten Felder, auf denen die vielen Lastensegler heruntergekommen waren, konnte man deutlich sehen. Und über uns flogen unablässig die Bomberverbände hinweg, die unsere Divisionen und Caen bombardierten, während unsere Panzer-Division völlig untätig stillstand. Während Caen seit Stunden immer mehr in Schutt und Asche versank, stand über der Stadt inzwischen eine riesige dunkle Qualmwolke, die weithin sichtbar war.

Fast fünf Stunden lang waren wir infolge keines erteilten Angriffsbefehls zur Untätigkeit bestimmt. Wir standen still, wenn auch in höchster Alarmbereitschaft. Man sagte uns, daß sich alles nur um ein Ablenkungsmanöver handeln würde und die Engländer nur Strohpuppen an Fallschirmen abgeworfen hätten. Ich jedoch hatte Gefangene vernommen, die

nicht aus Stroh waren... So schickte ich Liebeskind zum Divisionsgefechtsstand, um endlich die Freigabe zum Angriff zu erwirken. Dort wurde er Zeuge eines Telefongespräch
das Feuchtinger mit dem AOK führte und mitteilte, daß er soeben aus Paris zurückgekehrt
sei und an der Küste eine riesige feindliche Armada gesichtet
hatte und folglich den Befehl erbitte, mit der gesamten Panzer-Division ostwärts der Orne anzugreifen und bis zur Küste
vorzustoßen. Dennoch wurde die Freigabe verweigert.

Die Lage erforderte für uns eine Umgruppierung. Beiderseits der Orne wurde nun jeweils eine starke Kampfgruppe
aufgestellt *(die sogenannte „Kampfgruppe von Luck")*. Aber
mir war schon zu diesem Zeitpunkt völlig klar, daß die Invasion gelingen und das Ende des Krieges einleiten würde. Es
war jetzt nur noch eine Frage der Zeit. Was da ankam, war
nicht mehr aufzuhalten. Doch schließlich erteilte General
Marcks unserer Division den Befehl, den luftgelandeten Gegner sofort mit der gesamten Division ostwärts der Orne anzugreifen und zu zerschlagen und von der Verbindung nach
Westen hin abzutrennen. Doch noch während sich unsere
Division zum Angriff gliedern konnte, kam ein neuer Befehl,
dieses Mal von der 7. Armee, daß die 21. Panzer-Division
lediglich mit Teilen meiner Kampfgruppe östlich der Orne angreifen sollte."[26]

*Edgar Feuchtinger, General-
major und Kommandeur der
21. Panzer-Division.*

**Foto: Bundesarchiv / Speck,
30. Mai 1944Bild 101I-300-1863-21**

---

26 Ende 1979 wurden von Dr. Hans Speidel zwei Schreiben betreffs der Befehlslage für die 21. Panzer-Division
mit folgendem Wortlaut verfaßt *(auszugsweise)*:
*(Am 26. Oktober) „[...] Ich (Speidel) rief am 6. Juni 1944 zwischen 01:00 Uhr und 02:00 Uhr Feuchtinger an,
konnte ihn aber nicht erreichen. Er wurde von meinem 1. Generalstabsoffizier erst am Vormittag des 6. Juni
erreicht. [...] Feuchtinger hatte die allgemeine Weisung, im Fall einer Luftlandung sofort anzugreifen. [...]"*
*(Am 15. November) „[...] Die 21. Panzer-Division hatte den Befehl, bei einer Landung des Gegners sofort
anzutreten, und zwar die ganze Division."*
*Dieser generelle Befehl, schon zu Beginn eines feindlichen Landeunternehmens sofort mit allen Kräften der
Division bereits in der Nacht zum 6. Juni anzugreifen, war weder von Luck noch seinem Adjutanten Liebeskind
bekannt – ebenso auch den anderen Divisionen nicht, die sich alle an die strikte Anweisung hielten, auch nur
die kleinste Operation lediglich nach Freigabe durch die Heeresgruppe B durchzuführen – deren Chef des Generalstabs Rommels Stellvertreter Speidel selbst war.*
*Diesbezüglich schrieb von Luck: „Der Divisionsstab mußte den anderen Befehl gekannt haben, was aus
dem Schreiben von General Speidel ersichtlich ist."*
*Wagemann, Hauptmann im Generalstab der 21. Panzer-Division, vertrat in der Nacht zum 6. Juni den Er-
sten Generalstabsoffizier, der mit Feuchtinger nach Paris gefahren war. Erst 1987 berichtete Wagemann, daß
die Funkmeldekompanie der 21. Division englische Klartext-Funksprüche aufgefangen hatte, denen zufolge
auf die Beladung von Lastenseglern schließen ließe. Diese Meldung war an den Divisionsstab weitergeleitet
worden. So hatte Wagemann bereits nach den ersten Meldungen von feindlichen Luftlandungen augenblicklich die gesamte Division alarmiert und Feuchtinger zwischen 02:00 Uhr und 03:00 Uhr fernmündlich davon
in Kenntnis gesetzt. Zwischen 06:00 Uhr und 07:00 Uhr sei dann Feuchtinger mit seinem Generalstabsoffizier
im Gefechtsstand eingetroffen. Auch sagte Wagemann, daß alle darüber verwundert waren, daß Speidel, in
Kenntnis der „allgemeinen Weisung", bei seinem Telefonat um 02:00 Uhr nicht den Befehl erteilt hatte, daß sofort mit sämtlichen ostwärts der Orne verfügbaren Teilen der 21. Panzer-Division der luftgelandete Gegner anzugreifen sei. Speidel vertrat die Meinung, „man müsse nur die Nerven behalten und abwarten"...*
*(Die Umgruppierung der 21. Panzer-Division sollte noch mehrere Stunden dauern und somit einen ganz er-
heblichen Zeitverlust sowie etliche Mannschaftsverluste durch Angriffe aus der Luft zur Folge haben. Dann
mußte sich die lange Kolonne auf ihrem Marsch durch die „Engstelle" Caen [wegen der vielen Häusertrüm-
mer] zwängen sowie über die noch einzigen unversehrten Brücken über die Orne. Auch lag Caen derzeit unter Dauerbeschuß seitens der Kriegsschiffe und der Jagdflugzeuge der Alliierten.)*

Dann informierte General Feuchtinger Major von Luck darüber, daß eine gepanzerte Gruppe mitsamt von Lucks I. Bataillon westlich der Orne bis zur Küste vorstoßen sollte. Der Befehl an von Luck lautete: „Sie greifen mit Ihrem II. Bataillon, verstärkt durch die Panzer-Aufklärungsabteilung 21 und die Sturmgeschütz-Abteilung 200 und einem Zug 8,8-cm-Panzerabwehrgeschütze, ostwärts der Orne an. Ihr Auftrag ist, den Brückenkopf der 6. Airborne Division einzudrücken, die beiden Orne-Brücken bei Bénouville zurückzuerobern und die Verbindung zu den Küsteneinheiten herzustellen. Teile der Artillerie werden sie unterstützen. Angriffsbeginn, sobald alle *(Truppen-)* Teile bei ihnen eingetroffen sind *(was noch bis zum Spätnachmittag dauern sollte).*"

06:15 Uhr

Grenadier-Regiment 726 meldete an seine 716. Division: „Bei WN 37 nähern sich 20 kleine Landungsboote der Küste."

Doch die erste Angriffswelle der Landungsboote *(in den britisch-kanadischen Landeabschnitten) steuerte (noch weit entfernt) auf die Küste zu. Es herrschte noch immer ein rauher Seegang, doch die Sicht war dort, wo die Küste von dem starken Beschuß nicht qualmverhangen war, gut. Den dicht an dicht in den kleinen hölzernen Booten stehenden Soldaten bot sich nirgendwo ein schwieriges Terrain; alles ohne Steilhänge, lediglich flaches Land mit kleinen Villen und Sommerhäusern, die bereits zum größten Teil durch den Beschuß der Kriegsschiffe zerstört waren.*

Der Angriffsbeginn mit Landungsbooten in den britisch-kanadischen Landeabschnitten konnte nicht nur wegen einer später einsetzenden Flut beginnen, sondern sollte auch aus taktischen Gründen (um auf deutscher Seite Irritation zu verursachen) eine Stunde, mindestens aber dreißig Minuten nach dem Angriff der amerikanischen Truppen an ihren östlich angrenzenden, insgesamt 43 Kilometer breiten Abschnitten „Omaha" und „Utah" stattfinden. Jedoch war eine einheitliche, gleichzeitige Anlandung sämtlicher britisch-kanadischer Truppen und Fahrzeuge mit der allerersten (von vier) Hauptangriffswellen (mit jeweils einigem, jedoch nicht exakt festgelegten zeitlichen Abstand zur nächsten) infolge der widrigen Wetterbedingungen gar nicht möglich.

Im ursprünglichen Angriffsplan der Alliierten war vorgesehen, daß die amerikanischen Truppen in den Abschnitten „Gold", „Juno" und „Sword" landen sollten. Als sich im

Laufe der Zeit herausgestellt hatte, daß in den für die Briten und Kanadier geplanten Angriffsräumen „Omaha" und „Utah" die deutsche Abwehr deutlich stärker sein würde (besonders im Abschnitt „Omaha", speziell in seinen Sektoren „Easy" und „Dog") hatte Eisenhower bestimmt, daß die Amerikaner in diesen Abschnitten angreifen sollten, weil neben der Briten hauptsächlich die Kanadier bei ihrem Angriff im August 1942 bei Dieppe schon so große Verluste erlitten hatten.[27]

Inzwischen wurde von See her noch immer anhaltend auf die deutschen Küstenverteidigungsanlagen, sogar einzelne Stellungen, mit großen Kalibern gefeuert. Während dieses schweren Beschusses stellte die Batterie Longues nach einem zwanzig Minuten dauernden, heftigen Artilleriegefecht

Wegen seiner aufgerissenen linken Flanke wurde diese Kanone neutralisiert.

Fotos: von Keusgen

Die seitlichen Splitterschutzgehäuse an den großen Kanonen konnten trotz zentimeterdicken Stahls den Granatsplittern der bis zu 31-cm-Granaten nicht standhalten. Die Folge waren erhebliche Verluste unter den Kanonieren. Die Stahlverblendungen dieses Geschützes wurden infolge eines Einschlags innerhalb des Gefechtsstandes (hinter der Kanone) von hinten durchschlagen...

Fotos: von Keusgen

mit dem britischen Kreuzer *Ajax* ihr Feuer ein. Zwar war es zwischenzeitlich gelungen, das britische Hauptquartier-Schiff, die *HMS Bulolo,* für kurze Zeit gewissermaßen von der Flotte zu „isolieren", jedoch waren trotz des Verschusses von 170 Granaten *(die jeweils 45 Kilo wogen)* kein einziger von der Batterie verursachter Treffer an den Kriegsschiffen zu beobachten. Die Batterie hatte indessen einige Treffer großkalibriger Granaten abbekommen, wobei zwei der großen Geschütze sehr schwer beschädigt wurden, somit nur noch eine einzige Kanone feuerbereit geblieben war. Zur Situation der Batterie Longues sagte der Feuerleitoffizier:

---

27 So die offizielle Begründung. Aber auch das Prestige der USA war bei dieser Entscheidung von nicht unerheblicher Bedeutung, denn hier bot sich die Möglichkeit, das militärische Image einer Supermacht der ganzen Welt möglichst eindrucksvoll zu demonstrieren – was dann aber am *Omaha Beach* eher tragisch ausfiel und am *Utah Beach* wenig spektakulär...

In den amerikanischen Landeabschnitten „Utah" und „Omaha" hatten die Anlandungen bereits eine Stunde früher begonnen. Foto: US-Soldaten verlassen am „Utah Beach" ein schiffsähnliches Landungsboot des Typs LCI/L.

Fotos: US National Archives

Ost-Soldaten: Für die Wehrmacht tapfer gekämpft – und dabei das Leben verloren...

Foto: Archiv von Keusgen

„Zuerst kamen wir uns vor wie Zwerge vor einem Riesen. Dem, das da auf uns zukam, waren wir hoffnungslos unterlegen. Dann begann der Beschuß. Man kann nicht beschreiben, was sich hier für ein gräßliches Inferno zugetragen hat. Wir wurden tatsächlich fast punktgenau beschossen, und das aus riesiger Entfernung. Was die großen Granaten und ihre gräßlichen Splitter in der kurzen Zeit des ersten Beschusses angerichtet haben, war grauenvoll. Die Kanoniere wurden in den Geschützständen regelrecht auseinandergerissen; da blieben kaum noch welche am Leben, und die wollten nicht in den Geschützständen bleiben – sie hatten panische Angst..."

Gemäß Hitlers Weisung Nr. 40 und 40a hätte die Bekämpfung des Feindes im Küstenvorfeld alleinige Aufgabe der Kriegsmarine sein sollen. Jedoch in Ermangelung an deutschen Seestreitkräften vor der normannischen Küste kamen im Invasionsraum lediglich die die beiden Marine-Küsten-Batterien Longues (im britischen Angriffsraum „Gold") und Marcouf (im amerikanischen Landeabschnitt „Utah") infrage. Den einzigen „Erfolg", den diese beiden Marine-Küsten-Batterien am „D-Day" zu verzeichnen hatten, bestand in der „Versenkung" des amerikanischen Zerstörers „USS Corry" durch die Batterie Marcouf – und der war infolge eines Ausweichmanövers wegen der deutschen Granaten mittschiffs gegen eine Seemine gestoßen und etwas später auseinander gebrochen.)

Um den Feind spätestens nach seinem Erreichen der Küste abzuwehren, standen Rommel im britisch-kanadischen Angriffsbereich lediglich sieben Bataillone der zweigliedrigen bodenständigen 716. Infanterie-Division zur Verfügung, die bereits 1942 ausschließlich zur Küstenverteidigung aufgestellt worden war. Ihre überwiegend älteren und kampfunerfahrenen Soldaten waren auf die relativ weit voneinander entfernten und zum großen Teil noch mangelhaft befestigten Widerstandsnester verteilt.

06:17 Uhr

Meldung des Grenadier-Regiments 726 an seine Division: „Einzelne Schiffseinheiten vor Widerstandsnest 37 drehen nach Westen ab."

Was da im 2,5 Kilometer östlich Arromanches gelegenen Landeabschnitt *Gold*, weit vor dem Weiler Le Hamel (*800 Meter nördlich Asnelles*) als Erste vor allen anderen Schiffen und noch in großer Entfernung angefahren kam, waren Briten des Devon Regiments, die sich auf großen Landungsbooten – in Schiffbauweise – näherten (*LCI/Ls = Landing Craft Infantry Lange – mit jeweils 160 Soldaten*).

06:25 Uhr

Ein Teil der bisher noch weit von der Küste entfernt auf das WN 37 zugefahrenen LCILs des Devon Regiments drehte nun in westliche Richtung ab und auf das WN 38 am Strand vor Saint-Côme-de-Fresné zu, 1,5 Kilometer westlich Asnelles. Wie sich bald herausstellen sollte, würde das mit einem Ringstand mit 5-cm-KwK, einer verbunkerten 5-cm-KwK, einem Grantwerfer- und einem MG-Stand gesicherte Widerstandsnest für die britischen Infanteristen zu einem nicht unerheblichen Hindernis werden...

In Bavent versammelte sich indessen der Stab des Ost-Bataillons 642, bestehend aus 30 Soldaten, der Rest der 1. Kompanie mit 27 Soldaten, sowie die 4. Kompanie mit 50 Soldaten. Durch die ständigen mutigen Vorstöße dieser Männer gelang es in heftigen Schießereien, sämtliche britischen Fallschirmjäger aus dem Dorf zu vertreiben. Die Anzahl britischer Gefangener betrug hernach 51. Einem der Ost-Soldaten war es während der Kampfhandlungen gelungen, mit einer mobilen 2-cm-Flak einen vollbesetzten Lastensegler abzuschießen. Von den 22 Infanteristen und den beiden Piloten überlebte niemand den Absturz.

(Von den 107 Ost-Soldaten waren nach 10 eigenen Verlusten an Gefallenen, 31 Verwundeten und Vermißten noch 41 unversehrte, kampffähige Männer übrig geblieben, die sich zum 4,8 Kilometer entfernten Bréville durchschlugen und sich an der Verteidigung der dort befindlichen 3. Batterie des Artillerie-Regiments 1716 beteiligten, die sich dann noch bis zum Morgen des 7. Juni halten konnte. Infolge der erdrückenden Übermacht britischer Soldaten ließ der Batteriechef um 09:00 Uhr die Geschütze sprengen und die Batterie aufgeben.)

06:26 Uhr

Artillerie-Regiment 352 meldete an seine Division: „Küste zwischen WN 59 und 60 liegt unter schwerstem Artilleriefeuer. Große Schiffsverbände stehen weit draußen auf hoher See. Durch Bombenangriffe auf Batteriestellungen *(der)* 1716. *(Division)* sind Geschütze zum Teil verschüttet; drei wurden inzwischen wieder ausgegraben und unter Scharten gestellt."

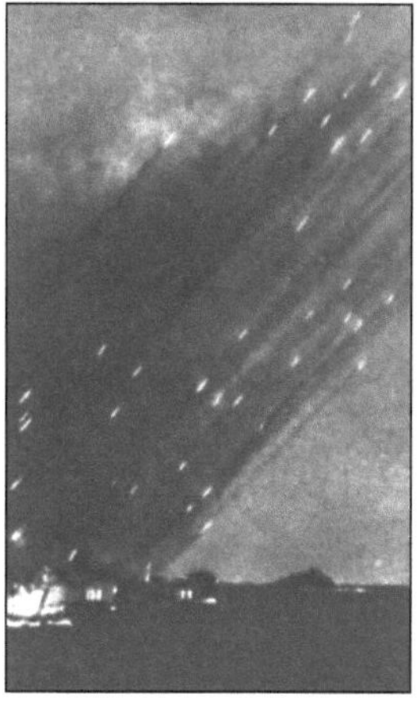

Abschuß einer Raketensalve von einem LCR.

Im Seegebiet zwischen Le Havre und Ouistreham kam es inzwischen zu Gefechtsberührungen der deutschen *(kleinen)* Seestreitkräfte mit starken gegnerischen. Der massive Beschuß der vielen Kriegsschiffe der Alliierten und ihr Flankenschutz hatte auch zur Folge, daß dadurch das Auslaufen weiterer deutscher Schiffe vereitelt wurde. Indessen eröffneten mehrere Küstenbatterien ihr Feuer auf erste, noch weit entfernte, auf Port-en-Bessin zufahrende Landungsboote.

06:27 Uhr

Das Trommelfeuer der Kriegsschiffe auf die Küste wurde eingestellt. Die Stützpunkte respektive Widerstandsnester der deutschen 716. Infanterie-Division, die einen Küstenabschnitt von 34 Kilometern samt dem küstennahen Hinterland zu verteidigen hatten, waren nach der Feuerwalze auf sich allein gestellt, da fast sämtliche Telefonverbindungen von dem schweren Bombardement und Marinebeschuß unterbrochen waren *(vorübergehend bis zu ihrer Reparatur, soweit es überhaupt noch möglich war).*

06:32 Uhr

Meldung des Grenadier-Regiments 726 an seine Division: „Landungsboote vor Asnelles. Der Feind nebelt Seeziele ein und legt Nebelwand vor die Küste. Bei Kompanien des Reserve-Bataillons bisher nur wenig Verluste eigetreten."

Noch zwei Stunden hatte Oberstleutnant Otway mit seinen letzten noch lebenden Männern in sicherer Entfernung zur Batterie Mer-ville verharrt. Nach dem Eintreffen noch einiger zu weit herab gelandeter Fallschirmjäger seiner Truppe und nach der Bergung etlicher Verwundeter, bestand der Rest aus nur noch *(etwa)* 80 Männern *(ursprünglich aus 750)*. Man wartete weiter ab, so daß noch weitere dazu stoßen konnten.

06:41 Uhr

1. Batterie der Heeres-Küsten-Artillerie-Abteilung 1260 *(Batterie Riva-Bella)* fernschriftlich an Seekommando Normandie: *Gemeldete Landungsboote (LCI/Ls) bis auf 9,5 Kilometer genähert. Etwa 20 bis 50 größere Einheiten bei Teilring 6.400, etwa 15 Kilometer Entfernung, nebeln sich ein.*

06:42 Uhr

Nun meldete auch die Marinesignalstelle Le Havre die Sichtung eines feindlichen Schiffsverbandes, „bestehend aus etwa 30 Fahrzeugen aller Typen, erhält laufend Verstärkung; wird von feindlichen Tieffliegern eingenebelt".

Zur selben Zeit Marinegruppe West fernschriftlich an OB West: *Auftreten von 6 Schlachtschiffen und etwa 20 Zerstörern im Seegebiet westlich Le Havre, sowie 50 bis 80 Kriegsschiffen im Raum Barfleur bestätigt endgültig, daß es sich um den Beginn der Invasion handelt.*

Daraufhin erging eine Unterrichtung an sämtliche Kommandobehörden im Bereich des OB West, verbunden mit dem dringenden Befehl erhöhter Aufmerksamkeit. Es hieß: „Schnellste Alarmbereitschaft im ganzen OB-West-Bereich!"

Die ersten deutschen Panzer rollten, doch hatte Major von Luck noch immer keinen Einsatzbefehl... (Später sagte von Luck betreffs der Situation: „... Aber das kam alles viel zu spät.")

Foto: Bundesarchiv101/ -585-2194-34A / Appe 1944

06:45 Uhr

Die 2. Sicherungsdivision befahl das Einlaufen der vor der Normandie befindlichen deutschen Flottille mit insgesamt 13 Schiffen in den Hafen von Le Havre.

Die zur 21. Panzer-Division gehörende Panzer-Aufklärungsabteilung hatte bisher noch immer als Reserve unweit südlich Caen in Stellung gelegen. Nun wurde sie von Generalmajor Feuchtinger der *Kampfgruppe von Luck* unterstellt und sofort in Richtung Troarn in Marsch gesetzt *(12,5 Kilometer östlich Caen; ein 14 Kilometer langer Weg, der angesichts der ständig umher kreisenden Jagdflieger der Alliierten, die längst den Luftraum über dem gesamten normannischen Küstenstreifen und dem nahen Hinterland beherrschten, noch mehrere Stunden lang dauern sollte).*

Zu diesem Zeitpunkt gelang es der 7. Armee, nun endlich die Freigabe der 21. Panzer-Division zu erwirken, doch infolge der von den Bombardements zerstörten Telefonverbindungen sollten noch zwei Stunden vergehen, bis Feuchtinger einen Einsatzbefehl erhalten würde.

Das Absetzen eines Duplex-Drive Panzers von einem LCT (Landing Craft Tank-Panzerlandungsboot) über eine spezielle Rampe war bei ruhigem Wasser kein Problem (wie hier bei einem Test nahe der englischen Küste), jedoch herrschte dann am „D-Day" eine sehr bewegte, schwere See.

Foto: Imperial War Museum

06:55 Uhr

Als sich die großen, speziellen Panzertransportschiffe *(LSTs = Landing Ship, Tanks)* bis auf vier Kilometer der Küste genähert hatten, befahl General Montgomery über Funk von Großbritannien aus, daß die Schwimmpanzer mit ihren hochgeklappten Schwimmsäcken zu Wasser gelassen werden mußten – trotz des noch immer starken Seegangs *(was ursprünglich in einer Entfernung von 6,5 Kilometern geplant war, aber wegen der schweren See vorsichtshalber näher an der Küste durchgeführt wurde).*

Angesichts Windstärke 6 waren mehrere der Panzeroffiziere gegen diesen Befehl, bezeichneten das Schwimmen mit den Panzern als Selbstmord. Doch diese Panzer waren für die erste Angriffswelle am Strand bestimmt und brauchten bei derartigem Seegang für die Strecke bis dahin bis zu dreißig Minuten und mehr – lange Minuten der Angst vor dem Untergehen und Ertrinken. Den meisten Fahrern dieser Duplex-Drive-Panzer, die von den Panzerlandungsbooten zu Wasser gelassen wurden, gelang es, ihre schwerfälligen Ungetüme heil über die breite Rampe zu fahren. Trotz des immer wieder über die hohen Ränder ihrer Schwimmsäcke schwappenden Seewassers begannen sie ihre nur langsame und äußerst gefahrvolle Anfahrt in Richtung Küste...

(Für die Besatzungen dieser Panzer war es das Wichtigste, überhaupt über Wasser zu bleiben. Wegen ihres nur etwa 75 Zentimeter aus den Fluten ragenden Oberteils schwappte immer wieder Wasser in die offenen Luken, in denen die Kommandanten hockten. Die Pumpen in den Panzern waren gerade noch imstande, Wasser bis zu einer gewissen Menge wieder hinaus zu pumpen. Die fragilen Metallgestänge, die die Leinwandsäcke stützten, in denen die 31-Tonnen-Kolosse hingen, waren derart schwach, daß die Kommandanten die Panzer sicherheitshalber nur mit den schräg zur Küste heranlaufenden Wellen schwimmen lassen wollten. Als geordneter Verband die Küste zu erreichen, war somit völlig ausgeschlossen. Von zu hohen Wellen überrollt, sanken mehrere der Panzer schon nach kurzer Zeit, zwei stießen infolge der nur äußerst schlecht zu manövrierenden Fahrzeuge zusammen und versanken augenblicklich. Nur den in den Luken sitzenden Kommandanten war es möglich, sich schwimmend zu retten. Auch konnten nicht alle Panzerinsassen schwim-

men. Infolge der zu widrigen Umstände konnten ohnehin nicht alle Panzer zu Wasser ge-
lassen werden, und jene, die mit der ersten Angriffswelle zum Strand schwimmen mußten,
erreichten ihn nicht dem Zeitplan entsprechend – sie landeten viel zu früh oder viel zu spät.)

Obwohl Rommel davor gewarnt hatte, daß der Feind möglicherweise schwimm- oder
tauchfähige Panzer einsetzen würde, konnte sich niemand vorstellen, wie diese aussehen
könnten. So wurde den heranschwimmenden DD-Panzern, die als Panzer auch gar nicht
zu erkennen waren, kaum Aufmerksamkeit beigemessen und nicht auf sie geschossen –
bis sie plötzlich auf den Strand rollten und ihre Schwimmsäcke heruntergelassen wurden...)

Wie die Panzerbesatzungen befürchtet hatten, blieben tatsächlich nicht alle Shermans
während ihrer Anfahrt zur Küste an der Wasseroberfläche. Panzerkommandant Bruce Ban-
net berichtete: „Wir waren kaum im Wasser, da gab es so ein unangenehmes, seltsames
Geräusch, das Geräusch von knickendem Metall, dann einen heftigen Ruck. Das dünne
Gestell, das den Schwimmsack halten sollte, war schlagartig eingeknickt und die Hülle vom
Druck des Wassers zusammengedrückt und alles sofort überflutet. Unser Panzer sank au-
genblicklich. Da ich in der Luke saß, konnte ich mich schwimmend retten, aber meine vier
Männer sah ich niemals mehr wieder."

Panzerkommandant Bruce
Bannet (links) und Ron Cross,
der Fahrer eines anderen
Duplex-Drive-Panzers.
        Foto: R. Cross

Panzerfahrer Ron Cross konnte durch das Periskop sehen, was mit dem vorausschwimmenden Sherman geschah:
„Wir waren gerade über die Rampe vom Landungsboot ins
Wasser gerollt, da sah ich, wie der eben erst vor uns zu Wasser gelassene Panzer versank, plötzlich und einfach so. Die
Ursache war gar nicht so schnell zu erkennen. Nur eine Minute später sank dann der Panzer, der davor ins Wasser gerollt war. Es gibt keine unangenehmere Art, in den Kampf zu
gehen, als wir es mußten, außer in ein Kamikazeunterneh-
men, aber das taten wir ja im Grunde auch. Alle Fünf in unserem Panzer redeten laut durcheinander – wir beteten."

Die DD-Panzer sollten gewissermaßen als „fahrende Bunker" den nachfolgenden Infanteristen, wenn sie am Strand
angekommen waren, bei ihrem ersten sprungweisen Vorgehen am Strand Feuerunterstützung geben. Doch da das
Zuwasserlassen dieser Panzer mit Kränen unter den gegebenen Umständen äußerst gefährlich war, entschied Generalleutnant G. C. Bucknell, dessen XXX. Korps mit der 50.
Northumbrian Infantry-Division im Abschnitt Gold Beach vor Arromanches anlanden sollte,
die DD-Panzer nicht auf diese Weise in die aufgewühlte See absetzen zu lassen, sondern
in der konventionellen Weise über die Rampen der Panzerlandungsboote. *(Von den 40*
für den Landeabschnitt „Sword" Sektor „Queen" auf acht LCTs mitgebrachten DD-Panzern
wurden lediglich 34 von den Transportschiffen abgesetzt und zum Strand geschickt – von
denen neun auf ihrem Weg dorthin in den dunklen Fluten versanken.)

Den Schwerpunkt der Anlandungen im Abschnitt Sword sollte der Strandbereich vor
Riva-Bella, der Sektor Roger, bilden. Wie es Montgomery bestimmt hatte, mußte vor den
britischen Infanteristen zuerst die britische 8. Panzer-Brigade an Land. Doch von ihren 18
Schwimmpanzern – allein für den Sektor Roger – konnten bei dem schweren Seegang nur
neun die Küste erreichen, von denen sich drei sogleich im weichen Sand des Strandes fest-

fuhren. Gleichzeitig begann der deutsche Artilleriebeschuß auf den Strand.

(Weil die britischen Panzerbesatzungen wußten, daß ein amerikanischer Sherman nicht besonders widerstandsfähig gegen stärkeren Granatbeschuß ist und ein Panzer sofort brennt, wenn sein Tank getroffen wird, was die Briten zynisch als „aufbrühen" bezeichneten, nannten sie diese Panzer ebenso zynisch „Ronson's", bezogen auf die bekannte Feuerzeugmarke und ihren Werbeslogan „Brennt beim erstenmal". Von den deutschen Soldaten wurden die Shermans angesichts der benannten Mankos nicht weniger markaber als „Tommy-Kocher" bezeichnet. Waren diese Panzer noch voll mit Munition beladen, explodierten sie bei stärkeren Granattreffern wie riesige Bomben.)

07:00 Uhr
Der Chef des Generalstabs des AOK 7 unterrichtete den Kommandierenden General des LXXXIV. Armeekorps, „daß die 21. Panzer-Division dem Korps mit Auftrag der Beseitigung von Luftlandegegnern ostwärts der Orne unterstellt wird. 12. SS-Panzer-Division *Hitlerjugend* wird in den Raum Lisieux herangezogen".

Major von Luck sagte dazu: „Ob General Marcks dazu autorisiert war oder nicht, jedenfalls erteilte er nun unserer Division den Befehl, augenblicklich mit der gesamten Division den Feind ostwärts der Orne anzugreifen, die gelandeten Einheiten der 6. Airborne Division zu zerschlagen und von ihrer Verbindung nach Westen hin abzutrennen."

Zu diesem Zeitpunkt entschied Oberstleutnant Terence Otway, mit seinen Männern gemäß ihres Einsatzplans weiter in östliche Richtung vorzustoßen, denn im Raum nahe östlich der Orne wurde indessen mit den anderen in der Nacht gelandeten britischen Fallschirmjägern hart gekämpft.

Der Chef der 1. Batterie, Leutnant Raimund Steiner, hatte inzwischen die Chefs der 3. und 4. Batterie seines Artillerie-Regiments 1716 angerufen: „Ich hatte sie gebeten, ihr Artilleriefeuer auf meinen in der Nacht von den britischen Fallschirmjägern besetzten Stützpunkt zu legen, um sie wieder zu vertreiben. Durch zusammengefaßtes, aber viel zu starkes Granatfeuer gelang es den beiden Batterien zwar, den Feind aus meiner Feuerstellung zu vertreiben, doch das von den

Kasematte Nr. 3 – versunken zwischen Erde und Geröll...
Das Terrain Steiners 1. Batterie war nur noch eine Kraterlandschaft.

Foto und Kollektion: J. Buskotte

wiederholten Bombenabwürfen ohnehin schon stark getroffene Batteriegelände war durch den Granatbeschuß nun noch viel stärker verwüstet worden... "

Die Angriffe der britischen Fallschirmjäger aus südlicher Richtung auf die Stützpunkte Sallenelles und Franceville konnten durch die dagegen eingesetzten Teile der Stützpunktbesatzungen und dem Rest des Ost-Bataillons 642 abgewiesen werden. Auch gelang es, ein weiteres Vorstoßen des Gegners aus seinem Landeraum in südliche Richtung durch Teile des Pionier-Bataillons 716 und einem ersten vorgestoßenen kleinen Teil der 21. Panzer-Division zurückzuschlagen[28].

---

28 Die Panzer der 21. Panzer-Division waren zu diesem Zeitpunkt bereits veraltet. Die Reichweite ihrer Kanonen war deutlich kürzer als jene der modernen Panzer der Briten, folglich konnten sie einen direkten Kampf mit ihnen nicht erfolgreich bestehen.

In Bayeux lag der kleine Jacques Ravelli noch immer im Bett seiner Eltern, dicht an seine Mama geschmiegt: „Es war mir sehr unheimlich, von weitem das viele Schießen von Kanonen hören, und dann kamen wieder die Bomber. An diesem Morgen wurde nahe Bayeux dreimal bombardiert. Das alles waren ganz schlimme, böse Geräusche; es pfiff und heulte und krachte. Obwohl unsere schöne Stadt weder direkt von den Kriegsschiffen beschossen wurde, noch bombardiert, haben die Mauern unseres Hauses gebebt und die Fenster gezittert, trotzdem die Granaten und Bomben ja sehr weit entfernt einschlugen. So etwas hatte ich noch nie erlebt. Ich hatte wirklich sehr große Angst.“

Zu dieser Zeit erreichten seltsame „Ungeheuer" den breiten Strand – Schwimmpanzer. Als sie an Land gekommen waren, klappten ihre Schwimmsäcke herab, und sie begannen, die deutschen Stellungen aus kurzer Entfernung zu beschießen.

Foto: Kollektion B. Bannet

07:05 Uhr

Vom Seekommando Normandie wurde gemeldet, daß man mit der Batterie Longues keine Verbindung mehr habe. Ein Melder sei nun dorthin unterwegs. Indessen näherten sich immer mehr Panzer und Soldaten mit Landungsbooten und Transportschiffen der Küste. Infolge der chaotischen Witterungsverhältnisse war das System der heranfahrenden Panzer, Landungsschiffe und -Boote allerdings in nicht unerhebliche Unordnung geraten. Seit einiger Zeit waren bereits an verschiedenen Strandabschnitten – sporadisch und in größeren Abständen zueinander – erste Duplex-Drive-Panzer, sogar erste Infanteristen angelandet.

„Es war so um kurz nach sieben Uhr", erzählte der Obergefreite Hans Sauer, „da bekamen wir über unsere Division die Meldung, daß da hinten, nicht weit westlich, die Amerikaner landen. Da war plötzlich große Unruhe unter uns; das war wie im Hühnerstall, in den ein Fuchs eingebrochen ist.

Dann brachten unsere Leute einen gefangengenommenen Fallschirmjäger, der war ganz schwarz im Gesicht, zur Tarnung, ein Engländer. Aber Oberst Krug wollte den nicht im Bunker haben. Man gab ihm Wasser und Seife, damit er sich sein Gesicht waschen konnte. Dann wurde sofort bei der Division angerufen, daß sie ihn holen und aushorchen konnten."

07:20 Uhr

Grenadier-Regiment 726 meldete an seine Division: „[…] Vor WN 37 und 37a nähern sich Landungsboote der Küste. Die Landung steht jetzt unmittelbar bevor. WN 37 liegt unter starkem Artillerie- und Raketenwerferfeuer."

Hans Sauer befand sich im Gefechtsstand des Regimentskommandeurs. Als die Meldung im Gefechtsstand des Oberst Krug, im WN 17, einging, daß die ersten Anlandungen nun auch im Abschnitt der 716. Infanterie-Division beginnen würden, wurde Hans Sauer in den Beobachtungsstand in der großen Panzerglocke beordert: „Nachdem wir erfahren hatten, daß da oben an der Küste die Engländer gelandet sind, waren wir ja schon auf einen Angriff auf unseren Stützpunkt gefaßt, aber ab diesem Moment ging bei uns alles dermaßen schnell, daß man kaum noch einen klaren Gedanken fassen konnte. Ich mußte jetzt in den Beobachtungsstand, unter die Panzerglocke. Das war fast dreißig Zentimeter dikker Stahl. An der Innenwand waren die Kirchen der uns umgebenden Ortschaften mit ihren Namen und das Gelände mit Leuchtfarbe aufgemalt, mit Phosphorfarbe, damit man auch in dem darin herrschenden Dunkel schnell erkennen konnte, in welcher Richtung sich etwas ereignete, das sofort zu melden war. Da drinnen war ein Periskop, in der Mitte der Kuppel, da saß ich wie auf 'nem Fahrrad dran, und seitlich waren da noch drei Winkelfernrohre mit 120-Grad-Winkel, so konnte ich da hinten, vor der Küste, die vielen heranfahrenden Landungsboote an den weißen Bugwellen vor ihren großen Frontklappen sehen. Da gab es bei uns noch eine weitere Panzerglocke, die hatte zwar ein Periskop, aber keine Winkelfernrohre *(sie wurde nach dem Krieg von Schrotthändlern ausgebaut)*. Da hockte sozusagen mein Nachbar d'rin."

Die Landungsboote mit Massen an Infanteristen waren inzwischen mit 10 km/h Geschwindigkeit eine Stunde lang unterwegs gewesen, und der starke Seegang bereitete ihnen große Schwierigkeiten. Von den hohen Meereswogen angehoben, stießen sie einen Moment später mit ihren flachen Bugrampen wieder in die tiefen Wellentäler hinab und rammten gegen die sich gegenüber auftürmenden Wellenberge. Dabei sprühte der schäumende Gischt hoch auf und fiel auf die meist seekranken, dicht beieinander stehenden Soldaten, die mit ihren Waffen heftig umher gestoßen wurden. Nicht wenige zogen sich dadurch nicht unerhebliche Verletzungen zu.

Drei Meilen vor der Küste mußten sich die Landungsboote sammeln und dabei einige Zeitlang im Kreis umherfahren. Die britischen und kanadischen Infanteristen hatten indessen die schweren Granateinschläge der Schiffsartillerie an der Küstenlinie beobachten können. Dann formierten sich die Boote und nahmen Kurs in Richtung Strand – auf ihren jeweils zugewiesenen Landesektor. Doch infolge der vorherigen Bombardements und der Explosionen des Trommelfeuers und etlicher brennender Häuser war starker Rauch und Qualm entstanden, der den Strandbereich teilweise völlig einhüllte. So war es den Bootsführern der LCAs nur schwer möglich, aus der Entfernung markante Merkmale an der Küste, an denen sie sich zu orientieren hatten *(hauptsächlich Häuser)*, zu erkennen. Es war aber wichtig, alle Soldaten auch tatsächlich an den vorbestimmten Landeplätzen abzusetzen.

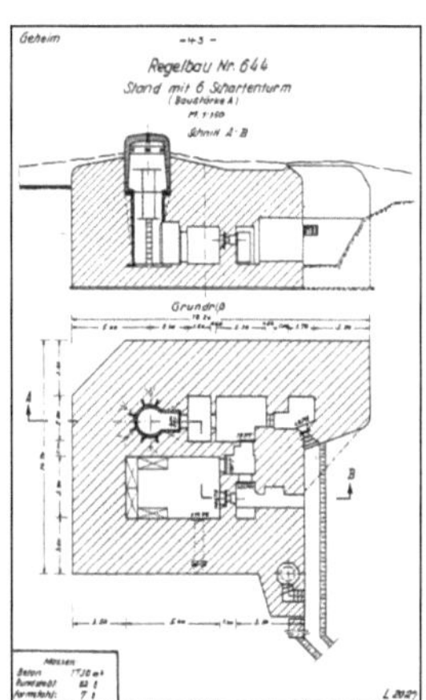

Beobachtungsstand mit Panzerglocke.

Abbildung: Archiv von Keusgen

Hans Sauer mußte von der Panzerglocke aus die Vorgänge im WN 17 beobachten.

Foto: Kollektion H. Sauer

Schon während ihrer Anfahrt waren die Boote in deutsches Abwehrfeuer geraten. Jene, die samt der an Bord befindlichen Munition getroffen wurden, explodierten, gingen in Flammen auf, brachen auseinander, kenterten und/oder versanken. Wer überlebte, hatte während des in den jeweils mehreren „Wellen" stattfindenden Angriffs eine nur geringe Chance, schnell – wenn überhaupt – gerettet zu werden, denn die Bootsführer hatten ausdrücklichen Befehl, keine im Meer schwimmenden Soldaten an Bord zu nehmen, um unbedingt ein Durcheinander innerhalb der jeweiligen Angriffswellen zu vermeiden: „Ihr seid Sturmboote, keine Rettungsboote!"

Endlich an Land, aber von Seekrankheit benommen und geschwächt, die Meisten kampfunerfahren und voller Angst – das war der erste Moment, in dem sie in den Krieg ziehen mußten...

07:27 Uhr

Drei Minuten vor dem offiziellen Zeitplan begannen die Anlandungen an den britisch-kanadischen Landesträngen – das kühnste und gewaltigste *(und verlustreichste)* amphibische Landeunternehmen der Weltgeschichte hatte mit dem *Unternehmen Overlord* begonnen.

Nach der Anlandung der Schwimmpanzer näherten sich nun spezielle Panzer-Landungsboote, die „normale" Panzer am Strand absetzten, womit ihre Anzahl und Stärke rasch zunahm...

Fotos: Battlefield Historian Ltd.

Mit kleinen und größeren britischen und amerikanischen Landungsbooten waren die Soldaten herangefahren worden. Nachdem die kleinen LCAs, in denen jeweils bis zu dreißig *(überwiegend seekranke)* Infanteristen dicht an dich hockten, den Strand erreicht hatten, wurden die Frontklappen geöffnet. Da der Gezeitenwechsel gerade erst eingetreten war, erstreckte sich vor den Soldaten noch ein mehr als dreihundert Meter breiter Strand voller mit Minen bestückter Stahl-, Beton- und Holzhindernisse, und am Vorstrandsaum zuerst ein breiter Minengürtel, dann Stacheldraht – und dahinter die deutschen Verteidigungsanlagen. Auf dem Strand qualmten vom Granatbeschuß getroffene, brennende Panzer, und schon nach der ersten Angriffswelle lagen viele schreiende Verwundete, Sterbende und Tote auf dem feuchten Sand – und es wurden mit jeder Minute mehr...

Die britischen Infanteristen, die sich nach teilweise mehr als 48 Stunden in den schaukelnden und schlingernden Booten in hockender Haltung befunden hatten, von Seekrankheit benommen und mit ihrem Sturmgepäck und Waffen und Munition befrachtet, waren nun kaum in der Lage, aufrecht zu stehen, doch sie mußten, wenn ihr Boot weit vor dem Strand auf eine Sandbank aufgelaufen war, in stellenweise sogar bis zur Brust reichendes, kaltes Wasser springen und sich irgendwie zum Strand bemühen – den sie dann aber zu ihrer Sicherheit so schnell wie möglich wieder verlassen mußten – alles das fast überall unter heftigem Beschuß...

Der 19-jährige Kanonier Wilfried Jacobs stand im WN 37 mit drei Kameraden an ihrer Feldkanone und sah aus der Scharte der Kasematte die Angreifer kommen: „Zuerst war ich sehr beeindruckt von den vielen Schiffen, die da plötzlich aus dem Morgendunst auftauchten. Ich war auf schaurige Weise fasziniert. Aber dann kamen die vielen kleinen Landungsboote, und da strömten Hunderte Soldaten heraus und liefen auf den Strand. Dann rollten auf einmal auch zwei große komische Dinger über den Strand, die aussahen wie

Wilfried Jacobs, 19-jähriger Kanonier im WN 37.

Foto: Kollektion W. Jacobs

große Kübel auf Panzerketten. Die hatte ich vorher, als sie noch im Wasser waren, überhaupt nicht kommen sehen. Dann fiel ihre seltsame Verkleidung herunter, und plötzlich waren es Panzer. Ich glaubte meinen Augen nicht zu trauen; die waren einfach so herangeschwommen – Panzer!

Das schwere Bombardement hatte bei uns nicht viel Schaden angerichtet, war alles irgendwo im Hinterland 'runtergegangen. Auch das brutale Trommelfeuer der vielen Kriegsschiffe hatte uns verfehlt. Aber mehr als eine Stunde lang hat unentwegt die Erde gebebt, und nun das. Und plötzlich war da eine wahnsinnige Angst in mir...“

Die britischen Panzerbesatzungen waren nicht weniger in Sorge, denn immerhin fuhren sie mit ihren schwerfälligen, langsamen Fahrzeugen ohne jede Deckung über einen mehr als dreihundert Meter breiten, weithin einsehbaren Strand, und das auch noch vor dem Kanonenrohr der 7,5-cm-Kanone des WN 37...

Der britische Gefreite Dennis Bowen war Angehöriger des 5. Bataillons des East Yorkshire Regiments der 69. Brigade. Er berichtete: „Die 69. Brigade war bestimmt, den Infanterieangriff auf Gold Beach anzuführen. Er sollte mit unserem Regiment im Sektor King Red beginnen, als die Flut bereits zu steigen begann. Unsere beiden Bataillone, das der East Yorkshires und das der Green Howards, wurden mit Panzern der Royal Dragoon Guards unterstützt.

Wir hatten den Kanal von England in LCIs überquert, und ich war wirklich sehr seekrank, aber ich war durchaus nicht der einzige Soldat, dem übel war.

Als wir wenige Meilen vor der Küste ankamen, wurden wir für die letzte Fahrt zum Strand zu LCAs gebracht. Es war eine schreckliche Überfahrt. Die See war sehr rauh, und die LCAs hüpften auf den hohen Wellen auf und ab. Die flachen Böden der kleinen Holzboote machten es nicht angenehmer,

Dennis Bowen, 19-jähriger britischer Gefreiter und Angehöriger des East Yorkshire Regiments.

Foto: Kollektion D. Bowen

und uns allen war sehr übel. Das Erbrochene schwappte im hereingelaufenen flachen Wasser auf dem Boden hin und her und über unsere Stiefel. Niemanden hat das interessiert; uns ging es viel zu schlecht. Die heroischen Visionen in unseren Köpfen von tapferen britischen Soldaten, die hinter ihren blitzenden Bajonetten in todesverachtendem Angriff den Strand hinaufstürmen, wurde nun durch einen einzigen Gedanken ersetzt: Laßt mich endlich von diesem Boot runter und auf trockenes, festes Land gehen...

Das ohrenbetäubende Brüllen der Schiffsartillerie, die ihre Granaten von den großen Schiffen der Royal Navy zur Unterstützung unseres Angriffs auf den Strand feuerten, und das Geräusch der vom Land her zu uns geschossenen Granaten und ihre Explosionen im Wasser hörte nicht auf. Es war das größte Spektakel, das ich jemals gehört und erlebt habe."

Ein LCI brachte Infanteristen an einen Strandabschnitt, auf dem noch etliche Duplex-Drive-Panzer (mit hoch und herab geklappten Schwimmsäcken) umher fuhren.

Foto: Imperial War Museum

Da am 6. Juni sehr starker Nordwest-Wind herrschte, wurde die Flut in diesem Landeabschnitt viel schneller anlandig, als vorherzusehen war, somit sich die meisten der vordersten Vorstrandhindernisse bereits unter der Wasseroberfläche befanden. Die der ersten Angriffswelle vorausgefahrenen Sprengtrupps hatten die Minen, die an vielen der Hindernisse angebracht waren, deswegen nicht mehr rechtzeitig sprengen können. Infolge des sich daraus ergebenden langsameren Manövrierens der Boote ergab sich auch ein höheres Risiko für die Soldaten, von den deutschen Stellungen aus beschossen zu werden – was auch geschah...

Dennis Bowen erzählte weiter: „Unser Boot ritt auf der steigenden Flut auf und ab, und meine stärkste Erinnerung an den Angriff ist, seekrank gewesen zu sein.

So beobachtete ich auch mit einer gewissen Gleichgültigkeit, wie einige der Boote unserer ersten Angriffswelle zwischen den nur sehr wenig sichtbaren Unterwasserhindernissen hängen blieben. Zwei von ihnen explodierten, weil sie wohl an Minen gestoßen waren. Ich konnte sehen, wie ein Soldat hoch in die Luft geschleudert wurde – ohne Arme..."

Von den ersten heranfahrenden Panzerlandungsbooten kollidierten etwa zwanzig mit den „unsichtbaren" Hindernissen und wurden – hauptsächlich von den Minen – sehr stark beschädigt. Drei von ihnen kenterten mitsamt der von ihnen transportierten Panzer.

Der 20-jährige Royal-Navy-Seemann Henry James Lemon befand sich auf dem LCI 378: „Unser Infanterie-Landungsboot mit seinem schmalen Rumpf hatte gerade erst in neunzehn Tagen über die Azoren den Atlantik überquert, und am D-Day war es eines der ersten Boote, die vor der Normandie ankamen. Weil die Küste so sehr beschossen wurde, war sie völlig von dunklem Qualm verhangen und kaum erkennbar, aber plötzlich waren wir da..."

Drei Minuten vor dem offiziellen Zeitplan begannen die Anlandungen an den britisch-kanadischen Landestränden – das kühnste und gewaltigste *(und verlustreichste)* amphibische Landeunternehmen der Weltgeschichte hatte mit dem Unternehmen Overlord begonnen.

Mit einer Vielzahl britischer und amerikanischer Landungsboote waren die Soldaten herangefahren worden. Im Abschnitt *Sword*[29] Sektor *Queen Red*, direkt vor dem starken Stützpunkt WN 20, begann die Anlandung der britischen Truppenverbände. Es gelang dem 2. Bataillon des East Yorkshire Regiments trotz des dortigen heftigen deutschen Abwehrfeuers innerhalb von 12 Minuten mit 10 LCTs bis direkt an den Strand vor La Brèche *(2,6 Kilometer vor Colleville-sur-Orne und dem WN 16 mit der 2. Batterie HKAR 1716)* heranzufahren. Obwohl ein starkes Bombardement und ein lange anhaltender Beschuß durch die Kriegsschiffe auch auf die dortigen deutschen Verteidigungsanlagen niedergegangen war, waren sie dennoch weitgehend intakt geblieben.

Als die Soldaten der A- und B-Kompanie des 2. Bataillons die Boote verließen, schlug ihnen brüllendes Abwehrfeuer entgegen – aus dem unmittelbar am Strand befindlichen Schartenstand mit der 8,8-cm-Pak, dem ebenfalls direkt am Strand errichteten Schartenstand mit der 5-cm-KwK, dem Doppelschartenstand mit einer 5-cm-KwK, zwei weiteren 5-cm-KwK sowie von einem Renault-Panzerturm mit 3,7-cm-Kanone und fünf Maschinengewehren in offenen Feldstellungen. Von den neun Panzern der 13./18. Hussars der B-Squadron, die die britischen Soldaten begleiteten, wurde sofort zurückgeschossen. Doch da es am offenen Strand mit seinen Hindernissen und Stacheldrahtrollen kaum Schutz vor starkem Beschuß gab, starben innerhalb nur weniger Minuten 164 britische Soldaten, etliche wurden verwundet, zum Teil sehr schwer.

Royal Marines erreichten mit ihren kleinen Sturmbooten zwischen den großen, bereits entladenen Panzerlandungsbooten oft nur mit Schwierigkeiten den Strand.

Foto: Imperial War Museum

Im direkt westlich angrenzenden Sektor *Queen White* brachten zeitgleich weitere 10 LCAs die A- und C-Kompanie des 1. Bataillons des South Lancashire Regiments an den Strand. Dieser Sektor lag ebenfalls im starken Beschuß des Stützpunkts WN 20. Auch in diesem Abschnitt standen brennende Fahrzeuge am Vorstrand, hinter dem Strand brennende Häuser, und schwarze, wabernde Qualmwolken verdunkelten den Himmel, behinderten die Sicht und machten den Soldaten das Atmen schwer. In dem zunehmend infernalen Kampflärm blieben viele der laut gerufenen Befehle der Truppführer von ihren Soldaten ungehört; sogar

---

29 Der Landeabschnitt *Sword* war mit seinen vier Landesektoren insgesamt 10,5 Kilometer lang, noch nicht gänzlich fertig ausgebaut und nur mangelhaft und hauptsächlich mit Beutewaffen bestückt. Die personellen Verluste der Briten in diesem Abschnitt am *D-Day* sind *(unter Vorbehalt)* mit zirka 700 angegeben.

Der 20-jährige MG-Schütze Max Fenninger: „Es gibt Momente des Grauens, die kann man niemals mehr vergessen; die verfolgen einen für den ganzen Rest des Lebens, besonders des Nachts…"

Foto: Kollektion M. Fenninger

Dreschflegel-Panzer, sogenannte „Crabs" brachten am Strand verlegte Minen zur Detonation und zerfetzten Stacheldrahtverhaue.

Foto: Imperial War Museum

das Schreien der Verwundeten ging darin unter. Einige versuchten, sich kriechend vor der steigenden Flut in Sicherheit zu bringen. Überall Schmerz, Verwirrung und Durcheinander. Sanitäter waren überfordert, versuchten ihrerseits, Deckung vor den MG-Geschossen und Granaten zu finden. Zwischen den qualmenden Trümmern etlicher Panzer, Lastwagen und Jeeps ereignete sich an dem zunehmend überfüllten Strand ein Chaos ungeheuren Ausmaßes. Fast gleichzeitig wurden drei nahe beieinander stehende Duplex-Drive-Panzer, die sich bis zur Mitte des Strandes dem Stützpunkt genähert hatten, von den 5-cm-KwK und der 8,8-cm-Pak beschossen und standen alle nach heftigen Explosionen sofort in Flammen. Max Fenninger *(1944 22-jähriger deutscher MG-Schütze im WN 20, bei seinem Interview 1992 70 Jahre alt)* beschrieb diese Szenerie *(mit heftigen Emotionen und zittriger Stimme)*: „Es war nur wenigen Männern der Panzerbesatzungen gelungen, aus ihren brennenden Panzern herauszukommen, und die standen selbst schon lichterloh in Flammen; einige brannten sogar am Kopf. Sie schlugen panisch um sich, um das

Feuer auszubekommen und schrieen dabei dermaßen, daß ich es trotz der lauten Schießerei hören konnte. Aber sie brannten weiter. So schoß ich mit meinem Maschinengewehr dazwischen…, auf die Wehrlosen, auf die Brennenden… In diesem Moment glaubte ich, etwas Gutes damit zu tun… Gott möge mir vergeben."

Als die A-Kompanie auf der westlichen Seite der Zone *White* den Strand erreichte, wurde ihr Chef, ein Major, sofort tödlich getroffen. Etliche andere Soldaten fielen beim Überqueren des Strandes. Die C-Kompanie hatte trotz des Beschusses nicht ganz so viele Verluste. Die unmittelbar nachfolgenden Landungsboote mit den Soldaten der B-Kompanie waren zu weit von ihrem vorgegebenen Kurs in östliche Richtung abgekommen und erlitten – auch dort noch im Feuerbereich des Stützpunktes 20 – ebenfalls große Verluste, samt ihres Chefs. In dem am Strand entstandenen Durcheinander gelang es einem Zug der Kompanie einen Angriff auf den Doppelschartenstand mit einer der 5-cm-KwK zu unternehmen. Ein Leutnant kroch hinter den Bunker, um eine Handgranate durch die Scharte zu werfen und die Besatzung zu eliminieren, aber er wurde von einem der MG-Schützen erschossen. Dennoch gelang es den Soldaten dieses Zuges nach einiger Zeit, einen schmalen Strandausgang zu öffnen und den Strand zu verlassen. Aber erst nachdem auch die Kasematte mit der 8,8-cm-Pak neutralisiert werden konnte, gelang es den Briten um 07:45 Uhr, eine Verbindung mit den Soldaten der beiden direkt benachbarten, nur wenig mehr als einen Kilometer breiten Zonen *White* und *Red* herzustellen – nach 18 Minuten brutalen Ringens.

Das 1. Bataillon des Suffolk Regiments wurde mit 14 LCAs am *Sword-Beach*-Sektor *Queen Green* angelandet – direkt vor Lion-sur-Mer und dem Widerstandsnest 21.

Die Anfahrt zum Strand war ohne Verluste verlaufen, doch als der letzte Mann von einem der Landungsboote gestiegen war, erhielt das Boot einen Granatvolltreffer und flog vollkommen auseinander.

MG-Schütze Willy Hornack hockte in seinem Tobruk-Stand im WN 21, direkt am Vorstrandsaum, und konnte das Geschehen, das sich vor und neben ihm am Strand zutrug, genau beobachten: „Da kamen viele Landungsboote, aber von uns wurde nicht geschossen, bis sie an Land waren; das war Befehl. Aber dann ballerten unsere beiden 5-cm-Kanonen los, und wir drei MG-Schützen natürlich auch. Da flog plötzlich eines der Boote in die Luft. Woher da geschossen wurde, weiß ich nicht, wahrscheinlich von einer zurückgelegenen Artilleriestellung. Es gab schnell viele Verluste unter den Angreifern. Die lagen da auf dem Strand und niemand kümmerte sich darum, wie denn auch, in dem dichten Geschoßhagel."

Der Chef der D-Kompanie wurde samt seiner Gruppe von einer Granate getroffen und er und alle um ihn herum getötet. Unter ihnen war auch der Funker der Kompanie *(was im Laufe der späteren heftigen Kampfhandlung beim WN 17 zur Folge hatte, daß man keine Feuerunterstützung durch die Schiffsartillerie anfordern konnte)*.

Die Männer der vier Kompanien bewegten sich – soweit es ihre Kräfte zuließen – im Laufschritt zwischen den vielen Hindernissen durch das heftige Abwehrfeuer in westliche Richtung, um einen Ausweg vom inzwischen völlig überfüllten Strand zu finden.

Von der langen Fahrt auf dem unruhigen Meer seekrank und fast völlig ermattet, mußten die Soldaten sich möglichst rasch wieder an festen Boden unter ihren Füßen gewöhnen. Jene, die noch einigermaßen bei Kräften waren, versuchten, ihren geschwächten Kameraden so gut es ging zu helfen – und alles unter ständigem Beschuß.

Foto: Archiv Gerstenberg

Unmittelbar nach der ersten Angriffswelle landeten nun auch die 22. Dragoons, die Westminster Dragoons und das 5. Assault Regiment Royal Engineers *(Pioniere)* am *Sword Beach*. Diese Einheiten hatten den Auftrag, Strandhindernisse zu eliminieren, Schneisen in die Minenfelder zu schlagen und Strandausgänge für die Infanterie und Panzer aufzubrechen. Doch sie gerieten mit den zuvor angelandeten, dicht gedrängten Truppen durcheinander.

Willy Hornack erzählte weiter: „Da war ganz schön was los. Da landeten vor und neben uns so viele und so schnell, daß sie ein totales Chaos untereinander verursacht haben. Dazwischen fuhren Panzer herum, und es schien, als täten sie das völlig rücksichtslos, denn ich konnte sehen, wie da einige Männer plattgewalzt wurden. Angesichts der Masse der vor uns landenden Soldaten überkam einen schon ein Scheißgefühl..."

Nachdem am *Sword Beach* mehrere kleine Durchgänge gefunden waren, zogen die ersten britischen Soldaten zu ihren vorgegebenen Sammelpunkten, um sich dort neu zu ordnen. Die Kompanien des 1. Bataillons des Suffolk Regiments marschierten gemäß ihres Auftrags in Richtung des 2,4 Kilometer entfernten Colleville-sur-Orne und den Widerstandsnestern 16 und 17.

Nach nur wenigen Augenblikken lagen auf dem Strand in den Bereichen der jeweiligen Landestellen viele Verwundete und Tote.

Foto: Archiv Gerstenberg

07:29 Uhr

Erste Anlandungen im britischen Landeabschnitt *Gold Beach*.

(Hinter diesem zweiten britischen Landeabschnitt befand sich die „Grenze" der 352. Infanterie-Division zur 716. Beim Weiler Le Hamel, unmittelbar vor Asnelles, stand ein Bataillon der 352. Division – die „Kampfgruppe Meyer". Die deutschen Verteidigungsanlagen waren hauptsächlich bei und in strandnahen Häusern errichtet, zwischen Arromanches und Ver-sur-Mer besonders nah beieinander.

Im Abschnitt „Gold" landete die 50. Northumbrian Infantry Division unter der Führung des Generalmajors Graham. Die Division bestand aus den Regimentern der Devonshire, Dorsetshire, East Yorkshire und Hampshire. Weil der Strand in diesem Angriffsraum [bei Ebbe] breit genug war, besonders viele Soldaten aufzunehmen, sollten hier auch im Sektor „Jig" die 231. Brigade sowie im Sektor „King" die 69. Brigade und im Sektor „Item" das 47. Royal Marine Kommando anlanden. Die Aufgabe der in diesem Abschnitt landenden Truppen bestand darin, zuerst am Strand einen Brückenkopf zu bilden, dann die Kleinstadt Arromanches einzunehmen [weil geplant war, nach der gelungenen Landung hier vor dem 1,7 Kilometer breiten Küsteneinschnitt einen künstlichen Hafen anzulegen] und danach einerseits Kontakt zu den von Westen her [„Omaha Beach"], vorstoßenden US-Truppen herstellen, andererseits an der östlichen Flanke zu den am „Juno Beach" angelandeten kanadischen Truppen. Im mittleren Bereich ihres Angriffsraums sollten sie auf die zehn Kilometer hinter der Küste liegende Stadt Bayeux vorstoßen.)

Im Abschnitt *Gold* Sektor *Jig*, nahe dem Weiler Le Hamel, begannen nun die Soldaten der 231. Brigade vor dem WN 37 anzulanden. Das kleine Widerstandsnest war relativ unbefestigt und erstreckte sich, auch als WN 37a, südlich bis in die unmittelbar benachbarte kleine Küstenortschaft Asnelles. Der Durchgang zum Strand wurde, außer von drei offenen MG-Ständen, lediglich von einer Kasematte mit einer 7,5-cm-Feldkanone gesichert. Allerdings stand direkt hinter dem Widerstandsnest das Bataillon der *Kampfgruppe Meyer* mit 385 Soldaten *(es sollte hier der heftigste Kampf am gesamten Gold Beach entbrennen)...*

Als die Bugrampen der den ersten, noch wenigen Panzern der Dragoner-Garde unmittelbar nachfolgenden Landungsboote herabgelassen wurden und die zum größten Teil seekranken Infanteristen des 1. Bataillons des Royal Hampshire Regiments auf den Strand taumelten, noch benommen von der stundenlangen Schaukelei auf den Wellen, begannen die deutschen Schützen in den drei offenen MG-Ständen zu feuern; die 7,5-cm-Kanone hatte von dem Moment an begonnen, auf die Panzer zu schießen, da sie auf den Strand gerollt kamen und ihre Schwimmsäcke herabfallen ließen. In einem dieser ersten LCAs, die mit der ersten Angriffswelle den Strand vor dem WN 37 erreichten, befand sich auch Dennis Bowen:

Wer von den deutschen Soldaten entlang der Küste nach dem starken Artilleriebeschuß in seiner Stellung noch gefechtsbereit war, bereitete sich nun auf einen großen Angriff vor... **Foto: Archiv von Keusgen**

„Meine fast dreißig Kameraden und ich wurden in einem amerikanischen Landungsboot zur Küste gefahren. Wir landeten dort, wo das Meer den Strand berührt, der nun unter sehr heftigen deutschen Beschuß genommen wurde. Einige andere Boote liefen auf vorgelagerte flache Sandbänke auf und die Soldaten mußten durch hüfthohes Wasser zum Strand waten, wobei viele von ihnen erschossen wurden. Weil ich mir merken wollte, wann ich französischen Boden betrete, sah ich unmittelbar vor der Anlandung auf meine Armbanduhr; es war fast genau sieben Uhr dreißig.

Die Rampe an der Front des Bootes wurde heruntergekippt, und mir bot sich ein erster Blick auf die französische Küste. Sie sah gar nicht so gefährlich aus, wie ich es mir vorgestellt hatte. Da war ein völlig offener Strand, der zu offenen Feldern mit einer sanft ansteigenden, nicht sehr hohen Anhöhe führte, etwa eine halbe Meile weit. Von einem Feind war nichts zu sehen, aber es gab viel Schießerei und viele Explosionen von Granateinschlägen, die am Landsaum vor uns Erde, Gras, Büsche und Gesteinsbrocken aufwirbelten. Der Lärm um uns herum war entsetzlich. Haben wir geschossen, oder hat der Feind geschossen? Ich wußte es nicht, der Lärm wirkte traumatisierend. Aber ich wußte, daß ich das Boot so schnell wie möglich verlassen mußte. Die ersten von uns dreißig Leuten begannen, die Rampe des Bootes herunterzulaufen, sowie wir auf dem Sand angelandet waren.

Während wir vom Boot auf den Strand rannten, hob und senkte es sich mit den Wellen, weil es immer leichter wurde, und ich, der ich hinten stand, merkte, daß es zurück und vom Strand weg rutschte. Die ersten Männer, die über die Rampe liefen, sprangen auf trockenen Sand, aber in den wenigen Sekunden, die es dauerte, bis fast alle aus dem Boot waren, war es schon so weit zurück ins Meer gerutscht, daß die noch folgenden in so tiefes Wasser springen mußten, daß es ihnen bis zu den Hüften reichte. Auch ich bereitete mich darauf vor, ins Wasser zu springen zu müssen und ziemlich naß zu werden.

Die Besatzung des Landungsboots bestand aus drei Royal Marines. Als ich nun vorn im Boot ankam, packte einer der Marines an meine Ausrüstung und hielt mich zurück. Er schrie über den Lärm hinweg: Warte! Warte!

Dennis Bowen: „Für mich
besteht Heldentum nicht darin,
viele Gegner zu töten, sondern
darin, in eigenen gefährlichen
Situationen anderen zu helfen."
Foto: Kollektion D. Bowen

In diesem Moment drehte der Motor des Bootes wieder hoch und es fuhr wieder zum Strand. Zu meinem Entsetzen konnte ich sehen, daß sich in diesem Augenblick Unteroffizier Hill im Wasser, unmittelbar vor dem Boot, abmühte, schwimmend an Land zu gelangen. Ich schrie dem Bootsführer zu: Stop! Stop! Aber es nützte nichts; das Boot fuhr direkt über ihn hinweg. In der ganzen Raserei, die unter den Männern herrschte, die begierig darauf waren, endlich aus dem Boot 'rauszukommen, hat außer mir niemand den tragischen Unfall bemerkt.

Als das Boot wieder gegen den Strand rammte, wurde ich regelrecht d'raufgestoßen. Da wurden wir von mehreren Stellen aus mit Maschinengewehren und Granatwerfern beschossen. Ich rannte mit einigen Kameraden, so schnell wir konnten, den Strand hinauf, bis zu einer niedrigen Mauer mit einem kleinen Steg darüber. Sie bot etwas Schutz vor den umherfliegenden Infanteriegeschossen und Granaten, und mir war klar, daß dieses hier überhaupt nicht das war, was ich erwartet hatte. Als ich mich zum Wassersaum umsah, war unser Landungsboot schon wieder auf See. Dort, wo wir ausgestiegen waren, trieb unser Unteroffizier im vom Blut verfärbten Wasser…, aber blutig war das Wasser überall…

Es war in dem grausamen Lärm unmöglich, jemanden sprechen zu hören, doch dann vernahm ich die Stimme eines Soldaten, der rief: Geh' weiter; geh' weiter! Uns war gesagt worden, es sei wichtig, rasch weit ins Landesinnere vorzugehen, weil dort der sicherste Ort wäre, da sich der Feind auf den Strand konzentriere. Aber niemand von uns hat sich bewegt. Da sprang der unbekannte Soldat mutig auf eine flache Mauer, erhob sich, und ich konnte sehen, wie er mit der Hand eine zu ihm zu kommende Geste machte und die Lippen so bewegte, als riefe er, komm schon, komm! Rasch bewegten wir uns über die Mauer und kamen auf eine schmale Straße. Ich habe diesen Helden niemals wiedergesehen, aber ohne seine mutige Tat wären wir wahrscheinlich alle am Strand umgekommen.

Jede Einheit unserer Truppe hatte eine bestimmte Aufgabe zu erfüllen. Einige waren große Aufgaben, einige kleine. Wir waren mit der wichtigen Aufgabe betraut, einen AVRE-Panzer zu schützen, der die gefährliche *(7,5-cm-Feld-)*Kanone in einem Betonbunker vor Le Hamel zerstören sollte. Aus ihrer Position war es möglich, den gesamten Landestrand in der Länge zu beschießen."

Der britische Seemann John Pennington konnte den Beginn des großen Angriffs von See her beobachten: „Als es losging, war unser Kreuzer nur noch etwa eine Meile von der Küste entfernt und feuerte auf die Stellungen der Deutschen. Es sah schlimm aus, was da geschah, und es ist sehr schwer zu erklären, was ich empfunden habe. Da sah ich mit an, wie da gerade eine Menge Menschen sterben mußten…"

Nur neunhundert Meter westlich Le Hamel stürmten vor dem WN 38, nahe Saint-Côme, die britischen Infanteristen des 1. Bataillons des Dorset Regiments und des 7. Bataillons der Royal Hampshires auf dem Strand hinter einigen Dreschflegel-Panzern, die mit ihren

schnell rotierenden Ketten Minen zur Detonation brachten, her und auf das östliche Randgebiet von Arromanches zu. Da aber die im Wasser schwerfälligen DD-Panzer der dringend
zur Verstärkung erwarteten Sherwood Rangers zu lange mit dem starken Seegang und den
gefährlichen Strandhindernissen zu kämpfen gehabt hatten, entwickelte sich der Angriff der
Royal Hampshires und der Dorsets rasch zu einem blutigen Desaster, bei dem auch einige
Offiziere, auch ihr Kommandeur, ihr Leben verloren. *(Mit Hilfe etlicher dazu stoßender Infanteristen des 2. Bataillons des Devonshire Regiments wurde noch bis zum Abend weiter-
gekämpft, bis man den deutschen Widerstand in diesem Abschnitt endlich brechen konnte.)*

Noch während der Anlandungen der ersten Panzer im Abschnitt *Gold Beach* Sektor *Item*
begann plötzlich ein schweres deutsches Maschinengewehr aus seiner Stellung im Widerstandsnest 39, auf der östlichen, direkt neben Arromanches befindlichen, 32 Meter hohen
Steilküste herab zu feuern. Neben den über den Strand rollenden Panzern brachen die in
einigermaßen geordneten Kolonnen heran marschierenden, getroffenen Soldaten reihen-
weise zusammen. Dann schlugen auch noch die 7,62-cm-Granaten eines Feldgeschützes
zwischen ihnen ein.

Im Landeabschnitt *Gold* war die deutsche Abwehr trotz des massiven Bombardements
und Granatbeschusses noch immer stärker, als vom Angreifer erwartet. Eine Granate
des heftigen deutschen Abwehrfeuers traf ein heranfahrendes Landungsboot. Die in dem
vollbesetzten Boot von den Soldaten mitgeführte Munition und die Handgranaten explodierten augenblicklich. Lodernde Flammen und eine helle Rauchfahne hinter sich herziehend,
fuhr das Boot auf den Strand zu, doch plötzlich wurde der Bootsführer von einem weiteren
Geschoß getroffen. Bei seinem Sturz riß er das Ruder hart herum, so daß das Landungsboot derart scharf abbog, daß es seitlich umschlug. Brennende Soldaten wurden herausgeschleudert.

Der erst drei Wochen zuvor von der Ostfront in die Normandie versetzte und im WN 39
stationierte Unteroffizier Werner Schütte berichtete:

„Ich war da oben auf der hohen Küstenerhebung, im WN
39. Der erste feindliche Beschuß der Marineartillerie auf Arromanches war gar nicht so heftig gewesen, und unsere Stellungen auf der Anhöhe, die konnten sie sowieso nicht treffen,
da ging alles drüberweg. Als die da drüben aber merkten, daß
wir uns noch wehren konnten, haben sie von den Schiffen
aus unseren Küstenabschnitt nochmals beschossen, diesmal
stärker. Die Luft schien zu beben, und die starken Luftvibra-
tionen donnerten schmerzlich in den Ohren, wenn die dicken
Dinger über uns hinweg flogen; aber getroffen haben sie uns
wieder nicht."

Vier Kilometer östlich Arromanches, im Abschnitt *Gold*
Sektor *King*, begann ein erster Teil der 69. Brigade anzulanden. Nahe westlich des Weilers La Rivière gingen die Briten
vor dem am Strand des Weilers Le Paisty Vert gelegenen,
noch unfertigen WN 33 an Land – erst im Feuerschutz der
Schiffsartillerie, dann in der Deckung einiger zuvor angelan-
deter Panzer. Aus den beiden 5-cm-KwK-Ring-ständen, den
drei Kasematten mit 8,8-cm-Panzerabwehrkanonen, den bei-

*Werner Schütte, Unteroffizier im
WN 39*

Foto: Kollektion W. Schütte

Von dem ungeheuren Luft-
druck der in den deutschen
Verteidigungsstellungen
einschlagenden, großkalibrigen
Granaten wurden viele Soldaten hoch in die Luft gewirbelt.
Foto: Archiv Gerstenberg

den Unterständen mit 5-cm-KwK sowie 5 Kleinunterständen schlug den Soldaten des 5. Bataillons des East Yorkshire Regiments ein sie erschreckendes, starkes Abwehrfeuer entgegen, das augenblicklich ganz erhebliche personelle Verluste und einige zerstörte Panzer zur Folge hatte.

(Nachdem es den britischen Soldaten erst nach einiger Zeit und heftigen Schießereien gelungen war, das Widerstandsnest zu umgehen, griffen sie es mit AVRE-Panzern von hinten an, und es gelang, die Anlage nach etlichen Schüssen mit den 20 Kilo schweren Mörser-Sprenggranaten zu neutralisieren. Auch setzten sie „Krokodil-Panzer" mit weitreichenden Flammenwerfern ein. 94 britische Soldaten, einschließlich sechs Offiziere, verloren bei diesem Gefecht ihr Leben. Trotz des rundherum tobenden infernalen Kampfgeschehens im nahen Küstenbereich durchsuchten die East York-shires sämtliche Häuser des nahegelegenen Weilers La Rivière nach weiteren Wehrmachtsoldaten.)

Indessen begannen die Sturmkompanien der 8. Infanterie-Brigade *(ein 500 Soldaten starker Teil der britischen 3. Infanterie-Division unter dem Kommando des Generals T. D. Rennie)* im Abschnitt *Sword*, in den Sektoren *Queen Red* und *White,* zu landen, im Raum vor dem Weiler La Brèche bis Lion-sur-Mer, vor den Widerstandsnestern 19, 20 und 21. Wenngleich unterstützt von einigen wenigen Panzern der 27. Armoured Brigade und der 79. Armoured Division, stießen sie am Strand auf starken Widerstand. Auch diese Brigade hatte Order, nach ihrer Anlandung zuerst schnellstens die deutschen Verteidigungsanlagen einzunehmen, die nach dem Bombardement und dem Artilleriebeschuß durch die Kriegsschiffe noch immer intakt waren. Dann sollte ein Brückenkopf gebildet werden *(vor dem das später nachfolgende Kommando Nr. 4 sicher anlanden und dann den Strand verlassen könnte)* und danach möglichst rasch bis ans nördliche Randgebiet von Caen vorgestoßen werden *(doch sollte ihre opferreiche Selbstbefreiung vom Strand noch mehr als eine Stunde lang dauern)*...

Im westlichen Teil von *Sword*, Sektor *Queen Green*, vor Lion-sur-Mer und dem WN 21, ging zeitgleich aus 14 Landungsbooten die 4. Special Service Brigade mit dem Kommando Nr. 46 der Royal Marines *(der Marine-Infanterie der Royal Navy)* an Land.

MG-Schütze Willi Hornack:
„Wenn in der Zeit davor von einer zu erwartenden Invasion geredet wurde, fühlten wir uns alle mächtig stark und waren vom Mut beseelt. Als wir dann aber sahen, was da auf uns zu kam, gab es nur noch pure Angst."

Foto: Archiv von Keusgen

Vom WN 21 aus machte Willi Hornack eine ihn erschütternde Beobachtung: „Als da morgens die ersten Landungsboote ankamen, hatten einige von ihnen Granattreffer erhalten und waren auseinandergebrochen. Dabei waren viele der Soldaten, die darin gesessen hatten, ins Wasser gefallen; ich konnte ihre Köpfe mit den Helmen da hinten sehen. Aber die sind ziemlich bald ertrunken, denn niemand hatte sie gerettet. Ihre dunklen Körper trieben dann noch eine Weile in den Wellen. Irgendwann fiel mir auf, daß da aber immer noch ein Einzelner zwischen den heranfahrenden Landungsbooten herumschwamm; der hatte keinen Helm auf. Er winkte immer wieder auffällig mit den Armen, wenn Boote kamen, aber immer vergebens. Er schwamm da draußen in dem kalten Wasser mehr als eineinhalb Stunden lang. Irgendwann war auch er ertrunken..."

Im Abschnitt „Sword" Sektor „Queen Red", nahe östlich Lion-sur-Mer, rollten Panzer verschiedener Sondertypen auf den Strand, von denen einer in Flammen aufging.

Foto: Imperial War Museum

07:30 Uhr

Im Abschnitt *Sword* Sektor *Queen Red* gingen hinter den Panzern und der britischen Infanterie der 8. Brigade die Kommandotrupps an Land. Dem einzigen französischen Kommando, dem 1. BFMC, unter der Führung des 45-jährigen Korvettenkapitäns Philippe Kieffer, „wurde die Ehre zuteil *(so die offizielle Auslegung)*, als erstes Kommando an Land gehen zu können" *(von zwei Landungsbooten aus)*. Die Männer dieses Kommandos, hatten den Auftrag, die weitläufige Verteidigungsanlage des Stützpunkts Riva-Bella, das WN 08, zu eliminieren, dann ebenfalls das auf der Landzunge Pointe du Siège, vor Ouistreham und mitten in der Orne-Bucht liegende WN 07 mit dem stark ausgebauten ehemaligen Casino.

Unmittelbar nach dem Verlassen der Landungsboote wurden Philippe Kieffer und einem seiner Offiziere von den scharfkantigen, heißen Stahlsplittern einer unweit einschlagenden Granate an den Beinen verwundet, Kieffer am Oberschenkel. Unter heftigem Beschuß überliefen die anderen Männer des 1. BFMC[30] den noch breiten Strand. Ihnen war es fast

---

30 Als sogenanntes *Kieffer-Kommando* wurde das *1er Bataillon Fusilier Marins Commando* bezeichnet = 1. BFMC. Es war im Frühjahr 1942 in Großbritannien vom Freien Frankreich aufgestellt worden und seitdem von Philippe Kieffer kommandiert, der am 19. Juni 1940 den Freien Französischen Streitkräften in Großbritannien beigetreten war. Zuerst ins Interalliierte Kommando Nr. 10[31] integriert, wurde das 1. BFMC im April 1944 dem britischen *Commando No. 4* der britischen *1st Special Service Brigade* überstellt. Am 6. Juni 1944 waren die 177 Soldaten dieses Bataillons die einzigen französischen, die an der Invasionsküste an Land gingen. Das 1. BFMC bestand aus zwei Trupps, dem 1. und dem 8., von deren Soldaten am *D-Day* zehn getötet wurden. *(Spezial-respektive Kommando-Einheiten waren im II. Weltkrieg ein Novum.)*

31 Das Interalliierte Kommando Nr. 10 *(N°10 Inter-Allied Commando)* war bis zum Kriegsende die größte Kommando-Einheit der britischen Armee und setzte sich aus insgesamt acht speziellen Trupps zusammen, deren Soldaten ausschließlich aus Ausländern bestanden *(ausgenommen Angehörige des britischen Hauptquartiers)*.

Der 45-jährige Fregattenkapitän Philippe Kieffer wurde schon bei den ersten Kampfhandlungen zweimal verwundet und mußte deshalb am 8. Juni evakuiert werden. Der Trupp, der das WN 07 mit der sogenannten Casino-Stellung einnahm, wurde bereits durch Leutnant Hubert Faure angeführt. **Foto: Musée de l'Ordre de la Liberation, Paris**

unmöglich, während des Überquerens des Strandes auf ein bestimmtes Ziel zu schießen *(wie es fast allen anderen angelandeten Soldaten ebenfalls nur sehr schwer möglich war).* Ihr Problem bestand darin, kein sicheres Ziel ausmachen zu können, weil die Verteidiger sämtlich aus der Deckung heraus feuerten. Außerdem waren ihre Waffen meistens naß geworden, nicht selten auch von Sand verschmutzt. Es wollte sich aber auch niemand länger auf dem Strand und im Granatund Gewehrbeschuß aufhalten, als nur für den Moment seiner Überquerung.

Philippe Kieffer mußte schon auf dem Strand, zwischen den Stahlhindernissen, rasch provisorisch verbunden werden. Trotz seiner stark schmerzenden Wunde richtete er sich wieder auf, um seiner Truppe zu folgen und sie weiter anzuführen. Vierzig seiner Männer verblieben auf dem Strand, weil sie ebenfalls stark verwundet, sechs sogar getötet worden waren.

Auch der leitende Offizier eines kleinen Trupps britischer Soldaten war stark verwundet worden – und verstarb wenige Augenblicke später noch auf dem Strand, was Philippe Kieffer während er selbst verbunden wurde, beobachtet hatte. So ließ er die verbliebenen Soldaten dieses Trupps sich seinem Trupp anschließen und unter sein Kommando stellen.

Als die Soldaten Kieffers Kommandos dann im Laufschritt zwischen den Strandhindernissen hindurch den Stacheldrahtverhau am Vorstrand erreicht hatten, gelang es einem anderen Offizier, mit einer Schneidezange eine Lücke hineinzuschneiden, die man rasch erweitern konnte. Somit war es dem Kommando und den britischen Soldaten möglich, den Strand zu verlassen und sich zur vereinbarten, nahegelegenen Sammelstelle zu begeben.

Philippe Kieffers 1. BFMC war in zwei Kampftrupps eingeteilt, in Trupp 1 und Trupp 8 sowie einen leichten Maschinengewehrzug. Nach einer kurzen Einsatzbesprechung folgten die Trupps gemäß ihres Auftrags dem eingleisigen Schienenverlauf der Schmalspurbahn in Richtung Riva-Bella und Ouistreham...

Mitten im Hauptangriff der Alliierten rief Generalleutnant Speidel seinen Chef, Generalfeldmarschall Rommel, in seinem Privathaus in Herrlingen an und unterrichtete ihn *(lediglich)* über die in der Normandie erfolgten Luftlandungen *(sieben Stunden nachdem sie begonnen hatten).* Auch sagte Speidel bei diesem Telefonat: „Ob es sich um den Beginn der Invasion handelt, ist noch nicht klar"...

...Kein Wort betreffs einer diesbezüglich zu vermutenden Wahrscheinlichkeit...[32]

---

32 Dr. Hans Speidel gab in seinem Buch *Invasion 1944 – ein Beitrag zu Rommels und des Reiches Schicksal* den „genauen" Zeitpunkt dieses Telefonats mit „zwischen 06:00 Uhr und 06:30 Uhr" an, was jedoch nicht den in offiziellen Dokumenten festgehaltenen Fakten entspricht. Auch hatte Speidel nichts von den seit eineinhalb Stunden anhaltenden Landungen von See her gesagt – obwohl im offiziellen Bericht der Heeresgruppe B *(Stabschef Speidel)* schriftlich aufgezeichnet wurde: *[...] setzte 05:30 Uhr schlagartig an der Front des Calvados das Feuer von mehreren 100 Schiffsgeschützen auf die Küstenbefestigungen ein. Ab 06:00 Uhr begann der Feind sein Landeunternehmen zwischen Orne- und Vire-Mündungen.*

07:35 Uhr

Die 352. Infanterie-Division orientierte das LXXXIV. Armee-korps: „Bei Arromanches, an der rechten Divisionsgrenze, nähern sich feindliche Landungsschiffe der Küste. Die Landung steht *(dort)* unmittelbar bevor."

Aber inzwischen hatte sie auch dort schon begonnen...

Im britischen Landeabschnitt *Gold* Sektor *King Red*, direkt an der Trennlinie zum kanadischen Abschnitt *Juno*, zwischen den Widerstandsnestern 32 und 33, stieß auf der östlichen Seite vor La Riviére das erste LCT, beladen mit sechs Churchill-Panzern, auf den Strand – zwei Minuten vor der Infanterie. Der 28-jährige Sydney Bernstein war Fahrer einer dieser Panzer: „Am Morgen des 5. Juni hatte man uns in Southampton um sechs Uhr geweckt, um sieben Uhr waren

Französischer Soldat des Nummer-4-Kommandos.

Foto: Archiv Gerstenberg

Dreschflegel-Panzer (von denen einer brennt), ein Spulen- und Teppichleger-Panzer warten darauf, den Strand verlassen zu können.

Foto: Imperial War Museum

wir mit einem amerikanischen Panzertransportboot gestartet, und nun kamen wir hier an. Unterwegs war vieles durcheinander geraten, und das Wetter war nicht unser Freund. Trotz des hohen Seegangs hatte unser Panzerlandungsboot einige andere überholt. Vielleicht lag das daran, daß es mit den schweren Panzern besser im Wasser lag, als die anderen Boote. Wir waren mit unserem LCT ganz vorn. Da waren sogar schon einige der Panzer, die in diesen großen Säcken schwimmen konnten, vor uns am Strand.

Dann mußten wir vom Transportboot auf den Strand fahren, und sofort flogen uns die Granaten um die Ohren. Wir gerieten in eine Höllenwelt; es war schrecklich. Aber man hatte keine Zeit für irgendwelche Gefühle, hatte keine Angst; man war viel zu beschäftigt. Irgendwie rollte alles über einen hinweg. Da waren auch Deutsche. Mit unserem Beschuß haben wir ein paar davon umgelegt. Es war eine wilde Schießerei – grausam."

Dennis Bowen und seine Kameraden hatten sich beim Weiler Le Hamel inzwischen der WN-37-Kasematte mit der 7,5-cm-Kanone genähert: „Für die Zerstörung dieses Bunkers bedurfte es eines AVRE-Panzers mit seinen großen und sehr starken Sprengladungen. So fuhr ein solcher Panzer in die Nähe des Bunkers. Weil diese schwerfälligen Fahrzeuge sich nicht selbst verteidigen konnten, mußte jeder Panzer von einem Zug Infanteristen *(30)* geschützt werden, besonders, weil er bis dicht an das zu bekämpfende Objekt heranfah-

Sydney Bernstein, britischer Panzerfahrer
Foto: Kollektion S. Bernstein

Erste Panzerlandungsboote haben den Strand erreicht und setzen die Kampffahrzeuge direkt auf festem Boden ab.
Fotos: Battlefield Historian Ltd.

ren mußte, damit der Beschuß aus seinem dicken Petarden-Rohr mit seiner starken Sprengladung auch wirklich traf und die gewünschte Wirkung hatte. Die Angelegenheit war wegen der ständigen Anlandungen sehr dringlich und mußte rasch erledigt werden.

Als der Panzer und wir uns nun der Kasematte nahe genug geAls der Panzer und wir uns nun der Kasematte nahe genug genähert hatten, konnte ich sehen, wie das Kanonenrohr da drinnen in unsere Richtung gedreht wurde. Dann der Abschuß – eine halbe Sekunde früher, als der Schuß unseres

Panzers. Durch einen unglaublichen Schicksalsschlag traf die Granate genau in die dicke Petarde *(Mörseröffnung)*. Die gewaltige Explosion beider Granaten gleichzeitig zerstörte den gesamten Panzer, und große und kleine Stahlsplitter stoben umher. Die komplette Besatzung wurde getötet, auch mehrere meiner Kameraden; einige wurden sogar völlig zerfetzt, viele schlimm verwundet. Es war grauenhaft. Doch davon unbeirrt, befahl unser Zugführer, sofort die Geschützstellung zu stürmen. Die deutsche Geschützmannschaft war von der unerwarteten riesigen Explosion noch zu sehr geschockt und völlig außerstande, sich gegen uns zu wehren. Im Handgemenge unseres Angriffs wurden zwei von ihnen erschossen. Die acht Überlebenden nahmen wir gefangen, und sie wurden zum Strand hinuntergeführt.

Bei uns hatte es etliche Tote und Verwundete gegeben, und von unseren dreißig Leuten waren wir nun nur noch zehn."

(Die heftigen Kampfhandlungen vor Asnelles und dahinter mit der „Kampfgruppe Meyer" und ihren 385 Soldaten dauerten bis in den Spätnachmittag, bis es den Briten endlich gelang, die Verteidigungsanlage, den Weiler La Hamel und Asnelles, vollständig einzunehmen – unter hohen Verlusten auf beiden Seiten.)

Auf der westlichen Seite des Landeabschnitts *Gold* hatten die „Dreschflegel"-Panzer indessen keine Probleme, die Stacheldrahtverhaue zu überfahren und Schneisen durch die Minenfelder zu schlagen. In dem Minenfeld direkt am Saum des Strandes, detonierten die Minen zum Erstaunen der Panzerbesatzungen jedoch nicht. *(Es waren Minen aus belgischer Produktion, die entweder minderwertig waren, oder zu lange im feuchten Sand des*

Strandes gelegen hatten.) Dennoch blieben drei der Spezialpanzer in diesem Feld *(aus unbekannter Ursache)* liegen.

Das Minenfeld jenseits der Küstenstraße, durch das diese Panzer den direkten Weg weiter ins Hinterland freischlagen sollten, lag tiefer unter Wasser, als man auf den Luftaufnahmen der Aufklärungsflugzeuge zuvor hatte erkennen können. Auch wuchs hohes Gras und Schilf zwischen den vielen Minen. Das Kettenlaufwerk des ersten „Dreschflegel-Panzers", der in das Minenfeld rollte, wurde augenblicklich von einer der Minen derart stark angeschlagen, daß er liegenbleiben mußte. Der Erdboden war dermaßen weich, daß beim nächsten Panzer, der vorstieß, die große Rotier-Vorrichtung keinerlei Wirkung zeigte. Die Kommandanten der nachfolgenden Spezialpanzer erkannten sofort, daß es kein Durchkommen durch dieses morastige Minenfeld gab. Sie schwenkten in östliche Richtung ab und fuhren auf die teilweise noch rauchenden Häuserruinen des Weilers La Rivière zu...

Die deutschen Artilleristen der 7. Batterie, die im 2,4 Kilometer entfernten Hinterland von Arromanches stand, waren noch immer tatenlos. Dazu sagte Hermann Welter: „Man hatte uns schon einige Zeit zuvor gesagt, daß wir, wenn's losgeht, mit unseren zwei Haubitzen auf die Kriegsschiffe und Boote feuern sollten. Deshalb war ja auch unser Batteriechef als Vorgeschobener Beobachter da vorn an der Küste. Nun hat's da vorn ja schon eine ganze Weile gekracht, aber da kam kein Befehl, keine Koordinaten, nichts...

Der Einsatz der „Dreschflegel-Panzer" war durchaus nicht immer unproblematisch, besonders am Strand vor und hinter Arromanches.
Foto: Battlefield Historian Ltd.

Als wir nun versuchten, den Chef da vorn anzurufen, gab's keine Verbindung mehr, nix, alles tot. Dann kam einer der Unteroffiziere und sagte, daß da vorn überhaupt keiner mehr von unserem Verein ist; auch unser Spieß, Hauptwachtmeister Birkel, war nicht mehr in seiner Schreibstube. Die haben da alle Pulver gerochen, sagte der Unteroffizier, und dann sind sie ab nach hinten, aber nach *ganz hinten*. So wußten wir noch nicht einmal, was da vorn überhaupt los war. Wir konnten nur das Geballer und Gedröhn hören und weiter abwarten. Wir kamen uns total verlassen vor, waren überhaupt nicht mehr motiviert."

07:37 Uhr

Vor dem WN 35, nördlich Ver-sur-Mer, landete der erste infanteristische Teil der britischen 69. Brigade; dort gingen die A- und D-Kompanie des 6. Bataillons des Green Howard Regiments an Land. Bereits beim Anlanden verlor die D-Kompanie durch zu tiefes Wasser, das die Soldaten durchwaten mußten, und durch mehrere Werfer-Granaten etliche Männer. Ihr Auftrag war es, den knapp einen Kilometer hinter der Küste befindlichen Stützpunkt WN

Major George (Bolo) Young, stellvertretender Kommandeur der Green Howards, wurde für die Einnahme der Batterie Mont Fleury mit dem Military Cross ausgezeichnet.
Foto: Kollektion G. Young

35a einzunehmen und zu neutralisieren – die Batterie Mont Fleury mit ihren vier 12,2-cm-Kanonen.

Stellvertretender Kommandeur des Green-Howard-Regiments war Major George Young, der mit der A- und der D-Kompanie angelandet war. Er berichtete: „Als wir am D-Day landeten, wußten wir schon, was uns erwartet, denn einer meiner Offiziere war bei der U-Boot-Marine und einige Zeit vor der Invasion an der Küste entlang geschwommen und hatte die hiesigen Verhältnisse ausspioniert. So wußte ich, daß wir durch mehrere Minenfelder mußten. Am Strand sagte ich zu meinen Soldaten, lauft einfach los, und sie liefen los. Dabei wurden wir heftig beschossen, doch wußten wir selbst nicht, auf was wir schießen sollten, denn die Deutschen waren in ihren Stellungen gar nicht zu erkennen, kaum zu sehen. Aber es gelang uns, den Strand zu verlassen – leider nicht allen."

07:40 Uhr

Artillerie-Regiment 1242 an Seekommandant Seine-Somme: „Feindliche Schiffseinheiten mit Kurs auf Orne-Mündung. Fesselballone ausgefahren *(gegen deutsche Tieffliegerangriffe)*. Beschießen Orne-Mündung. Laufend Bombenangriffe auf Gesamtabschnitt der 711. Infanterie-Division."

Zu dieser Zeit setzte ein neuerlicher Bombenangriff auf den gesamten Küstenstreifen ein; auch die Schiffsartillerie legte sporadisches Feuer auf verschiedene Bereiche, sogar wieder bis zu zehn Kilometer weit ins Hinterland, ganz besonders auf und in die britischen Landeabschnitte – ohne Rücksicht auf die bereits angelandeten und noch immer anlandenden eigenen Soldaten. Der 18-jährige Max Fenninger im WN 24 war darüber höchst befremdet: „Die bombten und ballerten ihre eigenen Leute da am Strand zusammen. Was für ein Irrsinn! Welche Grausamkeit! Dazwischen explodierten Fahrzeuge, und noch mehr Panzer fingen an zu brennen. Schreiende Verwundete und viele Tote lagen überall herum. Ich konnte sehen, wie diese komischen Panzer mit ihren heruntergelassenen Hosen sie einfach überrollten. Überall schwarzer Qualm, lautes Krachen, und wir schossen auch noch dazwischen. Es war ein furchtbares Getöse und Gebrüll, grauenhaft. Am Strand herrschte das totale Chaos. In der Hölle kann's nicht schlimmer sein."

Aus diesem Chaos setzten sich erste kleinere Verbände vom inzwischen völlig von Soldaten und Fahrzeugen überfüllten Queen Beach in Bewegung auf Hermanville, dem vorgegebenen Sammelpunkt ihres Bataillons.

„Es war wohl so ungefähr kurz nach halb acht", erzählte Sydney Bernstein, der Panzerkommandant der Royal Engineers, „da hatten wir eine der deutschen Stellungen überrollt. Die Deutschen, die danach noch lebten, ergaben sich und wir nahmen sie gefangen. Es waren Menschen wie wir auch, wie alle, Deutsche, Kanadier und Engländer. Mein Bruder war bei Dünkirchen in deutsche Gefangenschaft geraten. Dabei waren auch viele Verwundete gewesen. Er hatte mir erzählt, daß die deutschen Soldaten, die die Gefangenen bewachen mußten, sehr gut zu ihnen waren, sie kümmerten sich auch um die Verwundeten, wie wir es nun auch taten…"

Sydney Bernstein beendete seinen Bericht *(im Alter von 91 Jahren)* mit den Worten: „Ich denke viel über das System auf dieser Welt nach, und ich schlafe infolge der schrecklichen Kriegserlebnisse noch immer sehr schlecht. Auch heute noch wache ich oft mitten in der Nacht auf, denke viel an die Kriegstage und frage mich, ob sich das alles tatsächlich ereignet hat, oder ob ich alles geträumt habe, denn es war eigentlich viel zu schrecklich, um tatsächlich wahr gewesen zu sein. Aber man war alldem ausgeliefert, hilflos; und man konnte nichts ändern."

07:47 Uhr

Seekommandant Normandie funkte an Admiral Kanalküste: „Vor Grandcamp und nördlich der Orne zahlreiche Landungsfahrzeuge, darunter große Schiffe."

07:49 Uhr

Im Abschnitt *Juno* begann die kanadische 3. Infanterie-Division unter dem Kommando des Generalmajors R. F. L. Keller zu landen, beiderseits des schmalen Flusses Seulles, aber schwerpunktmäßig im Sektor *Nan* vor der Kleinstadt Courseulles-sur-Mer mit ihrem kleinen, im Ortskern eingebetteten Hafenbecken. Die kanadische 7. Brigade hätte planmäßig um 07:45 Uhr westlich der Seulles, im Sektor *Mike Green*, an Land gehen sollen. Für deren Landung waren den Kanadiern sicherheitshalber 32 Amphibien-Panzer der B-Kompanie der Fort Garry Horse des 10. Panzer-Regiments vorausgeschickt worden. Doch infolge des schweren Seegangs gelang es lediglich 16 der Duplex-Drive-Panzer den Strand zu erreichen – die 16 anderen waren im Meer versunken.

Max Fenninger, Infanterist im WN 24

Foto: Kollektion M. Fenninger

Ein großer Teil der britischen Soldaten, die mit den kanadischen im Abschnitt *Juno* landen sollten, waren infolge der starken Meeresströmung zu weit östlich abgetrieben und gingen nun im Abschnitt *Sword* an Land. Somit waren alle ihre Instruktionen betreffs ihres Vorgehens hinfällig geworden, denn jede Einheit war mit einem speziellen Auftrag für den *D-Day* betraut.

Die Kanadier waren von der langen Anfahrt ebenso erschöpft, seekrank und durchnäßt wie ihre britischen Kameraden. Bis zu diesem Moment hatten auch in diesem Landeabschnitt während ihrer Anfahrt die deutschen Waffen geschwiegen, jedoch als die ersten Soldaten von ihren Landungsbooten ins Wasser sprangen, schlugen ihnen sofort massenhaft MG-Geschosse entgegen. Weil es auf dem Strand, noch so weit vom Vorstrand entfernt, keinerlei Deckung gab, außer sich flach ins kalte Wasser zu legen, entstand unter den Kanadiern augenblicklich Verwirrung, sogar Panik. Aber sie mußten weiter, noch mehr als dreihundert Meter Strand überwinden...

Gefangennahme sich ergebender deutscher Soldaten.

Foto: Archiv Gerstenberg

Noch immer hielten sich zwei der Churchill-Panzer am Strand vor La Riviére und vor den Widerstandsnestern 32 und 33 auf. Einer der Panzermänner war Sydney Bernstein: „Da kamen die Kanadier, kanadische Infanterie. Wir halfen ihnen mit unserer Schießerei an Land und die leichte Anhöhe am Strand hinauf zu kommen."

Courseulles Luftaufnahme vom 6. Juni 1944, vormittags.
Am Beispiel Courseulles mit seiner kleinen Hafenanlage wird dargestellt, daß die deutschen Widerstandsnester nicht grundsätzlich in sich geschlossene und nach außen hin klar abgegrenzte Areale waren. In vielen, besonders in Küstenortschaften, waren oft gleich mehrere ganze Straßenzüge samt der Häuser zu partiellen Verteidigungsanlagen ausgebaut worden, sogar mittels spezieller Kasematten samt Kanonen, vornehmlich an den Strandpromenaden. (Auf dem Foto sind die ersten Landungsboote für Infanteristen und Panzer zu erkennen, sogar Soldaten.) **Foto: Battlefield Historian Ltd.**

Brian Nash, Angehörigerdes Canadian Scottish Regiment.
Foto: Kollektion B. Nash

Ein anderer, nur geringer Teil der kanadischen 7. Brigade des Canadian Scottish Regiments, die im Sektor *Mike Green* anlanden sollte, erreichte deutlich weiter westlich, im Sektor *Love (der kein geplantes Angriffsgebiet war)* den Strand. Einer der Soldaten war der 23-jährige Schotte Brian Nash:

„Da war während unserer Fahrt durch den furchtbaren Seegang vieles durcheinander geraten. Dort, wo nur zwei unserer Landungsboote den Strand erreichten, war nichts als sumpfiges Gelände. Während der Anfahrt hatten wir zusätzlich zu unserer grausamen Seekrankheit auch noch große Angst vor dem, das uns nun erwarten würde, aber da war nichts, keine deutsche Verteidigungsanlage, kein Bunker, keine Kanone, nur nichts...

Als wir aus dem engen Landungsboot endlich auf den Strand getaumelt waren, knieten sich viele unserer Jungs sofort hin, konnten einfach nicht mehr stehen. Wir waren nach fast vierzig Stunden auf dem unruhigen Meer und der ständigen Schaukelei auch den festen Boden unter den Füßen nicht mehr gewohnt. Nach dieser furchtbaren Nacht ging's uns wirklich sehr schlecht. Wir hatten uns immer wieder übergeben und übergeben müssen, so lange, bis es nichts mehr zu übergeben gab und man befürchtete, es könnte nur noch der Magen herauskommen. Doch die verdammte Übelkeit und die Gleichgewichtsstörungen blieben. Seekrankheit ist wirklich sehr grausam. Und weil in unserem Sektor kein einziger Schuß auf uns abgegeben wurde und wir so sehr am Ende unserer Kräfte waren, sagte unser Leutnant, daß wir uns einfach auf den Strand legen sollten und etwas ausruhen. Es dauerte nur ein paar Minuten, da waren wir fast alle am Saum zum Festland *(Vorstrand)*, eingeschlafen, ich auch, trotz des Donners der Schiffsartillerie. Es wird mir wohl ewig unverständlich bleiben, wie die Tausenden anderen Soldaten, die mit uns hierher gebracht worden waren, sofort loslaufen und kämpfen konnten. Ich glaube, das waren verdammt arme Hunde."

Panische kanadische Soldaten im deutschen Kugelhagel vor dem WN 33. Ein Strand bietet nun mal keinerlei Deckungsmöglichkeiten. (Im Hintergrund einer der beiden mit 5-cm-KwK bestückten Unterstände.)

Fotos: Imperial War Museum

Sehr viel gefahrvoller und schwieriger war die zeitgleiche Anlandung der kanadischen 8. Brigade, deren erster Teil mit zwei kompletten Infanterie-Regimentern an Land ging. Die geplante wichtige Unterstützung durch die A-Kompanie der Fort Garry Horse mit ihren Amphibien-Panzern blieb indessen aus.

Auf dem nur 2,3 Kilometer langen Strand zwischen Courseulles und der östlich davon gelegenen Ortschaft Bernières-sur-Mer mit dem WN 28, im Sektor *Nan White*, kam das kanadische Régiment de la Chaudière und die Queen's Own Rifles an. Dort waren von den deutschen Pionieren 14.000 Minen am Strand und Vorstrand verlegt worden, die ein rasches Anlanden und Vorstoßen *(vorerst)* zu einem ernsten Problem machten.

(Mit mehreren Granaten eines AVRE-Panzers wurde einige Zeit später eine breite Lücke in die hohe Ufermauer gesprengt und Pioniere bauten eine Rampe vom Strand zur Promenade hinauf. So konnten Infanteristen, Panzer und andere Fahrzeuge auf diesem Weg vom Strand herunterkommen. Das WN 28 war indessen von seiner Besatzung verlassen worden.)

07:50 Uhr
Seekommandant Normandie an Admiral Kanalküste: „Nördlich Arromanches in optischer Sicht schwere feindliche Einheit."
Indessen mußte man auf deutscher Seite feststellen, daß infolge der schweren Bombardements auch etliche Fernmeldeverbindungen unterbrochen waren, besonders zu den in Küstennähe befindlichen Observationsposten der Heeres- und Küsten-Batterien.

Am Strand direkt vor dem WN 28 mit seiner KwK-Kasematte, vor dem die kanadischen Queens Own Rifles 65 Männer verloren, improvisierten sie vor der Ufermauer eine Verwundetensammelstelle.

Foto: Battlefield Historian Ltd.

John Milton, Leutnant und Zugführer der B-Kompaniedes 6. Bataillons der Green Howards.

Foto: Kollektion J. Milton

Nun landeten auch die B- und C-Kompanie des 6. Bataillons der Green Howards im Abschnitt Gold Sektor King Green, um möglichst schnell auf die 3,3 Kilometer hinter der Küste befindliche kleine Ortschaft Crépon vorzustoßen.

Der 21-jährige Leutnant John Milton war Zugführer der B-Kompanie und erreichte mit seinen dreißig Soldaten in einem amerikanischen LCI den Strand: „Die beiden jungen Marinesoldaten brachten unser Landungsboot exakt dort an Land, wo wir hin mußten. Wie ich sehen konnte, wurden die anderen Boote unserer Kompanie sehr weit von uns entfernt angelandet. Man hatte unserem Trupp ein Foto ausgehändigt, das ein Haus am Strand zeigte, mit einer sehr charakteristischen, kreisförmigen Auffahrt davor, und genau dort wurden wir an Land gesetzt – und bis zu den Knien naß. Wie ich später erfuhr, ertranken viele Soldaten anderer Trupps, weil da, wo sie landeten, das Wasser zu tief war, oder ihre Boote stießen gegen Pfähle mit Minen darauf. Die hatten die Deutschen überall am Strand aufgestellt. Als wir nun an diesem Punkt angelangt waren, wollte ich nur noch landen und weitermachen. Und wir hatten Glück, auch als wir dann an Land stürmten, wie es immer wieder geschrieben wird; aber es war eher ein Taumeln als ein Stürmen. Noch seekrank und zum erstenmal nach fünf Tagen wieder festen Boden unter den Füßen, war ein merkwürdiges Gefühl... Aber für derartige Empfindungen blieb uns nicht viel Zeit, denn genau in dem Moment, da die Rampe auf den Strand platschte, prasselte uns ein heftiger Hagel von Geschossen und Werfergranaten entgegen. Von diesem Moment an hatte sich meine Angst völlig verflüchtigt, und ich dachte ganz fest daran, einer der Glücklichen zu sein, der unverwundet bleibt. Ich wollte nur erst den Strand so schnell wie möglich verlassen; und wir rannten durch das Feuer hindurch. Dann sahen wir Schilder mit der Aufschrift, Achtung Minen, und wir mußten durch ein Minenfeld – und haben es alle heil überstanden[33]. Es war unglaublich, wieviel Glück wir hatten. Kein einziger Mann aus meinem Zug wurde an diesem Morgen von einem Geschoß oder einem Granatsplitter getroffen[34]."

---

33 Nicht selten waren deutscherseits infolge eines Mangels an Minen lediglich Warnschilder aufgestellt worden – zur Abschreckung.

34 John Milton hatte den Sturmangriff am 6. Juni 1944 am *Gold Beach* durchaus nicht unbeschadet überstanden. Dazu erklärte er: „Wir waren alle traumatisiert, begonnen mit unserem schrecklichen Zustand auf dem Schiff und dann, als wir im Landungsboot zur Küste gefahren wurden. Das Gebrüll, das Dröhnen und das Krachen der Tausenden großkalibrigen Granaten der schweren Schiffsartillerie, die während unserer Anfahrt über unsere Köpfe hinweg auf die deutschen Stellungen verschossen wurden und dort einschlugen, ließ meine Ohren fast völlig taub werden, ein Zustand, den ich in dem ganzen Streß erst am Abend des D-Day bewußt zur Kenntnis genommen habe. Diesen höllischen Lärm werde ich niemals vergessen können; ich lebe jeden Tag mit der Erinnerung daran..."

Als auf Lebzeiten Gehörgeschädigter gewährte die britische Armee John Milton schon früh eine Rente.

07:52 Uhr

Der zweite Teil der kanadischen 8. Brigade, das North Shore Regiment, ging im Sektor *Nan Red* vor St.-Aubin-sur-Mer an Land, direkt auf der Trennlinie der Landeabschnitte *Juno/Sword*. Es sollte das Widerstandsnest 27 eliminieren, das aus vier kleinen Verteidigungsstellungen sowie einem Ringstand mit einer 5-cm-KwK und einer in offener Stellung installierten 5-cm-KwK bestand, alles im direkten Strandbereich. Danach sollte die Ortschaft besetzt werden, um somit die östliche Flanke der kanadischen 3. Division zu bilden. Das Regiment sollte vom britischen Royal Marine Kommando Nr. 48 und ebenfalls von einer Kompanie des Fort Garry Horse Regiments unterstützt werden, um bald darauf in östliche Richtung vorzustoßen und Langrune-sur-Mer und später die Radar-Station bei Douvres angreifen. Weil aber auch hier die Schwimmpanzer der Fort Garry Horses *(zu diesem Zeitpunkt)* noch ausblieben, wurden den Kanadiern aus dem unmittelbar am Strand gelegenen WN 27 mit seinen sechs Verteidigungsstellungen auch dort große Verluste zugefügt.

Unmittelbar westlich Courseulles, im Sektor *Mike*, auf der Trennlinie *Red/Green*, war die deutsche Abwehr im WN 31 zu dieser Zeit noch immer stark. So kam es auch für die dort landenden Royal Winnipeg Rifles der Kanadier zu vielen Verlusten.

Soldaten der Royal Marines konnten mit den LCAs, die sie transportierten, nur mit Schwierigkeiten in den Abschnitt „Gold" Sektor „Jig" gefahren werden, weil der Strand bereits von LCTs überfüllt war, die zuvor eine Vielzahl Panzer an Land gebracht hatten.

Foto: Imperial War Museum

(Nachdem die Royal Winnipeg Rifles sich einen Ausweg vom Strand freigeschossen hatten, stießen sie im Verbund mit einem Teil des Canadian Scottish Regiments in Richtung auf das nahe Graye-sur-Mer vor. Die Einnahme von Courseulles mußten die Regina Rifles erledigen, die bereits während ihrer Anlandung in ihrem Abschnitt „Juno" Sektor „Nan Green" und vor dem dortigen WN 29 auf dem Strand hohe Verluste erlitten hatten. Trotz der Unterstützung etlicher Panzer des 27. Panzer-Regiments ihrer 2. Panzer-Brigade gelang es den Kanadiern erst am Nachmittag, die Stadt vollends einzunehmen.

Hinter „Juno" sollte von den Kanadiern ein weiterer breiter Brückenkopf gebildet und die Verbindungen mit den beiderseits benachbarten britischen Landeabschnitten hergestellt, außerdem bis zum 19 Kilometer entfernten Caen und seinem 4,5 Kilometer westlich gelegenen, für die Alliierten wichtigen Flugplatz Carpiquet vorgestoßen werden.)

Der zweite Teil der kanadischen 8. Brigade, das North Shore Regiment, ging im im Abschnitt „Juno" Sektor „Nan Red" vor Saint-Aubin-sur-Mer von LCIs an Land.

Foto: Battlefield Historian Ltd.

07:57 Uhr

Meldung des Grenadier-Regiments 726 an seine Division: „Beim rechten Nachbarn, 716. Infanterie-Division, sind zwischen WN 35 und 36 bereits 30 Panzer an Land".

Indessen kamen weitere Panzer auch an den anderen Stränden an Land...

Inzwischen hatten auch die LCI/Ls *(siehe Foto oben)* mit den Royal Engineers der 91. Feldkompanie den Strand erreicht. Pionier-Leutnant Bob Orrell beschrieb die Situation: „Mehr als zwei Stunden lang hatten wir noch vor der Küste liegen und warten müssen, bis wir sie endlich erreichen konnten. Ich sollte die letzte Person sein, die unser Boot verließ.

Wir mußten nun an Deck gehen, zu den beiden Fallreeps, die zu beiden Seiten des Schiffsbugs heruntergelassen werden sollten. Wegen einer vorgelagerten Sandbank konnte das Boot aber nicht nahe genug an den Strand herankommen. Beim zweiten Versuch rutschte eines der Fallreeps ins Meer hinunter und riß drei Männer, die sich schon darauf befanden, mit sich hinab. Zwei von ihnen verschwanden sofort unter Wasser, nur einer konnte gerettet werden, ein grauhaariger Kerl von etwa fünfzig Jahren. Er war dann aber in einer schlechten Verfassung. Ein Sanitätsoffizier *(Stabsarzt)* kümmerte sich um ihn. Der völlig durchnäßte Soldat wurde rasch entkleidet, mit einem großen Tuch abgerieben und in eine Decke gewickelt. Der Arzt sagte ihm, er müsse mit dem Schiff zurück nach England, aber später sah ich ihn, noch in seine Decke gehüllt, am Strand herumlaufen.

Unser Landungsboot nicht bis an den Strand bringen zu können, war nicht nur sehr ärgerlich, sondern auch sehr gefährlich, denn immerhin wurde es immer wieder an seinen Flanken mit Granaten beschossen. Doch plötzlich fuhr der Skipper das große Boot mit dröhnenden Motoren und voller Fahrt auf den Strand. So konnten die meisten von uns nun ohne nasse Füße an Land gelangen, auf einen Strand, der noch immer unter gelegentlichem Beschuß von beiden Seiten lag und vom Abfall der vor uns gelandeten Truppen übersät war. Mehrere strandnahe Häuser hatten Granattreffer erhalten und brannten, und einige waren anscheinend noch vom Feind besetzt. Rundherum war es sehr laut. Es wurde geschossen und Panzer fuhren umher. Wir beeilten uns, den Strand zum Ausgang hinauf zu steigen."

Pionier-Leutnant Bob Orrell

Foto: Kollektion B. Orrell

152

07:58 Uhr

Heeres-Küsten-Artillerie-Abteilung 1261 meldete fernschriftlich an Seekommandant Normandie: *2 feindliche Schiffseinheiten beschießen mit schweren Geschützen B-Stelle der 6. und Feuerstellung der 5. (Batterie). 4. bekämpft Zerstörer ostwärts Stützpunkt 18. Entfernung 10 Kilometer.*

Acht Kilometer westlich von Arromanches und vor dem Aufstellungsbereich der deutschen 352. Infanterie-Division, gelang es dem britischen Kommando Nr. 4 der Royal Marines im Landeabschnitt *Gold* Sektor *How*, zu landen. Das Kommando hatte den Befehl, die kleine Hafenortschaft Port-en-Bessin einzunehmen. Zuerst mußte man mit den leichten Landungsbooten gegen die dort herrschende starke Strömung anfahren, jedoch nach dem Verlust von vier britischen LCAs, die durch Karambolagen mit stählernen Hindernissen zerstört wurden, gingen die Briten mehr als vier Kilometer westlich von der Hafenortschaft entfernt an Land – bereits im US-Landeabschnitt *Omaha*, Angriffsabschnitt *Omaha Beach* Sektor *George*, direkt im Feuerbereich des 29 Meter hoch gelegenen WN 58. Auf dem inzwischen durch die steigende Flut deutlich schmaler gewordenen Strand verloren die Briten 52 Männer. Ein auf sie herunterprasselnder Geschoßhagel und herab geworfene Handgranaten hatten diese Verluste verursacht. *(Dennoch versuchten sie, bis zum Anbruch der Dunkelheit [bis etwa 22:15 Uhr] einen immer noch zwei Kilometer von Port-en-Bessin entfernten Hügel zu erreichen, der in ihren Karten als „Hill 72" bezeichnet wurde. Die Kampfhandlungen um die Hafenortschaft einzunehmen, dauerten noch bis zum Morgen des 8. Juni, dabei verloren die Royal Marines mehr als 800 ihrer Soldaten an Verwundeten und Toten.)*

Im Hafen von Port-en-Bessin lagen bis zu diesem Zeitpunkt drei am Kai vertäute Hafenschutzboote, die nun alle durch britische Bomber gezielt bombardiert und versenkt wurden (hier zwei am Ost-Kai, das dritte Boot am gegenüberliegenden Kai – siehe Foto Seite 154.) **Foto: Archiv von Keusgen**

08:00 Uhr

Major George Young hatte sofort nach ihrer Anlandung die Soldaten der B- und der D-Kompanie vom Strand ins Hinterland geführt. Ungeschützt und aufrecht war er mutig den Männern über völlig offenes Gelände bis in die Nähe der Batterie Mont Feury vorausgeschritten. Young beschrieb die Situation, in die sie nun beim Stützpunkt 35a gerieten:

„Nachdem wir vom Strand herunter waren, sind wir rasch vorwärts gekommen. Es war ziemlich genau acht Uhr, als wir uns dem deutschen Artilleriestützpunkt genähert hatten. Nun mußten wir nur noch hineinkommen. Ich sagte den Männern, *robbt unter dem Draht durch, dann arbeiten wir uns weiter vor.* Während wir nun hindurchkrochen, kamen unsere Panzer, die uns eigentlich hätten vorausfahren sollen, hatten aber vor einem tiefen Panzerabwehrgraben, der sehr sandig war, stehen bleiben müssen. Dann rutschten wir in den Graben hinunter. Der Mastersergeant *(Feldwebel)* fragte mich, was wir nun tun sollten, denn wenn wir alle auf der anderen Seite hochkommen, werden die Deutschen auf uns schießen. Ihm und mir gelang es dann, mühsam die steile Grabenwand hinauf zu klettern und unbemerkt zu bleiben. Doch die anderen Soldaten rutschten immer wieder mit dem Sand hinab. Erst am Ende des Grabens war es auch ihnen möglich, heraus zu kommen. Wir umgingen alle die deutsche Stellung; dabei gab es plötzlich eine wilde Schießerei. Es gelang uns aber, von der Rückseite her in die Stellung einzudringen; niemand von uns war getroffen worden. Man konnte erkennen, daß die ganze Anlage noch gar nicht fertig war. Da standen immer noch einige Baumaschinen und es lagen Metallelemente und eine Menge Zementsäcke herum.

Trotz wiederholter Bomberangriffe (mit der Versenkungder drei Hafenschutzboote – hier jenes am West-Kai), waren die Verluste unter den Briten im Ringen um Port-en-Bessin nicht unerheblich, ebenso die Dauer bis zu seiner Einnahme am Morgen des 8. Juni (an dem dieses Foto aufgenommen wurde). Die Einnahme Ports sollte allerdings für die weitere Invasion noch von größter Wichtigkeit werden…
Foto: Battlefield Historian Ltd.

Plötzlich hörte die Schießerei seitens der Deutschen auf und es war still. Zweifellos konnten uns die Deutschen aus ihren Stellungen sehen. Man hatte uns in England immer wieder eindringlich gesagt, daß die Deutschen brutale Nazi-Killer sind, die jeden töten, auch Gefangene. Wir hatten wirklich Angst vor ihnen.

Ich näherte mich nun dem Bunker von hinten. Es blieb immer noch alles ruhig. Zu unserer Verwunderung ging plötzlich die Tür auf und die Deutschen kamen mit erhobenen Händen aus ihrem Bunker. Es waren nur ein paar Mann. Sie sahen alle ganz sympathisch aus und lächelten freundlich. Der Offizier rief seinen Männern in den anderen wenigen offenen Stellungen etwas zu, und auch sie hörten auf zu schießen. Ich nahm meine Zigarettenpakkung heraus und reichte jedem eine; es waren gerade genug darin. Die Deutschen nahmen sie dankend und wir rauchten gemeinsam. Einer sprach etwas Englisch, und ich mußte feststellen, daß sie durchaus keine brutalen Nazi-Killer waren, wie man uns immer wieder gesagt hatte. Wie ich später überall hörte, waren die Deutschen bei den Franzosen, und später auch bei uns, sogar ganz beliebt."

(Gemäß Major Youngs Aussage konnten seine beiden Bataillone am „D-Day" insgesamt 122 deutsche Soldaten gefangennehmen, die, erst auf Landungsboote, dann auf Schiffe gebracht, nach Großbritannien gefahren wurden – wie das mit allen deutschen Kriegsgefangenen in der Normandie geschah.)

Leutnant Günter Halm, der 21-jährige Ordonnanzoffizier im I. Bataillon des Panzergrenadier-Regiments 192 der 21. Panzer-Division, erwachte am Morgen des 6. Juni um 07:00 Uhr gut ausgeruht: „Als ich wie jeden Morgen pünktlich im Bataillonsgefechtsstand erschien, herrschte dort große Aufregung, denn die Invasion war schon in vollem Gang, und ich habe ihren Beginn total verschlafen. Mich hatte niemand geweckt, und so weit von der Küste entfernt konnte man nicht viel davon hören, ich jedenfalls nicht. Ich hatte tief und fest geschlafen. Bombardiert wurde ja ohnehin andauernd, da hat man sich schon gar nichts mehr dabei gedacht. Von einer bevorstehenden Invasion hatte ich auch niemals etwas gehört. Ob unser Kommandeur oder die Anderen etwas wußten, keine Ahnung. In diesem Moment ging das Getöse der Bombardierungen aber auch bei uns los, und wir kriegten den Befehl, sofort vorzustoßen, zum Gegenangriff bis an die Küste und den Feind wieder ins Meer zurückwerfen. Wir dann alle los."

Ein abgeschossener britischer Jagdbomber, dessen Piloten es gelungen war, seine Maschine in sehr flachem Winkel am Strand aufzusetzen und sie somit im Ganzen zu erhalten. Er selbst blieb unversehrt. Die permanenten Attacken britischer Jagdbomber forderten auch eigene Verluste durch die besonders in Strandnähe aufgestellten Fliegerabwehrkanonen. **Foto: Archiv von Keusgen**

08:02 Uhr

Vor St.-Aubin-sur-Mer, auf der „Trennlinie" *Juno/Sword*, erreichten die DD-Panzer der A-Kompanie der Fort Garry Horse *(mit drei Verlusten, die unterwegs zwischen den hohen Wellen versunken waren)* den Strand, auf dem indessen großes Chaos herrschte. Da sie auf nur schwachen Widerstand seitens der deutschen Infanteristen stießen *(dennoch mit dem Verlust von sieben Panzern samt acht Toter und 25 Verwundeter)* gingen sie sogleich zu schnellem Angriff über – wobei sie versehentlich mehrere tote und verwundete kanadische Soldaten überrollten.

(Die „Dreschflegel"-Panzer konnten bei Saint-Aubin innerhalb einer halben Stunde ihre Aufgabe als Spezial-Panzer erfolgreich erledigen und die kanadischen Landestrände zum hauptsächlichen Teil für die nachfolgenden Panzer und die Infanterie „bereinigen". Somit wurde der Ausfall des größten Teils der Amphibien-Panzer ausgeglichen, die wegen des zu rauhen Seegangs nicht alle hatten zu Wasser gelassen werden können, sondern mit den Panzerlandungsbooten direkt bis an den Strand gebracht werden mußten, folglich erst hinter der Infanterie anlandeten.

Erst mit einem noch später eingetroffenen AVRE-Panzer und infolge des Beschusses mit seinen großkalibrigen Sprenggranaten ergab sich um 11:30 Uhr die deutsche Besatzung des WN 27. Dann stießen die ersten kanadischen Panzer langsam über die Dünen landeinwärts vor, die Infanterie folgte nach. Doch nicht alle Ereignisse und Kampfhandlungen waren bei den Kanadiern nicht exakt so abgelaufen, wie es Montgomery befohlen hatte.)

Der Angriff der britisch-kanadischen Truppen war jetzt in ihrem gesamten Angriffsraum im vollen Gang. Die „Dreschflegel"-Panzer begannen nun mit ihren rotierenden Ketten breite Schneisen durch die direkt am Vorstrandsaum verlaufenden Minengürtel zu bahnen, Spulen-Panzer entrollten von breiten Spulen über ihrem „Rücken" verschiedene Arten von Bodenbelägen und Drahtnetzen und bildeten somit auf dem weichen Sand des Strandes „künstliche Fahrbahnen"; Petarden-Panzer feuerten mit ihren Mörsern Minen ab, die sogar große Löcher in einige Bunkerwände der Verteidigungsanlagen schlugen; „Krokodil"-Panzer mit ihrem Flammöl-Anhänger stießen weitreichende Flammen aus; gepanzerte Rampen-Fahrzeuge bildeten Brücken über Panzerabwehrgräben, und Faschinen-Panzer füllten mit Baumstämmen deutsche Laufgräben aus, damit auch sie für andere Fahrzeuge leicht überwindbar wurden. *(Ein ganz anderes Problem beim späteren Vorstoß der kanadischen Panzer bildete das sumpfige Feuchtgebiet zwischen Courseulles und Bernières [1,8 Kilometer breit] und jenes unmittelbar westlich Graye-sur-Mer [1,1 Kilometer breit].)*

Vor Saint-Aubin setzen LCTs Teile der 27. Armoured Brigade um 8:00 Uhr ab. Dabei hatte eines dieser Panzertransportboote einen Granattreffer erhalten.

Foto: Imperial War Museum

Bob Orrells Pionier-Trupp hatte indessen den Strand verlassen: „Auf einem schmalen, sandigen Pfad zwischen den Dünen bei La Brèche erreichte unser Teil der Beach Group die Küstenstraße zwischen Riva-Bella und Lion-sur-Mer. Unsere Aufgabe war es, den Landesektor Queen Beach und die dortige Straße in einen Zustand zu versetzen, der den nachfolgenden Truppen ein möglichst problemloses Anlanden und ein schnelles Verlassen des Strandes sowie ein rasches Vordringen ins Hinterland ermöglichte. *(Da der Strand auch noch einige Tage lang unter deutschem Artilleriebeschuß aus dem Hinterland lag, konnte er aber niemals wie geplant eingenommen und gehalten werden.)*

Auf einem kleinen, sehr sandigen Feld in der Nähe der Küstenstraße versammelten sich sämtliche Angehörigen unserer Kompanie, dann begaben wir uns nach Lion-sur-Mer. Auch hier brennende Häuser; auch hier einige noch vom Feind besetzt. Nach und nach konnten wir in den Ort eindringen, von Haus zu Haus laufen, immer Deckung in den Eingängen suchend. Wir hatten keinerlei Kenntnis von der taktischen Situation, wußten überhaupt nicht, wer wo war. Es wurde viel geschossen und war nicht ungefährlich. Ein leerstehendes Haus erklärte ich dann zum derzeitigen Kompaniegefechtsstand.

Als Offizier hatte ich mich über die anderen Züge unserer Kompanie zu informieren und herauszufinden, was hinter uns, im unmittelbar nahen Hinterland, vor sich ging. So beschloß ich, allein loszuziehen..."

In dem 2,7 Kilometer breiten Sektor King, im Landeabschnitt Gold, waren von den 18 angelandeten Panzern der Briten nach nur kurzer Zeit nur noch vier unzerstört, die sodann ins küstennahe Hinterland vorstießen – vor dem sich aber ein 2,2 Kilometer breites, unmittelbar an der Küste erstreckendes Sumpfgelände befindet, in dem sofort zwei der schweren Fahrzeuge steckenblieben. Das Terrain mußte folglich weiträumig umfahren werden...

Im Sektor *Item*, dem mittleren Sektor des Abschnitts *Gold*, landeten die Briten zuerst direkt vor dem kleinen Badeort Arromanches, dem deutschen Stützpunkt Arromanches mit seiner sehr wichtigen Radarstation.

(Zweitausend Meter östlich Arromanches verlief die „Trennlinie" der westlich davon stationierten deutschen 352. Infanterie-Division sowie der östlich davon und bis 10,5 Kilometer hinter die Orne aufgestellten 716.

Im Abschnitt „Juno" Sektor „Nan Red", vor Saint-Aubin, trieb die auflaufende Flut mehrere große Landungsboote vor eine Ufermauer, die zuvor von der Schiffsartillerie als Bresche für den Angriff der Infanteristen eingeschossen worden war.(Im Vordergrund links ein Panzerlandungsboot. Die in der Bresche aufgestellten Spannbänder sollten den jeweiligen nachfolgenden Truppen zur Orientierung dienen.)

Foto: Battlefield Historian Ltd.

In Saint-Aubin-sur-Mer war es sowohl britischen wie kanadischen Soldaten gelungen, eine Bresche für ihren weiteren Vorstoß zu finden, die, wie andernorts auch, hauptsächlich als Folge des Beschusses durch die Schiffsartillerie entstanden war. (Im Hintergrund ist zwischen den Trümmern und Stämmen die KwK-Kasematte zu erkennen, die direkt an der Promenade steht (noch heute, siehe Foto Seite 35).

Foto: Battlefield Historian Ltd.

Die britische 50. Infanterie-Division Northumbrian hatte hauptsächlich die Aufgabe, zuerst den Stützpunkt Arromanches zu neutralisieren und die Radaranlage zu eliminieren, dann das zehn Kilometer hinter der Küste liegende Bayeux einzunehmen und dort die strategisch wichtige N13 – von der Cotentin-Halbinsel über Bayeux und Caen in Richtung Osten weiterführend – zu kontrollieren. Außerdem sollte diese Division die Verbindung mit den weiter westlich gelandeten Amerikanern sowie den östlich landenden Kanadiern herstellen.

Für die Angreifer war es wichtig, in so kurzer Zeit wie möglich Tausende Soldaten, massenhaft Fahrzeuge und Tonnen von Versorgungsgütern anzulanden und möglichst schnell ins Landesinnere zu schaffen. Doch nachdem auch die zweite Angriffswelle der Briten und Kanadier im Anlanden begriffen war, entstand infolge der einerseits zu schnellen Anlandun-

gen von Fahrzeugen und Soldaten sowie andererseits ihres zu langsamen Abzugs vom Strand – im deutschen Abwehrfeuer und zwischen den ersten vielen Gefallenen und Verwundeten – ein erheblicher Stau. Auch ineinander verkeilte Panzer, Selbstfahrlafetten, Lastwagen und Jeeps machten es den nachfolgenden, sogar mehrfach zeitgleich an derselben Stelle anlandenden Truppen und Fahrzeugen zunehmend schwerer.)

Von den insgesamt 18 im Sektor „King" angelandeten Panzern der Briten gelang es lediglich vier, den Strand voll einsatzfähig zu verlassen, um ins küstennahe Hinterland vorzustoßen…

Foto: Battlefield Historian Ltd.

Auch Arromanches war von den Bombardements und dem Marinebeschuß nicht verschont geblieben. Außerdem waren sämtliche Badeorte beziehungsweise Seebäder als solche während der Besatzungszeit unbenutzbar, weil die Strände unzugänglich gemacht und mit Hindernissen verstellt, großenteils sogar vermint waren. (Auf dem unmittelbar westlich Arromanches gelegenen, 63 Meter hohen Cap Manvieux, befand sich am Rand der Steilküste das kleine WN 47 – siehe Pfeil – das am 6. Juni 1944 noch über keinerlei Bewaffnung verfügte.)

Foto: Archiv von Keusgen

08:05 Uhr

Admiral Kanalküste meldete telefonisch an AOK 7: „Seit 07:15 Uhr Landung von See bei Grandcamp und westlich Ouistreham gemeldet. Artillerieduell Küste mit feindlichen Schiffen hält an. Schiffe nebeln sich ein."

Im Abschnitt *Juno*, am äußersten Rand des Sektors Nan Red, angrenzend an den Abschnitt Sword, saß vor Saint-Aubin von nun an das North Shore Regiment fest, das im Feuerschutz des Zerstörers Gerry Horse angelandet war. Es wurde von den zwei 5-cm-KwK aus dem WN 27, das sich längs der Strandpromenade befand, heftig beschossen. Dadurch waren die Kanadier gezwungen, in westliche Richtung auszuweichen. *(Die Kämpfe hielten bis 11:30 Uhr an, bis das Regiment, verstärkt durch einige Panzer, den Gegner zur Aufgabe zwingen konnte. Danach ging die 9. Brigade mit Unterstützung durch Panzer an Land.)*

Bereits um 01:25 Uhr waren die vier Kompanien des Panzer-Regiments 22[35] *(Kommandeur Oberst Hermann von Oppeln-Bronikowski)* der 21. Panzer-Division alarmiert worden, hatten infolge der unklaren Lage seitdem mehr als sechseinhalb Stunden un-

---

35 Am 22. Mai 1944 war das Panzer-Regiment 100 in Panzer-Regiment 22 umbenannt worden *(siehe Divisions-Chronik von Werner Kortenhaus).*

beweglich herumgestanden. Nun begannen sich die vier Kompanien Richtung Küste in Bewegung zu setzen. Werner Kortenhaus, Gefreiter in der 4. Kompanie des Panzer-Regiments 22, berichtete: „Unser Vormarsch war sehr problematisch und vollzog sich nur langsam, weil die Straßen von anderen Einheiten verstopft waren, die sich jetzt ebenfalls vom Hinterland zur Front bewegen mußten. Dazwischen waren viele Franzosen, die aus

Fotos: Battlefield Historian Ltd.

dem brennenden Caen geflüchtet waren. Viele zogen in die-
selbe Richtung wie wir, viele kamen uns entgegen. Am Horizont konnte man die riesige dunkle Qualmwolke über der
Stadt deutlich erkennen. Es sah gespenstisch aus, grausam..."

08:12 Uhr
Meldung des Ia der 352. Division an den Chef des Stabes
des LXXXIV. Armeekorps: „Beim rechten Nachbarn, 716. In-
fanterie-Division, stoßen etwa fünfunddreißig Panzer über Widerstandsnester 35 und 36 Richtung Arromanches vor."

Noch während der Anfahrt der Infanteristen in den Landungsbooten hatte der schwere Granatbeschuß der Schiffsartillerie den Hampshire-Truppen vor Arromanches Hoffnung auf einen – sofern überhaupt noch – nur geringen Widerstand seitens der deutschen Verteidigungsanlagen bereitet. Doch am Strand angekommen, gerieten sie plötzlich in heftiges Kreuzfeuer deutscher Kanonen und Maschinengewehre.

Das brennende Caen – ein weithin sichtbares Fanal gegen den Krieg.   **Foto: Archiv von Keusgen**

Auch auf der östlichen Seite der Arromanches-Bucht *(ebenfalls im Sektor „Item")* gerieten die anlandenden britischen Infanteristen in große Schwierigkeiten, denn die Widerstandsnester bei Asnelles *(WN 36, WN 37, WN 38 sowie WN 39)* waren ebenfalls noch nicht eliminiert worden. Inzwischen hatten die Briten auf der „Grenze" *Juno* und *Gold* 46 konventionelle Panzer angelandet und stießen mit 35 von ihnen vom noch unfertigen, leicht einnehmbaren WN 35 und dem deutlich stärkeren, noch uneingenommenen WN 36 in Richtung Arromanches vor. So kam es in diesem Raum zu heftigen Kämpfen.

Die Dreschflegel-Panzer, die hinter Arromanches vorstießen und für die nachrückenden Panzer und Infanteristen ein breites Minenfeld „entschärfen" sollten, hinter dem sich auch noch ein langer und tiefer Panzerabwehrgraben befand, hatten in dem küstennahen Hinterland derart große Probleme mit dem morastigen Boden, daß sie nach links, auf die von der Schiffsartillerie stark zusammengeschossene Ortschaft La Rivière ausweichen mußten. Von dort aus fuhren sie auf der Straße landeinwärts, in Richtung auf Tracy und Saint-Côme-de-Fresné – und die Infanterie folgte ihnen nach.

Der 19-jährige Steve Cook war Soldat der kanadischen 3. Infanterie-Division und ging mit der zweiten Angriffswelle einige hundert Meter westlich Bernières und des dortigen WN 28 an Land, im Abschnitt *Juno*, Sektor *Mike Red*: „Wir waren dreißig Mann in dem kleinen Landungsboot und während der Anfahrt alle sehr naß geworden. Wir waren nicht so schwer

Während die Panzer, die vom WN 35 und WN 36 über Saint-Côme-de-Fresné auf Arromanches vorstießen, war die von der Schiffsartillerie stark angeschossene kleine Kasematte mit der 5-cm-Kampfwagenkanone im WN 38 am Strand vor Saint-Côme, im Abschnitt „Gold" Sektor „Item", bereits eliminiert worden.

Foto: Battlefield Historian Ltd.

bepackt wie die Amerikaner, die wir am Tag zuvor gesehen haben. Ich hatte nur ein Gewehr dabei. Am Strand sah es verdammt nach Krieg aus – von weitem. Als wir dann das Boot verlassen mußten, hatten wir keine Zeit für Angst gehabt, alles mußte ganz schnell gehen. Aber dort, wo wir ausstiegen, war schon nichts mehr los, sehr ruhig, nicht gefährlich. Etwas weiter links neben uns *(beim WN 28)* wurde noch stark gekämpft, aber damit hatten wir nichts zu tun. Als wir vom Strand 'runter waren, hat unser Truppführer Franzosen gefragt, in welche Richtung wir nach Caen zu gehen hatten. Sie haben uns die Richtung gezeigt, dann sind wir losmarschiert, denn dahin zu gehen, war unser Auftrag."

Leutnant Hubert Faure, Angehöriger des Commando Kieffer France Libre (Freies Frankreich) und am 6. Juni Kieffers Stellvertreter.

Foto: Archiv von Keusgen

Leutnant Bob Orrell hatte indessen nicht lange nach weiteren Angehörigen seiner Kompanie suchen müssen: „Ich habe einen Teil unseres Zuges Nummer eins in einem Obstgarten in Lion-sur-Mer gefunden. Sie hatten einen Mann verloren, der bei der Landung ertrunken war. Aber sie hatten eines dieser kleinen, leichten Motorräder mitgebracht, das ich sofort übernahm. Damit fuhr ich ein kurzes Stück landeinwärts, Richtung Hermanville. In dieser Gegend gab es kaum ein Lebenszeichen, weder Soldaten noch Zivilbevölkerung. Deshalb kehrte ich um und fuhr zu unserem Gefechtsstand in Lion-sur-Mer zurück."

08:15 Uhr

Im Abschnitt *Gold* Sektor *King Red* landete das 7. Bataillon der Green Howards – an einem inzwischen völlig von Landungsbootwracks, brennenden Fahrzeugen, Panzern und Soldaten überfüllten Strand, auf dem das Chaos herrschte – und alles das lag unter heftigem Granatwerferfeuer. Das britische Bataillon hatte gewaltige Probleme, seinen Ausgangspunkt für den weiteren Vorstoß zu finden, und der dichte Rauch des hinter dem Strand brennenden Grases hüllte die Straße nach Ver-sur-Mer ein.

(Nach einiger Zeit gelang es den führenden Kompanien, den Weg über Ver-sur-Mer nach Crépon und Creully zu finden, während der Hauptteil des 6. Bataillons von Crépon nach Villiers-le-Sec vorstieß, um dort das 5. Bataillon der East Yorkshires bei seinem Angriff zu unterstützen...)

08:20 Uhr

Philippe Kieffers insgesamt 248 Soldaten starke Trupps *(inklusive des ihnen angeschlossenen britischen Kontingents, denn von den Franzosen waren nur noch 144 einsatzfähig)* hatten nach einigen kleineren Schießereien den westlichen Ortsrand von Riva-Bella erreicht. Auch hier hatten die Bombardierungen und der massive Marinebeschuß die weitläufige *(unfertige)* Verteidigungsanlage des WN 08 nicht völlig eliminieren können. Einer der französischen Soldaten war der 21-jährige Léon Gauthier:

Fregattenkapitän Philippe Kieffer. **Foto: Archiv von Keusgen**

„Ich war Angehöriger des Commando Kieffer France Libre. Unser Bataillon war in zwei Trupps aufgeteilt. Von unserer Landestelle aus war das festungsmäßig umgebaute Casino auf der Pointe du Siège fast drei Kilometer weit entfernt. Ein Trupp folgte der Rue Pasteur, der Trupp 8, dem ich angehörte, nahm alle neun Bunker innerhalb der langen Verteidigungsanlage am Strand von Riva-Bella ein; erst den größten. Dazu mußten wir über ein Minenfeld gehen, dann nahmen wir den gesamten inneren Teil der Verteidigungsanlage ein."

Die Soldaten begannen die deutschen Verteidigungsstellungen und Bunker nacheinander mit Handfeuerwaffen und Flammenwerfern von der Rückseite her anzugreifen und nahmen einen Bunker nach dem anderen ein. Wie sie zu ihrer Verblüffung feststellen konnten, waren hier gar keine Kanonen aufgestellt, sondern lediglich Attrappen aus Baumstämmen.

Der von Philippe Kieffer trotz seiner Verwundung noch immer persönlich angeführte französische Trupp 1 zog weiter ins an Riva-Bella angrenzende Ouistreham. Während sie durch die Straßen gingen, kam es zu heftigen Schießereien mit deutschen Infanteristen, die sich in den kleinen Ruinen der ehemaligen Villen der Siedlung verschanzt hatten. In einer der Straßen geriet Kieffers Trupp plötzlich in starken Granatbeschuß. Überrascht durch die Intensivität des Beschusses, suchten auch sie Schutz in von dem Bombardement und dem schweren Artilleriebeschuß zerstörten Häusern, um aus der Deckung das Feuer zu erwidern und gewissermaßen Schritt für Schritt vorwärts zu kommen.

(Auf ihrem Weg durch Riva-Bella und Ouistreham verlor Philippe Kieffer infolge Schießereien mehrere Männer durch Verwundung und Tod und war selbst ein weiteres Mal verwundet worden. Nachdem er eine Evakuierung zwei Tage lang verweigert hatte, zwangen ihn seine Verwundungen dennoch am 8. Juni dazu. Das 1. BFMC wurde bereits ab 08:35 Uhr stellvertretend von Leutnant Hubert Faure angeführt.)

Im Landeabschnitt *Sword* Sektor *Queen Red*, vor dem Weiler La Brèche mit dem Widerstandsnest 20, begann zu dieser Zeit die Anlandung der ersten Soldaten der 1. Special Service Brigade – das Kommando Nr. 4. Seine Aufgabe bestand darin, die Küstenbatterie Riva-Bella zu neutralisieren, die auf die große Schiffsansammlung der Alliierten feuerte.

Aber schon, als sich die Landungsboote dem Strand näherten, gewahrten die Soldaten, daß im Flachwasser, zwischen einigen Landungsbootwracks, etliche Leichen britischer Soldaten trieben. Da wurden sie selbst auch schon aus der groß-

Inzwischen drangen auf immer mehr Wegen die Invasoren vom Strand ins nahe Hinterland vor...
Fotos: Battlefield Historian Ltd.

räumigen Verteidigungsanlage mit ihrer direkt am Strand verbunkerten 8,8-cm-Pak und den anderen fünf Kanonen beschossen. Während ihrer Anlandung kam es bereits zu vierzig Verlusten. Der Kommandeur des Kommandos, Oberstleutnant Dawson, wurde am Bein verwundet. Auf dem Strand lag noch immer der größte Teil der an dieser Stelle 51 Minuten zuvor angelandeten Sturmkompanien der 8. Infanterie-Brigade der britischen 3. Infanterie-Division – viele vom WN 20 aus zusammengeschossen, manche stark verstümmelt. Von der 8. Brigade war folglich keine Unterstützung für das Kommando Nr. 4 zu erwarten. Nun wurde auch die Masse der Männer des Kommandos vom heftigen deutschen Beschuß schon am Wassersaum niedergehalten. Etliche Soldaten verließen gar nicht erst die kleinen Landungsboote. Nur der Trupp C erstürmte selbstaufopfernd und mit heftigem Dauerfeuer aus Maschinenpistolen den Hauptlaufgraben des am Strand gelegenen Widerstandsnestes. Es gelang ihnen, bis auf die Hauptstraße, die parallel zum Meer verlief, vorzustoßen. Die anderen Männer des Kommandos folgten ihnen nach, auch jene noch unverwundeten der 8. Brigade.

08:21 Uhr

Die 716. Infanterie-Division orientierte die 352. Division: „Die 30 Panzer am linken Flügel sind nach Süden abgedreht und im Vorgehen auf Meuvaines."

8:25 Uhr

Das Artillerie-Regiment 352 meldete an seine Division: „Von den bei WN 35 angelandeten PaDas Artillerie-Regiment 352 meldete an seine Division: „Von den bei WN 35 angelandeten Panzern sind bereits mehrere, etwa sechs, durch Pak und Landegeschütze in Brand beziehungsweise bewegungsunfähig geschossen."

Im Verlauf dieser Kampfhandlungen drehten die Panzer in südliche Richtung ab und rollten auf Meuvaines vor…

(Bereits zu dieser Zeit bestand ein ungleiches Verhältnis zwischen den taktischen Erfolgen der Invasoren samt ihres massierten Angriffspotentials und der mangelhaften deut-

schen Verteidigung, was jedoch vom Befehlshaber der Sicherung West noch gar nicht im vollen Umfang erkannt worden war – offenbar.)

Zeitgleich zu der letzten Meldung des Artillerie-Regiments 352 stellte der BSW betreffs seiner *vorläufigen Lagebeurteilung* fest: „Anlandungen von See aus noch von keiner Stelle gemeldet."

Alle jene Zivilisten, die von der Küste ins Inland flohen, wurden schon innerhalb der nächsten Tage vom Krieg verfolgt und irgendwann eingeholt. Die Verluste unter der französischen Bevölkerung waren erheblich – besonders infolge des rücksichtslosen Artilleriebeschusses durch die Marine der Alliierten sowie durch die vielen starken Bombardierungen. **Foto: Archiv von Keusgen**

Das war ein fataler Irrtum, denn seit einiger Zeit gelang es von Minute zu Minute immer mehr britischen und kanadischen Soldaten, an Land zu gehen. Ihre Taktik bestand darin, die deutschen Widerstandsnester nicht von der Seeseite frontal anzugreifen, sondern sie möglichst weit und so sicher wie möglich zu umgehen, um sie dann von hinten zu attackieren und einzunehmen. Auch waren die britisch-kanadischen Truppen besser ausgebildet und auf den großen Angriff vorbereitet als die Amerikaner, die noch dazu wichtiges technisches Gerät, wie die meisten der Spezial-Panzer-Typen, über das die Briten und Kanadier verfügten, abgelehnt hatten.

Im WN 16, nahe Saint-Aubin-d'Arquenay, reichte Albin Wienand dem Ladekanonier Granate nach Granate an: „Bei jedem Abschuß gab es einen enormen Knall. Die Situation, in der wir uns befanden, war auch und gerade wegen des schweren feindlichen Beschusses extrem stressig. Als mir irgendwann meine Ohren zu schmerzen begannen, stellte ich fest, daß ich kaum noch etwas hören konnte. Ich hatte in der ganzen Hektik vergessen, mir zum Schutz meines Gehörs etwas in die Ohren zu stecken. So zog ich mein Taschentuch heraus, riß es in zwei Teile und steckte sie mir, fest zusammengerollt, in die Ohren."

08:30 Uhr

Artillerie-Regiment 352 meldete seiner Division: „Bei der 716. Infanterie-Division sind die Widerstandsnester 35 und 36 überrannt. Der Feind liegt mit Infanterie und 35 Panzern vor Meuvaines. Rechte Division *(716.)* wirft Ost-Bataillon 642 auf die Höhe ostwärts Meuvaines. Widerstandsnest 37 kämpft weiter. Pak von Widerstandsnest 40 hat drei oder vier Panzer abgeschossen, außerdem brennen zwei bis drei Landungsboote."

Fünf Minuten nachdem die beiden DD-Panzer-Schwadronen an den Flanken des *Gold*-Sektors *King* mit je einem Bataillon der Green Howards und der East Yorkshire angelandet waren, erreichte nun auch die A-Schwadron einigermaßen problemlos *(mit zwei Verlusten)* den Strand, zusammen mit dem 7. *(Reserve-)*Bataillon der Green Howards. Ihr Auftrag bestand darin, so schnell wie möglich ins Inland und über Crépon bis zur kleinen Ortschaft Creully-sur-Seulles vorzustoßen. Die Einnahme der dortigen Brücke über die Seulles war für den weiteren Vorstoß der Briten und Kanadier von strategischer Bedeutung.

*(Es gelang der A-Schwadron mit den 7. Green-Howards-Infanteristen, relativ rasch ins Hinterland vorzurücken.)*Nicht ganz so gut war indessen das Vorgehen der 8. Brigade der 3. Infanterie-Division im *Sword*-Sektor *Queen Red* verlaufen. Erst jetzt, 65 Minuten nach dem Beginn ihrer Anlandung, war es den Soldaten unter großen Verlusten endlich gelungen, den Strand zu verlassen. Nun sollte die 8. Brigade auf Caen vorgehen, dabei würde der Orne-Kanal ihre linke Flanke bilden.

Leslie Wight war Funker des Royal Corps of Signals und eines Trupps von Männern, die dem 7. Feld-Regiment der Royal Artillerie angehörten: „Wir sollten an einem Strandabschnitt landen, den wir unter dem Codenamen Sword Beach, Queen White, kannten, vor Hermanville. Es war geplant, daß alles um 7:30 Uhr losgehen sollte, aber da war schon einiges vorher losgegangen... Unsere Truppe sollte dann um 8:30 Uhr anlanden.

Auf dem Deck, unmittelbar unter der Brücke der Largs, versammelten sich Konteradmiral Talbot, General Rennie, der Kommandeur der britischen 3. Division, und sein Regiments-fernmelde-Chef Oberst Trapp sowie einige andere VIPs und ich, auch zwei Matrosen als Ausguck; einer auf der Back-bordseite, einer steuerbords. Ich konnte schon viel von dem Landeunternehmen beobachten – ein beeindruckender An-blick. Hunderte hochexplosive Raketen wurden breitseits von LCRs abgefeuert *(Landing Craft Rockets = mit Raketenab-schußrampen ausgerüstete Landungsboote)*. Alle Schlacht-schiffe feuerten mit ihren Kanonen. Unser 7. Feldregiment schoß von seinen Landungsbooten seine 10,5-cm-Kanonen ab, als sie zur Landung ansetzten.

Leslie Wight – Funker im Royal Corps of Signals

Foto: Kollektion L. Wight

Dann erging der Befehl, die Funkverbindung zu beenden und uns auf die Landung vor-zubereiten. So versammelten wir uns mit Mister Trapp und Mister Gregson auf der Back-bordseite des Decks. Von dort mußten wir von dem großen Schiff an einem Kletternetz zu einem Infanterielandungsboot hinunterklettern. Das war etwas, wofür wir gar nicht trainiert waren oder es gar vorausgesehen hatten. Es war nicht einfach, geschweige denn mit einem schweren Funkgerät auf dem Rücken. Es herrschte eine starke Dünung, und wir mußten etwa fünf Meter hinunter. Dann waren wir auf dem Vordeck des Landungsbootes. Weil das Boot so sehr schaukelte, mußte ich mich am vorderen Mast festhalten. Der Skipper steuerte das Boot auf den Strand zu. Dann wurden an beiden Seiten ziemlich steile Rampen her-untergelassen und wir kletterten hinab, Mister Gregson zuerst, der regelrecht herunter lief. Dann Mister Trapp, der sehr vorsichtig rückwärts geradezu herunter kroch. Jock rutschte auf seinem Hintern hinunter, und ich folgte laufenden Schrittes. Aber meine Füße waren schneller als mein Körper mit dem schweren Funkgerät. Ich stolperte und fiel ins Wasser. Ich war von uns der einzige, der naß geworden war. In diesem Moment gab es glücklicher-weise eine Pause mit der Schießerei, und wir wurden vom Beachmaster über die Dünen und zu einem Sherman-Panzer geführt, dem wir folgen sollten. In diesem Moment brach die Hölle los, und überall um uns herum Granateinschläge. Wir waren froh, daß wir hinter dem Panzer etwas Deckung finden konnten."

*Infanterielandungsboote
setzten britische Soldaten in
unmittelbarer Landnähe ab
(im Vordergrund auch eine
Fahrrad-Schwadron mit ihren
Rädern; im Hintergrund rechts
ein LCT, Panzerlandungsboot).*
Foto: Battlefield Historian Ltd.

Nach zwei langen Stunden unentwegter Kampfhandlungen im Abschnitt *Sword* Sektor *Queen Red*, um den starken Stützpunkt WN 20, war es den restlichen, noch einsatzfähigen Männern des 2. Bataillons des East Yorkshire Regiments und den Panzern der 13. und 18. Hussars endlich gelungen, die deutsche Verteidigungsanlage zu neutralisieren. Nun stießen zwei Kompanien in Richtung Riva-Bella vor, um von dort aus die provisorische deutsche Stellung nahe Saint-Aubin-d'Arquenay mit ihren nur noch vier *(von zuvor sechs)* unbeschädigten 15,5-cm-Geschützen einzunehmen *(was sich jedoch als nicht so einfach erwies und sich noch über mehrere Stunden hinzog und beiderseits viele Verluste zur Folge hatte).* Die beiden anderen Kompanien zogen in westliche Richtung, zum WN 14. In diesem Widerstandsnest mit seinem 6-Scharten-Turm sowie einer 5-cm-KwK lag der Stab des I. Bataillons des Grenadier-Regiments 736. *(Obwohl WN 14 nicht besonders stark war, dauerte das erbitterte Ringen mit mehreren blutigen Nahkampfangriffen noch bis 14:45 Uhr. 38 Wehrmachtsoldaten wurden in der Folge gefangen genommen. Betreffs der Anzahl deutscher Gefallener gibt es keine offiziellen Angaben.)*

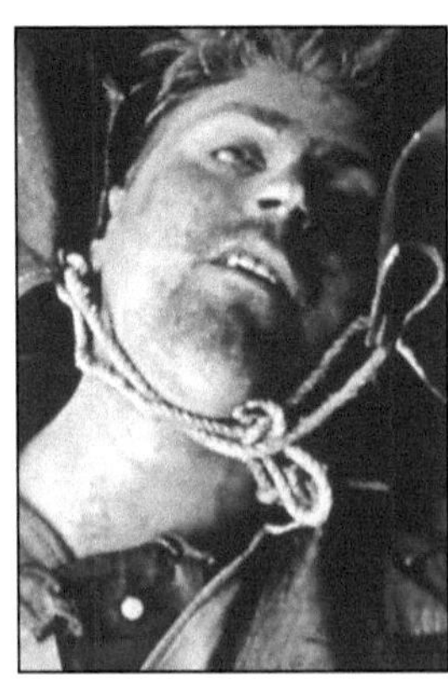

*Ein toter junger deutscher
Soldat – im Zweiten Weltkrieg
eines von Millionen Gesichtern
des Todes.*
Fotos: Archiv von Keusgen

08:31 Uhr

Telefonischer Befehl der 352. Infanterie-Division an das Grenadier-Regiment 726: „I. Bataillon hat sich auf Angriff nach rechts, Richtung Meuvaines, vorzubereiten. Antreten melden."

(Oberstleutnant Meyer befehligte drei Infanterie-Bataillone [die Kampfgruppe Meyer], die fast die Hälfte der gesamten 352. Division des Generals Krais ausmachten. Seit kurz nach Mitternacht war ein großer Teil der Kampfgruppe zur Aufklärung der, wie es hieß, „ominösen Explosivpuppen[36]" im Raum der Vire eingesetzt worden. Nun wurde das Gros der Kampfgruppe nach Crépon befehligt [hinter den Landeabschnitt „Gold" Sektor „King" der britischen 50. Infanterie-Division] und sollte mit Unterstützung der Masse der Panzerjäger-Abteilung 352 zum Gegenangriff antreten, um die Truppe

---

36 Jene in der Nacht zum 6. Juni an den Flanken des Invasionsraums zur Irritation der deutschen Truppen abgeworfenen, zum Teil mit Sprengkörpern ausgestatteten Fallschirmjäger-Attrappen.

der auf der rechten Flanke eingebrochenen Briten mit ihrer Infanterie und den Panzern zur Küste und ins Meer zurückzuwerfen. Teile der Panzerjäger-Abteilung sollten zur anderweitigen Verfügung bereitgehalten werden.)

08:35 Uhr

General Kraiß ferntextlich an General Marcks: *Lage am rechten Flügel bei Meuvaines und Asnelles schwierig; Meuvaines feindbesetzt. Vor Asnelles wurden durch eigene Pak 6 Panzer abgeschossen. General Kraiß schlägt vor, die Panzerjäger-Abteilung 352 zum Gegenangriff anzusetzen, um den auf rechter Flanke eingebrochenen Infanterie- und Panzer-Feind ins Meer zurückzuwerfen. Teile Pz.Jg.Abt. 352 sollen zur Verfügung gehalten werden.*

General Marcks genehmigte den vorgeschlagenen Einsatz umgehend.

08:40 Uhr

Ia der 352. Infanterie-Division an Artillerie-Regiment: „Verbindungen zu den B-Stellen ist bis spätestens zum Eintreten der Flut *(gegen Mittag dieses Tages)* wieder herzustellen, da dann voraussichtlich die zweite Angriffswelle des Feindes zu landen versucht *(die jedoch längst in vollem Gang war).*"

Noch Wochen später wurden immer wieder halbverweste Leichen englischer und kanadischer Soldaten von der Flut an den Strand gespült – zum Entsetzen derer, die sie fanden.

Fotos: Archiv Gerstenberg

Zeitlich exakt planmäßig wurde die erste „Welle" von zehn LCIs, die die Hauptquartier-Brigade und das Kommando Nr. 6 transportierten, im Abschnitt *Sword* Sektor *Queen Red* angelandet. Während dessen lag alles unter starkem Artillerie- und Granatwerfer-Abwehrfeuer. Etliche Soldaten fielen schon am Wassersaum. Sie wurden von Granatexplosionen in die Luft geschleudert oder von MG-Geschossen niedergestreckt. Auch wurden viele Fahrzeuge zerstört oder stark beschädigt. Dennoch konnte diszipliniert Ordnung bewahrt und der Strand den schwierigen Umständen entsprechend relativ rasch verlassen werden. Danach übernahm das Kommando Nr. 6 die Leitung und den Vormarsch in Richtung der Orne- und Kanal-Brücken.

Am Strand war vielerorts infolge der noch immer steigenden Flut die Situation der unentwegt anlandenden Truppenkontingente und Fahrzeuge zunehmend bedrohlich geworden. Der bisher noch nicht vom Wasser überflutete Streifen Strandes hatte sich inzwischen *(je nach Region unterschiedlich)* auf nur noch einen schmalen „Gürtel" verkleinert, auf dem sich alles, das noch bewegungsfähig war, zwischen den Strandhindernissen zusammendrängte. Längst standen Hunderte Fahrzeuge in den Fluten, teilweise oberhalb noch brennend und schwarz qualmend, und zerstörte Landungsboote trieben umher, wobei etliche im Wasser ums Überleben kämpfende Verwundete zerquetscht wurden. Völlig durchnäßte Soldaten wateten an Land, und massenhaft Leichen wurden mit jeder Welle näher geschwemmt. Schreiende Verwundete versuchten, sich schwimmend zu retten, von denen nach und nach immer mehr ertranken oder verbluteten. Dazwischen fuhren kleine und große Fahrzeuge herum, auch Panzer.

Der britische Panzerfahrer Ron Cross gehörte zu jenen, die von der zweiten Angriffswelle vor Saint-Aubin an den *Sword*-Strand gebracht wurden. Er beschrieb das Grauen, das sich dort am Strand zugetragen hatte: „Wir waren bei Ebbe angekommen, aber die Flut stieg schnell, und da waren diese vielen Hindernisse am Strand, die uns aufhielten. Überall lagen Leichen und Schwerverwundete herum – kanadische Infanteristen. Weil wir unter Artilleriebschuß lagen und schnell den Hindernissen zwangsläufig ausweichen mußten, mußten wir auch zwangsweise die Leichen und Verwundeten mit unseren Panzern überrollen. Die Verwundeten haben fürchterlich geschrieen. Es war grauenhaft. Das kann ich niemals vergessen. In Tausenden Nächten habe ich in meinen schrecklichen Träumen diesen Horror nacherlebt, und es hört nicht auf und hört nicht auf..."

„Georges Leygues" war ein französischer Leichter Kreuzer mit 179,5 Metern Länge und 17,5 Metern Breite. Die stärkste Bewaffnung bildeten 9 15,2-cm-Kanonen auf drei Drillingstürmen, Kaliber und Reichweite wie jene der Geschütze der Batterie Longues.
Foto: Wikipedia

Da für die Panzerkommandanten die Sicht aus dem Inneren ihres Panzers nur äußerst beschränkt war, reckten viele ihre Köpfe oben aus den Luken, um besser sehen und manövrieren zu können, nur war das bei den vielen um sie herum krepierenden Granaten höchst gefährlich und forderte etliche Opfer unter ihnen.

Leslie Wight, der Funker des 7. Feldregiments, hatte zusammen mit seinem Trupp den Gipfel einer flachen Anhöhe erreicht, da hieß es, er sollte mit seinem Funkgerät die Kommunikation mit der *Largs* herstellen: „Nachdem ich zuvor ins Wasser gefallen war, glaubte ich nicht, daß das Funkgerät noch funktionieren würde. Ich öffnete mein Set, und es war okay, es funktionierte tatsächlich noch. Dann loggte ich mich ins Regimentsnetz ein. Da kam eine Gruppe Franzosen, die uns freundlich begrüßten und sich als Untergrundkämpfer zu erkennen gaben. Es gab viel Händeschütteln, dann wurden wir in Richtung Hermanville geführt... "

08:45 Uhr

AOK 7 orientierte das AOK 15: „Luftlandungen westlich Caen bis auf eine Brückenstelle niedergekämpft. Weitere Luftlandungen im Raum ostwärts Caen."Die Marine-Küsten-Batterie Longues wurde von der Georges Leygues ein weiteres Mal unter Beschuß genommen. Dabei erhielten zwei der vier Kasematten innerhalb von drei Minuten einen Volltreffer, direkt in die großen Geschützstände, wobei mehrere Artilleristen schwerverwundet und getötet wurden. Die Geschütze wurden dabei derart stark beschädigt, daß es nicht mehr möglich war, mit ihnen weiter zu feuern. Im Geschützstand der Kasematte Nr. 3 starben alle vier Kanoniere, die sich im Moment des Granateinschlags darin aufhielten. Der Feuerleitoffizier sagte darüber aus: „Einer der dazu gehörenden Kanoniere erschien kurze Zeit nach den Einschlägen vorn in der B-Stelle. Er berichtete dem Batteriechef und mir, daß er sich im Moment der Explosion gerade hinter der Kasematte befunden hatte, um zu urinieren. Als er, nachdem sich der Staub im Geschützstand etwas gelegt hatte, da hinein zurückkehrte, sah er, daß seine vier Kameraden allesamt völlig zerfetzt waren. Dem Kanonier konnte man das Grauen, das ihn ergriffen hatte, ansehen. Daraufhin ließ der Batteriechef das Schießen unserer Batterie generell einstellen."

Im Geschützstand der Kasematte Nr. 3 krepierte die großkalibrige Granate hinter der Kanone (erkennbar an den Splitterdurchschlägen in der seitlichen Schutzverblendung an der Kanone von der Rückseite her) und tötete vier Kanoniere.

Foto: von Keusgen

Mit der zweiten Angriffswelle und einer Stunde Verspätung begann die Anlandung des Großteils Lord Lovat's 1. Special Service Brigade, zusammen mit ihrem Hauptquartier sowie dem Kommando Nr. 3. Aus insgesamt 22 Landungsbooten gingen im zwei Kilometer breiten Raum zwischen den Weilern Colleville-sur-Orne und Hermanville-sur-Mer *(durchschnittlich drei Kilometer westlich der kleinen Hafenstadt Ouistreham)* im *Sword*-Sektor *Queen*, in den Zonen *White* und *Red* an Land. Jedoch hätte dieser Verband einige hundert Meter weiter östlich, direkt vor Ouistreham, anlanden sollen und einen Teil der 3. Division auf ihrem Vorstoß begleiten. Aber der schwere Seegang und die starke Strömung hatten nicht nur deutliche zeitliche Verschiebungen, sondern auch noch unplanmäßige Anlandeplätze zur Folge.

Lovat sollte nun mit seinen Männern von dort aus in östliche Richtung *(in Richtung des Caen-Kanals)* landeinwärts marschieren, um auf die britischen Fallschirmjäger zu treffen, die in der vorhergegangenen Nacht östlich der beiden Brükken über die Orne und den Caen-Kanal gelandet waren und sie eingenommen hatten.

Mit auf dem LCI 519, das Lord Lovat an Land brachte, war auch dessen persönlicher 22-jähriger schottischer Dudelsackspieler Bill Millin[37]. Als sich der Pulk der insgesamt 12 Lan-

Simon C. J. Fraser, 15. Lord Lovat, war bereits im Alter von 33 Jahren Brigadegeneral und Kommandeur der 1. Special Service Brigade.

Foto: Battlefield Historian Ltd.

---

37 In diversen Publikationen wird der tatsächlich sehr jugendlich aussehende Bill Millin als 16- oder 17-Jähriger beschrieben, jedoch war er 1944 real aber *(fast)* bereits 22 Jahre alt, weil am 14. Juli 1922 in Regina *(Schottland)* geboren. Millin verstarb am 17. August 2010 in Torbay.

Bill Millin.

dungsboote dem Strand näherte, wurde er unter starken Artilleriebeschuß genommen. Das Boot, das rechts neben dem LCI 519 herfuhr, erhielt einen Volltreffer und ging augenblicklich in Flammen auf. Jene Soldaten, die den Granateinschlag überlebt hatten und deren Verwundungen es noch zuließen, sprangen sofort über Bord, einige bereits brennend. Als sich LCI 519 bis auf etwa einhundert Meter dem Strand genähert hatte, wurden die seitlichen hölzernen Rampen bis ins Wasser herabgelassen. Lord Lovat schritt allen voran als Erster herab – und stand sofort bis zur Hüfte im kalten Wasser, hinter ihm Bill Millin, der unter dem Gewicht seines Dudelsacks und den ständig heranrollenden Wellen Probleme hatte, das Gleichgewicht zu halten. Einen Moment später, nun nur noch in knietiefem Wasser, begann Millin bereits *Highland Laddie* zu spielen.

Als man das Ufer erreichte, waren die deutschen Stellungen vom ersten Teil des Kommandos Nr. 4, das 47 Minuten zuvor angelandet war, noch nicht neutralisiert worden, und Lovats 1. Special Service Brigade wurde unter heftiges Geschütz- und Infanterie-Feuer genommen, dabei mehrere Soldaten getötet und etliche verwundet. In diesem Moment der Schießerei und des Lärms kam einer der „Dreschflegel"-Panzer von See her angerollt, um auf dem Strand Minen zur Detonation zu bringen. Dabei wurden jedoch etliche umherliegende Tote und Verwundete übersehen und von den schweren Ketten auf der schnell rotierenden Achse bis zur Unkenntlichkeit verstümmelt.

An der Strandpromenade erschienen einige deutsche Soldaten mit hocherhobenen Armen, und in dem lärmenden Inferno forderte Lord Lovat Bill Millin auf, rasch etwas zu spielen. So schritt Millin am Strand vor der Promenade auf und ab und spielte *The Road to the Islands*. Zehn Minuten später rückte Lovat mit der 1. Special Service Brigade ab, um über Hermanville, Colleville, St.-Aubin-d'Arquenay und Bénouville über die dortige Hebebrücke zur Landezone der britischen Lastensegler zu ziehen.

Zeitgleich landete auch das Royal Marine Kommando Nr. 41 in genau diesem Sektor, allerdings dreihundert Meter weiter westlich als geplant und somit nahe Lion-sur-Mer mit dem

Im Landeabschnitt „Sword"-Sektor „Queen White" ging ab 08:45 Uhr Lord Lovats 1. Special Service Brigade an Land – mit einer Stunde Verspätung. Einer dieser Soldaten war ein 22-jähriger Schotte mit einem Dudelsack. Sein Name war William „Bill" Millin (im Vordergrund).

WN 21. Durch den heftigen Gewehr- und Granatwerferbeschuß gab es auch hier viele Verluste unter den Briten. Der Strand war übersät von brennenden Panzern und Toten, Verwundeten und Sterbenden. Die Männer des Kommandos beeilten sich, die links und rechts von ihnen am Strand befindlichen deutschen Stellungen zu neutralisieren. Danach sollte die Truppe auf Lion-sur-Mer marschieren, weil man im Planungsstab der Alliierten *(fälschlich)* der Meinung war, daß dort das Stabshauptquartier der 716. Infanterie-Division läge *(deshalb auch die starke Truppenpräsenz in diesem Sektor)*. Doch vorerst war das Kommando einem brutalen Abwehrfeuer ausgesetzt.

Im westlichen Teil von *Queen White* ging *(auch noch)* das 1. South Lancashire Bataillon mit seinen vier Kompanien *(ebenfalls unzeitgemäß)* an Land und vergrößerte das Durcheinander am Strand noch zusätzlich. Dennoch wurde rasch koordiniert, und beim Küstenweiler La Brèche *(Hermanville vorgelagert)* schwenkte eine Kompanie in Richtung auf Lion-sur-Mer ab, um das Kommando Nr. 41 zu unterstützen *(was allerdings wenig erfolgreich war)*.

Die zuvor angelandeten Panzer der B-, C- und D-Kompanie des 1. South Lancashire Bataillons rollten indessen befehlsgemäß sofort in südliche Richtung *(Caen)* vor.

Die East-Yorkshire-Soldaten des 2. Bataillons gerieten unmittelbar nach ihrer Anlandung mit ihrer Ausrüstung in ein Chaos – trotz der Panzer, die ihnen am völlig offenen Strand die einzige Deckung boten.
Foto: Imperial War Museum

Anstatt im *Sword*-Sektor *Queen White* ging das 2. Bataillon des East Yorkshire Regiments in der benachbarten Zone *Red* an Land, dessen Männer vor Lovat's Anlandung eine Bresche in die Stahlhindernisse und den Minengürtel am Strand hätten schlagen sollen. Die deutsche Abwehr war in diesem Bereich zwar weniger stark, als von den ebenfalls in diesem Sektor gelandeten 1. Bataillon des South Lancashire Regiments erwartet worden war, dennoch erlitten die „South Lancs" beim nahegelegenen Lion-sur-Mer erhebliche Verluste. Außer vieler Soldaten verlor die Truppe dort auch alle ihre sämtlichen Panzer. Beim direkt benachbarten Weiler La Bréche mit seinem starken WN 20 fielen 107 britische Soldaten.

Trotz der morgendlichen Feuerwalze noch immer intakten deutschen Stellungen schlug den anlandenden Briten heftiges Abwehrfeuer entgegen. Dennoch war die Masse der in diesem Areal befindlichen Teile der bis zu diesem 6. Juni kampfunerprobten deutschen 716. Infanterie-Division von dem morgendlichen Bombardement und dem schweren Trommelfeuer weitgehend zerschlagen. Die Granaten hatten den Sperrgürtel aus Minen an vielen

Stellen unwirksam werden lassen, und etliche Bunker waren vom gezielten Dauerbeschuß zerstört, Unterstände und Schützengräben völlig zusammengeschossen und der Widerstand in den Verteidigungsanlagen des Ost-Bataillons 441 mit den russischen Hilfssoldaten aufgegeben – weil sie davongelaufen waren.

08:55 Uhr

Der erst 35 Minuten zuvor während der Anlandung am Strand von La Brèche am Bein verwundete Kommandeur des Kommandos Nr. 4, Oberstleutnant Dawson, rückte, trotz seines stark schmerzenden Handicaps und sporadischem Beschuß aus einzeln stehenden kleinen Häusern, mit seiner Truppe auf der Küstenstraße vor, um mit dem 2. Bataillon der East Yorkshires Kontakt herzustellen. Plötzlich traf ihn ein Gewehrgeschoß am Kopf. Trotz der schweren Verwundung befehligte der Oberstleutnant seine Truppe noch einige Zeitlang weiter.

Nachdem der Strand endlich überwunden war, zog der größte Teil der mit über einer Stunde Verspätung angelandeten 1. Special Service Brigade des Lords Lovat sofort schnellen Schrittes ins Hinterland, Richtung Bénouville, um Major Howards Trupp an der Hebebrücke über den Orne-Kanal zu entsetzen.
Foto: Battlefield Historian Ltd.

(Nachdem Dawson wegen seiner Verwundung dann das Kommando an seinen Stellvertreter, Major Mendey, übertragen hatte, gelang es dem Kommando, die Batterie mit ihren sechs 15,5-cm-Geschützen in der 2,9 Kilometer hinter Riva-Bella zurückgelegenen, provisorischen Feldstellung nahe St.-Aubin-d'Arquenay nach heftigem Kampf einzunehmen – unter großen Verlusten auf beiden Seiten.)

William Clinton war als 18-jähriger einfacher Soldat, Angehöriger des Trupps 4, zugehörig zum Kommando Nr. 3 der 1. Special Service Brigade: „Ich war sehr seekrank, weil wir eine verdammt rauhe Überfahrt hatten, und hatte große Angst vor der Landung, aber es war eine gute Landung, und mein Trupp hat dabei keinen einzigen Mann verloren. Nun sollten wir zu einer wichtigen Brücke bei Bénouville marschieren…“

Allgemeine fernschriftliche Meldung der deutschen Telefonvermittlungsstelle: *Fernsprechleitungen zu Grenadier-Regiment 916 sind zur Zeit alle gestört.*

09:00 Uhr

Philippe Kieffers Trupp 1 erreichte *(unter der neuen Führung des französischen Leutnants Hubert Faure)* die Landzunge östlich des Hafens von Ouistreham, die Pointe du Siège. Eine der für den weiteren Verlauf der Invasion gefährlichsten deutschen Geschützstellungen *(wegen ihrer strategisch äußerst günstigen Position in der Orne-Bucht)* befand sich im größtenteils überirdischen Tiefgeschoß *(knapp zwei Meter über den Erdboden hin-*

ausragend) des ehemaligen, von der *Organisation Todt* abgerissenen Spielcasinos *(Fotos siehe Seite 23)*. In allen vier Ecken des Casino-Fundaments war jeweils eine Kasematte mit einer 2-cm-Schnellfeuerkanone eingebaut. Außerdem gab es zwei Ringstellungen mit je einer 5-cm-KwK, eine weitere sowie eine 4,7-cm-Pak standen in offenen Stellungen. So war es den Deutschen möglich, in jede Richtung schießen und die strategisch bedeutsame Orne-Bucht mit ihrer ebenso wichtigen Kanal-Schleuse verteidigen zu können. Diese ungewöhnliche Geschützstellung war von Minen sowie einem umlaufenden Stacheldrahtverhau, einem tiefen Panzerabwehrgraben und einer Panzer*(abwehr)*mauer gesichert – und mußte unbedingt und möglichst bald neutralisiert werden.

Léon Gauthier war persönlich zwar am Angriff auf das Casino nicht beteiligt, hat die Kampfhandlungen drum herum aber von der anderen Seite des schmalen Hafens aus beobachtet: „Das Kommando Nr. 4 war ein britisch-französisches. Nachdem die britischen

Soldaten des Kommandos Nr. 4 der 1. Special Service Brigade.

Foto: Battlefield Historian Ltd.

Soldaten angelandet waren, nahmen sie die Straße, die zum Hafen von Ouistreham führt, die Route de Lyon. Dort besetzten sie die Kanalschleuse *(die nach der Zerstörung des Maschinenhauses ohnehin unbenutzbar war)*. Der Kanal ist die Verbindung zu Wasser zwischen dem Hafen und Caen. Unser französischer Trupp 1 sollte nun das Casino auf der Pointe du Siège einnehmen, einen wichtigen Punkt mit mehreren Geschützstellungen."

Trupp 1 ging sofort zum Angriff über. Die Männer mußten aber wegen des starken Abwehrfeuers hinter der Panzermauer Deckung nehmen. Nach nur wenigen Minuten waren weitere zwei Männer des Trupps gefallen und sieben verwundet. Die Mauer bot den Männern des Kommandos zwar Schutz vor dem heftigen Granat- und Maschinengewehrfeuer der Verteidiger, doch wurden sie somit „in Schach gehalten" und ihr Angriff zuerst einmal abgewiesen.

Am *Juno Beach*, vierhundert Meter östlich Courseulles, im Sektor *Nan Green*, landete nun mit der zweiten Angriffswelle der kanadischen 3. Infanterie-Division, und mit einem LCT, der 20-jährige britische Gefreite Jack Webb: „Die kanadischen Truppen waren von uns Briten sehr verstärkt worden, so befand ich mich unter den Kanadiern, als Angehöriger des 5. Bataillons des Royal Berkshire Regiments.

Nach der schrecklichen Überfahrt war mein vordergründiger Gedanke im Moment der Landung, so schnell wie möglich von dem Boot herunter zu kommen. Weil wir in England ja so lange trainiert worden waren, wußten wir genau, was wir zu tun hatten, so hatte ich auch keine falschen Erwartungen. Trotzdem war für uns alles neu, und nun mußten wir zuerst die Lastwagen und das Versorgungsmaterial vom Boot herunterkriegen.

Wir haben am Strand viele Verwundete und Tote gesehen, aber uns kam gar nicht der Gedanke, daß wir vielleicht selbst getötet werden könnten. Weil ich so sehr mit mir selbst beschäftigt war, entsetzte mich das alles auch nicht allzusehr. Da sah ich einen Offizier mit einem grünen Barett, er saß gegen die Strandmauer gelehnt, was ich niemals vergessen werde, und es sah aus, als hätte er heftiges Nasenbluten, aber noch viel schlimmer. Er tat mir leid, aber ich machte mir keine Sorgen um ihn. Was mir zuvor schon Gedanken bereitet hatte, waren die vielen Toten, die im Wasser trieben. Es war schrecklich für mich, zu wissen, die haben fast zwei Jahre lang für diesen Einsatz trainiert, und nun das... Sie waren noch nicht einmal bis zum Strand gekommen, haben ihn nicht mehr erreichen können.

Direkt nach unserer Anlandung haben wir nicht mit deutschen Soldaten kämpfen müssen; ich weiß nicht, wo die waren. Aber die erste Angriffswelle hatte ja wohl viel mit ihnen zu tun gehabt.

Wir Briten mußten sofort zum nahen Bernières ziehen; die Kanadier mußten gleich ins Inland vorstoßen. Sie verloren dann innerhalb der ersten drei Wochen sechzig Prozent ihrer Soldaten. Aber sie haben es wohl hingenommen, und es ging ihnen so wie uns – sie konnten alles das nicht wirklich glauben."

Zu dieser Zeit sah man sich auf deutscher Seite gezwungen, die Masse des II. Bataillons des Panzergrenadier-Regiments 192 zur Verteidigung des wichtigen Widerstandsnestes 17, dem Stützpunkt Höhe 61 *(dem Stabsquartier des Grenadier-Regiments 736 mit seinem Kommandeur, Oberst Krug)* aus ihrem gegenwärtigen küstennahen Einsatzraum abzuziehen, wodurch im Frontbereich eine weitere, nicht unerhebliche Schwachstelle entstand.

Der 21-jährige Leutnant John Milton hatte mit seinem Zug Infanteristen indessen den Strand verlassen und stieß ins küstennahe Hinterland vor. Über den Anblick, der sich ihm und seinen dreißig Soldaten dort bot, sagte er: „Es war ja schon schlimm, anzusehen, was der starke Marine-Beschuß in der Strandregion angerichtet hatte, aber als wir durch die kleinen Felder vorrückten, fiel mir die hohe Anzahl getöteter Rinder auf, die auf der Seite oder auf dem Rücken lagen, die Beine von sich gestreckt, manche hoch in die Luft. Es war ein schrecklicher Anblick... Dennoch, unser 6. und 7. Bataillon waren so schnell vorgestoßen und den anderen voraus, daß wir etwas zurückgezogen werden mußten.

Leutnant John Milton war entsetzt über das, was die Schiffsartillerie nicht nur in der Küstenregion, sondern auch im Hinterland angerichtet hat.

Fotos: Kollektion J. Milton

Für den Rest dieses Tages wurde mein Zug noch mehrmals beschossen, und wir hatten ein paar kleine Gefechte, aber immer Glück gehabt.[38]"

09:05 Uhr

Grenadier-Regiment 726 meldete an 352. Infanterie-Division: „Bei WN 52 herrscht wieder Ruhe. WN 37 bittet um Verstärkung. Feindliche Infanterie und Panzerkräfte dringen weiterhin auf Meuvaines vor."

Von der Küste her stießen nun zunehmend mehr britische und kanadische Soldaten ins Hinterland vor – inzwischen auch mit Unterstützung von Panzern.

Foto: Battlefield Historian Ltd.

09:10 Uhr

Die Masse der 12. SS-Panzer-Division *Hiterjugend* stand nun im Raum unweit unterhalb Lisieux. Eine Aufklärung wurde angesetzt, und einige Panzer rollten los. Ein Teil der 21. Panzer-Division befand sich indessen zwischen der linken Grenze der 15. Armee und der Orne im Angriff und Kampf mit den dort aus der Luft gelandeten britischen Truppen. Die Briten hatten auch dort bereits Panzer im Einsatz. Im Bereich der 15. Armee *(der 7. Armee östlich benachbart)* wurde für die 245. Infanterie-Division, die 17. Luftwaffen-Felddivision, die 84. Infanterie-Division sowie die 342. Infanterie-Division Alarmstufe I befohlen. Zu einem Angriff auf die immer stärker werdenden Invasoren im linksseitig benachbarten Aufstellungsraum der 7. Armee kam es nicht, obwohl man darüber informiert war, daß der Gegner inzwischen bis zu vier Kilometer weit von See her ins Land vorgestoßen war und im Bereich der eigenen 711. Infanterie-Division keine Anlandungen von See her stattgefunden hatten. Man wußte aber auch, daß sich die 21. Panzer-Division inzwischen gegen den Gegner im Einsatz befand.

Da vor Le Havre noch immer größere Schiffsansammlungen beobachtet wurden, dabei fünf Schlachtschiffe und 12 Truppentransporter, behielt die zur Festung erklärte Hafenstadt Alarmstufe II bei.

Entsprechend eines nun ergangenen Befehls der Heeresgruppe B hatte die 12. SS-Panzer-Division *Hitlerjugend* im Raum Lisieux *(etwa 40 Kilometer südöstlich des äußersten östlichen Invasionsraums)* zu verbleiben.

---

38 Leutnant John Miltons Glück hatte ihn im August desselben Jahres verlassen; ein Gewehrgeschoß verfehlte eine Hauptschlagader nur um wenige Millimeter. Milton wurde auf einem Lazarett-Schiff operiert, doch seine Wunde wurde brandig. Mit dem damals soeben neu eingeführten Penicillin konnte sein Leben gerade noch gerettet werden, dennoch mußte der Leutnant noch drei Monate im Krankenhaus verbleiben.

AOK 7 meldete fernmündlich an Heeresgruppe B: „Feindlandung im Raum um Asnelles. Meuvaines soll vom Feind besetzt sein. Sieben Panzer abgeschossen. Ferner Feindlandung westlich Port-en-Bessin."

09:15 Uhr

Der Stützpunkt Riva-Bella war zu dieser Zeit von Kieffers Trupp 8 bereits neutralisiert worden. Aber da war noch etwas, das unbedingt schnellstens eingenommen werden sollte: Mitten aus dem Wohngebiet von Riva-Bella *(heute der westlich gelegene Ortsteil von Ouistreham)*, zwischen vielen kleinen Villen und 420 Meter vom Strand entfernt, ragte *(und ragt auch heutzutage noch immer)* der 17 Meter hohe, 5-etagige, turmähnliche und glattwandige

Bunker hervor – die B-Stelle der diesem Bunker *(eigentlich geplanten)* vorgelagerten Batterie Riva-Bella mit ihren sechs 15,5-cm-Kanonen. *(Die eigens für diese Geschütze vorgesehenen Ringstellungen sollten sich nahe vor dem hohen Beobachtungsstand befinden, waren aber am 6. Juni noch nicht alle vollständig fertiggestellt. Auch hatte man die Geschütze wegen der starken Bombenangriffe auf diesen Stützpunkt weiter westlich positioniert. Der von den Franzosen als „Grand Bunker" bezeichnete, weithin sichtbare Observationsbunker-„Turm" galt deutscherseits als uneinnehmbar, war aber den Planern der Invasion trotz seiner außergewöhnlichen Höhe unbekannt geblieben.)*

Der 17 Meter hohe Bunkerriese war die B-Stelle der noch im Bau befindlichen Batterie Riva-Bella, dem WN 08, mit einer Länge von 1.200 Metern und einer Breite von 200 Metern. An der westlichen Flanke der Orne-Bucht errichtet, sollte diese Verteidigungsanlage einen raschen feindlichen Vorstoß auf Caen verhindern.

**Fotos: Archiv Grand Bunker /
F. Corbin**

Nun näherten sich einige Männer des Trupps 8 diesem seltsamen „Turm", unwissend betreffs seiner Bedeutung – und wurden aus der ganz oben befindlichen Beobachtungsscharte und von seinem Flachdach herab mit Handgranaten beworfen. Nach ihrem sofortigen Rückzug versuchten sie schon wenige Minuten später eine weitere Annäherung, wiederum vergebens, wobei einige Männer Ver wundungen erlitten. Die Briten waren nun der Meinung, daß dieser glattwandige Riese mit seiner in sich geschlossenen Bauweise nicht einzunehmen ist – jedenfalls nicht auf diese Weise. Weil aber von diesem Bunker keine unmittelbare Gefahr ausging, da von ihm aus nicht geschossen wurde *(was infolge seiner nach außen hin völlig geschlossenen Konstruktion auch gar nicht möglich war)*, wurde der Versuch seiner Vereinnahmung eingestellt und man ließ ihn vorerst „unbeachtet" und marschierte einfach daran vorbei.

Der Funker Leslie Wight war inzwischen samt seines kleinen Trupps von den französischen Widerstandskämpfern bis nach Hermanville geführt worden: „Es war unglaublich ruhig geworden, wenn man bedenkt, daß wir uns mitten in einer großen Schlacht befanden. Es unterschied sich nun nicht sonderlich von unseren Übungen zu Hause an der Südküste. In einer Seitenstraße in Hermanville wurde mir dann mitgeteilt, daß meine Dienste nicht mehr benötigt würden, und man gab mir eine Karte mit einem Hinweis, wo unser Regimentshauptquartier nun sein würde; sie waren ja inzwischen alle gelandet und im vorgegebenen Einsatz. Das Hauptquartier lag in Colleville, und sie unterstützten den Infanterieangriff auf befestigte unterirdische Stellungen mit den Codenamen Morris, Hillman und Rover. Wie wir wußten, sollten das drei sehr harte Nüsse zu knacken sein...

Vom im oberen Stockwerk befindlichen Observationsstand des großen Bunkers aus beobachteten der Batteriechef (links) sowie der Feuerleitoffizier (Mitte) und der Telefonist monatelang das Meer – und was dann geschah, auch die Annäherung der britischen Soldaten an den Bunker...
Foto: Kollektion A. Wienand

Da ich keinen einzigen Deutschen sah, wollte ich mich auf den Weg zum Hauptquartier machen. Als ich mir gerade eine Zigarette anzündete, wurde ich plötzlich von einer kleinen Gruppe Zivilisten und einem Priester belagert. Es war nicht so einfach, sie alle wieder loszuwerden. Da sah ich einen unserer Panzer und lief zu ihm hin. Zum Glück hat mich der Panzerkommandant erkannt. Ich kletterte auf den Panzer und setzte mich direkt neben die Verlängerung seines heißen Auspuffrohres. Endlich fing ich an zu trocknen...“

Nachdem Bob Orrell zu seinem Gefechtsstand in Lion-sur-Mer zurückgekehrt war, wurde er betreffs seines Stellvertreters informiert: „Nick, der andere Offizier unserer Kompanie, der war mit einem unserer anderen Trupps gelandet, der den Auftrag hatte, unbedingt die Zerstörung der Schleusentore zum Caen-Kanal in Ouistreham zu verhindern. Ich wußte, daß der Kanal auf jeden Fall befahrbar bleiben mußte, weil man da noch irgend etwas Großes vorhatte. Während Nick seinen Job ausübte, hatte er dabei eine Kugel in den Hintern bekommen und war inzwischen nach England zurückgeschickt worden. Wäre ich nicht für den Transport der Kompanie verantwortlich gewesen, wäre mir die Aufgabe mit der Schleuse zugeteilt worden. Wir haben dann sicherheitshalber in der Nacht in einer großen Bodenvertiefung, die wahrscheinlich ein Bombenkrater war, übernachtet. Unser Zug sollte in den nächsten Tagen bei Straßenausbesserungsarbeiten und bei Materialtransporten mithelfen.“

09:20 Uhr

Seekommandant Normandie meldete telefonisch an Admiral Kanalküste: „Fünf Panzer bei Asnelles gelandet. Englische Artillerie schießt hinein. Bei Ver-sur-Mer scheint größere Landung zu sein, da große Verbände dort patrouillieren. Laufend Flugzeugaufklärung.

Schwere Bombenangriffe. Über zweihundert Einheiten *(auf See)* einschließlich Zerstörer gesichtet.

Der Heeresgruppe B wurde durch ein Ferngespräch des Chefs des Oberkommandos der Wehrmacht folgender Befehl übermittelt: „Die Unterstellung der 12. SS-Panzer-Division *Hitlerjugend* unter Heeresgruppe B wird aufgehoben. Division bleibt OKW-Reserve."

Bis zu dieser Zeit war man sich in den höchsten deutschen Stäben noch immer nicht im Klaren darüber, ob der Angriff der Alliierten lediglich ein Ablenkungsmanöver oder tatsächlich die große Invasion war – obwohl gerade ein Funkspruch der Angreifer aufgefangen worden war, in dem es hieß: „An alle Einheitsführer: Alles geht richtig, nur ein wenig spät."

Bereits um 08:14 Uhr hatte es geheißen: „Vorderste Linie niedergeworfen."

Die Lücken in der Küstenfront waren indessen nicht nur deutlich mehr geworden, sondern auch deutlich breiter. Durch die freigekämpften Passagen zwischen den Widerstandsnestern strömten immer mehr britische und kanadische Soldaten, von denen sich viele Trupps zum Vormarsch ins Hinterland und bis zu ihrem jeweiligen Einsatzort zusammenschlossen, sofern sie nicht in unerwartete Kampfhandlungen verwickelt wurden. Jede Einheit hatte ihre spezielle Aufgabe.

Foto: Battlefield Historian Ltd.

Eingermaßen planmäßig landete das 3. Bataillon des 1. Suffolk Regiments im *Sword*-Sektor *Queen White*. Weil dieser Strandabschnitt inzwischen geräumt war, verlief die Anlandung relativ problemlos. Das Bataillon verlor lediglich vier Soldaten durch Verwundungen. Hauptmann Eric T. Lummis war Chef der 150 Mann starken 1. Reinforcement *(Verstärkungs-)*Kompanie des Bataillons, das den Auftrag hatte, schnellstens nach Colleville zu marschieren, zum WN 16, um das 1. Bataillon bei der Einnahme der 2. Batterie des Artillerie-Regiments 1716 mit seinen vier 10-cm-Feldhaubitzen möglichst bald zu verstärken.

09:25 Uhr

Grenadier-Regiment 726 meldete an seine Division: „Drei Panzer auf der Ostflanke von Widerstandsnest 33; Aufklärung ist angesetzt."

09:30 Uhr

Längst hatte man auf deutscher Seite ein wesentliches Problem betreffs der Abwehr der Flotte der Alliierten erkannt: Die Reichweite der eigenen Küstenartillerie reichte nicht aus, die weit draußen auf dem Meer liegenden großen Kriegsschiffe mit ihren deutlich weiter reichenden Geschützen zu beschießen. Diesbezüglich erging um 09:30 Uhr eine entsprechende Meldung seitens des Seekommandanten Normandie: „Die 9. Batterie 1261 kann nicht schießen, da Schiffe außerhalb Reichweite."

Mit der eigenen Artillerie war man lediglich imstande, kleinere Kriegsschiffe und Landungsboote, die sich der Küste näherten, erfolgreich unter Feuer zu nehmen.

Seitens der deutschen Seekriegsleitung erging eine offizielle Meldung fernschriftlich an die Presseagentur Reuter: *Alliierte Armee landete an Nordküste Frankreichs.*

09:33 Uhr

Die deutsche Funkaufklärung erfaßte eine neuerliche Meldung des Gegners, in der es nochmals hieß: „An alle Einheitsführer: Alles geht richtig, nur ein wenig spät."

(Im Stab der 352. Division vermutete man mit dieser Meldung die Anforderung von Verstärkung und/oder Artilleriefeuer.)

09:35 Uhr

Die deutsche Funkaufklärung erfaßte eine weitere Meldung des Gegners: „Bis jetzt keine Einzelheiten, aber wir sind gelandet."

Zu dieser Zeit verstummte die Feuerleitung aus dem Hochleitstand in Riva-Bella, weil plötzlich die Telefonverbindung unterbrochen war; der Observationsstand hatte einen Granattreffer an der Oberkante seiner Beobachtungsscharte erhalten *(siehe Foto Seite 176)*, was zwei Schwerverwundete zur Folge hatte – den Feuerleitoffizier und seinen Telefonisten. Ohne Angabe der entsprechenden Koordinaten mußte die 1. Batterie erst einmal ihr Feuer einstellen. So bezog der Batteriechef einen Beobachtungsposten auf dem seiner Feuerstellung nahen Wasserturm in St.-Aubin-d'Arquenay, um von dort aus das Feuer der 15,5-cm-Kanonen weiterhin zu leiten.

09:40 Uhr

AOK 7 orientierte AOK 15: „Landung von etwa 35 Panzern in der Gegend um Tracy. Gegenangriff angesetzt."

Die Ortschaft Tracy liegt unmittelbar südwestlich Arromanches *(Landeabschnitt „Gold")*, das wegen seines zwei Kilometer breiten Einschnitts in der Steilküste zu einem der fünf wichtigsten Landebereiche der britisch-kanadischen Truppen gehörte. Die anderen Steilküsteneinschnitte befinden sich bei der Hafenortschaft Port-en-Bessin *(ebenfalls „Gold")*, im Raum Asnelles bis Ver-sur-Mer *(„Gold")*, im Raum Courseulles *(„Juno")* und im Raum Saint-Aubin bis Riva-Bella an der Orne-Bucht *(„Sword")*.

In einem Telefonat des Chefs des Oberbefehlshabers West mit dem Chef der Heeresgruppe B, wurde diesem mitgeteilt, daß vom OKW die Weisung ergangen sei, daß die 12. SS-Panzer-Division *Hitlerjugend* ohne Zustimmung des OKW *(Hitler)* nicht eingesetzt werden darf und dafür Sorge zu tragen sei, daß sie auch nicht, wie es hieß, „unfreiwillig" zum Einsatz kommt. Außerdem habe der Oberbefehlshaber West beim OKW ein Vorziehen der Panzer-Lehr-Division in den Raum um Flers beantragt *(immer noch rund 20 Kilometer südöstlich des Invasionsraums)*. Doch eine diesbezügliche Entscheidung des „Führers" stünde noch aus.

Die Batterie mit den großkalibrigsten Kanonen an der gesamten Invasionsküste war die Marine-Küsten-Batterie Marcouf. Ihre drei 21-cm-Kanonen verfügten über eine maximale Reichweite von 33 Kilometern. Jedoch lag diese Batterie fast an der westlichen Flanke des (dort amerikanischen) Invasionsraums. Sie konnte bis zum 11. Juni nicht eingenommen werden, wurde aber wegen der inzwischen hoffnungslosen Lage, am 12. Juni um kurz nach Mitternacht von seiner Besatzung aufgegeben und heimlich verlassen (siehe die Buchpublikation zu dieser Serie „Die Kanonen von Saint-Marcouf"). **Foto: ecpa>d**

Derek John Camping, Seekanonier in der Royal Navy: „Am D-Day habe ich viel Grausames gesehen und selbst Schreckliches erlebt."

Foto: Kollektion J. Camping

Der 18-jährige Derek John Camping war Seekanonier der Royal Navy und fuhr am D-Day auf dem LCT 1262: „Mein Zuhause war in London von deutschen Bombern 1942 zerstört worden. Da habe ich mich mit 17 Jahren freiwillig zur Marine gemeldet. Zu dieser Zeit wußten wir nichts von der Invasionsplanung. Es war alles verboten, sogar die Briefe an Zuhause wurden zensiert, und die Sicherheit war sehr streng. Wir warteten ab, was auf uns zukam.

Am 5. Juni kamen Panzer, Lastwagen und Soldaten auf unser Boot. Alles das wurde dann zum Juno Beach gebracht. Als wir nach dem Angriff an der Küste angekommen waren, sahen wir Männer und Stücke von Männern, die auf dem Strand lagen; ein gräßlicher Anblick, an den ich mich leider immer wieder erinnere. Dann fuhren wir an der Küste entlang und nahmen in der rauhen See in Not geratene Soldaten auf. Wir fischten aber auch viele Ertrunkene auf, die im Wasser umhertrieben. Da waren bei dem hohen Seegang einige Landungsboote bei der Anfahrt zur Küste gesunken."

(Das Boot, auf dem Derek John Camping fuhr, lief am Nachmittag auf eine Seemine auf und es gab eine derart starke Explosion, daß es in zwei Teile zerbrach. Die Überlebenden wurden erst gegen 18:00 Uhr aus dem kalten Wasser gerettet und mit einem kanadischen Zerstörer nach Portsmouth gebracht.)

09:45 Uhr

Der Pilot eines Royal-Air-Force-Aufklärungsflugzeugs meldete: „Deutsche Panzer nördlich von Caen."

(Tatsächlich handelte es sich bei diesen „Panzern" lediglich um siebzehn große Selbstfahrlafetten der 5. Kompanie der Sturmgeschütz-Abteilung 200, die im Raum Épron standen, nur einen Kilometer vom nördlichen Stadtrand Caen's entfernt.)

Der am *Juno Beach* im Sektor *Nan White* angelandete britische Infanterist Jack Webb mußte mit seiner Gruppe sofort zum nahen Bernières ziehen: „Wir blieben dort in Strandnähe; die Kanadier mußten ins Inland vorstoßen. Da verloren sie dann innerhalb der ersten drei Wochen sechzig Prozent

Jack Webb, Infanterist im 5. Bataillon des Royal Berkshire Regiments.

Foto: Kollektion J. Webb

ihrer Soldaten. Aber sie haben es wohl so hingenommen, und es ging ihnen so wie uns – sie konnten alles das nicht wirklich glauben…

Ich hatte mir nun eine kleine Stellung an der Hauptstraße von Bernières eingerichtet, in dem sich die Deutschen hartnäckig verteidigten. Auf dieser Straße mußten sich die kanadischen Panzer erst zum Ort vorkämpfen, dann hinein. Von dort aus fuhren sie landeinwärts weiter. Meine erste Aufgabe bestand nun darin, zwei verwundete deutsche Gefangene zu bewachen. Einer von ihnen starb, nachdem ich von einem anderen Wachtposten abgelöst worden war.

Unsere Gruppe Engländer hatte nun die Aufgabe, hier in Strandnähe ein Versorgungslager einzurichten, um von dort aus die 8. Brigade der kanadischen 3. Division mit allen notwendigen Versorgungsgütern zu beliefern. Die Kanadier, die zurück kamen, wurden von uns mit Essen und Munition versorgt. Wir hatten immer genug, sie damit versorgen zu können. Wir bewältigten bis zum August dreitausend bis sechstausend Tonnen an Vorräten sowie Material täglich, die übers Meer und direkt bis zu uns an den Strand gebracht wurden. Dann war die große Hafenstadt Cherbourg eingenommen und unsere Truppen konnten von dort aus im großen Stil mit allem Erforderlichen versorgt werden."

(Jack Webb verblieb bis Ende Juli 1944 bei Bernières: „Dann mußte auch ich zur Verstärkung zur längst weit vorgerückten Front." Webb wurde bei Kampfhandlungen am 25. August 1944 von deutschen Soldaten gefangengenommen und kam nach München in Gefangenschaft: „Wir wurden dann im Jahr darauf von den Amerikanern befreit.")

Provisorische Sammelstellen für Material und Versorgungsgüter, wie diese am „Juno Beach", wurden an etlichen Landestellen angelegt (wie hier am Nachmittag des „D-Day", nachdem die Ebbe eingetreten war). Innerhalb nur weniger Tage wurden daraus größere, sehr wichtige Depots für die Versorgung der Truppen.

Foto: Battlefield Historian Ltd.

09:50 Uhr

Aufklärungsmeldungen der deutschen Luftwaffe ergaben, daß das Seegebiet von der Somme-Mündung nach Norden sowie von den Kanalinseln nach Westen feindfrei war, womit bestätigt wurde, daß die Alliierten ihren großen Angriff ausschließlich auf die Seine-Bucht zwischen Le Havre und der Cotentin-Halbinsel konzentrierten. *(Dennoch lehnte das OKW um 10:00 Uhr den fernmündlich gestellten dringenden Antrag des OB West auf Freigabe der OKW-Panzer-Reserve ab. Ein Heranziehen der 12. SS-Panzer-Division wurde nun zwar genehmigt, ihr Einsatz jedoch erst nach erfolgter Freigabe seitens des OKW.)*

Einem nun erteilten entsprechenden Befehl des OB West zufolge war die Panzer-Lehr-Division jetzt nur noch marschbereit zu halten, jedoch noch nicht weiter vorzuverlegen. Die britisch-kanadischen Truppen rückten indessen vom Landeabschnitt *Juno* langsam ins küstennahe Hinterland vor – die Briten nur sehr langsam. Schon während der Anlandungen war es bei ihnen am Strand außer häufiger Staus zu total konträren Situationen gekommen: In jenen Zonen ihrer Sektoren, in denen sie auf starkes deutsches Abwehrfeuer stießen, schleppten sich Verwundete gegenseitig über den Strand, während in sogar direkt angrenzenden Zonen andere Soldaten Tee aufbrühten und vor ihrem weiteren Vorstoßen eine Pause einlegten.

Die britischen Infanteristen des 1. Bataillons des Suffolk Regiments hatten sich vom 2,6 Kilometer entfernten *Sword-Beach*-Sektor *Queen Green* bis Colleville vorgekämpft. Der Auftrag der A-, B-, C- und D-Kompanie bestand am *D-Day* primär in der Eliminierung der

2,9 und 3,8 Kilometer hinter der Küste liegenden Widerstandsnester 16 und 17, die in den britischen Operationsplänen mit den *(Automarken-)*Decknamen *Morris (WN 16)* und *Hillman (WN 17)* verzeichnet waren.

Colleville war *(1944)* ein schmales Dorf, das sich von Süden nach Norden und mehr als einen Kilometer lang hinzog und dessen etwa nur einhundert kleine Häuser hauptsächlich an der Durchgangsstraße von Caen nach Ouistreham standen, außerdem mit lediglich zwei parallel verlaufenden, schmalen Straßen auf jeder Seite der Ortschaft. In einigen der Häuser waren deutsche Soldaten einquartiert, die aber wegen der Kampfhandlungen, die überall im Küstenbereich stattfanden, im Einsatz waren. Nur rund dreihundert Meter vom südwestlichen Ortsrand entfernt, befand sich das WN 16 mit seinen vier 10-cm-Feldhaubitzen.

Die C- und D-Kompanie fielen mit Unterstützung einiger Panzer von Norden her in das Dorf ein – und stießen auf keinerlei Widerstand, auch nicht von der nahen Batterie im WN 16.

Eine von drei Kasematten mit 8,8-cm-Kanonen im inzwischen von kanadischen Soldaten eingenommenen, noch unfertigen WN 33 am Strand vor Ver-sur-Mer. (Auf dem weithin sichtbaren Spannband links im Bild stehen die Worte „Wheels Exit", was bedeutet, daß dieser Strandausgang lediglich von Fahrzeugen mit Rädern passiert werden darf, nicht von Kettenfahrzeugen.)

Fotos: Battlefield Historian Ltd.

09:55 Uhr

General Eisenhower teilte im britischen Rundfunk mit, daß die Invasion begonnen habe und rief die französischen Widerstandsbewegungen auf, nun das zu tun, was ihnen angeraten würde. Die französischen Patrioten sollten zwar passiven Widerstand leisten, aber abwarten, bis sie zur gegebenen Zeit aufgerufen werden.

Am *Gold Beach* wurde eine britische Spezial-Panzer-Einheit angelandet, der auch der 24-jährige Panzerkanonier Philipp Alexander Milton angehörte: „Weil wir eine Armeetruppe und keine Divisionstruppe waren, konnten wir jeder Division oder Einheit zugeteilt werden, die zusätzliche Feuerkraft benötigte. Nachdem wir mit unseren Panzern am 3. Juni auf die LCTs geladen wurden, mußten wir wegen der 24-stündigen Verschiebung des D-Day an Bord bleiben, bis wir unser Ziel erreicht hatten. Unser LCT trug drei Sherman-Panzer, zwei Halbkettenlastwagen und einen der Spezialpanzer, die vorn mit breiten Rollen mit langen Kokosfaser-Matten ausgestattet waren. Diese Teppichleger waren für die anderen Panzer und Halftracks wichtig, um die Wahrscheinlichkeit zu verringern, daß Kieselsteine zwischen die einzelnen Kettenglieder geraten.

Bei der Überfahrt war die See ziemlich unruhig, und ein LCT ist nicht gerade das stabilste Boot, noch dazu mit seiner schweren Ladung. Einige unserer Jungs waren schlimm seekrank. Als wir uns der feindlichen Küste näherten und die Sicht besser wurde, war der Anblick überwältigend. Schiffe und Boote aller Größen, von Horizont zu Horizont. Der große Angriff und die Schlacht um die Normandie hatte schon einige Zeit vor unserer Ankunft begonnen. Um die früher angelandeten Truppen zu unterstützen, begannen wir sofort mit unseren Fünfundzwanzigpfündern auf noch am Strand bestehende Stellungen zu schießen, schon, während wir noch auf See waren.

Infanteristen des 1. Bataillons des Suffolk Regiments hatten sich vom „Sword Beach" bis von dort 2,6 Kilometer in südliche Richtung entfernten Colleville vorgekämpft und passierten die kleine Ortschaft ohne auf Widerstand zu stoßen – auf ihrem Weg zu den Widerstandsnestern 16 und 17.
Foto: Battlefield Historian Ltd.

Als wir uns dann auf die Landung vorbereiteten, stieß unser Boot mit einem unsichtbaren Hindernis zusammen, vermutlich mit einem versunkenen Panzer. Als dabei die Rampe nach unten fiel, schaltete der Panzerfahrer gerade die breite Mattenrolle ein. Die schwere Matte begann sich plötzlich schnell abzurollen und in dem an dieser Stelle noch tiefen Wasser zu verschwinden. Fast hätte sie den Soldaten mit unter Wasser gerissen, der gerade anfangen wollte, sie vor die Panzerketten zu legen. Ich hielt den Squaddie *(Gefreiten)* geistesgegenwärtig fest und zog ihn wieder an Bord. Dann wurde der Teppich wieder aufgerollt, und der Bootsführer setzte uns sicher auf dem Strand ab. Wir fuhren dann über die von dem vor uns herfahrenden Spezial-Panzer ausgerollte künstliche Straße vom Strand hinunter und sofort ins Hinterland."

Nachdem das Ausmaß der seeseitigen Anlandungen nun immer deutlicher wurde, erging von der 7. Armee ein neuer Befehl an die 21. Panzer-Division: „Die 21. Panzer-Division *(die zu dieser Zeit bereits mit starken Teilen auf der östlichen Seite der Orne stand)* greift mit Masse den westlich der Orne angelandeten Feind an, nur Teile*(!)* der Kampfgruppe von Luck den Brückenkopf ostwärts der Orne."

Auch die zwei Bataillone Oberst von Oppeln-Bronikowskis Panzer-Regiment 22, das auf der östlichen Seite der Orne schon weit vorangekommen war, mußten umkehren und sich über Caen auf die andere Seite der Orne begeben. Diesbezüglich kritisierte Werner Kortenhaus: „Das war angesichts der Gesamtsituation ein völlig unsinniger Befehl, der sowohl viel wertvolle Zeit wie auch viele weitere Verluste durch Luftangriffe kostete…"
(Als es Teilen des Panzer-Regiments erst am Spätnachmittag gelang, die 5,5 Kilometer hinter der Küste befindliche Anhöhe nahe Périers, 4,5 Kilometer westlich der Orne, zu erreichen, waren von den morgens noch 104 Panzern nur noch 58 erhalten geblieben…)

10:00 Uhr

Ia der 352. Infanterie-Division an Artillerie-Regiment 352: „Orientierung über gelandeten Feind bei WN 03 und 05 *(auf der unmittelbaren östlichen Seite der Orne-Mündung). Auftrag: Mit allen verfügbaren Geschützen der II. Abteilung Feind zwischen WN 03 und 05 bekämpfen und seinen Nachschub verhindern.“

Das Artillerie-Regiment meldete zurück: „Munitionslage bei der schweren IV. Abteilung kritisch.“

Im Kampfgebiet östlich der Orne war indessen viel geschehen – mit hohen Verlusten auf beiden Seiten...

Foto: Archiv Gerstenberg

Im Gebiet der Festung Le Havre waren in der Nacht zuvor versehentlich zehn über dem falschen Raum abgesprungene kanadische Fallschirmjäger des 1. kanadischen Fallschirmjäger-Bataillons gefangengenommen worden, darunter auch ein Leutnant. Aber erst zu dieser Zeit wurde Admiral Kanalküste mitgeteilt, daß diese Soldaten Kartenmaterial für den Raum Caen-Bayeux bei sich getragen hatten *(das Hauptzielgebiet der im Abschnitt „Sword“ und „Juno“ gelandeten britisch-kanadischen Truppen am D-Day)...*

Querschnitt-Modell des großen Bunkers in Riva-Bella mit seinen fünf Etagen. In der oberen Etage links befindet sich der Observations- und Feuerleitstand für die dazugehörige 1. Batterie der Heeres-Küsten-Artillerie-Abteilug 1260. **Foto: von Keusgen**

Die britische 185. Brigade der 3. Division begann, zusammen mit Panzern der 27. Armoured *(Gepanzerte)* Brigade, am *Sword Beach* anzulanden – als weitere Verstärkung. *(Unmittelbar nachdem ihre Anlandung beendet war, stießen sie ins Hinterland vor, mit Richtung auf Caen...)*

Etliche Soldaten der französischen und britischen Kommandos waren in Riva-Bella geblieben, um in dem großen Stützpunkt „aufzuräumen“. Sie stellten nun erst fest, daß die auf ihren Karten eingezeichneten sechs 15,5-cm-Kanonen gar nicht vorhanden waren, lediglich ihre Fundamente. Sie vergaßen jedoch, den annähernd im Zentrum Riva-Bella's stehenden hohen Bunker-Turm mit dem Artillerieleitstand zu visitieren, in dem sich noch immer 53 deutsche Soldaten aufhielten – völlig passiv und unbemerkt *(noch bis zum Abend des 9. Juni).*

Während dessen waren die Männer des britischen Kommandos Nr. 4 von Riva-Bella bis zum einen Kilometer entfernten Hafen von Ouistreham vorgerückt. Als sie sich der Schleuse näherten, schlug ihnen plötzlich von der östlichen Seite starkes Infanteriefeuer entgegen. Rasch suchten die

Briten Deckung in zwei nicht sehr großen Hafengebäuden auf dem weitläufigen Freigelände, und eine heftige Schießerei entbrannte *(die noch drei Stunden lang anhalten und die Männer des britischen Kommandos bis dahin „binden" sollte. Erst um 15:30 Uhr konnte der deutsche Widerstand mittels eines AVRE-Panzers gebrochen werden.)*

Zu diesem Zeitpunkt *(10:00 Uhr, zweieinhalb Stunden nach Speidels Anruf)* telefonierte Feldmarschall Rommel von seinem Privathaus in Herrlingen mit seinem Stabschef, um sich über die Situation in der Normandie zu erkundigen. Speidel erklärte, man nunmehr den Invasionsbeginn erkannt habe und die Kampfhandlungen für die deutsche Seite bisher günstig verlaufen wären. *(Der genaue Zeitpunkt dieses Telefonats wurde im Kriegstagebuch der Heeresgruppe B schriftlich festgehalten). Daraufhin beschloß der Feldmarschall seine sofortige Abfahrt in die Normandie und meldete diese dem Führerhauptquartier.*

Hans Sauer: *„Da erschienen plötzlich etwa siebzig Soldaten des Strafvollzugs in unserer Batterie, die völlig fertig waren. Sie hatten sich von der Küste drei Stunden lang unentwegt Schießereien mit ihren britischen Verfolgern liefern müssen. Einige waren dabei getötet worden."*

Foto: Kollektion H. Sauer

Der Obergefreite Hans Sauer war erstaunt, „als plötzlich etwa siebzig Soldaten eines Strafvollstreckungszugs in unseren Stützpunkt 17 auf der Höhe 61 gebracht wurden. Sie waren allesamt von der 84. Armee und hätten eigentlich noch verschärften Arrest. Man hatte sie statt dessen an die Küste zum Arbeiten geschickt. Sie hatten sich dann aber vor den schweren Kämpfen da oben zurückziehen müssen und waren dabei bis vor Colleville ständig verfolgt und beschossen worden und nun alle ziemlich erschöpft. Unser Stützpunkt war für sie der letzte Zufluchtsort. Aber wo sollten die bei uns untergebracht werden, und für wie lange Zeit? Unsere Unterstände waren ja von unseren eigenen Leuten alle belegt."

10:02 Uhr

Seekommandant Normandie funkte an Admiral Kanalküste: „[…] Bei Ver-sur-Mer scheint größere Landung zu sein, da große Verbände dort patrouillieren. Laufend Flugzeugaufklärung und sehr schwere Bombenangriffe. *(Vor der Küste)* über 200 Einheiten einschließlich Zerstörer gesichtet."

10:20 Uhr

Meldung des Grenadier-Regiments 914 an seine Division: „Beim linken Nachbarn wird die Lage zwischen Widerstandsnest 3 und Widerstandsnest 5 *(östlich des offiziellen Invasionsraumes)* kritisch; größere Landungsboote stehen vor der Küste, dabei ein Fesselballon."

AOK 7 meldete an Heeresgruppe B: „Lage hat sich verschärft. Nach Meldung LXXXIV. Armee-Korps feindliche Landungen in Asnelles, Port-en-Bessin und Grandcamp. Feindliche Panzer haben Meuvaines *(„Gold", Sektor „Jig Red")* und Sainte-Croix *(„Juno", Sektor „Love")* erreicht. Bei Asnelles 35 Feindpanzer, davon 7 abgeschossen. Lage bei Riva-Bella ungeklärt. *(Dortige)* Heeres-Küsten-Batterie schweigt *(weil 25 Minuten zuvor eingenommen)*. Gegner im Vorgehen aus Landekopf Port-en-Bessin in Richtung Colleville(-sur-Mer) gemeldet.„ *(Somit setzten sich erste Trupps der Briten in Richtung „Omaha Beach" in Bewegung, um den Amerikanern, die zu dieser Zeit in manchen Sektoren respektive deren Zo-*

nen noch immer am Strand lagen und in diesen Bereichen größte Schwierigkeiten hatten, besonders im blutigen Sektor „Easy Red" zu Hilfe zu kommen – siehe Buchtitel „Omaha Beach – Die Tragödie des 6. Juni 1944").

Zeitgleich erfolgte eine fernmündliche Meldung seitens des AOK 15 an die Heeresgruppe B: „Luftgelandeter Feind hinter der 711. Infanterie-Division in Stärke eines Bataillons vernichtet. Vierzig Gefangene."

Indessen hielt es der Oberbefehlshaber des AOK 7 für notwendig, daß „sofort die 12. SS-Panzer-Division *Hitlerjugend* sowie die Panzer-Lehr-Division möglichst küstennah vorgeschoben werden."

10:25 Uhr

Seekommandant Normandie funkte an Admiral Kanalküste: „Beschuß Straße Arromanches-Bayeux. 35 Panzer bei Asnelles zerstört. Weitere Landungen. Abwehr durch eigene Artillerie. Batterie Longues wird weiterhin beschossen. Laufend Jagdaufklärung bei Arromanches. Kampfverbände bombardieren viertelstündlich rückwärtige Verbindungen."

Östlich der Orne hatte sich ein großer Teil der mit Lastenseglern (im Hintergrund) gelandeten britischen Infanteristen „eingegraben" und wartete auf Verstärkung durch Soldaten der 1. Special Service Brigade.
Foto: Battlefield Historian Ltd.

Noch immer war Lord Lovat mit der 1. Special-Service-Brigade unterwegs in Richtung Bénouville, angeführt von Bill Millin und dessen Dudelsackspiel. Gelegentlich standen Franzosen an den Straßen, winkten den Vorbeiziehenden begeistert zu, klatschten in die Hände und riefen: „Anglais, Anglais!" *(Engländer!)*

Als die Kolonne, deren Soldaten ihre Gewehre ständig schußbereit unter dem Arm hielten, Saint-Aubin-d'Arquenai verließ, wurde plötzlich von einem einzelnen Schützen aus einem Baum zweimal auf sie geschossen, jedoch ohne jemanden zu treffen. Danach lief er durch ein Maisfeld davon. Lovat ließ ihn nicht verfolgen, und der Trupp setzte seinen Marsch fort.

10:30 Uhr

Colleville war nun vollkommen von den Briten eingenommen. Nachdem auch das 3. Bataillon des 1. Suffolk-Regiments in der kleinen Ortschaft eingetroffen war, trat der Bürgermeister, Monsieur Alphonse Lenaux, aus dem Rathaus auf die Hauptstraße. Auf seinem Kopf trug er einen blankgeputzten Messing-Feuerwehrhelm. Er begrüßte Hauptmann Eric Lummis überschwenglich mit ausgebreiteten Armen: „Bienvenue, mes amies, bienvenue!" *(Willkommen meine Freunde, willkommen!)*

Lenaux lud den Kompaniechef euphorisch ein, mit ihm in seinem Rathaus Calvados zu trinken. Aber Lummis lehnte die freundschaftliche Geste dankend ab.

Nun ging die B-Kompanie gegen die nahegelegene 2. Batterie HKAR 1716 im WN 16 vor – gegen „Morris". Dafür wollte der britische Major McCaffery eigentlich Feuerunterstützung von der Schiffsartillerie anfordern, doch angesichts der völligen Passivität der Batterie ließ er zuerst einmal eine Lücke in die Umzäunung sprengen, um dann einen Weg durch den Minengürtel zu bahnen. Aber in dem Moment, da die Bangalore-Torpedos zu diesem Zweck aufgestellt waren, wurde in dem Batterieareal eine weiße Fahne hochgehalten.

Emblem des Suffolk-Regiments **Foto: Archiv von Keusgen**

Das ursprünglich 151 Mann starke Batteriepersonal, das überwiegend aus polnischen Soldaten bestand, befand sich in keiner guten Verfassung, denn sie hatten am 1. und 2. Juni mehrere massive Luftangriffe über sich ergehen lassen müssen, von denen einer derart gezielt stattgefunden hatte, daß es bereits zu hohen Mannschaftsverlusten gekommen war; und dann war da auch noch der langanhaltende, starke und zielgenaue Beschuß durch die schwere Marine-Artillerie am frühen Morgen gewesen. Insgesamt hatte die Batterie 68 Tote und 38 Verwundete, davon 16 Schwerverwundete, zu verzeichnen. So hatte die völlig traumatisierte Mannschaft nun jeglichen weiteren Kampfeinsatz unterlassen.

Hermann Wilkop war als 22-jähriger Obergefreiter Richtkanonier am 2. Geschütz dieser Batterie und von einem kleinen Granatsplitter am linken Oberarm verwundet worden: „Was wir da in unserem Stützpunkt erlebt haben, war die Hölle, unsere Batterie eine einzige Kraterlandschaft. Schon beim ersten Artilleriebeschuß hatten wir morgens gleich mehrere Tote und Verwundete. Da gab es ein fürchterliches Geschrei. Ehe wir die Toten und Schwerverwundeten beiseite schaffen konnten, ging's sogleich nochmal los. Explosionen über Explosionen... Wenn einem dann die Fetzen der Kameraden um die Ohren fliegen, dann... Überall blutige Fetzen... Es war grauenhaft, ganz grauenhaft..."

(Anmerkung des Autors: An dieser Stelle „erstickten" Herrn Wilkops Worte und er brach seinen bereits schon zuvor sehr ausführlichen Bericht ab – die Augen voller Tränen...)

Widerstandslos und mit erhobenen Händen verließen 67 deprimierte Artilleristen die Bunker und Verteidigungsstellungen.

Von nur vier britischen Soldaten begleitet, mußten die erschöpften Gefangenen schnellen Schrittes, zeitweise sogar im Laufschritt, durch Colleville-sur-Orne und in Richtung des zweieinhalb Kilometer entfernten Meeres eilen...

Foto: Battlefield Historian Ltd.

(Gegen Mittag meldete das 3. Bataillon des 1. Suffolk-Regiments, daß WN 16 neutralisiert ist. Aber nur zehn Minuten nach der Einnahme von „Morris" wurde das Terrain plötzlich mit Artillerie beschossen – mit deutscher Artillerie. Der Standort der feuernden Geschütze war jedoch nicht zu ermitteln. Da die britischen Soldaten innerhalb des Areals sofort nach Einsetzen des Beschusses in den drei erst kurz zuvor eingenommenen Kasematten Schutz gesucht hatten, gab es unter ihnen keine Verluste. Der Beschuß wurde allerdings schon nach kurzer Zeit wieder eingestellt.)

10:35 Uhr

Die 352. Division meldete an Seekommando Normandie: „Batterie Longues schießt *(aber nur sporadisch)*. Näheres über *(inzwischen viele)* Ausfälle nicht bekannt. Bei Arromanches Feind eingebrochen."

Zwischen der rechten Armeegrenze und der Orne war die Spitze der 21. Panzer-Division indessen in heftige Kämpfe mit den britischen Luftlandetruppen verwickelt. General Marcks wollte diese Division jedoch schnellstens auf die westliche Seite der Orne beordern.

10:50 Uhr

Seekommandant Normandie funkte an Admiral Kanalküste: „Laufende Jagd*(Luft)*aufklärungen bei Arromanches. Kampfverbände greifen viertelstündlich rückwärtige Verbindungen an."

Kanadische Infanteristen haben im küstennahen Hinterland ihres Landeabschnitts „Juno" auf größerer Breite mittels etlicher Schützenlöcher eine sogenannte Auffangstellung improvisiert – für den eventuellen Fall eines Zurückgeworfenwerdens eigener Truppen.

Foto: Battlefield Historian Ltd.

10:58 Uhr

Meldung des Grenadier-Regiments 726 an seine Division: „Drei Hafenschutzboote im Hafen Port-en-Bessin durch Bombenvolltreffer gesunken." *(Was allerdings schon drei Stunden zuvor geschehen war – ein flagranter Beweis für die erhebliche Kommunikationsschwäche respektive Probleme bei den Deutschen.)*

11:00 Uhr

Riva-Bella und Ouistreham waren von den britischen Truppen und den französischen Kommandounternehmen größtenteils eingenommen worden. *(Einige kleine deutsche Trupps, die in der Nähe des Ouistreham-Hafens umgangen und somit eingeschlossen wurden, kapitulierten nach anfänglicher Gegenwehr am Abend des 7. Juni.)*

Wie vom Planungsstab der Alliierten vorgesehen und zeitlich festgelegt, hatten sich bis um 11:00 Uhr bei Hermanville die 8. und die 185. Brigade der britischen 3. Infanterie-Division versammelt. Die 8. Brigade sollte die Anhöhe nahe Périers einnehmen, die 185. mit drei Infanterie-Bataillonen in Richtung Caen vorstoßen. Dazu sollten die Soldaten des 2. Bataillons des King's Shropshire Light Infantry Regiments dieser Brigade auf die Panzer des Staffordshire-Yeomanry-Regiments aufsitzen und somit beim Vorstoß auf Caen die Spitze bilden, flankiert von den zwei weiteren Infanterie-Bataillonen. Aber wo blieben die Panzer?

(Die Panzer des Staffordshire-Yeomanry-Regiments waren infolge des Landechaos am überfüllten, nur noch schmalen Strand und auf den von Infanteristen und Fahrzeugen verstopften Wegen und Straßen unmittelbar hinter der Küstenlinie aufgehalten worden, so kam es beim Vorrücken zu deutlichen Verzögerungen. Ein Querfeldeinfahren war ihnen wegen der vielen Minenfelder untersagt.)

Britische Soldaten warteten auf Verstärkung durch das Absetzen von Fallschirmjägern.
Foto: Battlefield Historian Ltd.

Der Kommandeur der 185. Brigade sah sich gezwungen, zu warten – um jedoch das Tagesziel planmäßig zu erreichen, lief die Zeit davon, weshalb sich die 8. Brigade unverzüglich in Richtung der Périers-Anhöhe in Marsch setzte...

11:01 Uhr
Orientierung der 716. Infanterie-Division durch ihren rechten Nachbarn, der 711. Division: „Vor der Orne-Mündung stehen 13 Kreuzer und zahlreiche Landungsboote."

Die größte Ansammlung von Schiffen und Booten stand vor der Orne-Bucht respektive vor dem Caen-Kanal, im Abschnitt *Band.*

Die Soldaten des 2. Bataillons des East-Yorkshire-Regiments waren inzwischen von ihrem Landeabschnitt *Sword* Sektor *Oboe* drei Kilometer in südöstliche Richtung bis an St.-Aubin-d'Arquenay und fast bis zur 1. Batterie HKAA 1260, die in offener Feldstellung lag, vorgestoßen. Ihr Batteriechef hatte von seinem Behelfsbeobachtungsposten auf dem Wasserturm die britischen Soldaten herankommen sehen, was aber den Artilleristen in der Geschützstellung nicht möglich war. Da man nun Gefahr lief, daß die Batterie umgangen und ihre Besatzung gefangengenommen würde, ließ der Leutnant die Batterie schnell auflösen, die Geschütze unbrauchbar machen und seine Männer sich zurückziehen. Albin Wienand sagte dazu aus: „Bis etwa elf Uhr hatten wir mit den vier Kanonen geschossen. Unser Artilleriefeuer hatten wir nur ein paarmal wegen der Tiefflieger und ihrer schrecklichen Bombardierungen unterbrechen müssen. Nun kam der Befehl, alle Geschütze zu sprengen, immerhin waren sie nicht mobil. *Die Engländer sind gelandet,* hieß es, *sofort absetzen nach hinten, in Richtung Caen,* und das haben wir dann auch sehr schnell getan."

Gerald Ledger, 17-jähriger britischer Soldat, war mit 19 anderen Fallschirmjägern aus einer amerikanischen Dakota-Maschine aus 500 Metern Höhe abgesprungen: „Es ist schon ein beschissenes Gefühl, zu wissen, daß man mitten in einen Krieg springt..."
Foto: Kollektion G. Ledger

(Treffermeldungen der Batterie gab es keine, bisher aber auch keine personellen Verluste. Artilleriemunition war noch vorhanden, doch hatte man vergeblich darauf gewartet, daß aus dem Hinterland deutsche Panzer vorstoßen und die Batterie entlasten würden. Nur kurze Zeit nach dem Abrücken der Batteriemannschaft nahmen die Soldaten des britischen Regiments die Stellung ein.)

Die schlechten Witterungsbedingungen hatten sowohl den britischen wie den kanadischen Truppen ihren Angriff nicht unerheblich erschwert: Die Bombardierungen der deutschen Verteidigungsanlagen waren nur bedingt erfolgreich gewesen, die Fallschirmjäger der 6. Airborne Division hatten hohe Verluste, von den DD-Panzern hatten weniger die Küste erreicht, als es geplant war, und nach der inzwischen aufgelaufenen Flut herrschte an den nur noch schmalen Landestränden ein nur sehr schwer und zeitaufwendig zu ordnendes Chaos aus Fahrzeugen, die den nachfolgenden Angriffstruppen ihren Vorstoß deutlich erschwerten. Dennoch stießen immer mehr Truppen der britischen 50. Infanterie-Division landeinwärts vor, so auch die mit der zweiten Angriffswelle gelandete 56. Brigade, deren Ziel Bayeux war.

11:05 Uhr

AOK 7 fernschriftlich an AOK 15: *Zwischen Überschwemmung(-sgebiet) an (östlicher) Armeenaht und Orne stehen keine Kräfte zur Bereinigung der Lage zur Verfügung. Im Abschnitt nur ein Ost-Bataillon. 21. Panzer-Division bereinigt Lage westlich Orne. AOK 7 bittet, Teile der 711. Infanterie-Division ostwärts der Orne zur Bereinigung anzusetzen. Beurteilung der Lage: Reserven der 711. Infanterie-Division nur schwach, kommen zeitlich auch zu spät. Es erscheint deshalb richtiger, dort Teile der 12. SS-Panzer-Division anzusetzen. (Eine weitere Ablehnung dieses Antrags, dieses Mal an das AOK 7, erfolgte um 11:25 Uhr.)*

Leutnant Günter Halm war indessen äußerst befremdet: „Wir waren das einzige Bataillon, das ganz bis zur Küste vorgestoßen war. Wir waren mitten zwischen die Engländer gefahren. Aber unser I. Bataillon hatte nun den Befehl bekommen, stehen zu bleiben und nicht anzugreifen, obwohl wir von einem dreifachen Riegel eingeschlossen waren. Ich wurde beordert, sofort zum Gefechtsstand unseres Regiments zurück zu fahren und dort zu bitten, daß wir in den Kampf eingreifen dürfen. Also schnell mit zwei Mann in einen Schützenpanzer und zurück."

11:14 Uhr

Grenadier-Regiment 726 meldete an seine Division: „I. Bataillon Grenadier-Regiment 916 ist 11:10 Uhr zum Gegenstoß gegen den auf Höhe 22 ostwärts Asnelles sitzenden Feind angetreten. Asnelles ist angeblich vom Feind besetzt."

...Und weitere Anlandungen erfolgten unentwegt auf der gesamten Breite des Angriffsraums, und den Angreifern gelang es, immer mehr Einbruchstellen zu erzwingen.

(Im Laufe des Vormittags stießen Panzer der britischen 8. und der 27. Panzer-Brigade, gefolgt von Soldaten der 3. britischen und 3. kanadischen Division ins küstennahe Hinter-

land und in Richtung der strategisch wichtigen Verbindungs-
straße Bayeux-Caen vor. Die kleinen Küstenortschaften wa-
ren von britischen und kanadischen Truppen und Fahrzeugen
geradezu überfüllt.)

Nachdem im Abschnitt *Sword* die drei Infanterie-Bataillone der 185. Brigade Group auf dem durch die steigende Flut nur noch schmalen Strand angelandet waren, wurden ihre Panzer in einem Durcheinander von zu vielen dicht gedrängten Fahrzeugen und Soldaten eingekeilt und die Brigade in zwei Teile getrennt – genau jener wichtige Verband, der sich, nachdem er sich gerade formiert hatte, schnellstens in südliche Richtung auf Caen bewegen sollte.

Wenngleich General Montgomery verharmlosend gesagt hatte, daß man am *D-Day* lediglich *(Zitat)* „ein bißchen herumgondeln" würde, ist nun selbst der 13 Kilometer entfernte Stadtrand von Caen gemäß Montgomerys eigenem taktischen Hauptziel für den 6. Juni über den Landweg kaum erreichbar. Zwar hatte man Generalmajor Rennie von der britischen 3. Infanterie-Division instruiert, Caen bis zum Einbruch der Nacht einzunehmen oder wenigstens von den britischen Truppen zu sichern, doch bestand dessen Division überwiegend aus Wehrpflichtigen, die nicht den Ehrgeiz hatten wie die Berufssoldaten der Luftlandetruppen der 6. Airborne Division und die Freiwilligen der kanadischen 3. Infanterie-Division.

Scharfschützen eines der britischen Sonder-Kommandos.
Foto: Battlefield Historian Ltd.

11:15 Uhr

Bis zu dieser Zeit hatte der Angriff des Trupps 1 des Kommandos Nr. 4 auf die Casino-Stellung, dem WN 07 *(siehe Seite 22)*, stagniert. Um kurz vor 11:00 Uhr war ein Duplex-Drive-Panzer direkt vor der einen Kilometer breiten, als Pointe du Siège benannten Landzunge auf den nur noch schmalen Strand gerollt und hatte außer mehrerer anderer gut

Stabswagen der britischen Tyne Tees der 50. Infanterie-Division.
Foto: Battlefield Historian Ltd.

plazierter Schüsse zwei Treffer in die Scharten zweier Geschützbunker abgegeben. Nun konnte die stark bewaffnete Verteidigungsanlage endlich erstürmt und von Leutnant Faure und seinen Männern eingenommen werden. 21 deutsche Soldaten ergaben sich, von denen nur noch acht unverwundet waren.

Die französischen Kampftrupps hatten ihren Auftrag in Ouistreham erfolgreich ausgeführt und rückten gegen 13:00 Uhr landeinwärts vor – über Saint-Aubin-d'Arquenay in Richtung der Bénouville-Hebebrücke…

Die acht unverwundeten, gefangengenommenen, letzten deutschen Verteidiger des WN 07, der „Casino"-Stellung auf der Pointe du Siège, wurden am Nachmittag abgeführt.
Foto: Battlefield Historian Ltd.

Über die deutsche Abwehr sagte Léon Gautier: „Die Deutschen waren gute Soldaten. Sie haben sehr starken Widerstand geleistet und sich gut geschlagen. Sie waren auch nicht glücklich, daß wir gekommen sind. Am Ende der Kampfhandlungen um die Normandie, nach 78 Tagen, waren von uns 177 Franzosen nur noch 24 übrig."

11:45 Uhr

LXXXIV. Armeekorps meldete an AOK 7: „Bei 716. Infanterie-Division westlich Orne-Mündung hat Feind Brückenkopf gebildet und mit vorderen Spitzen Linie Colleville-sur-Orne – Tailleville – Reviers – St.-Croix-sur-Mer – Asnelles erreicht."

Sämtliche britisch-kanadischen Spitzentruppen befanden sich inzwischen an Land, und die Lage der Angreifer entwickelte sich für sie allgemein günstig. Die Spitze eines der britische Verbände war hinter dem Landeabschnitt Sword sogar bis Colombelles *(3 Kilometer nordöstlich Caen, 9 Kilometer im Inland und direkt an der Orne gelegen)* vorgestoßen. Im küstennahen Hinterland von Arromanches wurden die drei Batterien bei Vaux-sur-Aure, Pierre-Solain und der Ferme Tringale von britischen Stoßtrupps eliminiert.

11:57 Uhr

Seekommandant Seine-Somme notierte ins Kriegstagebuch: *Durch Marinesignalstelle Le Havre wird erneute Verstärkung der Landungsflotte durch Kampfwagenlandungsboote, Frachter und Transporter in etwa 20 Seemeilen Entfernung, in Richtung West, beobachtet. Stärke der Landungsflotte zu diesem Zeitpunkt etwa 150 bis 200 Einheiten aller Typen.*

In diesem Augenblick überflogen zwei Messerschmitt-Jäger im Tiefflug die Orne in Richtung Küste – zum einzigen, nur wenige Minuten dauernden deutschen Luftwaffen-Kampfeinsatz an diesem entscheidenden 6. Juni…

„Erst gegen Mittag", sagte Hermann Welter, der mit seinen neun Kameraden noch immer tatenlos bei den beiden Haubitzen stand, „konnten wir zwei deutsche Messerschmitt-Jäger sehen, die von der Küste da hinten herüberkamen, aber es waren eben nur zwei...[39] Wir hatten auf sehr viele gewartet, und wir warteten weiter, jedoch vergebens."

12:00 Uhr

General der Artillerie Erich Marcks beurteilte die Lage so, daß Seeanlandungen bis auf den Bereich bei La Madeleine (*US-Landeabschnitt „Utah Beach"*) restlos abgeschlagen wären *(was nicht den Tatsachen entsprach)* und eine kritische Lage nur noch im Brückenkopf westlich der Orne bestehen würde – für dessen Bereinigung man nunmehr dringend die Hilfe der Armee erbäte. Indessen landeten die Engländer kompanieweise vor den Widerstandsnestern 03 und 05, unmittelbar östlich der Orne. Widerstandsnest 01 *(Batterie Merville)* wurde eingeschlossen. Auch lagen vor den Widerstandsnestern 03 und 05 noch immer 22 vollbesetzte Landungsboote in Wartestellung, alle ausgestattet mit Sperrballonen gegen Tieffliegerangriffe.

Der Chef des Generalstabs des AOK 7, Generalleutnant von Blumentritt, orientierte den Generalstabschef der Heeresgruppe B über die Lage beim LXXXIV. Armeekorps und beantragte den Einsatz von Teilen der 711. Infanterie-Division *(die an die rechte [östliche] Flanke der 716. Division angrenzte) am Ost-Ufer der Orne, weil die 21. Panzer-Division zum Einsatz am Westufer befehlsgemäß abdrehen mußte. General Speidel wollte jedoch betreffs des Einsatzes von Teilen der 711. Division zunächst nochabwarten. Blumentritt drängte auf eine baldige Entscheidung.*

Der Trupp des Kommandos Nr. 4 hatte den Auftrag, sich nach seiner Landung vor Quistréham auf dem Landweg zur Batterie Merville zu begeben, um sie für den Fall, daß Terence Otways Angriff mißlingen sollte, ihrerseits anzugreifen und zu neutralisieren. So bewegten sich die Soldaten entlang des Kleinbahngleises, das in Richtung Bénouville und zur Kanal-Brücke führte, auf der John Howard dringend auf Entsatz hoffte...

Foto: Battlefield Historian Ltd.

12:03 Uhr

Der Chef des Generalstabs des LXXXIV. Armeekorps bat Speidel um Genehmigung, die Schnelle Brigade 30 im Abschnitt der 716. Division einsetzen zu können, weil sich die Lage dort sehr kritisch entwickelt hatte. Der Antrag wurde genehmigt. Außerdem stellte Speidel in Aussicht, daß das LXXXIV. Armeekorps mit der Zurverfügungstellung der 12. SS-Panzer-Division *Hitlerjugend* für den Abschnitt der 716. Division rechnen könnte; allerdings könne noch kein definitiver Zeitpunkt dafür festgelegt werden.

Die Spitze der 12. SS-Panzer-Division *Hitlerjugend*, die Stabskompapanie, war der Division weit voraus und stand bereits seit einiger Zeit auf dem Feldflugplatz nahe Carpiquet. Sturmmann Hans Henke war mit der Stabskompanie in einem VW-Kübelwagen an der Spitze gefahren.

---

39 Am 4. Juni 1944 standen auf französischem Boden insgesamt 183 deutsche Tag-Jagdflugzeuge, von denen 160 einsatzfähig waren, und von diesen wurden am Nachmittag dieses Tages 124 von Nordfrankreich (von wo aus sie relativ schnell in der Normandie hätten eingesetzt werden können) nach Reims und Nancy verlegt – bis zu mehr als vierhundert Kilometer von der normannischen Küste entfernt. Diese Verlegung war kurzfristig angeordnet worden und mußte in großer Eile stattfinden.
Bereits am 15. Mai 1944 war die 2. Gruppe des Jagdgeschwaders 26 von der Normandie nach Südfrankreich verlegt worden...

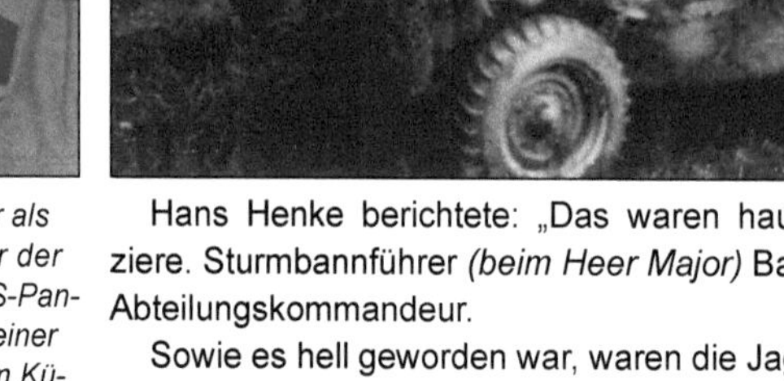

Hans Heinrich Henke war als Sturmmann Angehöriger der Stabskompanie seiner SS-Panzer-Einheit. Er war auch einer jener Soldaten, die in dem Kübelwagen (Foto rechts) saßen (neben dem MG-Schützen auf der vorderen Sitzreihe).

Fotos: Kollektion : H. Henke

Hans Henke berichtete: „Das waren hauptsächlich Offiziere. Sturmbannführer *(beim Heer Major)* Bartling war unser Abteilungskommandeur.

Sowie es hell geworden war, waren die Jagdflugzeuge der Alliierten sofort über uns, und wir kriegten ordentlich Zunder. Die haben sofort angegriffen. Es waren jede Menge Flugzeuge über uns, Lightnings, die rechts und links aus ihren Tragflächen schießen konnten. Ich habe mich ständig gefragt, wo denn unsere eigenen Flugzeuge sind. Wenn die Lightnings die Straßen entlang flogen und sie in voller Breite regelrecht abgrasten, sind unsere Autos natürlich in die Straßengräben rein. Wir hatten unseren Kampfraum noch gar nicht erreicht und schon viele Verluste. Ich selbst habe mich ein paarmal mit einem großen Sprung in einen Graben retten können.

Da war ein prima Kumpel, wir waren uns sehr sympathisch, der hatte in der Eile vor einem dieser Jabos unter einem Panzer Schutz gesucht, aber der fuhr plötzlich an und rollte mit seinem Kettenlaufwerk direkt über ihn hinweg. Ich konnte sehen, wie sein Oberkörper auseinanderplatze. Wir waren wirklich gute Kameraden gewesen...

Dann ist unsere ganze Kolonne mit etwa fünfzig Fahrzeugen durch Caen gefahren, bis zum Flugplatz von Carpiquet. Dort waren wir sehr befremdet, denn unsere Luftwaffentruppe war nicht mehr da, war wohl gleich abgehauen, denn die Gebäude am Flugplatz waren alle verlassen. Ich hatte Hunger und ging in eines hinein und habe mich da etwas in der Küche umgesehen. In den Pfannen lagen noch die fertiggebratenen Schnitzel. Aber ich habe sie nicht angerührt, war mir ein bißchen komisch..."

Sturmmann Erich Bissoir, der mit seinem Motorrad im nördlichen Großraum Caens und des Klosters Ardenne unterwegs war, konnte „die Gefahr aus der Luft" bestätigen: „Schon am ersten Tag des Angriffs der Alliierten bekamen wir ihre Luftüberlegenheit heftig zu spüren. Um uns vor den schnellen Jagdbombern zu schützen, wurden unsere Fahrzeuge mit dicht belaubten Zweigen bedeckt und sahen aus wie wandernde Büsche.

Immer wieder mußten wir im Straßengraben Deckung vor den Jabos suchen, die sofort auf alles schossen, das sich bewegte. Zum erstenmal sah und spürte ich die Feuerkraft ihrer Bordkanonen und die Wirkung der abgefeuerten Raketen, die sie unter ihren Tragflächen mitführten.

Den ständigen, gefährlichen Jabo-Angriffen waren wir fast völlig schutzlos ausgeliefert. Aber für die Piloten ging es auch nicht ohne Verluste ab. So beobachtete ich, wie unsere Vierlingsflack zwei dieser schnellen Jabos in geringer Höhe abschoß. Der Pilot der zweiten Maschine konnte noch aus der kleinen Kabine seiner brennenden Maschine rauskommen und sprang ab, aber zu spät. Er knallte in fast unmittelbarer Nähe vor mir auf die Erde und war durch die Wucht seines Aufpralls nur noch eine formlose Masse in der Größe eines Kartoffelsacks. Sein Fallschirm hatte sich wegen der zu geringen Höhe nicht mehr entfalten können; er ragte überhaupt nur erst halb aus seiner Hülle."

Erich Bissoirs Zugführer Harry Wontorra

Erich Bissoir: „Überall lagen zerschossene Fahrzeuge am Straßenrand und in den Straßengräben. Brennende Fahrzeuge wurden grundsätzlich weit umfahren, um nicht durch plötzlich explodierende Munition in Gefahr zu geraten."

Fotos und Kollektion: E. Bissoir

Albin Wienand war noch immer mit dem Trupp der 1. Batterie von Saint-Aubin-d'Arquenay her in Richtung Caen unterweges: „Es war ziemlich genau 12:00 Uhr, als wir plötzlich unter den hohen Bäumen eines Hohlwegs auf einen Spähtrupp der 12. SS-Panzer-Division trafen, die sogenannte *Hitlerjugend*. Die Panzer standen völlig unbeweglich da. Wir sind dort aber nicht geblieben. Etwas weiter haben wir einen Lastwagen gefunden, der nach hinten fahren sollte. Da unser Trupp inzwischen ohnehin den Zusammenhalt verloren hatte, hab' ich mich mit einigen Kameraden draufgeschwungen. Doch schon bald bekamen wir Fliegerbeschuß. Alle schnell wieder runter und in Deckung gehen. Ein Weitergehen war wegen der Jagdflieger jetzt nicht mehr möglich.

Von dort, wo wir nun in Deckung lagen, konnten wir dann sehen, wie gar nicht weit jenseits der Orne und innerhalb der nächsten etwa eineinhalb Stunden, wohl mehr als vierzig Lastensegler landeten, ohne jede Abwehr deutscherseits. Die Dinger haben ja keinen Lärm gemacht; auf einmal waren sie da. Sie kamen ganz geräuschlos runtergesegelt. Von unserer Seite gab es nur sehr wenig Abwehr-feuer. Die gelandeten Segler wurden schnell entladen. Sie waren randvoll mit schwerem Material, Kanonen, Fahrzeuge und so weiter. Diese Lastensegler müssen sehr leicht gewesen sein, denn als sie leer waren, wurden sie einfach schnell beiseite geschoben, damit die nächsten landen konnten."

Die 3. Batterie des Artillerie-Regiments 1255 beschoß zehn britische Landungsboote vor Riva-Bella, und die 2. Batterie feuerte auf einen sich dort nähernden Verband von 36 Schiffen mit Landungsbooten – beide Beschießungen mit nur geringen Trefferergebnissen.

Unversehrte britische und kanadische Soldaten einzelner Einheiten kehrten zu ihren Landeplätzen zurück, um deutsche Gefangene an den Strand und zur Überführung nach Großbritannien zu bringen, sowie sich mit neuer Munition zu versorgen. Danach stießen sie wieder ins Hinterland vor. Diese Sammelstelle befand sich am „Juno Beach" Sektor „Nan White" unmittelbar vor Bernières, wo die kanadischen Quee Rifles bei der Anlandung 65 ihrer Männer verloren hatten.

Foto: Battlefield Historian Ltd.

Im Raum Arromanches/Asnelles wurde die Lage für die deutschen Verteidiger immer dramatischer. Am Strand vor Asnelles fanden weiterhin Anlandungen und Ausladungen statt, und etliche weitere Panzer und Infanteristen stießen gegen beide Ortschaften vor. Arromanches wurde langsam eingeschlossen und noch immer von See her beschossen. Auch die Batterie Longues lag weiterhin unter schwerem Beschuß der Schiffsartillerie, und vor der Orne-Mündung landeten permanent britische Truppen. Indessen stießen an mehreren verschiedenen Orten immer wieder einzelne deutsche Kampfverbände in die Flanken der vorstoßenden britischen und kanadischen Panzer-Einheiten, fügten ihnen starke Verluste zu und hielten die Infanterie für einige Zeit auf. Der gesamte Aufstellungsraum der rechtsseitig benachbarten 711. Infanterie-Division war jedoch noch immer feindfrei.

Bei Hermanville hatte der Kommandeur der 185. Brigade eine Stunde lang vergebens auf die Panzer des Staffordshire Yeomanry Regiments gewartet, dann gab er seinen drei Infanterie-Bataillonen den Befehl zum Vormarsch in Richtung Caen.

Inzwischen war die 8. Infanterie-Brigade bei ihrem Vorstoß auf die Périers-Anhöhe auf die deutschen Verteidigungsanlagen WN 16 *„Morris"* und WN 17 *„Hillman"* gestoßen.

Die Panzer des 1. South-Lancashire-Bataillons waren trotz mehrerer kleiner Gefechte inzwischen rasch bis nahe Biéville vorgestoßen *(2,3 Kilometer westlich des Caen-Kanals und 6,8 Kilometer von Caen's Stadtzentrum entfernt)*, doch hier stießen sie auf die 8,8-cm-Ge-

Britische Soldaten der 50. Infanterie-Division ziehen von „Gold Beach" in Richtung Saint-Gabriel, dann weiter nach Creully.

Foto: Battlefield Historian Ltd.

schütze der Panzerjäger-Abteilung 200 der 21. Panzer-Division, die ihren Vormarsch abrupt aufhielten. Brigadegeneral Cass entschied, auf Verstärkung durch die 185. Brigade zu warten. So verharrten die „South Lancs" vorerst in ihrer Position.

Nachdem es den Soldaten des 7. Bataillons der Green Howards im *Gold*-Sektor *King Red* indessen endlich gelungen war, den von Panzern und Soldaten total überfüllten Strand zu verlassen, waren sie nun über Ver-sur-Mer in Richtung Creully unterwegs.

Der britische Hauptmann George Wilson machte ihn befremdliche Beobachtungen: „Auf unserem Weg von der Küste trafen wir erste französische Zivilisten. Ich hatte von ihnen den Eindruck, daß sie pro-deutsch eingestellt waren, denn sie betrachteten uns mit kalten Augen, und sie sprachen nicht mit uns, schwiegen nur. Das war die ganze Zeitlang so, solange wie ich mich in der Normandie aufhalten mußte. Aber man mußte diese Leute auch verstehen, denn immerhin hatten viele durch die Bombardierungen und die Kämpfe ihre Häuser, oftmals ihren gesamten Besitz verloren, sogar Familienangehörige. Die wenigen Franzosen, die einen etwas zugewandten Eindruck machten, gaben uns einen grauenhaften Apfelwein zu trinken. Aber einige Wenige winkten uns auch manchmal zu."

1. Special Service Brigade mit drei deutschen Gefangenen. (Im Bildhintergrund mehrere gelandete Lastensegler, die – je nach Fracht – am Heck geöffnet oder in der Rumpfmitte auseinander genommen werden konnten.)
Foto: Battlefield Historian Ltd.

12:05 Uhr

Der Ia des Generalstabs der 716. Infanterie-Division an Grenadier-Regiment 914: „Feuerzusammenfassung des II. Bataillons Artillerie-Regiment 352 auf Widerstandsnester 03 und 05 beim linken Nachbarn, wo der Feind kompanieweise landet. Widerstandsnest 01 ist eingeschlossen."

12:30 Uhr

Lagebeurteilung durch die Luftflotte 3 *(Gefechtsstand in Paris. Oberbefehlshaber: Generalfeldmarschall Sperrle): Nach dem bisherigen Eindruck Landung anscheinend Nebenunternehmen im Rahmen der eigentlichen Invasion. Durch Zerstörung Seine-Brücken hat Gegner das Landungsgebiet nach Nordfrankreich abgetrennt. Unwahrscheinlich, daß das Hauptziel der Invasion etwa Besetzung Bretagne/Normandie ist, wahrscheinlich vielmehr das Hauptziel zu nunmehr günstigen Bedingungen für Landung, nämlich Hochwasser im Bereich Dünkirchen, Dieppe, erfolgt. Annahme, daß Gegner bereits in nächsten Tagen dort erscheint, insbesondere dann, wenn es ihm nicht gelingt, sich in der Seine-Bucht zu halten. Für diese Beurteilung spricht die besondere Vorbereitung des Gebietes zwischen Schelde und Seine durch den Gegner mit seinen sehr starken Luftangriffen auf militärische Anlagen.*

(Doch diese Beurteilung war völlig falsch und Folge der zu eben dieser Täuschung führenden gegnerischen Scheinaktionen.)

Leutnant Günter Halm war inzwischen beim Gefechtsstand des Panzergrenadier-Regiments 192 der 21. Panzer-Division eingetroffen: „Bei der Rückfahrt sind wir drei Mann auf halber Wegstrecke, bei Colleville, plötzlich in eine englische Abteilung geraten. Die haben unseren Panzer angeschossen. Dabei wurde mein Beifahrer verwundet, dennoch haben wir uns irgendwie durchgeschlagen. Beim Regimentskommandeur habe ich dann die Bitte unseres Bataillonskommandeurs vorgetragen, sie möchten da oben unbedingt eingreifen und uns wieder 'raushauen. Das haben sie aber nicht gemacht.“

„Es war so halb eins mittags, da wurde uns noch Mittagessen gebracht,“ erzählte der Artillerist Hermann Welter, „bis dahin hatten wir in unserer 7. Batterie *(2,4 Kilometer hinter der Küste)* den Krieg nur von weitem gehört. Wir waren zwar darüber informiert, daß an der Küste einiges los war, aber wir waren noch immer tatenlos, hatten keinen Befehl bekommen, mit unseren beiden Haubitzen zu schießen, was für uns in unserer offenen, von oben gut einsehbaren Feldstellung wegen der vielen feindlichen Jagdflugzeuge auch sehr gefährlich gewesen wäre.

Während wir dann im Freien beim Essen saßen, erschien nicht weit entfernt ein Engländer. Man konnte das leicht an seinem flachen Helm erkennen. Aber der war auch gleich wieder verschwunden. Der mußte ja schon deutlich vor der Front gewesen sein, denn weit dahinter wurde noch geschossen und es qualmte da. Einige meiner Kameraden sind dann mit ihren Gewehren in seine Richtung gegangen, haben ihn aber nicht mehr gesehen; war wohl ein Kundschafter.

Inzwischen sind auch immer wieder viele große Flugzeuge über uns hinweg und nach hinten geflogen.“

12:50 Uhr

Die 711. Infanterie-Division meldete an ihr LXXXI. Armeekorps: „[...] 711. Infanterie-Division vermutet Fehllandung *(des Feindes)*. Küste vollkommen ruhig. Einbruch zirka 3 bis 4 Kilometer tief westlich Orne, neuerdings ostwärts Orne. Panzer teilweise bis 35 *(Exemplare)*. IX. Fallschirmjäger-Bataillon bestätigt.“

(Viele derart widersprüchliche und falsche Meldungen verdeutlichen die auf deutscher Seite vorherrschende Irritation und Unsicherheit, was Zweifel, Fehlentscheidungen und Zögern zur Folge hatte.)

Unstimmigkeiten herrschten auch in der Befehlsgebung seitens der höchsten Stellen, da man dort ohne die nötige Luftaufklärung nur unzureichende Informationen betreffs der Feindbewegungen erhalten konnte.

Bis zu diesem Zeitpunkt war das Widerstandsnest 21 in Lion-sur-Mer von etlichen englischen Soldaten umgangen und sehr heftig umkämpft. Gegen 13:00 Uhr starteten die deutschen Verteidiger plötzlich einen Gegenangriff. Bis eben hatte auch der 19-jährige MG-Schütze Willi Hornack zwischen die noch am Strand verbliebenen Angreifer gefeuert: „Beim Schießen habe ich einfach nur draufgehalten und dabei die Augen zugemacht. Es war schrecklich grausam, was ich da am Strand angerichtet habe... Klar, wir haben uns gewehrt, gegen die Masse, die da so bedrohlich und gefährlich ankam.

Es war kurz vor dreizehn Uhr, da rollte plötzlich ein Schützenpanzer heran, einer von den Unseren; da war ein Gegenangriff befohlen, mit unseren paar Leuten, aber mit Unterstützung des Panzers und unserer drei Granatwerfer. Ich mußte nicht mitlaufen, habe aus meiner kleinen MG-Stellung geschossen. Die Engländer zogen sich auch tatsächlich von unserem Widerstandsnest zurück, obwohl sie so viele waren."

(Der 3,5 Kilometer breite Küstenstreifen zwischen Langrune und Lion-sur-Mer, in dem ein Teil der 21. Panzer-Division stand, konnte von den Briten wegen der [dort noch] zu starken Abwehrkraft am 6. Juni nicht eingenommen werden. Erst gegen Mittag des 7. Juni gelang es den Royal Marines, diesen Bereich mit starker Unterstützung von Panzern einzunehmen. Gleich nach dem Beginn der Beschießung gaben die hier stehenden, indessen stark geschwächten deutschen Truppenteile ihren Widerstand auf, verließen ihre Verteidigungsstellungen und liefen davon – auch der junge MG-Schütze Willi Hornack: „Unser Widerstandsnest war von Panzern total zusammengeschossen worden; da herrschte nur noch Chaos. Noch während der Schießerei bin ich mit noch zwei Kameraden nach hinten gelaufen, ab in die Felder...")

Die 1. Special Service Brigade hatte Bénouville erreicht. Lord Lovat forderte seinen Dudelsack-Spieler Bill Millin auf, weiterzuspielen, damit Major Howard und dessen Soldaten an der Hebebrücke sie schon von weitem als derselben Nationalität zugehörig erkennen konnten.

(Infolge der durch das Musik spielen entstandenen großen Verluste im Ersten Weltkrieg, war es nun in der britischen Armee verboten, im Frontbereich Dudelsack zu spielen oder es zu befehlen, weil dieses Instrument weithin hörbar ist. Lord Lovat setzte sich über derartige Anordnungen hinweg und ließ Millin von Beginn an seiner Brigade vorausgehen und musizieren – am D-Day und auch im weiteren Verlauf der späteren Kampfhandlungen.)

Als die Kolonne in Bénouville die Kirche erreichte, wurde sie von ihrem Turm herab mit Maschinenpistolen beschossen. Einige der Engländer wurden verwundet. In diesem Augenblick rollte ein britischer Panzer heran und schoß auf den Kirchturm. Der stürzte nach dem Granateinschlag zusammen und begrub die deutschen Soldaten unter seinen Trümmern.

Willi Hornack: „Ich war ein lebensfroher Mensch, der kein Soldat werden wollte. Mit 18 Jahren wurde ich dann zum MG-Schützen ausgebildet. Mit 19 erlebte ich in der Normandie den 6. Juni; und dieser Tag hat mich verändert. Nach dem Krieg bin oft hierher, genau an die Stelle meiner damaligen MG-Stellung, zurückgekehrt, auf der Suche nach etwas, von dem ich bis heute nicht weiß, was es ist. Aber ich habe niemals mehr den Strand betreten."

Foto: Kollektion W. Hornack

13:00 Uhr

Bereits um 11:30 Uhr hatte ein kleiner Spähtrupp des 1. Bataillons des Suffolk-Regiments festgestellt, daß die starke, auf dem 61 Meter über dem Meeresspiegel gelegene Verteidigungsanlage *Hillman (WN 17)* sowohl vom morgendlichen Bombardement sowie vom Beschuß durch die Schiffsartillerie völlig verschont geblieben war. Es gab weder Krater, in denen man beim Angriff Deckung finden konnte, noch eine in die Stacheldrahtumzäunung oder in den Minengürtel geschlagene Lücke, um möglichst rasch in die große Verteidigungsanlage eindringen zu können. So wurde nun gezielter Beschuß durch die Schiffsartillerie angefordert *(der um 13:10 Uhr begann und fünf Minuten lang anhielt)*.

Tote deutsche Infanteristenim Widerstandsnest 21. **Fotos: Imperial War Museum**

Am *Sword Beach* landete indessen bei längst aufgelaufener Flut die 9.Brigade, die Reserve-Brigade der britischen 3. Division. Da der Strand- und Vorstrandbereich schon lange nicht mehr unter deutschem Abwehrfeuer lag, konnten die Soldaten den nur noch geringen Streifen Strand relativ rasch verlassen. Ein erhebliches Handicap bestand in der Masse der angeschwemmten Leichen und der vielen weitverstreuten und inzwischen teilweise gänzlich überfluteten zerstörten Fahrzeuge – Panzer, Lastwagen und Jeeps, die zu umfahren schon die Landungsboote einige Schwierigkeiten hatten, es sogar mehrfach zu Kollisionen kam, besonders bei den noch viel später nachfolgenden Booten.

Die 9. Brigade setzte sich nun ebenfalls in Richtung auf Caen in Bewegung *(wurde auf ihrem Marsch jedoch in einige kleine Kampfhandlungen verwickelt und verlor dabei ihren Kommandeur).*

13:10 Uhr

Die ersten Soldaten der 1. Special-Service-Brigade trafen an der Kanal-Hebebrücke bei Bénouville ein. Lovat und Howard begrüßten einander. Der geplante Kontakt mit den Luftlandetruppen auf der Ostseite der Orne war hergestellt.

Eröffnung des schweren Artillerie-Beschusses des Stützpunktes Höhe 61, des WN 17, durch die Schiffsartillerie.

13:15 Uhr

Der Beschuß auf WN 17 seitens der Schiffsartillerie wurde eingestellt – er war ohnehin ein weiteres Mal recht wirkungslos, weil das Terrain des Stützpunktes sehr flach und der Vorgeschobene Artillerie-Beobachter für die Marine-Artillerie inzwischen gefallen war .

Während des Beschusses hatte sich ein Zug der D-Kompanie des 1. Bataillons des Suffolk-Regiments durch ein nahes Maisfeld bis auf einhundert Meter an die äußere Stützpunktumzäunung herangeschlichen. Einige Soldaten schoben mehrere Bangalore-Torpedorohre unter den Draht, der dann aber nur über wenige Meter zersprengt wurde – und dahinter befand sich das den Stützpunkt umgebende, breite Minenfeld *(Stützpunkt-Plan siehe Seite 31).*

Von Colleville kommend, stieß nun (klugerweise in einem Hohlweg) auch die A-Kompanie gegen Hillman vor, verstäkt von zwei Zügen der C-Kompanie. Die B-Kompanie verblieb

*vorerst mit einem speziellen Pioniertrupp als Reserve im na-
hen Colleville.*

„Da kamen die Engländer langsam vor", beschrieb Hans
Sauer die Situation, „die brachten draußen, vor unserer Umzäunung, eine kleine Kanone in Stellung und schossen zu uns
rüber, irgendwo hin. Einer unserer Kanoniere, ein dreißigjähri-
ger Stabsgefreiter, schoß mit unserer Pak zurück. Aber sie feuerten mit der kleinen Kanone noch einmal, und die Granate riß
ihm beide Beine ab. Da hat er dem Kameraden, der auch mit
an der Pak hockte und der noch ein paar Handgranaten dabei hatte, gesagt, er sollte ihm eine davon geben und dann in
den Laufgraben gehen, er selbst konnte ja nun nicht mehr weg.
Dann zog er die Handgranate ab und legte sich drauf..."

Hans Sauer: „Ganz plötzlich
waren sie da, die Engländer,
und dann ging's heiß her..."

Foto: Kollektion H. Sauer

13:17 Uhr

716. Infanterie-Division orientierte die 352. Infanterie-Division: „40 schwerste Panzer im Vorstoß auf Ryes." *(2,7 Kilometer südlich Arromanches)*

13:30 Uhr

Das geplante Zusammentreffen mit den britischen Handstreichkommandos bei der Bé-
nouville-Zugbrücke über den Orne-Kanal wurde nun endgültig vollzogen. Die Verteidigungs-
aktionen nur vereinzelter und wenig koordinierter deutscher Trupps in diesem Raum hatten
keine großen Erfolge erbracht.

Der 18-jährige Infanterist des mit an der Spitze marschierenden britischen Trupps 4 des
Kommandos Nr. 3 war James Clinton, er berichtete: „Meine üble Seekrankheit war inzwischen einigermaßen verflogen. Nun waren wir nach einigen kleinen Schießereien endlich
an dieser merkwürdigen Hebebrücke angekommen. Die Fall-
schirmjäger hatten sich über unser Eintreffen gefreut. Jemand hatte uns zuvor gesagt, daß hier etliche Schiffe und
Boote den Kanal herauffahren sollten, aber ich habe kein einziges gesehen. Dann überquerten wir die stählerne Brücke
und rückten vor, um Amfreville einzunehmen, was nach einem kurzen Kampf gelang."

Das 2. Bataillon des Grenadier-Regiments 726 versperrte
indessen vor der Anhöhe von Saint-Croix den vorrückenden britisch-kanadischen Truppen beharrlich den Weg. Erst
mit einem starken kanadischen, von Panzern geführten Angriff gelang es, die deutsche Abwehr zu zerschlagen, und die
deutschen Soldaten ergaben sich.

Bei Tailleville leistete das 2. Bataillon des Grenadier-Regiments 736 ebenfalls entschlossen Widerstand. Man wollte
unbedingt den Durchbruch eines starken Teils der britischen
3. Division vereiteln, doch das Bataillon wurde eingeschlossen... *(Um 15:48 Uhr lautete der letzte kurze Funkspruch:
„Nahkampf im Gefechtsstand.")*

Der 18-jährige Soldat James
„Jim" Clinton war einer der
jungen Männer des 4. Trupps
des Kommandos Nr. 3.

Foto: Kollektion J. Clinton

Arthur Travers Harris (1892-1984), ab Februar 1942 im Rang des Marshal of the Royal Air Force, somit Oberbefehlshaber des Royal-Air-Force-Bomberkommandos. Von ihm wurden die Bombardierungen vieler deutscher Städte befohlen, auch war er an der Vorbereitung der Invasion in der Normandie beteiligt. Seine Bomber sollten das Schienennetz und den „Atlantikwall" zerstören. Während der Invasion erfolgten die Bombardierungen systematisch vor jeder Bodenoperation. Am 18. Juli 1944, vor der „Operation Goodwood" im Raum Caen (um die Stadt einzunehmen) wurden von 2.077 Bombern mehr als 7.500 Tonnen Bomben abgeworfen, hauptsächlich auf Caen (obwohl diese Stadt längst weitgehend zerstört war). Dem Mann zu Ehren, den man längst zynisch „Bomber-Harris" nannte, wurde 1992 in London ein Denkmal errichtet – unter großem Protest gegen einen, wie es hieß, „Kulturzerstörer und Massenmörder".
Foto: Archiv Gerstenberg

An der östlichen Flanke des *Sword-Beach*-Sektors *Peter* unternahm das 3. Bataillon des Grenadier-Regiments 736 mit Unterstützung durch heftiges Geschützfeuer des Artillerie-Regiments 716 einen starken Gegenstoß. Im nahen Lion-sur-Mer kämpfte das 2. Bataillon um die Kirche des Ortes.

(Nachdem das 2. und 3. Bataillon während der Kampfhandlungen weit voneinander abgeschnitten waren, mußten sie sich unter größten Schwierigkeiten zueinander zurückkämpfen – und wurden dabei vollständig aufgerieben. Der Vormarsch der britisch-kanadischen Streitkräfte war nun nicht mehr aufzuhalten...)

13:45 Uhr

Die Stabsbatterie der 12. SS-Panzer-Division *Hitlerjugend* hatte von Carpiquet zum im nordwestlichen Außenbezirk von Caen gelegenen Abbaye d'Ardenne verlegt, wo Regimentskommandeur Max Wünsche seinen Gefechtsstand einrichtete. Hans Henke erzählte: „Kurz nach Mittag sind wir rüber zum Kloster Ardenne. Das sind vom Carpiquet-Flugplatz nur vier Kilometer. Da war ich mit dem Beobachter oben auf dem Turm. Man konnte in der Ferne das Meer sehen, und, wenn auch nur sehr schwach, das dunkle Band der vielen Schiffe. Aber da kamen plötzlich vom Meer her mehr als hundert Flugzeuge, Bomber..., und dann haben sie ihre schreckliche Last über Caen abgeladen. Was da herunter kam sah aus wie schwarzer Regen ..."

Bomber der Royal Air Force begannen, Caen zu bombardieren – systhematisch... *(Somit sollte ein Heranführen deutscher Verstärkungstruppen verzögert, möglichst total vereitelt werden, denn die Hauptroute von Süden nach Norden verlief direkt durch die mittelalterliche Metropole der Unteren Normandie. In den Ortschaften und Städten des Hinterlandes sollten die deutschen Verluste vergrößert und gleichzeitig durch das Zerstören der Häuser eine Blockade der wichtigsten Durchfahrtsstraßen erwirkt werden. Um jedoch für das spätere eigene Vorwärtskommen keine hinderlichen Bombenkrater zu erzeugen, wurden Bomben mit Frühzündern verwendet, deren Sprengkraft mehr in die Breite ging und alles regelrecht „beiseite fegte". Auch in Saint-Lô und Périers wurden diese Bombardierungen, wie es hieß, „äußerst erfolgreich" durchgeführt.*

Zwar hatten die Alliierten am Morgen dieses Tages Tausende Flugblätter abgeworfen, auf denen die Stadtbevölkerung dringend aufgerufen wurde, Caen sofort zu verlassen und sich auf dem Land vor Luftangriffen in Sicherheit zu bringen, doch waren es nur relativ wenige Personen die diese Maßnahme befolgten – und nun kamen die Bomber...)

Auch die 25-jährige Madame Marie-Dénise Rivé war, wie
die Masse der Bevölkerung, in Caen geblieben. Sie war mit
ihrem Mann erst sieben Wochen zuvor dorthin gezogen –
hochschwanger. Über das schwere Bombardement berichtete sie *(mit wiederholten starken emotionalen Anwand-
lungen)*: „Oh, mon dieu, was da passierte, ist in seinem
gesamten Umfang unbeschreiblich. Ich hatte gerade etwas
Milch für mein Baby besorgen können, die in der Stadt zu
bekommen in dieser Zeit gar nicht mehr so selbstverständ-
lich war. Ich befand mich auf dem Heimweg, keine einhundert
Meter mehr von dem Wohnhaus entfernt, in dem wir wohnten. Mein Mann war bei unserem Baby geblieben. Da grollte
plötzlich ein ungeheurer Donner heran. Dann war der Himmel schwarz von Flugzeugen und es kamen Tausende Bomben herunter, wie dichter Regen. Es hörte sich an, als würden
unendlich viele Hunde jaulen und heulen, dann krachte es
überall um mich herum. Überall Explosionen. Häuser stürz-
ten zusammen und der Erdboden zitterte und bebte. Menschen liefen schreiend durcheinander. Ich hatte den Gehweg
verlassen und mich schnell auf die Straße gelegt, damit mich
keine herabfallenden Steine der Häuser treffen. Dann wurde
ich von einer dichten, grauen Staubwolke eingehüllt, die mir
fast den Atem nahm. Die Milchkanne hatte ich neben mich
gestellt und mein Gesicht in meine Armbeuge gedrückt, at-
mete durch den Stoff meiner Wolljacke, dennoch glaubte ich
jeden Moment zu ersticken. Unter mir schien sich die Straße
immer wieder wie in Wellen zu heben und zu senken.

*Marie-Dénise Rivé, Einwohne-
rin von Caen: „Die Bomber der
Alliierten haben mir mit einem
Schlag das Wertvollste genom-
men, das ich besaß – meinen
Mann und mein Kind."*
Foto: Kollektion M.-D. Rivé

Plötzlich hörte ich in dem Bombeninferno und dem dichten Staub einen Panzer heranfahren. Das klirrende Geratter
seiner Ketten wurde rasch lauter und lauter und immer lauter. Ich hatte wahnsinnige Angst. Dann spürte ich das große
Panzerlaufwerk unmittelbar neben mir, und die Straße zitterte
und bebte. Ich war panisch und schrie und schrie in meine Armbeuge. Einen Moment später krachte es ganz in meiner Nähe, und kleine Steine prasselten auf mich herunter, und ich
vernahm, wie ein Haus zusammenbrach.

Als das grausame Bombardement dann irgendwann endlich vorbei war, war alles still. Es
war so still, daß ich einen Moment lang glaubte, tot zu sein…

Noch immer meine Nase und meinen Mund im Stoff meiner Wolljacke, stand ich langsam und am ganzen Körper bebend auf. Rundherum nur Staub. Die Luft war voll davon.
Ich selbst war ebenfalls völlig von hellgrauem Staub bedeckt, den ich von meiner Jacke und
aus meinen Haaren klopfen mußte, und ich mußte husten und husten. Meine Milchkanne
war von dem Panzer plattgefahren worden und die gute Milch in den Schmutz und Staub
gelaufen.

Aus einem Krater in der Straße loderten hohe Flammen. Nicht weit von mir entfernt lag
eine völlig vom hellen Staub bedeckte Frau auf dem Rücken, ihren Mund weit geöffnet; sie
war erstickt.

Wie lange ich so in dieser Hölle dagelegen habe, weiß ich nicht; mir fehlte jegliches Zeit-
gefühl. Es erschien mir wie eine Ewigkeit. Dann sah ich durch den grauen Nebel viele Haus-
ruinen. Als ich zu unserem Wohnhaus blickte, gab es das nicht mehr, nur noch Trümmer –
Trümmer, unter denen mein Mann und mein Baby begraben waren…"

Der 10-jährige Christian Thomas war mit seiner Mutter in den Keller ihres Wohnhauses geflüchtet: „Wir hockten im Keller, und draußen fielen die Bomben ohne Unterlaß. Alles zitterte
und bebte. Ich hatte sehr große Angst. Als das Bombardement endlich vorüber war und wir
den Keller wieder verlassen konnten, war draußen nur noch eine graue Steinwüste…"

Die 13-jährige Monique Laure wohnte mit ihren Eltern in einer kleinen Ferme *(ländliches
Anwesen)*, nur drei Kilometer vom westlichen Stadtrand Caen's entfernt, und hatte den Luftangriff von weitem beobachtet: „Da war ein ungeheurer Lärm; erst die vielen Flugzeuge,
dann die schrecklichen Explosionen und die riesige, dunkle Qualmwolke über der Stadt.
Was mir aber die meiste Angst machte, war das unheimliche Erdbeben, das von dem starken Bombardement ausgelöst wurde."

*(Ursprünglich war im militärischen Plan der Alliierten eine Umgehung der größten Stadt,
der Hauptstadt der Unteren Normandie, vorgesehen. Doch, wie es im Nachhinein hieß, sahen sich die Briten durch das Eintreffen starker deutscher Verbände in der verkehrsstrategisch wichtigen Metropole zu langen und für alle Beteiligten sowie für die Bevölkerung verlustreichen Kämpfen gezwungen – offenbar auch zur mehrmaligen Bombardierung Caen's.
Die weiteren Kämpfe zur Einnahme der Stadt entwickelten sich rasch zu einem Stellungs-
krieg und einer heftigen Materialschlacht. Erst am 10. Juli war es britischen und kanadischen Truppen gelungen, den westlichen und nördlichen Stadtteil einzunehmen. Am 19.
Juli war die gesamte Stadt von den Alliierten eingenommen – 43 Tage nach dem D-Day.)*

*Caen… eine gestorbene Stadt. Caen wurde im Juni und Juli 1944 von den Alliierten zu Dreivierteln
zerstört. Allein in einer einzigen Stunde fielen am 6. Juni 7.000 Tonnen Sprengbomben auf die Universitätsstadt. Bereits am ersten Tag der Luftangriffe war die altehrwürdige Calvados-Metropole regelrecht zu
Tode gebomt worden, dennoch folgten einige weitere schwere Bombardierungen, bis die Stadt fast nur
noch eine Steinwüste war… Der Wiederaufbau Caen's dauerte bis 1962.*　　**Foto: *Archiv Gerstenberg***

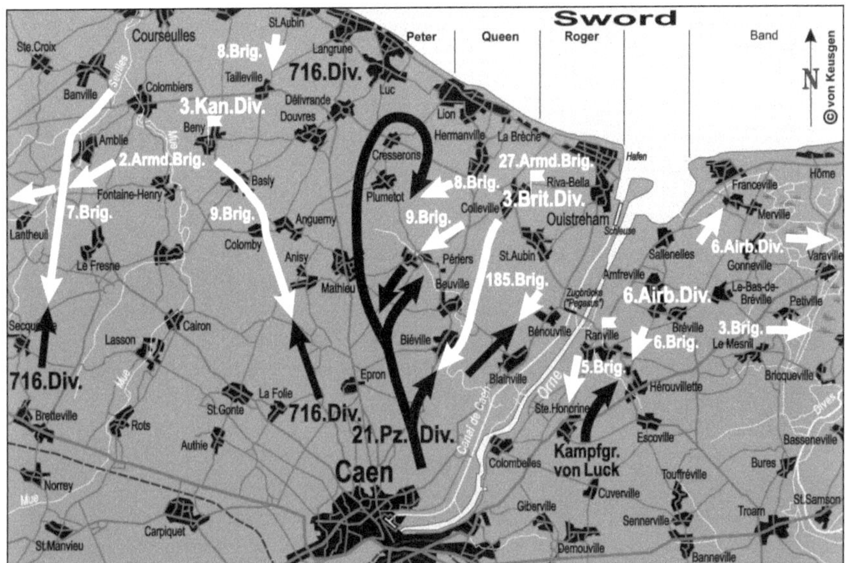

Karte mit den Truppenbewegungen am 6. Juni 1944. Infolge des Vorstoßes der 21. Panzer-Division wurde oberhalb Caen ein bis zur Küste reichender, stellenweise bis zu fünf Kilometer breiter Korridor gebildet – der jedoch nicht lange gehalten werden konnte... **Grafik: von Keusgen**

13:58 Uhr

Meldung des Artillerie-Regiments 352 an seine Division: „Die Panzer vor Asnelles sind nach Osten abgebogen, dort ist der Landekopf an der Küste schon sehr umfangreich."

14:05 Uhr

Meldung des Grenadier-Regiments 726 an seine Division: „Angriff des I./916 auf Meuvaines mußte in Richtung Saint-Côme abgedreht werden, weil acht Panzer mit aufgesessener Infanterie WN 40a, 40b, 40c angreifen. [...]"

14:15 Uhr

Im Raum zwischen Colleville und dem WN 17 („Hillman") war die Situation für die britischen Truppen indessen geradezu katastrophal. Vom Stützpunkt Höhe 61 aus wurde dieses Gebiet mit dreien der vier 7,5-cm-Feldgeschütze heftig beschossen. Auf der Straße von Colleville zum WN 17 lagen viele Tote, Verwundete und brennende Motorräder. Auch hatten drei Panzer nahe des Stützpunkts Minen überfahren und sich dadurch zerstört. Ihre Wracks standen brennend und schwarz qualmend im Gelände. Das 1. Norfolk Regiment, ein Teil der 185. Brigade, lag in den Obstgärten neben der Straße, in Erwartung des Befehls zur Erstürmung und Einnahme der großen Verteidigungsanlage. Auf der anderen Seite der Straße lagen die 2. Warwicks, ebenfalls zur 185. Brigade gehörend. Die anderen nach Collevillesur-Orne führenden Straßen waren von vielen Panzern und Militärfahrzeugen aller Art der hier aufgehaltenen 8. Brigade völlig blockiert. Die Angriffe auf den Stützpunkt WN 17 stagnierten. Dazu sagte Hans Sauer: „Wir glaubten schon an eine überraschende Gegenoffensive."

14:30 Uhr

Das OKW gab die beiden Panzer-Divisionen jetzt offiziell frei, jedoch war inzwischen eine neue Lage eingetreten, da es sich nun nicht mehr ausschließlich um feindliche Luftlandungen handelte, sondern auch noch um die seeseitigen, unablässig massenhaften Anlandungen von Infanteristen und Panzern.

14:34 Uhr

Orientierung der 352. durch die 716. Infanterie-Division: „Bei Orne-Mündung erheblicher Feindeinbruch. Mehrere Widerstandsnester westlich der Orne sind eingeschlossen, Landungstruppen haben Verbindung mit Fallschirmtruppen im Hinterland hergestellt. Bei Ryes 40 schwerste Feindpanzer angeblich im Vorgehen nach Südwesten."

Die Panzer-Aufklärungsabteilung der 21. Panzer-Division kam nach ihrem 19 Kilometer weiten Weg endlich bei Troarn an – unter Ausnutzung jeder nur möglichen Deckung vor feindlichen Jagdfliegern.

14:35 Uhr

Die 12. SS-Panzer-Division *Hitlerjugend* erhielt von der Heeresgruppe B telefonisch über das I. SS-Panzer-Korps den Befehl, sich „im Raum hart westlich Caen zu versammeln", wie es *(zuerst)* hieß, „zur Bereinigung der Feindlandungen ostwärts der Orne". Dafür wurde die Division zunächst dem LXXXIV. Armeekorps unterstellt. Die Panzer-Division sollte in den westlichen Abschnitt der 711. Infanterie-Division in Marsch gesetzt werden und „den luftgelandeten Gegner angreifen und möglichst bekämpfen".

Auf ihrem Weg zur Ostseite der Orne bewegten sich die Panzer der 12. SS-„Hitlerjugend" durch Obstbaumhaine, um auf diese Weise Deckung vor den feindlichen Jagdfliegern zu finden.
Foto: Kollektion E. Bissoir

Das bei Arromanches stehende große Funkmeßgerät war inzwischen von britischer Infanterie und mit Panzern geschlossen umzingelt, außerdem von See her beschossen worden, weshalb es jetzt von Angehörigen der Station selbst gesprengt werden sollte.

Der kleine Jacques Ravelli war indessen mit seiner Mama und seiner Tante unterwegs zum Bahnhof von Bayeux: „Die starke Schießerei hatte nachmittags nachgelassen, auch fielen keine Bomben mehr, und nun schien die Sonne. Die Deutschen waren plötzlich alle fort; es war überhaupt niemand mehr da. Wir haben einen deutschen Lastwagen herumstehen gesehen, auf dessen offener Ladefläche ein Maschinengewehr stand, aber da war keiner mehr da. Die haben alles liegen und stehen gelassen...

Wir gingen mit einer Schubkarre zum Bahnhof, weil man uns gesagt hatte, daß die Deutschen da ein großes Depot haben; da würden Tonnen von Brot lagern und eine Million Flaschen mit Vichy-*(Mineral-)*Wasser und ganz vielen Decken und Kissen. Alle gingen da hin und haben sich versorgt, die Franzosen. Ich hatte beobachtet, daß die Franzosen sogar einige Karren der Deutschen genommen hatten, um sich da am Bahnhof mit den Dingen einzudecken."

15:05 Uhr

Die von *Sword Beach* Sektor *Queen* über Hermanville auf Caen vorrückenden britischen Truppen der 3. Division begannen ins Stocken zu geraten. Das Durcheinander im Raum Hermanville/Colleville war um die Widerstandsnester 16 und 17 sehr groß und die verschiedenen Truppenteile infolge ihres zu raschen und wenig koordinierten Vorstoßes mit ihren Fahrzeugen viel zu dicht gedrängt.

Im Raum nördlich Caen, hauptsächlich bei Hermanville und Périers kam es zu besonders harten Kämpfen der deutschen 21. Panzer-Division mit britischen Panzern.

Foto: Archiv von Keusgen

AOK 7 erteilte der 12. SS-Panzer-Division *Hitlerjugend* den Befehl, sich sofort in Bewegung zu setzen und links anschließend an die 21. Panzer-Division den westlich der Orne ins *(noch küstennahe)* Hinterland eingebrochenen Feind zurück ins Meer zu treiben und somit zu vernichten. Die Division wurde zunächst dem Befehl des LXXXIV. Armeekorps unterstellt.

Bis zu dieser Zeit hatte sich die deutsche Führung recht erfolgreich durch Churchills *Bodyguards of lies (Leibwächter der Lügen; sinngemäß: Lügen als Leibwache der Wahrheit)* täuschen lassen *(übertriebene Stärkemeldungen von Agenten, Panzerattrappen am Pas-de-Calais, Funktäuschungen, Luftlandungen bis weit ostwärts der Orne etc.).* Das alles schien die vom OKW vorgefaßte Meinung einer Hauptlandung am Pas-de-Calais, im Raum der deutschen 15. Armee, zu bestätigen, zumal es an der Calvados-Küste keine entsprechend großen Häfen für den Nachschub gab *(von bereits in Großbritannien angefertigten schwimmenden Hafenanlagen hatte man nichts gewußt),* weshalb der Marschbefehl für die 12. SS-Panzer-Division *Hitlerjugend* in die falsche Richtung erteilt wurde. Doch schon bald stellte das deutsche Marinegruppenkommando West fest *(auszugsweise): [...] Dem Gegner ist zweifellos eine gewisse Überraschung des gesamten deutschen Verteidigungsapparates gelungen, nicht zuletzt auf Grund der geschickten Auswahl des Landungstermins bezüglich der ungünstig scheinenden, aber sich ständig bessernden Wetterlage. Auch in der Wahl des Landungsraumes ist der Gegner glücklich gewesen, denn die Besetzung mit Küstenbatterien in diesem Abschnitt ist schwach – entgegen der seit jeher (von der Marinegruppe) vertretenen Auffassung; weiterhin konnten Vorstrandhindernisse nur in geringem Umfang zur Auslegung kommen, wegen des flachen, felsigen Vorgeländes. [...]*

15:45 Uhr

AOK 7 meldete zur Lage, daß sich Teile der 21. Panzer-Division im Raum nördlich Caen im Kampf befinden würden.

Das bereits zum größten Teil zerstörte Caen war mittlerweile für große Teile der Bevölkerung zu einem riesigen Massengrab geworden – ein Flammenmeer; Häuser brannten, und eine gigantische dunkle Qualmwolke stand über der Stadt. Von Staub bedeckte Menschen irrten durch die Trümmer, suchten verzweifelt nach vielleicht noch lebenden Angehörigen. Viele der Franzosen flohen in südliche Richtung. Ein von Flüchtlingen total überfüllter, verunglückter Bus brannte, darin schreiende Menschen, doch niemand konnte helfen, weil die Tür verklemmt war. In zersplitterten Fenstern hingen die zerschnittenen, blutenden Körper jener, die panisch versucht hatten, sich da hindurch zu zwängen und sich somit zu retten und dem Horror des Krieges zu entfliehen, um zu überleben...

Die geschichtsträchtige Metropole der Unteren Normandie war nur noch ein qualmendes Trümmerchaos; wertvolles Kulturgut und die Arbeiten und Leistungen etlicher Generationen waren von den Bombern der Alliierten zerstört – und alles das, obwohl nicht eine einzige deutsche Kampfeinheit in der Stadt gestanden hat...

Deutsche Kriegsgefangene wurden am Nachmittag des 6. Juni in ein bei Ranville von den Briten errichtetes Sammellager geführt.

Foto: Battlefield Historian Ltd.

15:50 Uhr

Die *Kampfgruppe Meyer (21. Panzer-Division)* meldete *(nachdem sie sich seit 08:31 Uhr nach aufreibenden Kampfhandlungen bei Crépon um mehr als vier Kilometer bis zum 6 Kilometer hinter der Küste gelegenen Weiler Villiers-le-Sec zurückgezogen hatte)* an die 352. Infanterie-Division: „Verbindung mit I. Bataillon des Grenadier-Regiments 915, das links eingesetzt ist, aufgenommen. Unsere allgemeine Angriffsrichtung ist Meuvaines/Asnelles. Sturmgeschütze sind beim Regiment eingetroffen."

16:00 Uhr

Das inzwischen verstärkte SS-Panzergrenadier-Regiment 25 erhielt *(16 Stunden nach der ersten Feindmeldung)* seinen Einsatzbefehl. Das Regiment hatte sich im Raum Carpiquet-Verson-Louvigny *(unweit westlich und südwestlich Caen)* zu versammeln, das ebenfalls verstärkte SS-Panzergrenadier-Regiment 26 nahe westlich benachbart, im Raum Saint-Manvieu-Cristot-Fontenay-le-Pesnel-Cheux. Das Pionier-Bataillon 12 sollte im Raum Esqay Stellung beziehen *(noch weiter westlich)*, und die Aufklärungsabteilung 12 im Raum Tilly-sur-Seulles.

Meldung des Grenadier-Regiments 915 an seine 352. Division: „Die Kampfgruppe *(Meyer)* tritt an aus dem Raum rechter Flügel Villiers-le-Sec *(ein Weiler 4 Kilometer südlich*

Meuvaines), linker Flügel Bazenville. Feindpanzer bei Creully nach Süden durchgestoßen
(7 Kilometer im Hinterland)."

*(Dieser deutsche Gegenangriff geriet schon nach kurzer Dauer ins Stocken, weil er auf
die 1. Kompanie der Kings Shropshire Light Infantry stieß, die von Panzern unterstützt
wurde.)*

16:02 Uhr

Die Feindabteilung meldete ihrer 352. Infanterie-Division: „Aufgefangenen Funksprüchen
zufolge müssen feindliche Kräfte im Raum Meuvaines bereits auf eine Division berechnet
werden."

Nach mehr als acht Stunden fast ununterbrochener Kampfhandlungen und heftigem Abwehrfeuer seitens der Asnelles vorgelagerten Widerstandsnester 36, 37 und 38 gelang es
nun dem 2. Bataillon des Devonshire Regiments endlich, den winzigen Küstenweiler Le Hamel einzunehmen. Auch WN 39 wurde von den Briten eingenommen, WN 38 eingeschlossen, WN 40 mit sechs Panzern und einer Kompanie Infanterie angegriffen. Vor WN 42 standen sieben feindliche Panzer, und einige vor WN 44.

*Die heftigen Kampfhandlungen
hinterließen in den davon betroffenen Ortschaften schlimme
Spuren... (Das Foto entstand
nach Beendigung der Kampfhandlungen in der Normandie.)*
Foto: Archiv Gerstenberg

16:07 Uhr

In einem Ferngespräch teilte Seekommandant Normandie Admiral Kanalküste unter anderem mit: „Engländer stehen beiderseits des Orne-Kanals nördlich Blainville; eigene Truppen ziehen sich langsam zurück."

16:15 Uhr

Das Hauptkontingent der 21. Panzer-Division traf bei der 716. Infanterie-Division ein.

Beim W17 *(„Hillman")* war es den Briten derweil noch immer nicht gelungen, eine für Panzer ausreichend breite Lücke durch das Minenfeld zu räumen, auch waren die Panzer des
Staffordshire Yeomanry Regiments gerade eben aus der Gegend um WN 17 abgezogen
worden. Somit stagnierte die Erstürmung und Einnahme des Stützpunkts wiederum – bis irgendwann andere Panzer eintreffen würden...

Nun forderte man ein weiteres Mal einen starken Beschuß durch die Schiffsartillerie: „Für
nur fünf Minuten, aber bitte treffgenauer als beim ersten Mal!"

16:20 Uhr

Als der neuerliche Artilleriebeschuß auf WN 17 von See her einsetzte – diesmal gezielter – traf gerade eine zuvor herbeigerufene britische Panzer-Kompanie ein...

*Die Panzerglocke des Stütz-
punktes Höhe 61 nach dem
Beschuß durch einen britischen
Panzer. Von ihr aus hatte Hans
Sauer mittels Periskops die
grausamen Vorgänge auf dem
Minenfeld beobachtet. (Die Fotos wurden von ihm persönlich
1957 aufgenommen. Das kleine
Loch für das Periskop ist auf
dem unteren Foto zu erkennen,
siehe Pfeil.)*

Fotos & Kollektion: H. Sauer

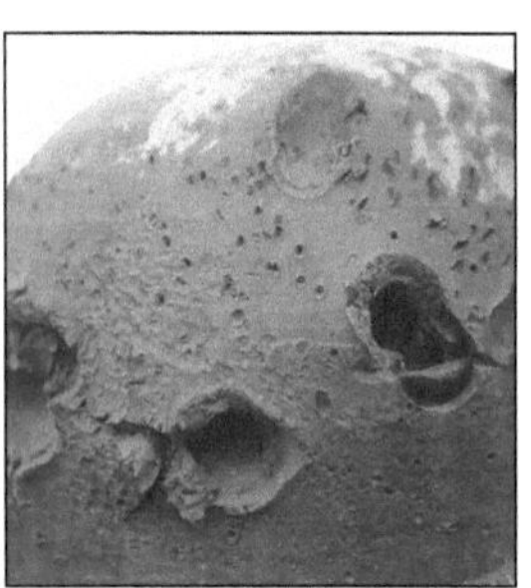

16:25 Uhr

Unmittelbar nach Beendigung des Marine-Beschusses auf das WN 17 schob sich ein Panzer langsam bis an die Stützpunktumzäunung – und verharrte.

Die starke Anlage auf dem 61 Meter über dem Meeresspiegel gelegenen, großflächigen Terrain mit den vielen Laufgräben, Unterständen und Rundum-Verteidigungseinrichtungen glich einer Festung. Deutscherseits hatte man durchaus beobachtet, daß es den Angreifern tatsächlich schwerfiel, den Stützpunkt erfolgreich anzugreifen. Oberst Krug hatte seinen Soldaten längst befohlen, sich mit allen zur Verfügung stehenden Mitteln und ausdauernd zu verteidigen.

Hans Sauer befand sich noch immer in dem Beobachtungsstand unter der Panzerglocke: „Nachdem wir erfahren hatten, daß da oben an der Küste die Engländer gelandet sind, waren wir ja schon auf einen Angriff auf unseren Stützpunkt gefaßt; und als es dann bei uns losging, waren wir nicht besonders in Sorge. Wir hatten ja ringsum ein eingezäuntes, breites Minenfeld und unterirdische Unterstände. Die Engländer hatten ja auch schon einige Zeitlang vergeblich versucht, irgendwie in unseren Stützpunkt reinzukommen; war aber nichts. Es gelang ihnen nicht, durch das Minenfeld zu kommen, auch wurde, wer immer sich näherte, von den Unseren erschossen; da lagen ja auch schon einige.

Da kam ein Kamerad aufgeregt in den Beobachtungsstand und sagte, schau mal raus, was da bei uns jetzt los ist – Wahnsinn!

Da waren Soldaten in deutscher Uniform von englischen Soldaten auf unser Minenfeld getrieben worden. Das hatte ich bisher gar nicht mitbekommen, weil man ja in der dickwandigen Stahlkuppel nichts von draußen hören kann. Der Kamerad sagte, daß das wohl Soldaten von unserem Ost-Bataillon sind. Die Russen sollten auf die Minen treten und sie so zur Detonation bringen, damit eine Bresche entsteht. Ich hab' dann gesehen, wie die armen Hunde von den Minen zerrissen wurden; und an diesen Stellen haben die Engländer dann weiße Bänder an Stöcken links und rechts an die Seite gesteckt; da konnten sie dann durch.[40]

Ich hatte bisher auch nicht bemerkt, daß da ein Panzer vor dem Stützpunkt stand. Da prasselte plötzlich starker MG-Beschuß auf meine Stahlglocke, hat ihr aber nichts ausgemacht, war harmlos, hörte sich da drinnen aber heftig an. Aber nun setzte sich der Panzer in Bewegung und fuhr durch die Minenbresche langsam auf meinen Beobachtungsstand zu. Dann der erste Schuß. Die Glocke wurde von dem Panzer beschossen. Dann hat's wieder

---

40 Der Bericht des Hans Sauer weicht betreffs des Eindringens der Briten in den Stützpunkt WN 17 deutlich von deren bisher publizierten Darstellungen ab. Nach deren Berichten hätte ein Pioniersoldat namens Arthur Heal herausgefunden, daß es sich bei den in diesem Bereich verlegten Minen um alte britische Mk-III-Minen handeln würde, die, wie er vermutete, 1942 bei Dünkirchen erbeutet worden wären. So hätte man begonnen, unter Feuerschutz durch einige Infanteristen und einen Panzer, eine Mine nach der anderen zu bergen, um so eine Passage von fünf Metern Breite zu schaffen...

gekracht. Aber diese Granaten haben keinen echten Schaden angerichtet, nur den Stahl draußen etwas eingebeult. Hat furchtbar gedröhnt da drinnen, eben wie in einer Glocke. Ich hatte ja keine Stopfen in den Ohren. Da bin ich dann schnell runter. Ich konnte grad' noch die Luftschutztür unten erreichen, ich war grade an dem Hebel dran, da durchschlug eine dritte Granate die Schwachstelle der Glocke, genau da, wo das Winkelfernrohr durch den Stahl geht, und da ging sie auseinander. War froh, daß ich nicht mehr oben drin war; das waren nur ein paar Sekunden.

Dann habe ich dem Regimentskommandeur Meldung gemacht, gesagt, daß ich zur Sicherheit das Periskop eingefahren habe, aber nicht bis ganz nach unten, damit man von oben keine Handgranten einwerfen oder einen Flammenwerfer reinstecken konnte. Irgendwie konnte ich das Ding arretieren. Somit war da alles in Ordnung."

16:38 Uhr

Meldung des Grenadier-Regiments 726 an seine Division: „Ryes feindbesetzt."

Am *Omaha Beach* hatte seit den frühen Morgenstunden das zur 352. Infanterie-Division gehörende Füsilier-Bataillon 352 permanent im Angriffsfeuer der anlandenden Amerikaner gestanden und war stark dezimiert worden *(siehe das Buch zur Serie mit dem Titel „Omaha Beach – Die Tragödie des 6. Juni 1944")*. Die Männer des Bataillons hatten sich infolge der starken Überlegenheit der amerikanischen Angreifer bis zur nur dreihundert Meter zurückgelegenen Küstenstraße nahe Saint-Laurent zurückgezogen. Nach den grausamen Kampfhandlungen völlig erschöpft und deprimiert, lagen sie in einem Straßengraben bei Saint-Laurent. Da überbrachte ein Melder dem Rest des Bataillons einen schriftlichen Befehl: *Füsilier-Bataillon ausweichen nach Saint-Gabriel, (dort) Sturmgeschütze sichern und vorgedrungenen Feind zurückschlagen – Engländer oder Kanadier. (Der Weiler Saint-Gabriel liegt 21 Kilometer südöstlich Saint-Laurent und 7 Kilometer hinter dem britischen Landeabschnitt „Gold", von dem aus ein Teil der britischen Truppen bereits bis dahin vorgestoßen waren.)*

Kurt Karl Keller, Gefreiter in der Aufklärungsschwadron des Füsilier-Bataillons der 352. Infanterie-Division: „Wir im Hinterland hatten zwar auch immer vom Bevorstehen einer Invasion gehört, doch nicht so unmittelbar. Wir waren vollkommen überrascht. Und dann die ungeheure Stärke des Feindes…"

Foto: Kollektion K. K. Keller

Einer der Soldaten des Füsilier-Bataillons war der 19-jährige Gefreite Kurt Karl Keller: „Das In-Marschsetzen unserer nur noch kleinen Truppe sollte sofort und ganz schnell stattfinden. Aber unsere Truppenbewegung war dann kein echtes In-Marschsetzen mehr. Teils zu Fuß, teils mit Fahrrädern, auf denen oft sogar zwei Soldaten hockten, waren wir gar nicht mehr weit gekommen; vorbeifahrende Lastwagen haben uns dann mitgenommen. Es war nur noch ein einziges eiliges Fliehen; nur weg von der Küste."

Nun nahe nordwestlich Saint-Gabriel angekommen, gerieten die ermatteten Soldaten des Restes des Füsilier-Bataillons sofort in heftige Kampfhandlungen mit den inzwischen noch weiter vorgedrungenen britischen Truppen.

„Von nun an begann für uns der Krieg in der Bocage", berichtete Keller. „Die Erdwälle mit ihren dichten Hecken und den hohen, efeuumrankten Bäumen und den dicken Natursteinmauern boten zwar etwas Schutz vor den Jabos, verhinderten aber jede weitere Sicht. In diesem Gelände wußte man nie, ob irgendeine Gefahr hinter dem nächsten Busch lauerte, ein Umstand, der uns ständig in Anspannung versetzte. Aber unser Hauptproblem war, daß wir kaum noch über Munition verfügten, die mußten wir uns von unseren gefallenen oder schwerverwundeten Kameraden holen..."

16:50 Uhr

Die 4. Kompanie des Panzer-Regiments traf bei Major von Luck ein *(die Batterien erst in der Nacht zum 7. Juni)*. Teile von Lucks II. Bataillon befanden sich in heftigen Kampfhandlungen mit den britischen Fallschirmjägern.

Fast gleichzeitig mit der westlich der Orne stehenden gepanzerten Gruppe trat von Lucks Kampfgruppe nun östlich des Flusses an, um über Escoville und Hérouvillette auf Ranville und die beiden von den Briten eingenommenen Brücken über die Orne und den Kanal bis zur Küste durchzustoßen. Der westlich stehende Teil der 21. Panzer-Division stieß in nördliche Richtung vor, um gegen die angelandeten britischen Truppen *(und ständig weiterhin stattfindenden Anlandungen)* vorzugehen. *(Doch schon bald gerieten die Panzer zwischen das 1. Bataillon der King's Shropshire Light Infantry, die von Panzern der Staffordshire Yeomanry unterstützt wurde, und es kam zu heftigen Kampfhandlungen.)*

Ein anderer Teil der britischen Truppen waren indessen im Verbund mit Panzern bis auf Bazenville *(drei Kilometer hinter der Küste und fünfeinhalb Kilometer nordöstlich Bayeux)* vorgestoßen und es kam zu schweren Kämpfen mit der *Kampfgruppe Meyer*.

Im Raum östlich der Orne, bei Escoville, Hérouvillette und Ranville trug die Kampfgruppe von Luck einen heftigen Kampf gegen die Briten aus, der dennoch nicht zur geplanten Einnahme des Orne-Übergangs und der Hebebrücke über den Caen-Kanal führte.

Foto: Battlefield Historian Ltd.

Im Ringen um das WN 17 auf der Höhe 61 hatte sich bisher nicht viel geändert, „doch nun drangen wieder einige britische Soldaten bis in die Nähe der Umzäunung vor", berichtete Hans Sauer weiter: „Es war den Engländern dann aber nicht sofort möglich, mit ihren drei Panzern durch die schmale Bresche im Minenfeld zu fahren, wegen der vielen Granattrichter in der Erde, die durch den Beschuß der Schiffsartillerie entstanden waren. Einige ihrer Soldaten rannten über die freie Fläche und sprangen in unsere Schützengräben. Das brachte ihnen aber überhaupt nichts, denn wir hatten uns alle in die Betonunterstände zurückgezogen. Wir konnten die Feinde gut beobachten und uns da hinausschießend gut verteidigen. Irgendwann kam der erste Panzer dann in unsere Nähe gerollt..."

Britische Infanteristen folgte in der Deckung dieses ersten Panzers und einen Moment später der anderen zwei Panzer nach und verteilten sich auf dem weitläufige Terrain. Sie gingen nur langsam und vorsichtig vor und nutzten die vielen frischen Granattrichter, aus denen stellenweise noch dünner bläulicher Qualm aufstieg, für ihre Deckung. Der Kampf um das WN 17 entwickelte sich inzwischen zu einem schweren Gefecht mit etlichen Verlusten – fast ausschließlich unter den Briten.

17:25 Uhr

Meldung des Artillerie-Regiments 352 an seine Division: „II. Bataillon des Grenadier-Regiments 915 vom Feind eingeschlossen."

Um 17:30 Uhr war die Flut wieder weitgehend abgelaufen, und kanadische Folgetrupps gingen am „Juno Beach" Sektor „Nan White", vor Bernières, an Land.   **Foto: Battlefield Historian Ltd.**

17:30 Uhr

Kampfgruppe Meyer meldete an ihre Division: „Gleichzeitig mit eigener Bereitstellung hat Feind mit Infanterie und Panzern Villiers-le-Sec und die Höhe südlich genommen. Füsilier-Bataillon mußte vor überlegenem Feind auf Saint-Gabriel *(9,5 Kilometer östlich Bayeux)* ausweichen, da die Sturmgeschütze sich gegen die Überzahl schwerer Panzer nicht durchsetzen konnten. Zum linken Bataillon, dem I. Bataillon des Grenadier-Regiments 915, bei Bazenville, besteht keine Verbindung mehr. Kommandeur Oberstleutnant Meyer vermutlich schwerverwundet und in Gefangenschaft geraten."

(Oberstleutnant Walter Meyer verstarb an den Folgen seiner schweren Verwundung noch am selben Tag. Die annähernd 3.000 Soldaten starke Kampfgruppe wurde fast vollständig aufgerieben – bis auf nur 92 Soldaten, denen es gelang, den brutalen Kampfhandlungen zu entkommen.)

Der Gefreite Kurt Karl Keller lag in diesem Raum in vorderster Linie: „Da kamen feindliche Panzer; es schien, von überall her, Panzer über Panzer, und wir paar Infanteristen mittendrin. Wohl aus Angst und Verzweiflung hielt sich plötzlich ein Kamerad die Mündung seines Karabiners unters Kinn und schoß sich von unten in den Kopf, direkt neben mir. Das Geschoß durchschlug sogar seinen Stahlhelm, und das Blut spritzte oben heraus."

17:35 Uhr

AOK 7 orientierte AOK 15 *(mit deutlicher Verspätung)*: „Hauptdruck des Feindes im Landekopf Caen. Bénouville in der Hand des Feindes. Angriff 21. Panzer-Division läuft jetzt. Der Einsatz der 12. SS-Panzer-Division kann erst morgen zum Tragen kommen, Panzer-Lehr-Division noch später. Die zwei Luftlanderäume *(an den Flanken der Briten und Ameri-*

Herbert Herning: „Ich hatte in Russland ja schon viel Schreckliches erlebt, aber in der Normandie, auf die ich mich bei meiner Versetzung nach Westen gefreut hatte, ging es nicht weniger grausam zu... Und was ich da in der Kasematte gesehen habe, kann und will ich nicht beschreiben."
Foto: Kollektion H. Herning

kaner) werden laufend von Luft und See her weiter genährt. Eigene Angriffe im Gange."

17:50 Uhr

Fernschreiben der Heeresgruppe B an AOK 15: *Gegen Landekopf eingesetzt: I. SS-Panzer-Korps mit 12. SS-Panzer-Division (Eintreffen 7.6.) und Panzer-Lehr-Division (Eintreffen 8.6.).*

17:55 Uhr

Nach längerer Passivität eröffnete die Batterie Longues nochmals das Feuer. Sofort wurde sie vom US-Panzerkreuzer *Georges Leygues* mit großkalibrigen Granaten beschossen und die Kasematten des 2. und 3. Geschützes in den Scharten getroffen, dabei wiederum mehrere Kanoniere der Bedienungsmannschaften durch umherfliegende Granatsplitter verwundet, teilweise schwer. Einen Moment später wurde der stählerne Schutzschild des 1. Geschützes von einer der 15,2-cm-Granaten der *Georges Leygues* durchschlagen und von der sechsköpfigen Bedienungsmannschaft zwei Männer ebenfalls schwerverwundet, drei von ihnen getötet. Herbert Herning hatte den Abtransport der Verwundeten zufällig beobachtet: „Die beiden schwerverwundeten Kanoniere waren von den Granatsplittern grauenhaft zugerichtet, waren blutüberströmt und nicht mehr bei Bewußtsein, was auch gut für sie war. Sie wurden auf Tragen zur Sanitätsstelle in dem Haus in Longues gebracht."

„Den ganzen Tag lang hatten wir da oben in unserer B-Stelle auf dem Küstenrand gelegen und auf einen deutschen Gegenstoß und den Einsatz unserer Luftwaffe gewartet", erzählte Helmut Machemer, „doch leider vergebens. Dafür haben wir viele Jabos gesehen. Aus der Ferne habe ich links und rechts von uns schießen gehört, aber bei uns war alles ruhig geblieben.

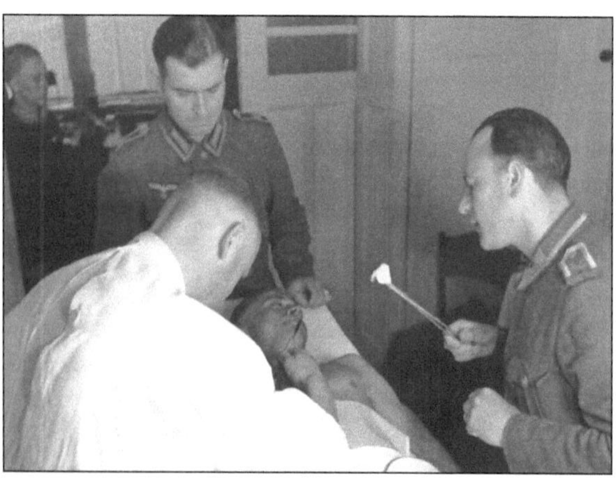

Der Stabsarzt der Marine-Batterie behandelte die Verwundeten in der Sanitätsstelle in jenem Privathaus in Longues-sur-Mer. Einen klinischen Operationsraum gab es nicht.
Foto: Kollektion H. Herning

Es war inzwischen wohl so kurz nach fünf Uhr nachmittags, da haben wir vom Major den Befehl gekriegt, von unserer B-Stelle zum Château La Rosière zurückzureiten. Wir sollten jetzt mit der Aufklärungsabteilung vorgehen; das war die ehemalige Kavallerie, die nun mit Fahrrädern ausgestattet war. So ritten wir alle mit unseren Pferden los, wegen der Jagdflieger allerdings getrennt und unter Ausnutzung jedes Baumes und seines Schattens. Die Jabos schossen auf alles, das sich am Erdboden bewegt hat; und Pferde sind ja nicht gerade klein...“

Anlandung von Soldaten der Royal Warwickshire Fusiliers der 185. Brigade.
Foto: Archiv Gerstenberg

Um 18:00 Uhr kam das am *Sword Beach* in den Sektoren *Queen* und *Roger* angelandete 2. Bataillon der Royal Warwickshire Fusiliers der 185. Brigade den im westlich des Caen-Kanals stehenden Truppen der 6. Airborne Division zu Hilfe. Inzwischen waren von der Küste her auch weitere Verstärkungen östlich der Orne eingetroffen, und von Großbritannien aus starteten noch immer weitere Lastensegler mit Soldaten.

18:00 Uhr

LXXXIV. Armeekorps orientierte die 352. Infanterie-Division: „Beim rechten Nachbarn, die 716. Infanterie-Division, ist Feind besonders tief eingedrungen. Die der 352. Infanterie-Division unterstellte Schnelle Brigade 30 ist infolge Fehlens schwerer Infanteriewaffen nur zum Abriegeln verwendbar."

Erst zu dieser Zeit näherte sich die durch mehrere kleinere und größere Kampfhandlungen aufgehaltene Aufklärungsabteilung der 21. Panzer-Division Ranville. Direkt aus dem Marsch heraus mußte sie wegen starken Gegenfeuers zum Angriff übergehen und wurde dabei von einer Panzer-Kompanie unterstützt. Nur wenige Minuten später geriet die Truppe unter schwerstes Granatfeuer von Schiffsgeschützen mit bis zu 38-cm-Kalibern und dauerndem Beschuß von Jagdfliegern. Die Aufklärungsabteilung mußte volle Deckung nehmen und war somit weitgehend zur Passivität gezwungen. Sämtliche Funkverbindungen fielen durch den starken Beschuß aus. Es gab viele Verwundete und Tote.

Auch Major Hans von Luck war in diesen Angriff geraten und erlebte das infernale Chaos mit. Trotz des schweren Trommelfeuers, den einschlagenden Granaten und umherfliegenden Stahlsplittern lief er zum Abteilungskommandeur und befahl ihm, den Angriff sofort abzubrechen, um weitere große Verluste zu vermeiden. Er sollte nun am Südrand von Escoville Abwehrstellungen beziehen, dort eine Verteidigungslinie aufbauen und jedes weitere Eindringen des Gegners verhindern. Die 4. Kompanie des Panzer-Regiments sollte die

Helmut Machemer auf seinem Pferd Wotan.

Aktion unterstützen. Die Panzersoldaten mußten sich sämtlich sicherheitshalber eingraben *(in sogenannte Deckungslöcher)*.

„Als ich da von der Küstenanhöhe runtergekommen war und quer über Land ritt," erzählte Helmut Machemer weiter, „habe ich erst gesehen, was die Granaten der Schiffsartillerie und die Bomben hinter der Küste angerichtet haben. Das war wirklich heftig. Als ich in die Nähe von La Rosière auf die Landstraße nach Bayeux kam, das war ein breiterer Hohlweg, beiderseits mit hohen Bäumen und dichten Sträuchern mit Efeu umrankt, da saß der Baron de Bourgoing mit seiner Tochter Francoise auf einem Charrette. Das sind diese kleinen, landestypischen Kutschwagen mit zwei hohen Rädern und mit einem Esel davor. Die Baronesse war so in meinem Alter und recht hübsch. Wir waren uns sympathisch, aber ich hatte ja eine französische Freundin. Der Baron wollte mit seiner Tochter vor dem Krieg ins Hinterland fliehen. Ich kannte ihn persönlich; er wohnte im Châreau La Rosière und war Bürgermeister von Tracy-sur-Mer und ich sozusagen das Sprachrohr unseres Abteilungskommandeurs, weil ich die französische Sprache schon in der Schule gelernt hatte und sie ganz gut beherrsche.

Auf der Straße vor ihnen war eine Fliegerbombe eingeschlagen und hatte einen breiten, aber nicht allzu tiefen Krater hinterlassen. So war von der Straße nur noch auf einer Seite ein Rand von etwa einem Meter Breite passierbar, viel zu schmal für das Charrette; und links und rechts das Dickicht.

Ich habe meinen Wotan an einen Baum gebunden und bin zu dem Bürgermeister und seiner Tochter gegangen. Die Baronesse stand da hilflos auf der Straße, denn ihr Vater war gehbehindert. Ich wußte, er war im Ersten Weltkrieg Major gewesen, und da war ihm was zugestoßen. Er sagte, daß sie gerade vor der Schießerei nach Bayeux fliehen wollten. Und als er sah, daß ich den Beiden nun behilflich sein wollte, in der Gegend aber inzwischen auch vereinzelt, aber immer noch entfernt, Schüsse fielen, rief er: Um Gottels Willen, reiten sie weiter! Ich werde keine ruhige Minute mehr in meinem Leben haben, wenn ihnen etwas passiert, während sie uns helfen!

Daraufhin habe ich gesagt: *Herr Baron, ich bin erzogen worden, jemandem, der Hilfe braucht, auch zu helfen.* Ich habe dann mit der Baronesse den Esel ausgespannt und meinen viel stärkeren Wotan eingespannt und den Rand des Kraters auf beiden Seiten etwas flachgetreten und bin hineingestiegen. Und während die Baronesse mein Pferd mitsamt dem kleinen Charrette mit ihrem Vater darauf langsam in den Krater hinabführte, griff ich in die langen Speichen eines der Räder, um den Wagen etwas abzubremsen, wenn er hinein rollt. Es ging auch alles ganz gut.

Suzanne Vautier, Helmut Machemers französische Freundin – eine Liebe inmitten eines Weltkriegs, noch dazu im „Feindesland"...

Fotos: Kollektion H. Machemer

Als wir auf der anderen Seite des Kraters hinauf gerollt waren, sagte der Baron, als ich den Esel wieder vor seinen Wagen spannte: Wenn ich das alles hier so erlebe, die Schießerei und die vielen Bomben und die schreckliche Zerstörung,
und nun an ihren sympathischen Chef denke und Sie heute
hier sehe..., dann lieber noch hundert Jahre deutsche Besatzung.

Dann fuhren sie in Richtung Bayeux davon, und ich ritt weiter zu unserer Batterie."

Sturmmann Erich Bissoir von der 12. SS-Panzer-Division
Hitlerjugend war den ganzen Tag über fast pausenlos mit seinem Motorrad umhergefahren: „Auf unserem Weg in Richtung Küste waren wir schon bald im sogenannten Tarnmarsch
unterwegs, in der Deckung möglichst großer Bäume, wegen
der immer stärker zunehmenden gefürchteten, schnellen Jabos mit ihren mehreren in den Tragflächen eingebauten Maschinengewehren. Aber zwei Abgeschossene, habe ich an
diesem Tag auch gesehen.

*Ein 17-jähriger Soldat der 12.
SS-Panzer-Division „Hitlerjugend"*   **Foto: Archiv Gerstenberg**

Zuerst sollte unsere Truppe ja nördlich Caen fahren, dann
wurde aber umdirigiert; der Regimentsstand sollte beim Kloster Ardenne eingerichtet werden, außerhalb, an der Klostermauer, im Graben. Es war gegen Abend, als wir bei dem Kloster ankamen. Das war nun unser Sammel- und Standplatz, von dort aus wurden wir Melder dann immer wieder losgeschickt. Im Kloster innen quartierten sich am nächsten Tag die
Kommandeure ein."

18:18 Uhr

Als von Lucks Adjutant von der Regimentsfunkstelle der Division den Abbruch des Angriffs meldete, teilte ihm Feuchtinger zu diesem Zeitpunkt mit, daß die gepanzerte Gruppe
westlich der Orne, in der Lücke zwischen der angelandeten britischen 3. Infanterie-Division
und der kanadischen 3. Infanterie-Division, bis zur Küste vorgestoßen war *(nach erheblichen Verlusten an Panzern und Personal)*.

*Panzerwracks säum-
ten die Straßen nörd-
lich Caen zu beiden
Seiten der Orne.*
Foto: Archiv von Keusgen

Hans Sauer: „Die Englän-
der haben da nicht einfach
irgendwelche Granaten in die
Lüftungsschächte geworfen,
sondern Phosphor-Granaten,
um uns auf brutale Weise
auszuräuchern."

Foto: Kollektion H. Sauer

Jedoch hatten der starke Granatbeschuß der Schiffsartillerie, die ständigen Angriffe von Jagdflugzeugen und im Rük-
ken der Panzergruppe neu abgesprungene Fallschirmjäger
zum Rückzug gezwungen, um eine Einschließung zu vermeiden. Das Panzer-Regiment 192 hatte nun etwa auf gleicher
Höhe mit der Aufklärungsabteilung *(auf der anderen Seite der
Orne und des Kanals)* eine Abwehrstellung bezogen. *(In diesen Stellungen verblieben die beiden Teile der Kampfgruppe
von Luck bis zum späten Abend des 6. Juni in heftige Kampfhandlungen verwickelt).*

Generalleutnant Wilhelm Richter beschrieb die Kampfhandlungen östlich der Orne: „Der Kampf in den westlichen
Ausläufern des Bois de Bavent *(Wald von Bavent)* ging hin
und her. Von der *(716.)* Division kämpften hier die deutschen
Reste des Ost-Bataillons 441 und 642, verstärkt durch die
aufgelösten Trosse[41] und Artilleristen, die ihre Fahrzeuge
oder Geschütze verloren hatten. Die infanteristische Kampfkraft dieser Teile, ausbildungsmäßig wie bewaffnungsmäßig,
war daher nur schwach."

18:20 Uhr

Der Oberbefehlshaber des AOK 7, Generaloberst Dollmann, bat jenen der 15. Armee um
Unterstützung zur Bereinigung der Lage ostwärts der Orne-Mündung. Generaloberst von
Salmuth sagte die Unterstützung zu, allerdings erst für den Folgetag, sofern beim AOK 15
keine Änderung der derzeitigen Lage eintreten würde.

Zur selben Zeit meldete das LXXXI. Armeekorps an AOK 15: „In Troarn liegende Teile
der 21. Panzer-Division werden von Westen her stark angegriffen. Ein Panzerjäger-Zug der
711. Infanterie-Division stellte Brücke Robehomme feindbesetzt fest."

Auf dem Terrain des Stützpunkts WN 17 war indessen weiterhin gekämpft worden – für
die Briten noch immer einigermaßen erfolglos. Während die Verluste auf deutscher Seite
gering waren – hauptsächlich Verwundungen – war es den Angreifern bisher nicht gelungen, „ihren" *Hillman* einzunehmen, hatten bei dem Gefecht jedoch bereits mehr als einhun-
dertfünfzig Soldaten verloren. Die Stärke der Anlage und die Härte des Widerstands waren von den Briten deutlich unterschätzt worden. Die deutschen Soldaten hielten sich fast
ausschließlich in den diversen Unterständen auf, konnten sogar aus einigen heraus relativ
schwer angreifbar agieren.

*(Von britischer Seite heißt es, daß sie nun Granaten in die Lüftungsschächte [wievieler
Bunker?] geworfen hätten, was daraufhin zur Kapitulation der jeweiligen Bunkermannschaft
geführt hätte – doch in den meisten Fällen war das Lüftungssysthem deutscher Unterstände
gegen derartige Angriffe geschützt. Jedenfalls sollten infolge dieser Attacken etliche deutsche Soldaten mit erhobenen Händen ihre Unterstände verlassen und sich ergeben haben. Tatsache ist, daß es in dem weitläufigen WN 17 bei den Angreifern zu langwierigen
und mühsamen Kampfhandlungen und einem durchaus nicht unerheblichen Chaos mit hohen Verlusten gekommen war. Von den insgesamt 51 Offizieren des 1. Bataillons des Suf-*

---

41 Troß: Die Truppe mit Verpflegung und Munition versorgender Wagenpark.

folk-Regiments wurden am „D-Day" 27 verwundet und 13 getötet – nur 11 blieben unverwundet.)[42]

18:28 Uhr
Meldung des Grenadier-Regiments 726 an seine Division: „Feindpanzer im Vorstoß von Sommervieux auf Magny. Zur Abwehr dieses Vorstoßes werden dem Regiment sechs bis sieben Sturmgeschütze zugeführt."

18:30 Uhr
Die Kreuzer *HMS Ajax* und *USS Georges Leygues* hatten indessen mit ihrem immer wieder schweren Beschuß der Marine-Küsten-Batterie Longues erheblichen Schaden zugefügt. Der Feuerleitoffizier begab sich zu den vier rückwärtig gelegenen Kasematten, um sich über den Gesamtzustand der Batterie zu informieren, da es ja schon lange keine telefonische Verbindung zu ihnen mehr gab. Er beschrieb die Situation: „Die zweite und dritte Kasematte hatten Schartentreffer erhalten und die Geschütze waren durch *(Granat-)*Splitterwirkung stark in Mitleidenschaft gezogen worden und ausgefallen. In den beiden Kasematten lagen stöhnende Schwerverwundete und Tote. In diesem Moment erhielt auch die Kasematte Nr. 4 einen Innentreffer, bei dem alle sechs Kanoniere getötet wurden, manche waren völlig zerrissen und nicht mehr zu identifizieren. Es war grauenhaft...

Da inzwischen auch fast die gesamte Munition verschossen war, entschied unser Chef nun, unser ohnehin nur wenig erfolgreiches Abwehrfeuer endgültig einzustellen."

Nach einem fast neun Kilometer langen Fußmarsch mit immer wieder sporadischen infanteristischen Kampfhandlungen erreichte Kurt Karl Keller mit den restlichen Kameraden seines Trupps des Füsilier-Bataillons 352, der nur noch aus 34 Soldaten bestand, die Küste oberhalb Graye-sur-Mer *(Juno Beach)*: „Als wir auf der Küstenanhöhe ankamen und über den höchsten Grad hinweg sahen, wurde vom Strand her sofort mit Maschinengewehren auf uns geschossen. An den flachen Helmen konnten wir erkennen, daß das hier keine Amerikaner waren.

Neben mir hatte mein Freund Emil Deckung gesucht. Als er sich dann etwas aufrichtete, um zum Küstenrand zu sehen, bekam er einen Kopfschuß, direkt unter den Schirm seines Stahlhelms. Er war augenblicklich tot und rollte auf den

Drei vom Autoren 1974 auf dem Terrain der Batterie Longues gefundene Relikte: Oben: Blindgänger einer 15,2-cm-Granate (die wahrscheinlich von der Georges Leygues abgeschossen worden war). Fundstelle: Auf dem Acker nahe vor der Kasematte Nr. 4. Mitte: Ein völlig deformiertes Eisernes Kreuz (zweifellos durch die Gewalteinwirkung eines Granatsplitters).

Fundstelle: Im Geschützstand der Kasematte Nr. 2, direkt neben der Kaone. Unten: Aufschlagzünder einer krepierten 15,2-cm-Granate.
Fundstelle: Ebenfalls im Geschützstand der Kasematte Nr. 2. **Fotos: von Keusgen**

---

42 Anmerkung des Autors: Die Kampfhandlungen um WN 17 waren derart vielschichtig und langwierig, daß eine detaillierte Beschreibung den Umfang dieses Buches deutlich übersteigen würde. Deshalb soll hier nur auf das Wesentliche eingegangen werden.

Rücken und starrte mit offenen Augen in den Himmel. Nur ein einziger Tropfen Blut sickerte aus dem kleinen Loch in seiner Stirn. Ich dachte, daß es gut ist, daß seine Mutter ihn in diesem Augenblick nicht sehen konnte…

Dann die Anderen und ich wieder zurück über die Wiese. Auf der anderen Seite standen zwei Sturmgeschütze, die feuerten unentwegt in die dichten, hohen Hecken. Darin konnten wir uns also nicht verstecken. Da rief jemand den Befehl: Bajonett drauf! Angreifen!

Wir liefen los, zum Nahkampf. Genau in diesem Moment fuhren drüben, an der Hecke, zwei Panzer auf. Von ihnen wurden wir sofort mit Maschinengewehren beschossen. Wir waren noch keine dreißig Meter weit gelaufen, da waren schon links und rechts von mir etliche Kameraden gefallen. Da bemerkten wir plötzlich, daß sich in der hohen Hecke etliche feindliche Infanteristen verborgen hatten. Unser Unteroffizier rief: Los, zum Gegenstoß! Handgranaten! Aber wir hatten keine mehr. Doch im Gegensatz zu unserem Einsatz gegen die Amerikaner bei Saint-Laurent erhielten wir hier heftiges Gegenfeuer aus der hohen Hecke. Also rein da – jedoch wegen des starken Dickichts ohne die Bajonette aufzupflanzen, das wäre hinderlich gewesen. So ergab sich nun eine noch grausamere Situation. Mit lautem Geschrei ging es in dem Dickicht gegeneinander. Es wurde geschossen und mit Gewehrkolben und Klappspaten aufeinander eingeschlagen, möglichst in den Hals. Blut spritzte aus aufgeschlagenen Schlagadern. Das grausame Gemetzel dauerte allerdings nur wenige Minuten, dann war es vorbei. Meine Uniform war voller Blut; zum Glück nicht von meinem.

Nun waren die schrecklichen Schmerzensschreie der Verwundeten zu hören. Es war furchtbar. Von den gegnerischen Soldaten stand kein einziger mehr auf den Beinen, aber auch wir hatten drei Tote und sechs Verwundete. So rasch wir konnten, zogen wir die verwundeten und die toten Kameraden aus dem Dickicht. Niemand schoß mehr. Wir verbanden die Verwundeten mit dem Verbandmaterial aus unseren kleinen Verbandpäckchen. Da die Gegner dasselbe taten, fiel mir an den Ärmeln ihrer Toten und Verwundeten ein rotes Ahornblatt auf – Kanadier. In diesem Moment rief unser MG-Schütze, der zur feindlichen Seite sicherte: Bloß weg von hier; die Wiese hinter der Hecke steht voller Panzer!

Einer von zirka 200.000 während der „Operation Overlord" (vom 6. Juni bis 25. August 1944) gefallener Deutscher. Genaue Zahlen sind bis heute nicht bekannt, ebenso betreffs der Verwundeten und Vermißten. Die Alliierten (Amerikaner, Briten und Kanadier) hatten 57.000 Gefallene, 155.000 Verwundete und 18.000 Vermißte.
Foto: US National Archives

Einer der verwundeten Kanadier lag in unserer Nähe. Seine Kameraden waren alle auf der anderen Seite der dichten Hecke. Er sah mich flehentlich an und zeigte auf seinen Bauch, wo seine Uniform blutgetränkt war. Mit eindeutigen Handbewegungen gab er mir zu verstehen, ihn zu verbinden. Meine Kameraden waren indessen dabei, so schnell es ging, die Verwundeten mit zurück zu schleppen, die Toten auch. Trotz ihrer schweren Last entfernten sie sich ziemlich schnell. So blieb mir keine Zeit mehr, den Kanadier zu verbinden. Ich hatte Angst, noch in Gefangenschaft zu geraten. Auch war nach dem Gemetzel meine Erschütterung zu groß; ich zitterte am ganzen Körper. So riß ich mein letztes Verbandpäckchen auf und drückte dem Kanadier die Mullbinde in seine zu mir ausgestreckte Hand und lief meinen Kameraden hinterher.

Als ich mich noch einmal zu dem Kanadier umsah, legte er eine Hand zum Gruß an den Rand seines Stahlhelms... Scheißkrieg!"

18:40 Uhr

352. Infanterie-Division an Flak-Regiment 32: „Je eine schwere Batterie ist ostwärts und westlich Bayeux zum Schutze der Stadt gegen Feindpanzer einzusetzen."

(Rommel, ein historisch sowie kulturell orientierter und gebildeter Mann, hatte betreffs Bayeux bereits unmittelbar nach Antritt seines Postens als Oberbefehlshaber der Heeresgruppe B angeordnet, daß in dieser historisch bedeutsamen Mittelalter-Stadt keine deutschen Soldaten und/oder Waffen stationiert werden dürfen, um somit eine eventuelle Zerstörung Bayeux´ durch Bomben und Invasionstruppen auszuschließen – was dann auch nicht geschah.)

Als Helmut Machemer auf dem Weg zum Château an der Feuerstellung der 7. Batterie vorbeikam, konnte er sehen, daß sie nicht von Bomben getroffen worden war, aber mehrere Häuser der daneben befindlichen kleinen Ortschaft: „Da ist die Masse der für die Batterie bestimmten Bomben auf den Ort gefallen. Da war viel zerstört worden.

Dann ritt ich über die Wiesen und im Schatten der Apfelbäume von hinten an das Château heran. Als ich um das Schloßgebäude herum und zu den Pferdeställen reiten wollte, bäumte sich Wotan plötzlich steil auf, sträubte sich, weiterzugehen. Ich konnte das nicht verstehen, denn Pferde gehen normalerweise sofort auf ihren Stall zu. So bin ich nochmal etwas zurückgeritten und nochmals zum Schloß; da ging er wieder vorn hoch. Daraufhin bin ich vorsichtshalber in den Hohlweg zurück. Da lag der Kanitzki in Deckung. Er war einer unserer Beute-Germanen *(Ost-Soldaten)*. Der sagte: *Kamerad, auf den Hof des Schlosses kannst Du nicht; der steht voller englischer Panzer...*

Leutnant Karl Stein, Helmut Machemers Vorgesetzter, schrieb am 12. Juni' 44 an seine Frau (auszugsweise): „Es ist erschütternd, mit anzusehen, mit welcher Rücksichtslosigkeit und in was für einem großen Umfang die Alliierten beim Kampf gegen unsere Truppen die Werte der französischen Bevölkerung mißachten, ja, sogar deren Leben." (Leutnant Stein fiel am 18. Juli bei einem weiteren, ganz besonders starken Bombardement auf Caen in der Nähe der Stadt.)

Dokument: Kollektion E. Stein

Der Wotan, das war ein von den Franzosen requirierter Hengst, der hatte gespürt, daß da was Gefährliches war und hat mich dadurch gerettet...

Der Leutnant hatte mir auf unserer B-Stelle gesagt, daß unsere Sammelstelle für unseren Rückzug bei der 9. Batterie wäre, beim Dorf Magny-en-Bessin, nur zwei Kilometer südlich La Rosière. So machte ich mich nun auf den Weg dorthin..."

19:00 Uhr

Der britischen 56. Brigade *(an ihrer Spitze das Essex-Regiment und die Sherwood Rangers)* gelang es, östlich Bayeux tief in die nur noch sehr schwache Verteidigungslinie des

Restes des Grenadier-Regiments 915 einzubrechen, sogar über die 26 Kilometer lange Verbindungsstraße Bayeux-Caen in südliche Richtung hinaus.

Kurt Karl Keller hatte mit den letzten acht unverwundeten Kameraden auf ihrem Rückzug die Seulles erreicht: „Ein Sanitätsunteroffizier hatte sich inzwischen um die Versorgung unserer Verwundeten gekümmert. Da bemerkte er, daß ich am Kinn und aus zwei Halswunden blutete. Ich stand zu sehr unter Adrenalin, als daß ich das bemerkt hätte. Der Uffz klebte mir zwei Pflaster auf die Wunden, und gut war's.

Unter den Schwerverwundeten war auch mein guter Freund Emil Krick. Zwei Durchschüsse am rechten Oberschenkel und einen an der rechten Hüfte hatten ihm einen hohen Blutverlust zugefügt. Emil lag bewußtlos da, und der Sanitätsunteroffizier konnte keinen Puls mehr feststellen. So wurde Emil als tot gemeldet."

(Emil Kricks Eltern erhielten die offizielle Gefallenen-Mitteilung. Zwei Monate später verstarb Emil Kricks Mutter – wie es hieß, aus Gram über den Tot ihres geliebten Sohnes. Doch Emil war nicht verstorben, vielmehr wurde er am frühen Abend des 6. Juni von den Kanadiern mit anderen Verwundeten über Sainte-Mère-Église nach Großbritannien und in ein Militärlazarett gebracht und konnte nach seiner Genesung und der Gefangenschaft 1947 nach Deutschland zurückkehren.)

Blick auf „Sword Beach" mit dem Sektor „Peter", zwischen den Küstenortschaften Lion-sur-Mer (links) und Luc-sur-Mer (rechts, vom Zerstörer verdeckt).
Foto: Battlefield Historian Ltd.

Kurt Karl Keller setzte seinen Bericht fort: „Dann kamen wir an einen ziemlich schmutzigen Bach, der an dieser Stelle nur vier Meter breit und nicht sehr tief war. Über die nächstgelegene Brücke konnten wir nicht, die lag schon unter MG-Feuer. Als ich gerade mein Gewehr vorsichtig ans andere Ufer werfen und durch den Bach waten wollte, gab es einen derart gewaltigen Schlag gegen meine Waffe, daß das Gewehr ins Wasser flog. Irgendein größeres Geschoß hatte es getroffen.

Als wir dann auf der anderen Seite den Bach wieder verlassen wollten, wurden wir von einem MG beschossen, wußten aber nicht woher, doch keiner von uns wurde getroffen. Dann schnell weiter, über eine große Wiese, darauf lag eine Menge toter Kühe, dazwischen mehrere tote deutsche Soldaten. Nun erkannten wir, daß von der leichten Küstenanhöhe herab auf uns gefeuert wurde.

Da kam wieder ein Melder, diesmal per Fahrrad; der vorherige war noch zu Pferde gekommen. Funkgeräte hatten wir schon seit dem frühen Morgen nicht mehr. Nun hieß es wieder: Und jetzt dort hin! Sinnlose Befehle, die uns mal hier zum Einsatz, mal dorthin schickten; das blanke Chaos ohne den geringsten Überblick."

19:10 Uhr

Trotz großer Verluste während ihres Vorstoßes erreichten Teile der 21. Panzer-Division die Küste zwischen Lion-sur-Mer und Luc-sur-Mer. *(Auch stießen bald weitere Teile zur Ver-*

stärkung hinzu, die Lücke des Feindes an dieser Stelle in vornehmlich westliche Richtung zu vergrößern, um so, wenn möglich, eine breite Schneise zwischen die westliche Flanke des „Sword Beach" und die östliche des „Juno Beach" zu schaffen.)

Die 2. Sicherungsdivision sandte ein Fernschreiben an das IX. Fliegerkorps *(dessen Gefechtsstand sich gegenwärtig in Coudray-sur-Thelle, südöstlich Beauvais, 220 Kilometer östlich von Caen entfernt, befand): Nacht 6./7.6. Küstenausflug starker eigener Verbände in Qu (Planquadrat) Toni, Toni 5515 West (Küstenvorraum Calvados); ab 23:10 Uhr Bekämpfung von Schiffszielen im Raum Arromanches-les-Bains. Ab 23:35 Uhr Einflug im gleichen Raum. Ab 02:30 Uhr laufend Aus- und Einflüge im oben angeführten Raum.*

19:15 Uhr

Marinesignalstelle Le Havre meldete an AOK 15: „Gefechtsbild 19:00 Uhr: Schlachtschiff-Feuer eingestellt, sonst unverändert."

Auf der Höhe 61 wurde im WN 17 noch immer gekämpft. Derweil begannen britische Pioniere, mittels spezieller Sprengladungen die Eingänge zu einigen Unterständen aufzusprengen...

Helmut Machemer erreichte die Sammelstelle der III. Abteilung bei Magny-en-Bessin: „Als ich dort ankam, waren da schon viele der Artilleristen unserer drei Batterien eingetroffen. Da kam auch gleich Leutnant Pridat, der Adjutant meines Majors, auf mich zu. In seinem üblichen schroffem Ton befahl er: *Los, Machemer, alles Dokumentenmaterial hergeben!* Ich übergab ihm meine Umhängetasche mit den Funkunterlagen.

Helmut Machemer: „Plötzlich ging es ziemlich panikartig zu; alles mußte jetzt ganz schnell gehen. Zurück, nur schnell weg. Da hatten alle ganz schön viel Angst um ihr Leben oder in Gefangenschaft zu geraten."
Foto: Kollektion H. Machemer

Da war ein schmaler Graben, da war Feuer drin, und der Leutnat warf alles hinein und verbrannte es. Da wurde auch noch schnell alles Papier vom Stab verbrannt, das als geheim galt *(wie das bei feindlichen Vorstößen und gleichzeitig eigenem Rückzug durchaus nicht unüblich war, bevor man mit brisantem Schriftmaterial eventuell gefangengenommen werden konnte).*

Dann sagte Pridat zu seinem Kameraden, Leutnant Dick, unserem Nachrichtenoffizier, und er meinte damit ihn: *Jetzt müssen Sie sich was einfallen lassen, daß ihre Schandtat nicht ans Licht kommt.*

Wie ich nun mitbekam, hatte der Dick eilig sein Büro in unserem Stabsquartier verlassen, ohne das schwarze Köfferchen mit dem roten Strich darauf mitzunehmen. Wie ich wußte, waren in diesem Koffer, mit einem breiten roten Querbalken darüber, immer alle Geheimunterlagen, in Leutnant Dicks Fall die Schlüsselunterlagen für die Funksprüche, die Kodierung, außerdem eine Handgranate und eine Flasche Benzin. Im Fall eines Falles, einfach Handgranate abziehen, Deckel zu, Koffer wegwerfen...

Da hat Leutnant Dick gesagt, der Pridat sollte ein bißchen warten, er wolle das Köfferchen schnell vom Schloß holen. Pridat war ein konsequenter Mann und über den Dick sehr verärgert. Er gab ihm für hin und zurück zehn Minuten Zeit, nicht mehr – für fünf Kilometer, und rein ins Schloß und wieder raus. Sofort schwang sich Leutnant Dick auf sein Pferd, und ab ging's...

Nach genau zehn Minuten war der Leutnant wieder zurück, aber im selben Moment hat Pridat sich von mir per Funk das Regiment geben lassen und dem dort zuständigen Offizier gesagt: Der Nachrichtenoffizier der dritten Abteilung, Leutnant Dick, hat seine Dienststelle verlassen, ohne den geringsten Versuch zu unternehmen, die ihm anvertrauten Schlüsselunterlagen zu beseitigen...

Wir alle zusammen waren jetzt ungefähr fünfzig Leute, vom Stab und von den drei Batterien, und wir mußten uns nun rasch zurückziehen, bevor die Engländer kommen konnten. Doch da kam da hinten schon ein englischer Panzerspähwagen die Straße heruntergefahren. Alle unsere Leute hauten jetzt panisch ab. Auch ich war auf mein Pferd aufgesessen, doch wegen des blöden Funkspruchs kam ich als Letzter weg.

Der Spähwagen war noch etwa dreihundert Meter weit weg. An seine Luke war oben ein Maschinengewehr montiert. Bevor ich nun mit meinem Wotan durch die hohen Hecken verschwinden konnte, wurde auf uns ein Feuerstoß abgegeben. Wotan wurde an der linken Hinterhand getroffen, schrie auf und fiel seitlich um. Ich konnte noch im Sturz irgendwie von dem Tier wegkommen und rollte mich ins Dickicht. Der Panzerspähwagen fuhr heran..., und dann vorbei, weg, in Richtung Bayeux. Die Engländer haben sich nicht um das daliegende, verwundete Tier gekümmert.

Da bemerkte ich, daß noch einige von unseren Leuten hinter der dichten Hecke hockten. Dabei war auch unser Arzt. Und weil wir keinen Veterinär hatten, bat ich den Doktor, meinem Pferd zu helfen. Mühsam bekamen wir Wotan auch auf seine zittrigen Beine. Der Doktor besah sich die schlimm blutende Wunde und sagte: Der kann nicht mehr weiterlaufen. Das wird nichts mehr; das wäre Tierquälerei. Dann zog er seine Pistole raus... Ich habe mich umgedreht, konnte dem Tier nicht in die Augen sehen. Dann ein Schuß, und ich hörte, wie Wotan umfiel...

Nun hatte der Adjutant das Kommando ergriffen, und es ging um die Grundsatzfrage, wie es jetzt mit dem Rest von uns weitergehen sollte. Zuerst wurde entschieden, daß sich alle von den Gasmasken in ihren Blechbehältern trennen sollten, weil die beim Gehen so sehr geklappert haben, und wir ohne sie nicht so schnell entdeckt werden konnten. Dann haben wir einen schmalen Hohlweg in westliche Richtung, nach Étréham, eingeschlagen..."

19:40 Uhr
Ia der 352. Infanterie-Division an Divisionskommandeur Kraiß *(zur Zeit im Gefechtsstand des Grenadier-Regiments 916)*: „Orientierung über Kampfgruppe Meyer: Sturmgeschütze sind von Saint-Gabriel nach Westen in Marsch gesetzt, um Feindpanzer vor Bayeux abzuwehren."

Ein Horsa-Lastensegler im Schlepp eines viermotorigen Halifax-Bombers. Am „D-Day" wurden insgesamt 1.631 Lastensegler der Typen Horsa und WACO in die Normandie eingeflogen.
Foto: Archiv Gerstenberg

19:45 Uhr

Das LXXXI. Armeekorps ortete *„Vorbeiflüge von etwa 540 Flugzeugen mit Schlepp (La-stensegler) an der Festung Le Havre, die über Orne ausklinken, lassen darauf schließen, daß der Gegner seine Truppe im Gebiet Orne-Mündung verstärkt."*

Der kleine Trupp mit Helmut Machemer hatte auf seinem Weg nach Étréham inzwischen die Aure erreicht, ein schmaler Bach, der *(wie viele andere küstennahe Bäche auch)* gegen Luftlandeunternehmen aufgestaut war und sich nun über weite Flächen über die hier fla-chen Felder ausgedehnt hatte: „Als wir die aufgestaute Aure durchquerten, stand uns das Wasser bis zur Brust", erzählte Machemer. „Mein Freund hatte noch ein Maschinengewehr organisiert, das er mitschleppte – für alle Fälle..."

Erich Bissoir erklärte bezüglich der 12. SS-Panzer-Division: „Wie ich später erfuhr, kamen unsere Panzer und Fahrzeug nur sehr langsam vorwärts. Wegen der vielen Jagdbomber mußten sie sich ständig in Deckung unter Bäumen und im Dickicht verbergen und durften nicht auf den Straßen fahren. Auf ihrer Fahrt gab es bereits etliche Ausfälle, auch einige Verwundete, sogar Tote."
Foto: Kollektion E. Bissoir

20:00 Uhr

Lagebericht des Oberbefehlshabers West: *Abends erneute Meldungen über Lastenseg-ler auf verschiedene Stellen des angegriffenen Raumes. Ein Teil dieser Luftlandungen ist im Raum Cean in die rückwärtigen Teile der im Angriff befindlichen 21. Panzer-Division erfolgt und hat diese gezwungen, zunächst ihren eigenen Raum wieder freizukämpfen. Dadurch kam ihr Angriff, der bereits die Küste erreicht hatte, zum Erliegen. 12. SS-Panzer-Division ist noch nicht heran, Panzer-Lehr-Division erst recht nicht, sodaß an eine Bereinigung des Landekopfes in dieser Nacht nicht mehr gedacht werden kann. Da aber Feind auch am Westende seines Landekopfes (bei Asnelles) trotz der eigenen Gegenstöße nach Süden durchbricht und bereits die Straße Bayeux-Caen erreichen konnte, beurteilt OB West Lage wie folgt: Feind hat Fuß gefaßt und wird sich weiter laufend verstärken. Daher weitere Fortsetzung der schweren, verlustreichen Kämpfe. Angesichts der ungeheuren materiellen Überlegenheit des Feindes (Luftherrschaft und Wirkung der zahlreichen Schiffsgeschütze) erscheint mir den bereits im Kampf stehenden Divisionen eine Bereinigung der Landeköpfe nicht mehr möglich. OB West sucht daher das Heranführen der Panzer-Divisionen mit allen Mitteln zu beschleunigen, stellt seinerseits das Panzergruppenkommando West der Hee-resgruppe B zur Verfügung und erklärt sich mit dem Heranziehen von Kräften aus der Bre-tagne einverstanden, ebenso mit der Verlegung einer Kampfgruppe der 346. Infanterie-Di-vision auf das südliche Seine-Ufer zum Bereinigen des Landekopfes ostwärts der Orne. (Fortsetzung des Lageberichts nächste Seite)*

Luftflotte 3 befielt für die Nacht Bekämpfung von Schiffszielen und Anlandungen sowie weitere Aufklärung in Seine-Bucht. Marinegruppe West befiehlt außer Vorfeldüberwachung

Rolf Munninger, Wachtmeister und Rommels Gefechtsschreiber (hier noch Unteroffizier), hat den Generalfeldmarschall sehr häufig begleitet. Betreffs Rommels Rückfahrt von Herrlingen nach La Roche-Guyon (bei der er nicht zugegen war) sagte er betreffs Rommels relativ späten Eintreffens: „Man muß dabei berücksichtigen, daß auch sein Auto wegen der vielen Jagdbomber nicht einfach so offen auf den Landstraßen dahinfahren konnte – was ihm ja deshalb am 17. Juli zum Verhängnis wurde, als ihn ein Jabo stark verwundete.“

und dem Auslegen von Blitzsperren zwischen Le Havre und Boulogne Einsatz der Torpedoboote und Schnellboot-Flottille auf Landungsboote.

21:00 Uhr

Meldung des Grenadier-Regiments 726 an die 352. Division: „I./915 meldet durch Funk, daß es um Bazenville eingeschlossen ist und einen englischen Brigadegeneral gefangengenommen hat.“

Teile der 21. Panzer-Division, die bei Luc-sur-Mer bis zur Küste vorgedrungen waren, machten sich nun bereit, um an der Küste in östliche Richtung die noch bestehenden deutschen Verteidigungsanlagen zu entsetzen. Da wurden sie von der britische 6. Luftlande-Brigade mit 250 Transportmaschinen mit Lastenseglern im Schlepp, vollbesetzt mit Infanteristen und von etlichen Jagdflugzeugen beschützt, überflogen. Sie kamen, um die Truppen der 6. Airborne Division westlich der Orne zu verstärken...

21:13 Uhr

Meldung des Grenadier-Regiments 726 an die 352. Infanterie-Division: „Vor Port-en-Bessin 15 große und 30 kleine Landungsboote festgestellt.“

21:15 Uhr

Nachdem das LXXXI. Armeekorps um 19:45 Uhr den „Vorbeiflug von etwa 540 Flugzeugen mit Schlepp“ gemeldet hatte, meldete Seekommandant Seine-Somme nun „etwa 670 Transportflugzeuge mit Lastenseglern aus nördlicher Richtung mit Kurs Richtung Caen“. *(Dabei befanden sich mehrere viermotorige Bomber – alles stark geschützt durch etliche Jagdflugzeuge.)*

Weiterhin fanden unentwegt Landungen von *(bisher)* mehreren hundert Lastenseglern im Raum der Orne-Mündung und im Raum Varaville, 4,5 Kilometer südöstlich davon, statt. *(Daraufhin befahl das Hauptquartier der 21. Panzer-Division, daß sich seine Truppen auf die Hügel nördlich Caen zurückziehen und für die Nacht „eingraben“ sollten.)*

Gemäß seiner eigenen Angabe traf Generalfeldmarschall Rommel um 21:30 Uhr in seinem Hauptquartier der Heeresgruppe B in La Roche-Guyon ein (was jedoch nicht ins Kriegstagebuch der Heeresgruppe eingetragen wurde. Rommels Anwesenheit wird im Kriegstagebuch erstmals um 22:45 Uhr erwähnt, als er den Oberbefehlshaber des AOK 7, Generalfeldmarschall von Rundstedt, anrief, was er eigentlich umgehend hätte tun müssen...)

Deutlich abweichend zur Uhrzeit Rommels Ankunft in La Roche-Guyon schrieb Hans Speidel in seinem Buch: „[...] und [Rommel] traf am 6. Juni schon zwischen 16 und 17 Uhr wieder auf seinem Gefechtsstand ein.“)

21:35 Uhr

Meldung des Füsilier-Bataillons 352 an seine Division: *„Infanterie- und Panzer-Feind hat Saint-Gabriel (ein)genommen; Restteile des Bataillons ziehen sich nach Brécy zurück (1,4 Kilometer südlich St.-Gabriel)."*

21:42 Uhr

Der Ia der 352. Division an den Chef des Stabes des LXXXIV. Armeekorps: „Durch Gefangenenaussagen bei Sommervieu *(3,5 Kilometer nordöstlich Bayeux)* ist die 50. englische Infanterie-Division festgestellt. Die auf See gemeldeten Transporte 15 großer und 30 kleiner Einheiten laufen Kurs Port-en-Bessin. Schlachtschiffe haben bereits Breitseite eingenommen. Anlandungen weiterer starker Feindkräfte steht bevor."

21:45 Uhr

Im WN 17 wurden die Kampfhandlungen seitens der Briten eingestellt. Die deutschen Soldaten, deren Unterstände von den britischen Pionieren aufgebrochen worden waren, ergaben sich. Die Wehrmachtsoldaten in den anderen Unterständen verhielten sich völlig passiv.

Als sich die Situation im *Hillman* beruhigt hatte, beorderte der Kommandeur des 1. Bataillons des Suffolk Regiments die B- und C-Kompanie in einen Sammelraum beim Bataillonshauptquartier, das sich zwischen Colleville und Saint-Aubin-d'Arquenay befand. *(Die A- und D-Kompanie folgen bald darauf nach, damit das gesamte Bataillon noch vor Einbruch der Dunkelheit wieder konsolidiert werden und neue Munition aufnehmen konnte. Nur kurze Zeit, nachdem sich auch die letzten Soldaten des Suffolk Regiments zur Sammelstelle begeben hatten, wurde sie deutscherseits mit Kanonen und Granatwerfern beschossen. Allerdings schlugen die Granaten hinter den Briten ein. Die meisten Soldaten der 1. „Suffolks" bezogen nach der Konsolidierung und Munitionierung ihrer Trupps wieder die Höhe 61.)*

WN 17 war festungsmäßig angelegt und nur äußerst schwer einzunehmen: Viele Laufgräben für infanteristische Verteidigung, und alle Zugänge, die zu einem Unterstand führten, führten auch direkt auf eine sogenannte Nahverteidigungsanlage (MG-Scharte) zu.

Fotos: von Keusgen

22:14 Uhr *(Beginn der Abenddämmerung)*

22:17 Uhr

Funkspruch der 711. Infanterie-Division an Generalkommando LXXXI. Armeekorps: „Ab 21:30 Uhr anhaltende Landungen von mehreren hundert Lastenseglern in Gegend Orne-Mündung mit Teilen im Raum Varaville."

22:55 Uhr

Ein großer Pulk von Dakota-Flugzeugen zog Lastensegler in den Raum nahe westlich der Orne. Als die Segler ausgeklinkt und zum Erdboden hinab geglitten waren, folgte eine größere Anzahl Transportmaschinen, von denen Behälter mit Ausrüstungs- und Versorgungsgütern an farbigen Fallschirmen abgeworfen wurden.

Hermann Welter war betreffs der seltsamen Situation bei seiner 7. Batterie befremdet: „Es war schon fast ganz dunkel geworden, und wir standen noch immer bei unserer Haubitze herum. Wir hatten auch noch immer keine weiteren feindlichen Soldaten gesehen. Da erschienen mehrere ältere Unteroffiziersdienstgrade und haben gesagt, wir müssen zurück. Da sind wir alle los, haben noch nicht mal unser Geschütz unbrauchbar gemacht. In diesem Moment wurde aus dem Bauernhaus auf uns geschossen, von den Franzosen. Auf einmal schossen sie, obwohl sie doch eigentlich gar keine Waffen besitzen durften, aber plötzlich hatten sie welche. Zum Glück ist nichts passiert; sie haben daneben geschossen. Auf einmal waren sie nicht mehr so freundlich, obwohl wir immer das Vieh und die Milch gut bezahlt hattenen, und bei den vielen persönlichen Kontakten. Wir von unserem Geschütz waren insgesamt so etwa fünfzehn Mann und ganz schön verwirrt. Wir sind dann quer über die Wiesen davon..."

Ein von den Strapazen der Kampfhandlungen gezeichneter, erschöpfter britischer Soldat – einer von Zehntausenden aller am „D-Day" (einem der wichtigsten Tage des Zweiten Weltkriegs) beteiligter Nationen.

Foto: Archiv Gerstenberg

22:15 Uhr

Ferntext der 2. Sicherungsdivision an 5. Torpedoboot-Flottille: *Lage verlangt Aufrechterhaltung (des) Befehls rücksichtslosen Torpedoeinsatzes (in der) Nacht 6./7.6.44. Flottillenchef bestimmt Auslaufzeit, Durchführung selbständig. Empfehle Kombination mit Operation Blitzwurfgruppen.*

Außerdem wurden für die Nacht die 2., 4., 5., 8. und 9. Schnellboot-Flottille zur Aufklärung und für Torpedoangriffe gegen feindliche Schiffsansammlungen befohlen.

22:33 Uhr

Der Ia der 352. Infanterie-Division telefonierte mit dem Grenadier-Regiment 916: „Die Abteilungen 517 und 518 der Schnellen Brigade werden nun dem Regiment zugeführt und unterstellt. Eine neue Verteidigungslinie ist aufzubauen in *(einer 10 Kilometer langen)* Linie St.-Gabriel-Brécy-Esquay-Sommervieu-Pouligny-Tracy *(östlich bis nordöstlich Bayeux, bis fast zur Küste, einen Kilometer westlich Arromanches)."*

Das war eine Frontlinie, die sich bereits durchschnittlich sieben Kilometer hinter der Küste befand...

22:43 Uhr

2. Sicherungsdivision meldete an BSW-Streitkräfte: „Beim Bekämpfen der Landungsboote möglichst nahe an diese herangehen, dadurch wird feindlichen Streitkräften wirksames artilleristisches Eingreifen entscheidend erschwert, wegen Schwierigkeiten Auseinanderhalten Freund und Feind."

22:55 Uhr *(Anbruch der Nacht)*

Das Füsilier-Bataillon 352 meldete an seine Division: „Bataillon nur noch 40 Mann stark *(ursprünglich 346)*, dazu noch 50 Mann vom I./915, außerdem sechs intakte Sturmgeschütze. Vor starkem Feinddruck ist die Kampfgruppe auf Ducy ausgewichen *(6 Kilometer unterhalb St.-Gabriel – 13 Kilometer hinter der Küste)."*

Das fast völlig zerschlagene Bataillon befand sich nun acht Kilometer südöstlich von Bayeux, zwei Kilometer unterhalb der Verbindungsstraße Bayeux-Caen *(an der sich am Abend des 6. Juni die Front mit unregelmäßigem Verlauf befand)*.

Drei Kilometer weit zurückgeblieben stand bei Saint-Léger das 6. Bataillon der Green Howards, das mit dem Füsilier-Bataillon mehr als zwei Stunden lang erbittert gekämpft hatte – ebenfalls mit erheblichen Verlusten.

23:02 Uhr

Heeresgruppe B meldete an OB West: „Angriff der 21. Panzer-Division, der zunächst gut vorwärts gekommen war, erstickte infolge erneuter feindlicher Luftlandungen im Raum Caen. Mehrere Einzelheiten über vordere Linie im Verlauf des Kampfes liegen noch nicht vor. Aus Gegend Ryes ist Gegner nach Süden durchgebrochen und hat in bisher noch unbekannter Stärke die Straße Bayeux-Caen überschritten. [...]"

Auf der Höhe 61 herrschte im WN 17 nun weitgehend Ruhe.

(Der Kommandeur der 716. Infanterie-Division, General-leutnant Wilhelm Richter, für den die Lage infolge mangeln-der Meldungen den ganzen Tag über völlig verworren und un-übersichtlich war, vermerkte in seinem schriftlichen Bericht vom 23. Juni 1944, daß sich „der Stützpunkt WN 17 selbst gehalten und den gesamten 6. Juni über in permanenter Ver-bindung mit dem Hauptquartier meiner Division gestanden hatte".)

Der Kommandeur des Grenadier-Regiments 736, Oberst Krug, rief aus seinem unterirdischen Bunker bei General Richter an und teilte ihm mit: „Der Feind steht oben auf meinem Bunker, und ich sehe keinerlei Möglichkeit, mit ihm zu kommunizieren. Was soll ich nun tun?"

Der General antworte kühl: „Ich kann Ihnen keine Befehle mehr erteilen; Sie müssen jetzt Ihre eigene Entscheidung treffen. Auf Wiedersehen."

Kurt Karl Keller und der kleine Rest seines Füsilier-Zuges lag „am späten Abend irgendwo in der Botanik; keiner wußte genau, wo wir uns überhaupt befanden. Wir hatten uns an diesem Tag seit dem frühen Morgen fast unentwegt im Kampf befunden und insgesamt etwa fünfundvierzig Kilometer zurückgelegt, teils mit dem Fahrrad, teils zu Fuß, hatten außer ein paar Bissen harten Kommißbrotes nichts gegessen und nur etwas Wasser aus unseren Feldflaschen getrunken, und nun waren wir völlig erschöpft und todmüde. Da hieß es plötzlich, wir sollten jetzt in Richtung Saint-Lô, nach Westen, marschieren. Eine halbe Stunde später sollten wir nach Caen ziehen, Richtung Osten. Auch fragten wir uns immer wieder, wo denn unsere zugesagten Flugzeuge und Panzer blieben. Da konnte doch irgendwas nicht stimmen..."

In einigen wenigen, bis zum 6. Juni nicht fertiggewordenen Widerstandsnestern hielten sich noch etliche Soldaten – besonders in bisher noch immer provisorischen, nicht auffälligen Stellungen, wie in diesem Granatwerferstand.
Foto: Archiv Gerstenberg

23:07 Uhr

Ia der 352. Division an Grenadier-Regiment 726: „Teile des Bau-Pionier-Bataillons 94 *(360 Männer)* werden dem Regiment unterstellt."

Erich Bissoir war mit seinem Motorrad seit den frühen Morgenstunden des 6. Juni bis in die Nacht fast unentwegt unterwegs: „Man hatte uns immer gesagt, daß die Waffen-SS die Elite der Wehrmacht ist und ihre Soldaten die härtesten sind, die sich bis zum letzten Atemzug einsetzen. Also wollte auch ich durchhalten bis es nicht mehr ging...“

Kurt Karl Keller und seine letzten fünf Kameraden waren gerade aufgebrochen, um sich nun befehlsgemäß in Richtung Caen zu bewegen, „da gerieten wir in der Dunkelheit plötzlich, ich weiß nicht wo, zwischen deutsche motorisierte Truppen, auch mit Panzern. Da hat es ein einziges irres Durcheinander gegeben. Und so sollten wir die Schlacht gewinnen...?“

23:20 Uhr

Divisionskommandeur General Kraiß telefonierte mit dem Kommandierenden General Marcks: „Die Division wird morgen mit den zur Verfügung stehenden Kräften gegen den überlegenen Feind den gleichen harten Widerstand leisten können wie heute. Übermorgen müssen infolge der hohen blutigen Ausfälle neue Kräfte zugeführt werden. Die Verluste in den Widerstandsnestern sind an Menschen und Material total. Durch stärkste Bombardierung und zusammengefaßtes Feuer der Schiffsartillerie wurden die meisten feldmäßig eingebauten Waffen verschüttet und mußten erst wieder ausgegraben werden. Die Besatzungen in den Widerstandsnestern haben sich heldenhaft geschlagen. [...] Widerstandsnester 37 und 38 haben sich tapfer geschlagen und insgesamt sechs Panzer abgeschossen. [...] Von dem vom Feind eingeschlossenen III. Bataillon des Artillerie-Regiments 352 südwestlich Ryes ist nichts bekannt. Bei der Artillerie sind fast alle Funkgeräte der Vorgeschobenen Beobachter ausgefallen.“

Darauf antwortete General Marcks: „Was ich der Division an Reserven zuführen konnte, ist bereits zugeführt. Jeder Schritt Boden ist so teuer wie möglich zu verteidigen, bis weitere Reserven herangeführt sind.“

23:40 Uhr

Generalmajor Pemsel, Stabschef der 7. Armee, rief die Befehlshaber der 716. Infanterie-Division und der 21. Panzer-Division an und übermittelte ihnen den Befehl des OKW *(Hitler)*, daß der Gegenangriff am Folgetag „unbedingt die Küste erreichen muß“, damit jene, die sich noch immer in ihren Verteidigungsstellungen hielten, entsetzt würden. Dazu erklärte General Richter, daß zwischen den Kommandostellen der 716. Division, ihrer Regimenter und Bataillone, keinerlei Verbindung mehr bestünde, er auch nicht wisse, wer und wo sich überhaupt noch halten könne und es eigentlich überhaupt keine 716. Division mehr gäbe. Die 716. war weitgehend zerschlagen und hatte am Abend des D-Day mehr als 80 Prozent Verluste zu verzeichnen; der Gegenangriff der 21. Panzer-Division war weitestgehend mißlungen und die Brücken über die Orne und den Caen-Kanal waren von den Engländern besetzt.

Sturmmann Erich Bissoir war mit seinem B-Krad inzwischen bis in die Nacht unterwegs: „Es war sehr anstrengend, bei Nacht zu fahren, wo ich mich mit ausgeschaltetem Tarnscheinwerfer an den rotglühenden Auspuffrohren der vorausfahrenden Panzer orientieren mußte. Mehrmals fuhr ich wegen totaler Übermüdung in einen der vielen Granattrichter oder schrammte an einer Hauswand entlang. Auch war es ein Wunder, daß ich mit meinem Motorrad nicht zwischen zwei Panzern zerquetscht wurde."

Albin Wienand hatte seinen Weg wegen der vielen feindlichen Jagdflieger erst mit anbrechender Abenddämmerung weiter fortsetzen können. Es war fast Mitternacht, als er nach 15 Kilometern Weg-strecke endlich den Stadtrand von Caen erreichte: „Ich war todmüde und jetzt ganz allein. Von meinen Kameraden war keiner mehr bei mir. Es hatte geheißen, wir sollten uns auf Caen zurückziehen, doch nicht, wohin dort genau. Zwar konnte ich immer noch nicht richtig hören, doch vernahm ich, daß in der Ferne noch heftig geschossen wurde, und am Himmel blitzte es unentwegt.

Mißhandelter Soldat der 12. SS-Panzer-Division „Hitlerjugend" – mißhandelt wegen seines SS-Kragenspiegels.

Foto: Archiv Gerstenberg

Am Ortsrand fand ich ein kleines, völlig verlassenes Restaurant. Weil ich seit dem Morgen nichts mehr gegessen hatte, ging ich hinein. In der Küche fand ich verschiedene Essensreste, die ich gierig verschlang. Da vernahm ich von draußen einen lauter werdenden Tumult. Ich trat hinaus und gewahrte, wie gerade ein älterer deutscher Major mit einer Pistole in der Hand vor einem völlig ungeordneten Haufen junger Soldaten mit Gewehren zum Stadtrand herlief. Wieder und wieder drehte er sich im Laufen um und beschimpfte die Jungen als Drückeberger und Feiglinge. Wie ich noch hören konnte, wollte er sie vor dem Stadtrand zur Verteidigung Caens einsetzen; was für ein Unsinn.

Ich war inzwischen völlig übermüdet und suchte nun nach einem einigermaßen sicheren Ort, um zu schlafen. Als ich an einen Friedhof kam, ging ich hinein und legte mich einfach irgendwo hin..."

(Als Wienand am Morgen des 7. Juni erwachte, „war es zu meiner Überraschung längst taghell", erzählte er, „und das, was ich von Caen sah, war eine einzige grauenhafte Trümmerwüste, über der dicke, schwarze Qualmwolken hingen. Wie ich erfuhr, hatte, während ich schlief, ein stundenlanger, furchtbarer Bombenangriff der Alliierten stattgefunden, aber davon hatte ich wegen meiner völligen Erschöpfung und Müdigkeit nichts mehr mitbekommen.")

24:00 Uhr

Der britischen 3. Infanterie-Division war es im Laufe des Tages zwar gelungen, die meisten deutschen Verteidigungsstellungen, die ihren Vorstoß behindert hatten, zu neutralisieren, doch leistete an ihrer rechten Flanke die größte und stärkste Anlage *(trotz gezielter Bombardierungen)* noch immer Widerstand – die Luftwaffen-Radarstation bei Douvres-la-Délivrande, der Doppel-Stützpunkt Douvres I und Douvres II. Infolge ihres dadurch deutlich verzögerten und nicht gänzlich erfolgten Vorstoßes bis Caen hatten sich bis Mitternacht die drei britischen Brigaden der 3. Infanterie-Division in ihren gegenwärtigen Stellungen konsolidiert und bereiteten sich auf den nächsten Tag vor...

Resümee

Am 6. Juni hatte auf dem Flugplatz Carpiquet *(von dem aus am „D-Day" nicht ein einziger deutscher Flugzeugeinsatz stattgefunden hatte)* bei den deutschen Luftwaffensoldaten zeitweise Konfusion geherrscht. Ihr Kommandant hatte zwar die Zerstörung der gesamten Anlage mit ihrer Startbahn und aller Einrichtungen sowie die Evakuierung befohlen. Doch was die Anlage betraf, war bis zum Abrücken der Truppe weder ihre Zerstörung noch die Beseitigung der Treibstoffreserven dem Befehl entsprechend vollständig ausgeführt worden.

(Zwar waren Caen und Carpiquet die primär angestrebten Ziele der Alliierten, doch infolge der vielen erheblichen Verzögerungen bei den Anlandungen durch die zeitweilig chaotischen Zustände auf dem Strand, außerdem der unerwartet starke Widerstand der deutschen Truppen, insbesondere der Soldaten der 716. Infanterie-Division, hatten am 6. Juni zur Folge, daß gerade der Vorauseinheit der kanadischen 8. Infanterie-Brigade viel zu wenig Zeit für die Einnahme Carpiquets geblieben war.)

Für die deutschen Befehlshaber war es am Abend dieses Tages nicht möglich, sich einen vollständigen Überblick über die Lage zu verschaffen. Sämtliche Reserven des LXXXIV. Armeekorps waren verbraucht. Hingegen war es den britisch-kanadischen Truppen des britischen I. Korps hinter ihrem Landeabschnitt gelungen, einen bis zu zehn Kilometer tiefen *(unregelmäßig verlaufenden)* und für einen weiteren Vormarsch ausreichenden Brückenkopf zu bilden, in dem es allerdings noch immer deutsche Widerstandsnester gab, die sich bisher halten konnten. Jedoch befanden sich bereits hinter ihnen, im küstennahen Hinterland, die Invasionstruppen.

Die 21. Panzer-Division war schon am ersten Tag der Invasion infolge zu starker Zersplitterung ihrer Kräfte beiderseits der Orne in zu viele Gruppierungen geteilt, dadurch sehr geschwächt und mit diversen Nebenaufgaben derart festgelegt, daß sie für weitere kämpferische Vorstöße nicht mehr geeignet war. So wurde sie nun in das I. SS-Panzer-Korps eingegliedert. Die zuvor kampfunerfahrene 716. Infanterie-Division, die den Feuersturm des großen Angriffs der Alliierten erlebt und dagegen angekämpft hatte, hatte innerhalb dieses einen Tages als kämpfende Einheit aufgehört zu bestehen; die feindliche Übermacht an Soldaten und Material war zu groß. Zwar verteidigten sich etliche Soldaten der 716. Division noch immer in einigen wenigen Widerstandsnestern, jedoch gab es indessen keine Verbindungen zwischen den Regiments- und Bataillonsgefechtsständen mehr.

Deutsche Gefangene am Strand des Landeabschnitts „Juno" Sektor „Nan White" vor Bernières und auf dem Marsch zu einem LCT, das sie dann nach Großbritannien überführt hat.

Foto: Battlefield Historian Ltd.

Auf deutscher Seite war eine Verstärkung der Luftwaffe respektive die Luftaufklärung und Abriegelung des Luftraums infolge eines dramatischen Mangels an Flugzeugen unterblieben, ebenso die Küstenverteidigung durch die Kriegsmarine. Der als *uneinnehmbar* propagierte *Atlantikwall* war innerhalb weniger Stunden über weite Bereiche durchbrochen worden. Der *D-Day* war zu Ende.

Nun war genau das eingetreten, das Rommel als schlimmsten Fall befürchtet hatte: Die Invasionstruppen waren nicht in der ersten Stunde ihrer Landung – in ihrer schwächsten Phase – von den deutschen Verteidigern im Verbund stark und gezielt angegriffen und ins Meer zurückgeworfen worden. Die Masse der 12. SS-Panzer-Division *Hitlerjugend* sowie die Panzer-Lehr-Division lagen noch weit zurück. Auch hatte kein großer und gezielter Einsatz der deutschen Luftwaffe stattgefunden. Indessen waren Hitler und sein Oberkommando noch immer der Meinung, daß noch eine weitere Landung der Alliierten am Pas-de-Calais stattfinden würde, und deshalb die im dortigen Raum stehenden Panzer-Divisionen und Reserve-Verbände ausschließlich auf seinen ausdrücklichen Befehl abgezogen werden durften.

Der französische Zeitzeuge, der dem Buchautoren dieses am 6. Juni 1944 aufgenommene Foto übergab, hatte auf das breite Passepartout geschrieben: „Le premier contact" (Der erste Kontakt)… der Franzosen mit britischen Soldaten.

Foto: Archiv von Keusgen

Am 6. Juni 1944 waren die Alliierten mit 7 Schlachtschiffen, 2 Monitoren *(Schiffe mit starker Panzerung und schweren Turmgeschützen)*, 23 Kreuzern, 3 Kanonenbooten, 105 Zerstörern, 1.073 kleineren Kriegsschiffen und 4.126 Landungsfahrzeugen gekommen. An diesem Tag wurden über See fünf Divisionen und aus der Luft drei Divisionen in die Normandie gebracht. Die Luftwaffe der Alliierten flog 14.674 Einsätze – die deutsche Luftwaffe *(besonders in der Nacht zum 7. Juni)* 319. Keinem deutschen Flugzeug und keinem Kriegsschiff war es gelungen, die riesige Flotte der Alliierten in ihrer Gesamtheit rechtzeitig wahrzunehmen, schon gar nicht, sie an ihrem Angriff zu hindern. Den Engländern war es bis zum frühen Abend gelungen, allein am *Gold Beach* 25.000 Soldaten anzulanden – mit *(nach offiziellen Angaben)* 413 personellen Verlusten an Verwundeten, Gefallenen und Vermißten.

Ein insgesamt mehr als 39 Kilometer breiter Teil der normannischen Küstenregion war von den britischen-kanadischen Truppen eingenommen worden, jedoch konnte kein zusammenhängender Brückenkopf gebildet werden.

Zwischen den beiden miteinander verbundenen Brückenköpfen der insgesamt 28 Kilometer breiten Landeabschnitte Gold und Juno blieb zum Abschnitt Sword ein bis zu fünf Kilometer breiter Korridor bestehen, der als Folge deutscher Gegenangriffe noch von Teilen der 21. Panzer-Division und Truppen des Infanterie-Regiments 736 gehalten wurde.

Fahrzeugkolonnen, die sich nicht in Deckung bewegten, wurden innerhalb kurzer Zeit Opfer der vielen überall umherfliegenden Jabos.

Fotos: Kollektion E. Bissoir

Die Briten und Kanadier waren stellenweise bis zu 10 Kilometer ins Hinterland vorgestoßen, Arromanches war seit 22:30 Uhr genommen, und die Briten hatten bis kurz vor Mitternacht den nord-östlichen Außenbezirk von Bayeux erreicht. Eine Verknüpfung mit den US-Truppen konnte jedoch infolge zu erheblicher Material- und Personalverluste nicht stattfinden *(erst am Abend des 8. Juni).*

Der 19-jährige britische Gefreite Dennis Bowen von den East Yorkshires resümierte: „Wir beendeten den Tag irgendwo in der Nähe des Dorfes Saint-Léger, etwa in der Mitte direkt an der Straße von Bayeux nach Caen, und hatten damit unser vorgegebenes Tagesziel erreicht."

In den menschenleeren, unbeleuchteten Straßen in Caen hing der bittere Geruch nach Verbranntem, und noch glimmende Balken ragten aus den Trümmerbergen. Die Straßen waren menschenleer, weder Zivilisten noch Soldaten waren zu sehen. Lediglich dort, wo die Verwüstungen durch den Bombenhagel die Straßen blockiert hatten, beseitigen deutsche Pioniere die Trümmer. Die einst so blühende Metropole war zu einer toten Stadt geworden.

Die kleine Hafenstadt Port-en-Bessin *(Tor zum Hafen)* mit ihrem für größere Schiffe viel zu flachen Hafenbecken, die fast an der äußersten westlichen Flanke des britischen Landeabschnitts *Gold* Sektor *How* und nur 700 Meter vom US-Landeabschnitt *Omaha* entfernt lag, konnte infolge der nicht stattgefundenen Vereinigung mit den Amerikanern am 6. Juni nicht eingenommen werden. Es war auch nicht möglich, die Stadt von See her anzugreifen und einzunehmen, weil ihre beiden flankierenden Verteidigungsanlagen, WN 57 und 58, sowie das fast gänzlich von einer hohen, dicken Mauer umschlossene äußere Hafenbecken derartiges gar nicht zuließen. WN 57 befand sich auf der östlichen Seite der Einfahrt zum Innenhafen und war durch eine starke Betonmauer und einen Bunker versperrt; WN 58 lag auf dem 32 Meter hohen und steilen westlichen Küstenabschnitt. Doch war Port-en-Bessin *(nach seiner noch geplanten Einnahme von Land aus)* noch für eine äußerst wichtige „Großaktion" vorgesehen...

Der schriftliche *Bericht des Oberkommandos der Wehrmacht* wurde angesichts dieses militärischen Großereignisses, noch dazu mit seinen für die deutschen Truppen äußerst negativen Konsequenzen, geradezu lapidar und ohne die Brisanz der Lage hervorzuheben, abgefaßt *(und entbehrt nicht einen gewissen Zynismus)*:

Dienstag, 6. Juni 1944 – Sondermeldung.

Der seit langem erwartete Angriff der Briten und Nordamerikaner gegen die nordfranzösische Küste hat in der letzten Nacht begonnen. Wenige Minuten nach Mitternacht setzte der Feind unter gleichzeitigen heftigen Bombenangriffen im Gebiet der Seine-Bucht starke Luftlandeverbände ab. Kurze Zeit später schoben sich, geschützt durch schwere und leichte

Kriegsschiffeinheiten, zahlreiche feindliche Landungsboote auch gegen andere Abschnitte der Küste vor. Die Abwehr ließ sich an keiner Stelle überraschen. Sie nahm den Kampf sofort mit aller Energie auf. Die Luftlandetruppen wurden zum Teil schon beim Absprung erfaßt und die feindlichen Schiffe bereits auf hoher See wirksam unter Feuer genommen. Viele Fallschirmeinheiten wurden aufgerieben oder gefangen, andere von hochgehenden Minen zerrissen. Trotz fortgesetzter heftiger Luftangriffe und schweren Beschusses durch die feindliche Schiffsartillerie griffen die Geschütze des Atlantikwalls ebenfalls sofort in den Kampf ein. Sie erzielten Treffer auf Schlachtschiffeinheiten und den sich einnebelnden Landungsbooten. Der Kampf gegen die Invasionstruppen ist in vollem Gange.

Nach dem D-Day

7. Juni

Von diesem Tag an begann die zweimonatige Schlacht um die Normandie.

Auf der Höhe 61, im WN 17, war die Nacht ruhig verlaufen; die britischen Soldaten hatten *Hillman* bei anbrechender Dunkelheit verlassen. Sämtliche Stützpunktangehörigen lagen in ihren Unterständen.

„Unsere sogenannte Pak-Garage mit dem Kommandeursauto war von den Soldaten des Strafvollstreckungszuges völlig überfüllt", berichtete Hans Sauer, „die lagen da am Boden, dicht an dicht; und genau da mußte ich zwei Stunden Wache schieben. Da waren ungefähr siebzig Mann drin. Weil es sonst zu auffällig hell gewesen wäre, hatte man Kerzen angezündet. In der Nähe der aus Sicherheit fast gänzlich verschlossenen Scharte brannten die Kerzen, aber weiter hinten brannten sie nicht; da war kein Sauerstoff mehr. Das ist fast unvorstellbar, auch, daß ich im Dunkeln über die Körper gehen mußte. Ich mußte ja immer wieder aus der Scharte sehen. Aber die schliefen den Erschöpfungsschlaf, rührten sich nicht, wenn ich drauftrat."

In der Nacht vom 6. zum 7. Juni bestanden vom Kommandeur der 21. Panzer-Division keine problemlosen Verbindungen zu seinen kämpfenden Einheiten mehr...

Gegen 03:00 Uhr erreichte der Trupp der III. Abteilung nach einem mühevollen Weg von neun Kilometern endlich Étréham. Helmut Machemer war ebenso müde wie seine Kameraden: „Endlich kamen wir in Étréham an. Wir froren, weil unsere Klamotten noch immer naß waren und uns am Leib klebten. Dort im Schloß lag der Stab der I. Abteilung des Artillerie-Regiments 352. Chef der I. Abteilung war Major Pluskat, den ich schon mal irgendwann gesehen hatte, als er bei meinen Chef zu Besuch gewesen war.

Leutnant Pridat disponierte um. Einen Teil der Truppe schickte er jetzt nach Bayeux. Das war ein ebenso weiter

Ein großes Problem stellten die massenhaft unterbrochenen Fernsprechverbindungen dar, wodurch viele Einheiten den Kontakt zu ihren Kommandostellen verloren hatten und somit eigene Entscheidungen treffen mußten.

Foto: Archiv von Keusgen

Major Werner Pluskat, Kommandeur der I. Abteilungdes Artillerie-Regiments 352 der 352. Infanterie-Division.

Foto: Archiv von Keusgen

Weg, wie der, den wir gerade zurückgelegt hatten. Wir Funker und noch einige andere sollten vorerst als Zivilschutz für die Einwohner von Étréham im Dorf verbleiben, mit unserem
Wachtmeister Albers."

Im Laufe der Nacht zum 7. Juni waren dem britischen I. Korps weiterhin frische Kräfte,
Waffen und Versorgungsgüter zugeführt worden – während die erschöpften Reste der deutschen Verteidiger in der Küstenregion vergebens auf Verstärkung und Versorgung warteten.

Im WN 17 verließ Oberst Ludwig Krug um 06:45 Uhr seinen Hauptquartier-Bunker, um offiziell zu kapitulieren. Hans Sauer, der als Schreiber ebenfalls in diesem Unterstand etabliert
war, erklärte: „Ganz früh morgens gab's da ein Funkgespräch zwischen Divisionskommandeur Kraiß und Oberst Krug. Da wurde dem Oberst mitgeteilt, daß General Marcks gesagt
hätte, daß wir aufgeben könnten…, oder sollten…

*Oberst Ludwig Krug mit seinem
Adjutanten auf dem Stützpunkt
Höhe 61. (Dieses Foto war von
jenem Soldaten mit der Leica
einige Wochen vor der Kapitulation aufgenommen worden.)*

Foto: Kollektion H. Sauer

Der Oberst hatte ja schon am Vortag, schon als die Engländer zu landen anfingen, je einen Verbindungsoffizier vom
I. und vom II. Bataillon angefordert. Der vom II. ist nie bei
uns aufgetaucht, mußte wohl unterwegs verlorengegangen
sein. Der vom I. Bataillon war ein Oberleutnant und beruflich
Auslandskorrespondent, der wurde nun, am 7. morgens, vom
Krug zum Parlamentär gemacht und dann zu den Engländern
rausgeschickt. Der Oberleutnant ging aber nicht hin. Er schrie
alles nur rüber. Ich dachte, der wäre wahnsinnig geworden.

Nach noch nicht einmal zwei Minuten hatten sie zu Ende
palavert, und der Oberleutnant ging in den Bunker zurück.
Gleich darauf erschien Oberst Krug mit seinen Offizieren. Der
Oberst war korrekt gekleidet und trug eine Aktentasche mit irgendwelchen wohl sehr wichtigen Papieren. Zwei Engländer
kamen und stellten seine Identität fest.

Dann ging's für alle raus. Ich war nicht der Erste, wollte
lieber der Letzte sein. Insgesamt waren wir wohl so an die
hundertfünfzig Leute; da waren ja auch die von der Straf-
kompanie dabei. Die Engländer standen etwas abseits, etwa
zwanzig Mann in Reih' und Glied mit ihren Gewehren im An-
schlag, wie ein Erschießungskommando. Ein englischer Offi-
zier rief: Hands up! Von nun an waren wir Kriegsgefangene und wurden von diesem bewaffneten Trupp bis vor den Ortseingang von Colleville abgeführt. Da wurden der Oberst und
die beiden Offiziere von den Unteroffizieren und den Mannschaften getrennt. Oberst Krug
verabschiedete sich mit ein paar freundlichen Worten und einem kurzen Winken von uns
Soldaten, dann wurden die Drei als erste zum Strand geführt.

Da, vor Colleville, kam ein Engländer, der konnte etwas Deutsch sprechen, sagte, *jetzt
alle die Taschen leermachen! Wenn wir bei jemandem noch etwas darin finden, der wird erschossen!* In drei Reihen mußte alles hingelegt werden; ob das ein Rasierer war, oder was
auch immer, alles hinlegen. Einer hatte eine Leica, der lächelte den Engländer freundlich
an, wollte seinen Fotoapparat gern behalten, hatte aber keinen Zweck; der Engländer hat
alles weggeworfen, auch die Dosen mit unseren Eisernen Rationen; die mit den Fleischra-
tionen nahm der Engländer an sich. Dann ging's runter zum Meer."

Zu dieser Zeit hatten sich von der östlich gelegenen Landseite her fast zweihundert Soldaten des am Vorabend am Gold Beach angelandeten britischen 2. Bataillons des Devonshire
Regiments und einige kanadische Fallschirmjäger der Marine-Küsten-Batterie Longues genähert. Dazu sagte der Feuerleitoffizier: „Da unsere Situation sowieso aussichtslos war, und
um zu verhindern, daß noch weiteres Blut vergossen wird, ordnete unser Batteriechef an,
daß sich die Batterie kampflos ergeben sollte, was wir dann auch taten. Unsere Soldaten
hatten sowieso schon längst resigniert; die konnten nicht mehr, auch psychisch…"

*Ab Vormittag des 7. Juni brin-
gen die Alliierten mittels LSTs
(Landing Ship Tanks = Panzer-
Lanungsschiffe) weitere Panzer und andere Fahrzeuge an
die normannische Küste (hier
vor Arromanches).*

Foto: Battlefield Historian Ltd.

Die sich von nun an immer weiter ins Hinterland verlagernden Kampfhandlungen gingen
in der Normandie noch 80 Tage lang unvermindert weiter. Die Alliierten beherrschten un-
eingeschränkt den Luftraum über dem Kampfgebiet; die deutschen Flugzeuge waren vom
Himmel fast gänzlich verschwunden, dennoch kam es in den Folgetagen noch zu vereinzel-
ten Einsätzen *(vornehmlich nachts)*, bei denen deutsche Bomber schwere Minenbomben
auf die vor der Normandieküste liegende Schiffsflotte der Alliierten abwarfen – nicht ganz
erfolglos, dennoch unbedeutend für die Weiterführung der vordringenden Angriffsbewegun-
gen der alliierten Truppen.

Hans Speidel schrieb in seinem vorstehend benannten Buch: *Am 7. Juni nachmittags
sollten die sofort verfügbaren Kräfte der 15. Armee über die Seine nach Süden gezogen
werden. Dem Oberbefehlshaber der Heeresgruppe B war jede selbständige Verlegung
auch nur einer einzigen Division innerhalb seines eigenen Befehlsbereichs vom Oberkommando der Wehrmacht ausdrücklich verboten worden.*
*[…] Die ([auch noch anderen) Anträge wurden (vom OKW) zunächst abgelehnt. Erst
wesentlich später – zu spät – erfolgte zögernd und „tropfenweise" die Genehmigung. Der
Grund der Ablehnung war, daß Hitler und das Oberkommando der Wehrmacht weiterhin
eine zweite Landung des Gegners an der Kanalküste erwarteten.*

Hermann Welter war mit seinen Kameraden in der Nacht noch fast sechs Kilometer weit
gelaufen, in südöstliche Richtung, bis in die Nähe von Saint-Gabriel. Den zweiten Teil der
Nacht hatten sie dann in einem Chaussee-Graben schlafend verbracht. Er erzählte: „Es
war schon hell und die Sonne schien, als wir plötzlich vom Lärm drei vorbeifahrender Pan-

zer aufgeschreckt wurden – von drei feindlichen Panzern. Wir hatten nicht richtig geschlafen, nur etwas vor uns hin gedöst; wir standen viel zu sehr unter Strom. Als die Panzer vorüber waren, sind wir aufgesprungen und über die Chaussee davongelaufen, dann über ein großes Feld und ab in die dichten, Hecken, denn da waren immer noch die vielen Jabos. Die ganze Normandie ist ja durchzogen von diesen hohen Hecken. Und dann haben wir beschlossen, nichts zu tun, uns nur ganz still zu verhalten, denn die Tommys waren in der Nacht wohl überall um uns herum...

Unter uns war einer, der hieß Alders, war ein großer Schmied, der hat gesagt, *ich war in Russland in drei Kesseln, dann werde ich auch hier rauskommen.* Weil der Alders und ich nun auskundschaften wollten, wo die Engländer waren, sind wir beide durch ein hohes Kornfeld gerobbt, ein ganzes Stück weit.

Als wir dann plötzlich an einer Chaussee aus dem Korn kamen, da haben mich die englischen Fahrer in ihren kleinen Autos im Vorbeifahren gesehen. Die stoppten und kamen zurückgefahren. Da habe ich mein Hemd ausgezogen, und mein Unterhemd, und es als weiße Fahne benutzt. Inzwischen waren auch unsere Kameraden hinter uns hergekommen. Die haben sich sofort ergeben. Der Alders und ich sind dann aber in dem kleinen Durcheinander abgehauen. Aber weit sind wir nicht gekommen, da waren vier der Engländer auch schon hinter uns; die hatten im Korn unsere breiten Spuren gesehen. Sie riefen, *Hands up!* Ein paar Schüsse fielen, aber nicht gezielt. Wir zwei haben die Arme hochgenommen; wir wollten uns doch nicht kaputtschießen lassen.

Ein getarnter Panzer der 21. Panzer-Division passiert die Absturzstelle eines Lastenseglers. **Foto: Archiv Gerstenberg**

Als die Tommys dann zu uns kamen, da waren sie ganz freundlich. Ich hatte keine Angst, daß sie uns erschießen. Die waren auch noch so jung wie wir. Die hatten diese komischen platten Helme auf den Köpfen. Also, wir die Hände in den Nacken, dann haben sie uns zu ihren kleinen Fahrzeugen abgeführt, die auf der Chaussee standen. Unsere Kumpels waren ja schon da. Wir hatten nichts mehr bei uns, hatten alle unsere Klamotten zurückgelassen, die Kameraden ihre in den Hecken, wir beide unsere im Kornfeld. Aber nun mußten wir zur Küste marschieren, bewacht von nur drei Mann."

Am Abend des 6. Juni hatte die Masse der 12. SS-Panzer-Division *Hitlerjugend* im Raum Lisieux gestanden, noch zirka 35 Kilometer südöstlich Caen. Um 17:00 Uhr hatte ihr Kommandeur, Brigadeführer Fritz Witt, den Befehl erhalten, die Division in die Nähe von Carpiquet, nahe westlich Caen, zu verlegen und dort Gegenangriffe gegen die in diesen Raum vorstoßenden Truppen der Alliierten zu unternehmen.

In der Morgendämmerung des 7. Juni traf das I. Bataillon des SS-Panzergrenadier-Regiments 26 in dem vorbestimmten Raum ein, um sich mit den führenden Elementen des von Oberst Kurt Meyer kommandierten Panzergrenadier-Regiments 25 zu verbinden. Im Verlauf des Tages griffen sie die auf Carpiquet vorrückenden Kanadier an, stießen in nördliche Richtung vor und nahmen Franqueville, Authie und Buron ein.

Krad-Melder Erich Bissoir war für sein Panzer-Regiment ständig unterwegs: „Unsere Division hatte ja erst am 7. Juni den Einsatzbefehl bekommen. Die waren schon ein paar

Stunden unterwegs, und da hatten sie schon jede Menge
Ausfälle durch die Jabos. Aber wir waren nur eine kleine
Gruppe, immer nur so vier, fünf Mann, die Schwimmwagen-
Besatzung, die sind vorausgefahren, und ich mit dem Motorrad hinterher; da war ja nicht unser ganzer Zug. Wir hatten
zwei Gruppen; die Krad-Staffel, das waren fast achtzig Melder, und die Schwimmwagen-Staffel, das waren die Aufklä-
rer. Aber noch gefährlicher als die Jabos war der schwere
Beschuß von den Kriegsschiffen. Man konnte das Gedonner
und Gebrüll ja ständig von der Küste her hören. Vor den Jabos konnten wir Deckung nehmen, wenn die kamen, die waren ja auch schnell wieder weg; aber wenn die dicken Koffer
von der schweren Schiffsartillerie angebollert kamen, immer
mit so einem orgelnden Wupp-wupp-wupp-Geräusch, die haben uns wirklich erschreckt, denn wo die einschlugen, da
wuchs auf etlichen Metern kein Gras mehr...

Ich war nun mit den unterschiedlichsten Aufgaben betraut;
mal fuhr ich als Melder, mal als Fahrer für Offiziere und Kriegs-
berichterstatter. Oftmals war es sehr schwer, den Weg zu den
jeweiligen Gefechtsständen zu finden. Mir völlig unbekanntes
Gelände und wechselnde Einsatzorte erschwerten die Orientierung ungemein. Der Abschnitt entlang der Nationalstraße
13 und der Bahnlinie zwischen Caen und Bayeux war immer
wieder das Ziel meiner Fahrten, denn ab heute sollte sich unsere Division hier im Einsatz befinden, da, beim Flugplatz Carpiquet. An ausruhen und schlafen war kaum zu denken, und
in den wenigen Pausen legte ich mich einfach hin, wo gerade
Platz war. Wenn keine Bank oder ein Tisch zur Verfügung
stand, legte ich mich auf mein Beiwagen-Krad, den Hintern
auf dem Reserverad und die Beine auf dem Lenker.

*Erich Bissoir: „Die Hinweis-
schilder für unser Panzer-Regiment 12, die wir aufzustellen
hatten, waren schon zuvor an-
gefertigt worden; wir nannten
sie (nach unserem Regiments-
Kommandeur Max Wünsche)
Wünsche-Schilder. Als wir die
Schilder aufstellten, haben
wir Fotos davon gemacht; ich
fotografiere gern. Es sieht auf
dem Bild so aus, als hätten
wir da eine ganz entspannte
Situation, hatten noch nicht
einmal unsere Helme auf, aber
da waren überall die Jabos..."
„...und dann ging's mit Pan-
zerfaust und Minen gegen
feindliche Panzer..."*

Fotos: E. Bissoir

In den ersten vierzehn Tagen nach dem D-Day war es uns
kaum noch möglich, zu schlafen, höchstens mal zwei Stunden;
wir konnten uns wegen der Jagdbomber nur noch nachts bewegen, oder frühmorgens, wenn noch Bodennebel herrschte.

Da kamen am Morgen zehn Jabos rüber, und nur kurze
Zeit später kamen nur noch zwei zurück, die wurden dann
von uns abgeschossen. Aber kurz darauf kam wieder ein
neuer Schwarm angeflogen, aber es wurden im Laufe der
Zeit immer weniger...

Am Nachmittag dieses Tages kamen wir nach Carpiquet. Da wurden von unseren Pionieren einhunderttausend Liter Fliegersprit in die Luft gejagt; für unsere Panzer war der ja nicht
zu gebrauchen, und von der Luftwaffe war keiner mehr in Carpiquet. Da gab es höllische
Explosionen mit bis in den Himmel lodernde Flammen und Riesen-Riesen-Rauchwolken.

Wir beobachteten das alles aus größerer Entfernung. Da kam plötzlich ein Jabo ange-
rast und ballerte los. Da fiel einer von uns um, direkt neben mir, und schrie ganz fürchterlich.
Bauchschuß. Er hatte direkt in der Schußlinie gestanden. Ich hab' schnell einen Sanitäter

Unterscharführer (Unteroffiziere) der 12. SS-Panzer-Division, deren Gesichter von den Strapazen der Kampfhandlungen gezeichnet sind.

Fotos: E. Bissoir

Salvenfeuer aus Karabinern – mehr hatten die Infanteristen nicht, um sich gegen die Jagdbomber der Alliierten zu wehren. **Foto: Archiv von Keusgen**

von einem anderen Truppenteil gerufen, der hat ihn dann irgendwie versorgt. In diesem Moment kam eine Kompanie von Panzern IV, die kamen kleckerweise an, die fuhren ja nicht auf einer Straße. Die gingen direkt zum Angriff gegen die Kanadier und Engländer vor. Da hat ein solches Chaos und ein so schlimmer Streß geherrscht, daß man gar nicht mehr richtig zum Nachdenken kam.

Auf einer meiner Fahrten kamen dann wieder Bomber angeflogen. Wie ich später erfuhr, haben die sogar Dörfer mit nur zwei-, dreihundert Einwohnern plattgemacht. Ich habe in der Normandie keinen Franzosen getroffen, der mir feindselig entgegengetreten ist, aber dafür herrschte überall unverhohlene Wut auf die Alliierten."

Über die weiteren Kämpfe im Angriffsraum der britisch-kanadischen Truppen erzählte Kurt Karl Keller: „Nun begann der Krieg in den Hohlwegen der Bocage, im sogenannten normannischen Dschungel. Die Erdwälle mit ihren dichten, hohen Hecken, der von Efeu umrankten Bäume und den hohen Natursteinmauern boten zwar etwas Schutz gegen die Jabos, verhinderten aber jede weite Sicht. In diesem Gelände wußte man nie, ob irgendeine Gefahr hinter dem nächsten Baum lauerte, ein Umstand, der uns ständig in Anspannung hielt. Am Tage war ein Überleben nur möglich, wenn man sich ständig durch geschickte Tarnung im Gelände versteckte. Jeder Versuch, bei Tageslicht einen Angriff durchzuführen, wurde bereits in den Anfängen durch die massenhaft umherfliegenden Jabos zerschlagen. Ich war immer froh, wenn uns die Dunkelheit diese heulenden und rasenden Teufel fernhielt. Nachts konnten wir einen Spähtrupp ausschicken oder einen Stoßtrupp durchführen, ohne dabei in den Himmel sehen zu müssen, ob wieder Tiefflieger im Anflug waren. Nur die Nacht war unsere Stärke, da wurde manches Himmelfahrtskommando erfolgreich unternommen. Doch schon im Morgengrauen verloren wir diesen herrlichen Mantel der Sicherheit wieder und wurden unbarmherzig einer geballten und weit überlegenen Macht an Kriegsmaterial ausgeliefert. Wie armselig fühlte ich mich dagegen mit meinem Karabiner in der Hand, für den ich mir auch noch andauernd die nötige Munition von gefallenen Kameraden holen mußte. Bei unserem verlorenen Haufen schleppten wir noch drei leichte 5-cm-Granatwerfer mit, mußten aber nach jedem Abschuß einer zweiten Granate schnellstens einen Stellungswechsel vornehmen, um dann vom Gegner nicht gezielt beschossen zu werden. Wir konnten noch nicht einmal einen Vorgeschobenen Beobachter einsetzen, da der spätestens hinter dem nächsten Erdwall in Gefangenschaft geraten wäre.

Unstimmigkeit herrschte auch in der Befehlsgebung von höchster Stelle, da man dort ohne die nötige Luftaufklärung nur unzureichende Anweisungen an die Truppen erteilen konnte. So kam es, daß unser armseliger Rest unter der Führung eines jungen Leutnants ständig hin und her kommandiert wurde. In diesem Wirrwarr von zum Teil widersprüchlichen Befehlen bezogen wir am 7. Juni nahe Caen, beim Kloster Ardenne Stellung, und erlebten dort die Panzerschlacht mit den Kanadiern. Kurt Meyer, Kommandeur des SS-Panzergrenadier-Regiments 25, leitete den Angriff der deutschen Panzer vom Turm des Klosters aus. Doch was anfangs so hoffnungsvoll begann, endete in einer verlustreichen Niederlage.

Während auf jeder Seite die Panzer krachend auseinanderbrachen, schoben sich einige Sherman(-Panzer) unbemerkt von hinten an unsere Stellung. Um ein Gemetzel unter uns zu verhindern, mußten wir die Panzer mit Tellerminen angehen. Bei diesem höchst lebensgefährlichen Unternehmen zerriß es unseren letzten Offizier.

Und ständig rollten von der Küste her weitere Panzer ins Hinterland (wie hier mit Schilf getarnte kanadische).
Foto: Archiv von Keusgen

Eine zufällig unmittelbar vor dem Panther-Panzer der 12. SS-Division eingeschlagene schwere Granate der weit entfernt auf dem Meer stehende Schiffsartillerie hatte den 30-Tonnen-Koloß auf den „Rücken" geworfen.
Foto: Battlefield Historian Ltd.

Mit rasendem Herzen sprang ich an der Seite unseres Oberwachtmeisters erstmals diese dröhnenden und polternden Ungeheuer aus Stahl an. Ich schaffte es gerade noch, die schwere Tellermine auf die Laufkette zu legen, damit sie beim Weiterfahren genau vor den Panzer fiel. Während der kurz darauf erfolgten Explosion sprang ich kopfüber in ein Deckungsloch und wunderte mich gleichzeitig darüber, noch am Leben zu sei. Panzern unmittelbar gegenüber zu stehen, sogar sie direkt anzugreifen, war eine ganz neue Erfahrung für mich, eine von jener Sorte, die man als Soldat, besonders als Infanterist, besser niemals macht. Diese großen Mistdinger strotzen geradezu vor Gewalt, und genau das ist es, das nicht nur einen Infanteristen so sehr verängstigt. Aber ich hatte in Russland auch russische Panzer gesehen, die auf die Schützenlöcher der Infanteristen gefahren sind und sich dann darauf gedreht haben. Sie haben die Infanteristen darinnen einfach lebendig eingegraben.

Friedrich Habekost, 16-jähri-
ger Kanonier der 5. Batterie
Artillerie-Regiment 1716: „Die
Tommies waren nicht freundlich; sie haben mit langen
Stöcken auf uns Gefangene
eingeschlagen."

Foto: Kollektion F. Habekost

Deutsche Kriegsgefangene
auf einem LCT, das zwar noch
auf dem Strand lag, aber nach
dem Eintreten der Flut diese
Soldaten nach Großbritannien
überführt hat.

Foto: Battlefield Historian Ltd.

Foto: Kollektion H. J. Lemon

In der Normandie habe ich ein paarmal beobachtet, wie sie über Leichen und Verwundete gerollt sind, Männer, die abwehrend die Arme hoben und verzweifelt schrieen – furchtbar, das mit anzusehen. So etwas wird die Psyche niemals wieder los. Was ist der Krieg nur für ein Wahnsinn, ein Horror, in dem sich junge Männer verfeindeter Nationen gegenseitig töten müssen."

Die Kämpfe um die Normandie fanden von nun an hauptsächlich in der Bocage statt, besonders im Mittelabschnitt der unregelmäßig verlaufenden Front. Der für die kämpfenden Truppen beider Seiten durch die starke Vegetation der Bocage mächtig eingeschränkte Bewegungsraum behinderte ein schnelles Vorwärtskommen und schränkte die Feuerkraft der Artillerie und Panzer deutlich ein. Viele der Kampfhandlungen traten durch plötzliche, völlig unvorhersehbare Begegnungen auf. In diesem unübersichtlichen Gelände bestand der Vorteil zugunsten der Verteidiger, zumal ihnen die Normandie vertraut war, im Gegensatz zu den Invasionstruppen.

Über seine letzten Kriegserlebnisse berichtete der in Gefangenschaft geratene Hans Sauer abschließend: „Dann kamen wir zu den Dünen am Strand; da waren die sogenannten Beach Master. Einer von ihnen schrie da unentwegt rum, und wir mußten uns auf engstem Raum zusammendrängen. Die ganzen Dünen und der Strand waren übersät von Fotografien, alles Privatfotos von den Freundinnen, den Ehefrauen und Kindern.

Wir haben sehr lange, bis nachmittags, auf dem Strand gelegen. Dann kamen wir erst auf so ein großes Landungsboot, später, da draußen, auf ein Schiff. Man konnte dann auf See diese schweren Schlachtschiffe sehen, wie sie ihre großen Granaten rüberschossen, noch immer Richtung Caen."

(Hans Sauer wurde im September 1947 aus der Kriegsgefangenschaft in Großbritannien entlassen.)

Gänzlich andere Erfahrungen anläßlich seiner Gefangennahme hatte der Artillerist Hermann Welter gemacht. Am späten Nachmittag des 7. Juni stand auch er mit seinen Kameraden am Strand: „Da sah's total chaotisch und geradezu grausam aus. Es war Ebbe und überall Wracks von Landungsbooten, Lastwagen, Panzern und anderen Fahrzeugen. Weit draußen lagen viele große Schiffe. Tote habe ich keine gesehen. Aber viele deutsche Kriegsgefangene, die da schon herumlagen. Wir waren da jetzt etwa achtzig Mann, und wir Artilleristen von unserer Batterie, bis auf den Chef und den Spieß, alle wieder komplett und froh, daß die Scheiße vorbei war. Nur einer von uns war verwundet, sehr schwer – ein Arm ab.

Die Engländer haben uns nichts abgenommen, die hatten alle keine Zeit, weil wir direkt verschifft werden sollten. Aber sie haben uns englische Zigaretten angeboten. Sie waren wirklich sehr kameradschaftlich. Da haben wir auch unsere Kameraden vom zweiten Geschütz wiedergetroffen. Die haben uns dann erzählt, daß sie am Abend zuvor noch drei feindliche Panzer aus einem ganzen Rudel abgeschossen hatten, dort, bei unserer Stellung, im Direktbeschuß. Die waren dann dort liegengeblieben, und die anderen sind alle schnell abgehauen. Sie haben auch noch erzählt, daß die Schiffsartillerie ihre schweren Granaten bis nur einhundert Meter vor die eigene Stellung geschossen hat.

Es war schon dunkel, als wir das große Transportschiff mit seinen beiden offenen, breiten und hohen Frontklappen betraten. Es lag platt auf dem Strand. Da drinnen war ein riesiger Raum, da hätten viele Lastwagen reinfahren können. Wir haben uns alle auf den Boden gelegt und sogar etwas zu essen bekommen. Als wir dann zwei Stunden später bei starkem Seegang unterwegs nach England waren, konnte keiner aufrecht laufen; da haben wir alles wieder ausgekotzt. Nur einer von uns inzwischen etwa zweihundert Mann, der hat sogar noch Nachschlag verlangt."

Den aktuellen Verlauf der Frontlinie der 12. SS-Panzer-Division *Hitlerjugend* vom 7. bis zum einschließlich 9. Juni erklärte Sturmmann Erich Bissoir: „Die Frontlinie verlief in einem sich nordwestlich Caen hinziehenden Bogen von Audrieu über Putot-Bretteville, l'Orgueileuse-Rots-Buron bis Cambes-en-Plaine. Das entsprach einer Frontlinie von etwa 16 Kilometern. Hier standen uns zahlenmäßig überlegene britische und kanadische Einheiten gegenüber, mit denen wir schwere und verlustreiche Kämpfe zu bestehen hatten. Brennpunkt im Abwehrkampf gegen die vorrückenden kanadischen und englischen Verbände war die Bahnlinie Caen-Bayeux. Unsere Einheit war in einen heftigen und verlustreichen Kampf verwickelt. Zerstörte Fahrzeuge und der dichte Qualm brennender Fahrzeuge behinderten das allgemeine Vorwärtskommen sehr stark."

8. Juni

Leutnant Günter Halm war als Ordonnanzoffizier noch immer im Raum Caen unterwegs: „Als unser Regiment noch nördlich von Caen in Stellung lag und noch immer die heftigen Abwehrkämpfe tobten, mußte ich dorthin zurückfahren. Die Stadt war ja noch nicht vom Feind eingenommen worden.

Leutnant Günter Halm: „Es war schon seltsam, daß da auf deutscher Seite eigentlich so gar nichts richtig zu funktionieren schien. Wir hätten wirklich viel gezielteren und stärkeren Widerstand leisten und die Angreifer wieder ins Meer zurücktreiben können."

Foto: Kollektion G. Halm

Gefangene des SS-Panzergrenadier-Regiments 26. Sie kamen sofort hinter Stacheldraht.

Die Generäle Bernard Montgomery, Kommandeur der gesamten Invasionsstreitkräfte (rechts), und Richard Gale, Kommandeur der britischen 6. Airborne Division.

Fotos: Battlefield Historian Ltd.

Da bin ich durch das völlig dunkle Caen gefahren, nach einem der ständigen Bombenangriffe, und mit meinem Kübelwagen in einen Bombenkrater gefallen. Da stand nun mein Auto mit seiner Schnauze nach unten, fast hochkant. Ein Panzer unseres Regiments, der gerade in der Nähe stand, hat den Wagen dann wieder rausgezogen. Es war nicht viel passiert.

Schlimm war unser Gefechtsstand, der war in einem Splittergraben eingerichtet, nur leicht abgedeckt mit ein paar Brettern mit Erde darauf. Wenn die Bomben fielen, rieselte der Dreck von oben auf uns runter. Wir lagen auf dem nackten Erdboden und sind manchmal richtig hochgeflogen, wenn in der Nähe die Bomben einschlugen. Zum Glück haben wir niemals etwas abbekommen.

Zu dieser Zeit hatten wir noch immer die Hoffnung, daß wir die Engländer wieder ins Meer zurückwerfen würden. Wir waren verwundert, daß unser Bataillon immer mehr zurückbeordert wurde, schon seit es an der Küste stand... Wenn wir sofort einen Gegenangriff hätten unternehmen können, dann hätten wir sie wieder ins Meer geworfen, aber da ist irgendwo etwas fehlgeleitet worden... Aber als kleiner Leutnant und Ordonnanzoffizier hatte man ja gar keine Übersicht über die ganzen Umstände, die kannten wir nicht. Man war ja nur auf den eigenen Raum fixiert. Aber so einiges Befremdliches konnte man auch selbst beobachten...“

Da sich die deutschen Truppenverbände wegen der Jagdbomber der Alliierten nur nachts unter freiem Himmel bewegen konnten, traf erst am Morgen dieses Tages ein weiterer Teil der 12. SS-Panzer-Division *Hitlerjugend* westlich Caen ein, nahe der Route National 13, der Verbindungsstraße Caen-Bayeux *(das II. Bataillon des SS-Panzergrenadier-Regiments 26)*, und besetzte Brouay, Cristot und Audrieu. Dennoch hielt die kanadische 3. Division zwischen den beiden Panzergrenadier-Regimentern eine recht starke Position im Viereck Bretteville-l'Orgueilleuse, Rots, Norrey-en-Bessin, Putoten-Bessin. Doch noch am selben Tag durchbrach das Panzergrenadier-Regiment 25, mit „Panzer-Meyer“ an der Spitze, die kanadischen Linien bei Rots und stieß bis Bretteville-l'Orgueilleuse vor. Doch die Verteidigung der Kanadier hielt. Infolge schwerer Kampfhandlungen und den vielen Opfern auf beiden Seiten sah sich Oberst Meyer veranlaßt, sich auf Rots zurückzuziehen. Die Kanadier verblieben in Norrey-en-Bessin und Bretteville-l'Orgueilleuse.

(Am Nachmittag erreichten die führenden Elemente der Panzer-Lehr-Division den Raum nahe Tilly-sur-Seulles und griffen sofort in die dortigen Kampfhandlungen ein.)

Am frühen Vormittag landete General Montgomery in der Normandie und errichtete sein Hauptquartier im Château de Creullet, nahe nördlich Creully. Montgomery resümierte: Die

Landung in der Normandie war erfolgreich verlaufen, doch sein Hauptziel, die Einnahme von Caen, das das Ziel von drei britischen Divisionen war, blieb noch immer unerreicht.

(Die erbitterten Kämpfe um Caen hielten noch bis in den August an, dann war die Hauptstadt der Unteren Normandie zu mehr als 90 Prozent zerstört, fast ausschließlich infolge der unentwegten Bombardements und des starken Artilleriebeschusses der Alliierten. Jedoch war Caen ab dem 19. Juli unter der Kontrolle der Alliierten.)

Die Batterie Longues war indessen von britischen Devenshire-Soldaten besetzt, zu denen an diesem Tag noch ein Pioniertrupp der Royal Air Force stieß. Auf dem unmittelbar hinter der Batterie gelegenen Terrain sollte ein als *B11* benannter Feldflugplatz angelegt werden *(der vom 26. Juni bis 4. September in Betrieb genommen wurde)*. Auf der zwei Meter dicken Abdeckung der Kasematte Nr. 4 errichteten die Pioniere vorsorglich gegen deutsche Luftangriffe eine Flak. Die dazugehörige Munition wurde in dem darunter befindlichen Munitionsraum deponiert.

(Anmerkung des Autors: In diversen internationalen Publikationen heißt es, daß am 10. Juni diese Munition aus ungeklärter Ursache zur Explosion kam. Der dadurch entstandene Druck war derart heftig, daß die Kasematte total zerbarst, die große Kanone zerrissen und etliche schwere Teile ihres Rohres weit herausgeschleudert wurden... Über die Ursache der Zerstörung der benachbarten Kasematte Nr. 3 wurde bisher nirgendwo etwas berichtet...

Wenn man sich heute die zerstörte Kasematte Nr. 4 mitsamt der Kanonentrümmer und den aus dem Erdboden vor dem Geschützstand ragenden großen Teile des zerrissenen Kanonenrohrs aufmerksam betrachtet, auch die geborstenen dicken Betonwände des Bunkers, läßt sich unschwer er-

Die Kraft der Explosion war derart stark, daß ein großes Stück der zwei Meter dicken Betonwand aus dem Geschützbunker gerissen und fast zehn Meter weit fortgeschleudert wurde.

Vom Autoren 1982 in der zerstörten Munitionskammer gefundene Hülse einer 7,5-cm-Granate einer der Feldkanonen, die vom seitlichen Einschlag eines Granatsplitters zur Explosion gebracht wurde – und genau so ist es mit allen anderen in dem Munitionslager befindlichen Granaten auch geschehen, woraus sich innerhalb von nur Sekunden eine grauenhafte Kettenreaktion ergeben hat.

Fotos: von Keusgen

kennen, daß die Ursache dafür nicht die Explosion der kleinkalibrigen Flak-Munition sein konnte, die sich in der Munitionskammer hinter dem großen Geschütz befunden hatte. Das dicke Rohr wurde, in mehrere Teile zerstört, bis zu zehn Metern weit von der Kanone nach vorn geschleudert. Den physikalischen Gesetzen zufolge wäre bei einer Explosion hinter dem Geschütz und seiner Zerstörung zwar das Fortschleudern des langen Rohres logisch, nicht aber ein Zerbrechen; dazu hätte es seitlich oder von oben einwirkender Kräfte bedurft, was aber infolge einer Explosion hinter dem Geschützstand nicht möglich wäre. Folglich muß die Ursache der Zerstörung dieser Kasematte – und jener benachbarten der Nummer 3 – eine andere gewesen sein und einen deutlich stärkeren Druck verursacht haben.

Ein britischer Offizier vor der zerstörten 15,2-cm-Kanone in der Kasematte Nr. 1 auf dem von den Granaten der Schiffsartillerie völlig verwüsteten Terrain der Marine-Küsten-Batterie Longues.

Britische Soldaten im Stadtzentrum von Bayeux.

Fotos: Archiv Gerstenberg

Fakt ist, daß in den nächsten Tagen nach dem „D-Day" und bis Mitte Juli mehrere Nachteinsätze deutscher Bomber der Kampfgeschwader 2 und 54 stattfanden, deren Ziel die Versenkung von Schiffen der Alliierten war, die noch immer vor der Küste vor Anker lagen. Bei diesen Bombardierungen wurden zu den konventionellen Bomben auch Bomben-Minen mit einem Sprenggewicht von einer Tonne abgeworfen. Bei den nächtlichen Einsätzen war den Piloten eine genaue Zielortung jedoch nicht immer möglich; so ließen sie ihre Bombenlast auch aufs Geratewohl fallen – nicht selten schon bevor sie über die Küste hinaus geflogen waren, wie es auch an der 22 Kilometer [Luftlinie] entfernten Pointe du Hoc in der Nacht vom 17. zum 18. Juni 1944 der Fall war. Zwei dieser über der Batterie Longues abgeworfenen Bomben-Minen trafen die Kasematten Nr. 3 und Nr. 4, letztere wurde infolge eines Volltreffers völlig zerstört, Kasematte Nr. 3 nur seitlich getroffen, dennoch sehr stark beschädigt. Weil sich in der Kasematte Nr. 4 noch Reste der 15,2-cm-Munition sowie die Flak-Munituion und etliche 7,5-cm-Granaten befunden hatten, wirkte sich die Explosion verheerender aus, als es bei der Kasematte Nr. 3 der Fall war. Nur die ungeheure Sprengkraft der Bomben-Minen konnte die Durchschläge der dicken Bunkerabdeckungen zur Folge haben. Lediglich weil der Hauptdruck der zerstörerischen Kräfte schon beim Aufschlag der Bomben-Minen direkt von oben [und nach Durchschlagen der dicken Betondecke sowie dem unmittelbaren Zünden der darunter gelagerten Munition] auf die Kanone in der Kasematte eingewirkt hatte, war es möglich, ihr Rohr in mehrere große Stücke zu zerschmettern. Bei diesen extremen Explosionen [auch bei Kasematte Nr. 3] kamen viele der britischen Soldaten ums

Leben, teilweise waren sie vollständig zerfetzt. Ihre Anzahl ist niemals offiziell bekanntgegeben worden – und besagtes Bombardement auch nicht, ebenso wie jenes auf die Batterie der Heeres-Küsten-Batterie auf der Pointe du Hoc. Siehe den Titel „Pointe du Hoc" zu dieser Buchserie.)

Das zehn Kilometer hinter dem britischen Landeabschnitt Gold gelegene Bayeux wurde von britischen Truppen ohne Kampfhandlungen innerhalb der Stadt eingenommen. Über die britischen Soldaten in Bayeux erzählte Jacques Ravelli: „Ich weiß noch, daß der 8. Juni ein sehr warmer, sonniger Tag war. Meine Mama hatte mir gesagt, daß die Engländer gelandet sind. Alle Welt hat davon gesprochen, daß das die Landung der Alliierten war. Am frühen Morgen, so um zehn Uhr, stand ich in unserer Haustür und sah zum erstenmal Engländer. Ich sah sie in der schmalen Straße, in der wir wohnten. Es waren viele Soldaten, die auf einer Mauer saßen oder sich an sie anlehnten und sich ausruhten. Die da saßen, hat-

Gerade erst 16 Jahre alt, und schon mit Sturm- und Verwundetenabzeichen „geehrt".

Foto: Archiv Gerstenberg

ten ihre Gewehre zwischen den Beinen. Ich konnte erkennen, daß sie alle sehr müde waren. Sie fragten nach Wasser, hatten Durst. Meine Mama hat ihnen dann was gebracht. In unserer Straße gab es fünf Häuser, und alle Leute kamen heraus und brachten den Soldaten Wasser, bemühten sich um sie. Das zu beobachten, war für mich als Kind interessant. Meine Mama gab mir ein Glas Wasser, und ich brachte es zu einem der Soldaten. Er schenkte mir dafür ein Bonbon; das war eins, das kannte ich noch gar nicht. Später habe ich erfahren, daß das ein Vitamin-Bonbon gewesen war. Es schmeckte wie grüne Zitronen und war eigentlich nicht so ganz mein Geschmack, aber es war ein Bonbon.

Als ich dann die Straße hinunterging, kam mir ein englischer Soldat entgegen, der einen deutschen Gefangenen abführte. Der hatte die Hände erhoben, hinter seinem Kopf, und der Engländer richtete sein Gewehr mit dem Bajonett auf den Gefangenen. Als sie zu meiner Mutter kamen, sagte der Deutsche in unserer Sprache: Madame ich habe Durst. Haben sie bitte etwas zu trinken für mich? Aber der englische Soldat ließ nicht zu, daß der Deutsche etwas zu trinken bekam.

Etwa eine halbe Stunde später kam ein anderer englischer Soldat in unsere Straße. Der hatte zwei deutsche Gefangene bei sich, die waren aber erst 13 oder 14 Jahre alt, wenn ich das aus heutiger Sicht beurteile. Ich hatte erkannt, daß es noch sehr junge Menschen waren, aber es waren Soldaten. Das war komisch für mich. Sie hatten viel zu große Mäntel an, die bis an die Erde reichten, obwohl sie die Arme hoch erhoben hatten. Die waren genauso durstig und baten die englischen Soldaten um Wasser. Sie wirkten verängstigt. Die englischen Soldaten, die schon zu trinken bekommen hatten, ließen es zu, daß meine Mutter auch den beiden Jungen etwas brachte."

Helmut Machemer hielt sich mit einigen seiner Kameraden noch immer in Étréham auf: „Uns war gar nicht wohl in dem Ort. Soeben hatte ich per Funk mitbekommen, daß die Engländer schon einige Kilometer hinter uns standen, irgendwo da bei Bayeux...

Wachtmeister Albers schickte mich mit umgehängter Maschinenpistole, zum Schloß, um etwas zu essen und zu trinken zu besorgen. Da drinnen stellte ich fest, daß es völlig verlassen war. Kein Mensch vom Stab der I. Abteilung mehr da, und im Moment sah ich draußen

Helmut Machemer: „Jetzt hieß die Parole nur noch, schnellstens nach hinten absetzten".

Foto: Kollektion H. Machemer

Albert Mitchel, Soldat im 6th Bataillon, Royal Scots Fusil.

Foto: Archiv Gerstenberg

den Leutnant Ramisch stehen, der Adjutant vom Pluskat, mit einem VW-Kübelwagen und einem Fahrer. Mir war sofort klar, was da jetzt abgehen sollte...

Ich ging hinaus und sagte frech: *Herr Leutnant, Sie werden uns doch hier nicht im Stich lassen und einfach verschwinden?* Lachend sagte er: *Was denken Sie denn; wir sind doch keine Schweine.* Dann ist er in den VW gestiegen und abgehauen. Ich bin dann ins Schloß rein und hab mir die Taschen vollgestopft, mit Schnaps und Schokolade; war noch viel da.

Als ich zurück beim Albers war, mit dem ich gut konnte, gab ich ihm alles, sagte: *Hier, alles verteilen. Aber, Herr Wachtmeister, wir sind jetzt einsam und allein. Leutnant Ramisch war der Letzte vom Stab und hat sich soeben abgesetzt.* Darauf sagte Albers: *Was die feinen Herren können, das können wir auch.* Zehn Minuten später sind wir von Étréham wieder in östliche Richtung. Runter nach Bayeux konnten wir ja nicht, wegen der Engländer."

Hermann Welter und seine Kameraden verließen in Southampton das große Transportschiff mit den deutschen Kriegsgefangenen: „Wir sind dann in einem großen Trupp durch die Stadt zum Bahnhof marschiert. Da haben die Engländer, die an den Fenstern, auf den Balkonen und vor den Häusern standen, laut gejubelt. Während der Fahrt nach London wurden wir im Zug zum ersten Mal registriert, mit Soldbuch und Erkennungsmarke." *(Herman Welter kam über Schottland in die USA, nach New York, dann wieder denselben Weg zurück und traf am 27. September 1947 – nach mehr als drei Jahren Kriegsgefangenschaft – wieder in seiner Heimat ein.)*

9. Juni

Am dritten Tag der Invasion waren im Strandbereich noch immer vereinzelte deutsche Verteidigungsanlagen imstande, Widerstand zu leisten. In den frühen Morgenstunden ging das kanadische 6. Bataillon der Royal Scots Fusiliers im Abschnitt Juno Sektor Love an Land. Einer der Infanteristen war der 20-jährige Albert Mitchell: „Als wir ankamen, lag der gesamte Strandbereich in dichtem Qualm. Woher der kam, konnte man nicht erkennen. Aber wir konnten sehen, daß unsere Division hier mit sehr vielen Opfern gelandet und inzwischen landeinwärts vorgedrungen war. Nun waren wir es, die auf heftigen Widerstand stießen. Hier am Strand war der Kampf noch nicht beendet. Damit hatten wir nicht gerechnet."

(Über den weiteren Verlauf des Einsatzes seines Bataillons berichtete Mitchell: „Unser Auftrag bestand darin, nach Caen vorzustoßen. In der kleinen Stadt Saint-Manvieu [neun Kilometer westlich Caen] bot sich uns ein schockierender Anblick, was der Krieg alles anrichten kann, auch unter der Bevölkerung. Überall verlassene und zerstörte Häuser. Vor Caen stießen wir auf die 21. SS-Panzer-Division mit ihren gefürchteten Tiger-Kampfpanzenr mit 8,8-cm-Kanonen. Während des intensiven Bombardements am Stadtrand von Caen wurde ich zusammen mit etlichen Kameraden in die Luft gesprengt. Dabei verlor ich die meisten

Kameraden. Durch die Gnade Gottes fand ich mich in einem provisorischen Canadian Beach Hospital wieder, mit vorübergehenden körperlichen Funktionsstörungen und Sprachverlust. Nach England zurückgebracht, wurde ich nach neun Monaten aus dem Spital als genesen entlassen.")

Am frühen Morgen unternahm General Fritz Bayerleins Panzer-Lehr-Division aus dem Raum nahe Tilly-sur-Seulles einen Angriff in Richtung Bayeux. Im Laufe des Vormittags erreichte die Division trotz des starken Beschusses der Heeres- und Marine-Artillerie das kleine Ellon, sechs Kilometer südlich der Stadt. Da der Druck der Briten im unweit westlich gelegenen Raum bei Audrieu drohte, zwischen die Panzer-Lehr-Division und die 12. SS-Panzer-Division zu stoßen, zog sich die Panzer-Lehr-Division dann aber fünf Kilometer weit zurück, bis nach Tilly.

Fritz Bayerlein, Generalleutnant und Kommandeur der Panzer-Lehr-Division.

Foto: Archiv Gerstenberg

Im östlichen Invasionsraum, am Caen-Kanal und der Orne, stießen Teile der 21. Panzer-Division gegen die von der Küste nach Süden vordringende 3. und 51. *(Highland-)*Division vor.

Am Nachmittag traf die 12. SS-Panzer-Division *Hitlerjugend* entlang der Nationalstraße 13 auf kanadische Truppen, während weiter westlich, nördlich Tilly-sur-Seulles, die Panzer-Lehr-Division auf die neu eingetroffene britische 7. Panzer-Division traf.

Inzwischen hatten die Engländer in Bayeux ein Lazarett eingerichtet *(wie in vielen anderen Orten auch)*, nur zweihundert Meter von dem Haus entfernt, in dem Jacques Ravelli wohnte: „Meine Mutter ist mit mir dort hingegangen, um es anzusehen, auch wollten wir einige Dinge tauschen, beispielsweise Seife, Bonbons, Schokolade und so weiter. Die hatten dort ja alles Mögliche. Es gab noch einige andere Franzosen, die dort hingegangen sind, aber nicht viele. Manche sprachen auch etwas Englisch.

Da kam der Ambulanzwagen. Die Verwundeten wurden ausgeladen. Sie waren über und über voller Blut. Dabei war auch ein kleiner Franzosenjunge, dem waren beide Beine abgerissen. Die Engländer haben alle eingesammelt, die verletzt oder verwundet waren, auch Deutsche und französische Zivilbevölkerung. Es war für mich als Siebenjähriger ein sehr schrecklicher Eindruck, den ich bis heute *(2008)* nicht vergessen konnte. Einer der schwerverwundeten englischen Soldaten hatte auf seiner Trage schon ein vorgefertigtes Grabkreuz unter dem Arm. Die wurden einfach zusammengesteckt und bei den Toten hingestellt. Die Verstorbenen unter den Verwundeten wurden aussortiert und in ein anderes Zelt gebracht, dann hat man die Kreuze zu ihnen gestellt."

Die 91. Feldkompanie der Royal Engineers, der Leutnant Bob Orell angehörte, hatte bereits zwei Tage zuvor ihren Kompaniegefechtsstand im längst eingenommenen Stützpunkt Riva-Bella eingerichtet. Die Pionier-Kompanie wurde für Ausbesserungsarbeiten aufgeteilt und zum inzwischen

Pionier-Leutnant Bob Orell

Foto: Kollektion B. Orell

Der „Grand Bunker" ist seit der 1980er Jahre zu einem spe- zifischen Museum ausgebaut (siehe Seite 6).
Foto: Archiv Grand Bunker / F. Corbin

gebildeten, weiträumigen britischen *Sword*-Brückenkopf und an der zum Strand führenden Straße eingesetzt. Dazu mußte alles Material organisiert werden, das man finden konnte; und da gab es von den unvollendeten Bauarbeiten der Organi- sation Todt und der ihr hier angeschlossenen französischen Baugesellschaft noch vieles zu organisieren.

Als Leutnant Orrell und sein Freund „Big Jim" gegen 22:00 Uhr mit einigen weiteren Männern seines Zuges und einem mobilen Kran von den Straßenbauarbeiten zum Gefechts- stand zurückkamen, erhielt Orrell den Auftrag, noch her- auszufinden, was sich in dem hohen Bunker *(B-Stelle des Stützpunktes Riva-Bella)* eigentlich befände, denn irgendwel- che Aktionen waren von ihm in den letzten vier Tagen nicht ausgegangen, auch nicht, nachdem schon am 6. Juni eine Granate der Schiffsartillerie den oberen Rand der Beobach- tungsscharte getroffen und stark beschädigt hatte. So war der Bunkerturm bisher unbeachtet geblieben. Außerdem war längst bekannt, daß sein im Tiefgeschoß befindlicher Ein- gang durch eine starke Panzertür fest verschlossen war.

Es war noch hell, da fuhr der 25-jährige Leutnant mit seinem Freund Jim und zwei ebenso mutigen Männern mit dem Kran bis direkt vor den Eingangsbereich des „Riesen". Jetzt sollte er endlich „geknackt" werden – und das im wahrsten Sinne des Wortes: *„Knackt end- lich diesen verdammten Riesen, hatte unser Befehl gelautet"*, erzählte Bob Orrell. „Aber wir hatten nicht die geringste Ahnung, was uns in diesem mysteriösen Bunker erwarten würde, es hatte ja niemals irgendein Agent etwas darüber berichtet. Sicher, es mußte ein Observa- tionsstand sein, aber war das auch alles...?"

Die vier Männer sprangen aus ihrem Fahrzeug und liefen schnell die zum Tiefgeschoß des Bunkers führende, steile Betontreppe hinunter, die zur einzigen Eingangstür führt, noch dazu in einem engen, verwinkelten Flur.

„Da wir die schmale Treppe hinunterrennen mußten, war es uns nicht möglich, das Ma- schinengewehr zu unterlaufen, dessen Mündung aus der kleinen Luke der Nahverteidi- gungsanlage ragte und direkt auf uns zeigte. Aber wir erreichten unversehrt die Eingangs- tür. Zu unserer ehrlichen Verwunderung war kein einziger Schuß gefallen. War in dem Bunker überhaupt noch jemand drin...?

Die Panzertür zum Bunkereingang bestand aus zwei übereinander befindlichen Stahl- flügeln. Wir hatten sieben Kilo TNT-Sprengstoff mitgebracht. So brachten wir zuerst einmal sieben Pfund davon an den vier großen Stahlscharnieren an, um damit die Tür aufzuspren- gen. Das mußte wirklich genug sein...

Hinter einer Ecke, nur etwas mehr als einen Meter von der Tür entfernt, suchten wir Schutz vor der Explosion, kauerten uns an die Wand, hielten uns die Ohren zu, öffneten die Münder *(zur Druckkompensation)* und zündeten das TNT. Dann gab es in dem engen Gang des Bunkers eine höllische Explosion...

Als sich der Qualm verzogen hatte, mußten wir feststellten, daß die Türangeln und die Türen noch einigermaßen unversehrt waren. Wir versuchten sodann, die Türen mit einem speziellen, starken Hebewerkzeug aus den Angeln zu heben, aber wieder erfolglos. Sie wa- ren eine viel schwierigere Aufgabe, als wir zuerst angenommen hatten. Schließlich plazier-

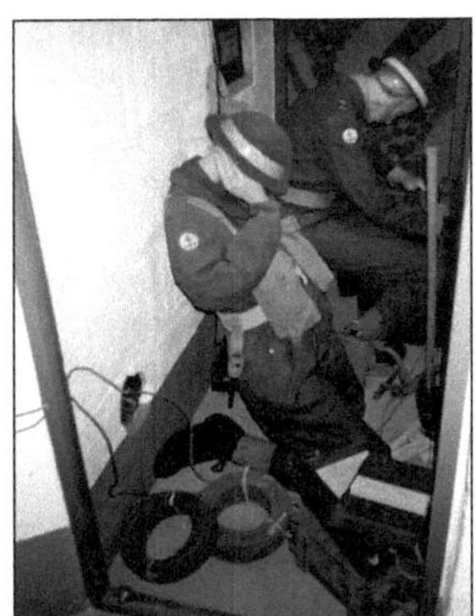

Die Aufsprengung der Ein-
gangstür wird in diesem Museum mit lebensgroßen Puppen
simultan dargestellt.

Erst nach der Anbringung des
Sprengstoffs (Pfeil) und der
zweiten Explosion gab die dicke
Stahltür nach. **Fotos: von Keusgen**

ten wir den Rest unseres Sprengstoffs an den beiden Türen, zündeten die Lunte an und gingen wieder hinter der Ecke in Deckung, dieses Mal etwas weiter weg, weil wir nun auf den Gedanken gekommen waren, daß sich in dem Bunker noch weiterer Sprengstoff befinden könnte, vielleicht in der Nähe der Tür, oder sogar direkt dahinter..."

Beim zweiten Versuch gelang es, die beiden massiven Stahltüren zum Bunkereingang teilweise aufzusprengen. Um sie aber endgültig zu öffnen, schlugen die Pioniere, sich abwechselnd, mit Vorschlaghämmern und stählernen Rammen auf die Türen ein – bis sie endlich den Weg ins Innere des Bunkers freigaben.

Erst zwei Sprengungen mit
insgesamt sieben Kilo TNT-
Sprengstoff riß eines der
großen Scharniere aus dem
unteren Türflügel – dennoch
mußte vier Stunden gearbeitet
werden, um die Tür endgültig
zu öffnen. **Fotos: von Keusgen**

„Wir arbeiteten im Eingang des Bunkers im Licht unserer kleinen Öllampe über einen Zeitraum von ungefähr vier Stunden", setzte Orrell seinen Bericht fort. „Wir ergingen uns in allen möglichen Vermutungen, was wir im Inneren finden würden. Manchmal glaubten wir, Geräusche gehört zu haben. Ich dachte, daß wir viele tote oder sterbende Deutsche finden würden...

Als wir die Türen endlich geöffnet hatten, warfen wir ein paar Handgranaten weit in den engen Flur, um jeden, der da drinnen auf uns warten würde, abzuschrecken.

Als sich der Rauch verzogen hatte und wir mit unserer Lampe den schmalen Gang hinter der Tür betraten, stolperten wir über zwei große Kisten voller Handgranaten. Wenn

wir von denen vor unserer Sprengung gewußt hätten, wären wir nicht hinter der Ecke sitzengeblieben."

Dann stiegen die Engländer die schmalen, steilen Stufen zur ersten der fünf Etage hinauf. Bob Orrell berichtete weiter: „Als wir den dortigen, ebenfalls unbeleuchteten kleinen

Raum betraten, fanden wir einen großen Berg Ausrüstungsgegenstände und den Zugang zu einer gut gefüllten Speisekammer. In diesem Augenblick überraschte uns eine Stimme, die in perfektem Englisch von oben herab rief: *Come upstairs Johnny, it's all right!* Ich rief zurück: *Scheiße! Du kommst runter!* Dann stellten wir unsere Sturmlaterne am Eingang auf und huschten alle wieder in die Nacht hinaus und warteten…

Schließlich kamen zwei deutsche Offiziere heraus; einer sprach perfekt Englisch. Er erklärte, daß sie da drinnen insgesamt dreiundfünfzig Personen wären und daß sie sich ergeben wollten.

Die Masse unserer englischen Truppen war längst weiter ins Hinterland vorgerückt und außer unseres kleinen Pionierzugs und der Anti-Aircrafts *(Flak-Soldaten)* befand sich im Umkreis von einer Meile kaum ein anderer englischer Soldat, und ich traute den Jerry's *(den Germans, den Deutschen)* nicht. Sie könnten vielleicht auf andere Ideen kommen, wenn sie erkennen, wie klein unsere Gruppe ist. So schickte ich einen der Jungs los, zu versuchen, die Unterstützung der Kanoniere zu bekommen.

Wir warteten da im Dunkeln lange auf seine Rückkehr, und als ich die Geduld verloren hatte, sagte ich dem deutschen Kommandanten, er solle seine Männer einzeln nach unten schicken. Mein Kranführer stand in der Türöffnung und musterte sie, als sie heraus kamen. Die deutschen Soldaten hatten während unserer so lange anhaltenden Aufbrucharbeiten und angesichts ihrer hoffnungslosen Situation wohl einiges an Alkohol getrunken. Sie kamen mit erhobenen Händen und völlig unbewaffnet herunter und ergaben sich widerstandslos. Den beiden Offizieren nahmen wir ihre Pistolen ab. Dann ließ ich die Gefangenen sich in eine lange Reihe aufstellen, vor der Mündung meiner Sten-Gun *(Maschinenpistole)*. Aber ich hatte noch nie eine Sten-Gun abgefeuert, und Jim hatte in seiner nur noch drei Patronen…

Schließlich kehrte der Kerl allein von seiner erfolglosen Suche nach den Kanonieren zurück und wir zogen mit unseren Gefangenen los, einer von uns voraus. Wir drei anderen folgten ihnen auf dem Kran dichtauf, wobei wir den Scheinwerfer auf die Deutschen richteten. In Riva-Bella übergaben wir unsere Gefangenen der Militärpolizei. Den jungen Offizier, der Englisch sprach, behielten wir bei uns und sagten ihm, daß er uns durch das hohe Gebäude führen und vorangehen müsse, um eventuell Sprengfallen auszulösen. Wie wir dann sehen konnten, war der Bunker vollgestopft mit Materialien und Geräten aller Art. Aber da standen auch noch viele Flaschen mit Schnaps auf den Tischen…

Mit drei Koffern, einen mit Ferngläsern, einen mit Pistolen und einen mit Verschiedenem, das wir später alles im Lager verteilten, kehrten wir vier morgens um acht Uhr, und leicht berauscht, zum Kompaniegefechtsstand zurück. Man hatte gerade einen Suchtrupp zusammengestellt, der nach uns suchen sollte. Man schien etwas verärgert über unsere lange Abwesenheit. Ich wurde nun zum Kommandeur beordert, in dessen Büro ich mich um neun Uhr einfinden sollte. Dort erfuhr ich, daß in der vergangenen Nacht deutsche Flieger Antipersonenbomben *(sogenannte Schmetterlingsminen/Streumunition)* abgeworfen hatten und der zweite Diensthabende an der Schulter verwundet worden war. Dann wurde ich zum Hauptmann befördert."

10. Juni

Während im gesamten Invasionsraum schwere Kämpfe mit vielen Verwundeten und Toten tobten, war der kleine Funktrupp mit Helmut Machemer bereits den gesamten 9. Juni über in Maisons verblieben. In den frühen Morgenstunden des 10. Juni war dann der Trupp

zu einem nahen Schloß gezogen und traf dort ganz unver-
hofft Soldaten verschiedener Einheiten, auch Leutnant Pridat war anwesend. Machemer erzählte: „Es war noch dunkel, und überall konnte der Feind lauern. Wir haben dann an
dem Château gelegen. Davor war ein ausgetrockneter Was-
sergraben, in dem haben fast dreißig Mann gehockt, auch
ein Hauptmann, haben darin Deckung gesucht. Ins Schloß
durfte keiner, weil da eine Verwundeten-Sammelstelle eingerichtet war. Neben der Tür war ein riesiges, sehr auffälliges
rotes Kreuz an die weiße Außenwand gemalt worden. In diesem Moment kamen englische und kanadische Infanteristen.
Wir im Graben alle die Köpfe runter; Deckung. Einer der Kanadier hatte eine geballte Ladung von drei zusammengebun-
denen Handgranaten und ging auf die offene Eingangstür zu.
Da sprang am Ende unseres Grabens ein Unteroffizier auf,
ein Verwundeter, der wollte verhindern, daß der Kanadier die
Granaten in den Eingang wirft. Zu spät. In dem Moment, als
sich der Mutige gerade vor die Tür stellte, ging die Ladung
hinter ihm schon los. Den Unteroffizier hat's regelrecht zerfetzt. Der Kanadier war sofort abgehauen.

*Das deutsche Verwundeten-
abzeichen wurde nach dem
Vorbild jenes des Ersten
Weltkriegs gefertigt und am
1. September (unmittelbar
nach Beginn des Zweiten
Weltkriegs) gestiftet. Verliehen
wurde es an alle Soldaten, die
infolge feindlicher Waffenein-
wirkung verwundet wurden;
die 1. Stufe (in schwarzer
Ausführung) bei ein- oder
zweimaliger Verwundung, die
2. Stufe (silbern) bei drei- oder
viermaliger Verwundung, und
die 3. Stufe (golden) bei mehr
als viermaliger Verwundung.*

Abbildung: Archiv von Keusgen

Da stand Pridat auf und sagte: *Als Verteidigung kommen
für uns nur die blanken Waffen infrage. Für die ist es doch ein
Leichtes, ihre Handgranaten hier in den Graben zu werfen,
und wir sind alle tot…*

Es wurde gerade hell, da sind der Leutnant, noch einer und
ich zum oberen Ende des Dorfes gegangen, um zu sehen, ob
es dort ruhig war. Aber genau da kam ein Trupp Engländer
anmarschiert. Pridat sagte: *So, jetzt wollen wir mal…*

Er hat seinen Stahlhelm abgenommen, damit man ihn nicht so schnell als Deutschen er-
kennt, dann Handgranate raus und rübergeworfen; bums, aus. Auf, rüber zum nächsten
Haus, Handgranate raus, rüber; bums. Und wir beiden anderen sofort dasselbe…

So haben wir das vor vier Häusern gemacht. Da haben sich die Engländer zurückgezogen. Doch dann erschien einer von ihnen mit einem Granatwerfer. Pridat rief: *Paßt auf, daß
ihr nicht genau in die Schußlinie kommt!*

Genau in diesem Moment kam Leutnant Ramisch, der Adjutant vom Pluskat, der uns
zwei Tage zuvor in Étréham im Stich gelassen hatte, vom Château her über die Straßen-
kreuzung gelaufen; da ist es passiert. Eine Werfergranate kam angeflogen, traf ihn am rechten Oberschenkel, explodierte und riß ihm das Bein ab. Da rollte der Ramisch auf dem Erdboden herum und schrie wie verrückt. Da habe ich zu Leutnant Pridat gesagt: *Das ist die
Gerechtigkeit, weil er uns vorgestern im Stich gelassen hat.* Pridat sagte: *Ein deutscher Soldat läßt keinen Kameraden im Stich.*

Ich hatte dann noch einen ledernen Pferderiemen in der Tasche, den habe ich dem Leutnant zweimal um den Oberschenkel gewickelt und festgezogen, um die starke Blutung zu
stoppen. Ramisch war noch immer bei vollem Bewußtsein und bangte um sein Leben,
wollte nicht allein gelassen werden. Da habe ich noch einen Bettbezug und eine Plane aus
einem Nebengebäude des Schlosses geholt. Als ich wieder raus kam, waren die Ande-

*Deutsches Panzerkampfab-
zeichen, silbern, gestiftet am
20.12.1939 und verliehen an
Angehörige von Panzerein-
heiten, die sich mindestens
dreimal im Einsatz an drei
verschiedenen Tagen bewährt
hatten. Am 22.6.1943 wurde
ein ergänzendes Panzerkampf-
abzeichen für 25, 50, 75 und
100 Gefechtstage gestiftet. Die
Anzahl der jeweiligen Einsätze wurde auf dem Abzeichen
individuell ausgewiesen (siehe
oben, für 25 Einsätze).*
Abbildung: Archiv von Keusgen

*Ein hohes Monument am Strand
vor Bernières, nahe Courseulles
(„Juno Beach"), in Form des
Lorraine-Kreuzes, wurde an jener
Stelle errichtet, an der Charles de
Gaulle am 14. Juni aus dem Exil
nach Frankreich zurückgekehrt
war.* **Foto: von Keusgen**

*Panzerärmelstreifen, silbern,
gestiftet am 9. März 1942,
verliehen an Soldaten, die ab
20.6.1941 als Einzelkämpfer mit
Nahkampfwaffen feindliche Pan-
zerwagen außer Gefecht gesetzt
hatten. Pro Panzerkampfwagen
wurde ein Ärmelstreifen verliehen. Bis zu fünf Streifen konnten
am rechten Oberärmel angebracht werden. Für mehr als fünf
Streifen gab es einen goldenen.*
Abbildung: Archiv von Keusgen

ren alle weit fort. Da sagte plötzlich jemand hinter mir: *Hands up!* Da standen drei Engländer mit Gewehren in den Händen. Von weitem rief mir Pridat zu: *Es tut mir leid! Ergib dich! Ich kann dir nicht helfen!* Dann sind sie alle weitergelaufen.

Schon kurz darauf kam ein deutscher Arzt aus der Ver- wundetensammelstelle, der war von Pluskats I. Abteilung; den kannte ich auch. Der hatte während seiner Studienzeit zwei Semester Medizin in England studiert und sprach fließend Englisch. Der hat den drei Engländern Anweisungen gegeben, wegen des schwerverwundeten Leutnants. Aber die haben nichts gemacht. Da wurde er laut und hat gesagt, er wolle ihren Kommandeur spre- chen. Keine fünf Minuten, da kam ein britischer Oberstleutnant. Der Arzt hat wegen der un- terlassenen Hilfeleistung protestiert, gesagt, daß verstoße gegen geltendes Kriegsrecht, der Offizier müsse sofort operiert werden. Der Oberstleutnant hat dann innerhalb weniger Minuten veranlaßt, daß ein englischer Panzer kam, auf den der Ramisch dann gelegt und zu einem Lazarett gefahren wurde. Dann sind der Doktor, zwei Sanitäter und ich in die Ge- fangenschaft marschiert.

Sie führten uns dann bis zum Abend Richtung Küste, wieder an La Rosière vorbei und bis Ryes. Da mußten wir im Freien übernachten. Nun begann es zu regnen; da kam ein Englän- der und brachte uns eine Zeltplane zum Zudecken. Wir erfuhren dann, daß wir am nächsten Tag vor Arromanches auf ein Schiff gehen sollten, und ab nach England..."

11. Juni

Royal-Navy-Seemann Henry James Lemon war noch immer an Bord des LCI 378: „Noch vier Tage lang hatten wir von England aus massenhaft Soldaten an die Küste der Norman- die transportiert. Nun fuhren wir nach England zurück und blieben dort."

Die Kampfhandlungen in der Normandie gingen unvermindert weiter, nahmen infolge der Zunahme an Soldaten sowie der Eroberung immer größeren Terrains durch die Alliierten sogar noch zu.

12. Juni

Bei einem schweren Luftangriff auf Saint-Lô wurde General der Artillerie Erich Marcks, der Kommandeur des LXXXIV. Armeekorps, das für die Verteidigung der Bretagne und der Normandie verantwortlich war, getötet.

14. Juni

Sechs Tage nach der sogenannten „Befreiung" Bayeuxs hielt der mit den Invasionstruppen aus dem Exil in Großbritannien zurückgekehrte General Charles de Gaulle dort seine erste Rede auf französischem Boden *(Auszug)*: „Ich bin umgeben von Kindern und Frauen, die lächeln und weinen; Männer strecken mir ihre Hände entgegen. Das ist es, was wir alle zusammen wollen: Überwältigt von unseren Gefühlen Freude empfinden, Stolz und Hoffnung in unsere Nation. Wir steigen auf aus dem Abgrund, den wir kennenlernen mußten..."

Charles de Gaulle, General und Politiker (1890-1970), organisierte ab 1940 von England und Nordafrika aus den Widerstand gegen die Besatzungsmacht; 1944-46 und 1958 Ministerpräsident, 1958-69 Staatspräsident. **Foto: Archiv Gerstenberg**

Es gab eine große Feier zu der auch der kleine Jacques Ravelli und seine Eltern gingen. Er berichtete: „Um den Alliierten unsere Dankbarkeit zu beweisen, wurden wir Jungen mit einer Uniform bekleidet, die aussah wie die englische. Die Mütter haben sie für uns Kinder genäht. Meine Mutter hat meine Uniform aus einer Wolldecke genäht, die von den Deutschen war..."

Leutnant Günter Halm resümierte den Einsatz des Panzergrenadier-Regiments 192: „Die Kompanien unseres I.Bataillons hatten am 6. Juni die Küste erreicht, konnten sich aber nicht halten, weil sie von den Engländern, die auch über viele Panzer verfügten, eingeschlossen waren. Das Bataillon mußte sich zurück durchschlagen, es hatte überhaupt keine Unterstützung bekommen, weder von der 21.Panzer-Division, noch von der Luftwaffe. Es hat hohe Verluste erlitten. Dann sind wir nahe nördlich Caen in Stellung gegangen, auf einem großen Fabrikgelände, und haben dort noch lange gelegen. Es war grausam; ständige Bombenangriffe, der Beschuß von der Schiffsartillerie und anderer Artillerie, die mittlerweile angelandet war. Da sind wir mit nur noch fünfundzwanzig Prozent unserer ursprünglichen Gesamtstärke herausgekommen, zur Auffrischung. Eine Luftwaffen-Felddivision hatte uns entsetzt, aber die wurde total zusammengeschossen. Dann wurde ein Großangriff gegen uns gestartet, aber abgewehrt. Daraufhin wurden wir herausgezogen, einem anderen Kommandeur unterstellt und vierzig Kilometer weiter südlich, im Raum Falaise eingesetzt. Dort kam es dann zu der großen Kesselschlacht gegen die Engländer, die Kanadier und die Amerikaner. Es war die größte Panzerschlacht der Westfront.

Als die Alliierten den sogenannten Kessel geschlossen hatten, war ich als Ordonnanzoffizier ständig darin unterwegs. Eines Tages mußte ich unserem Bataillon den Rückzugbefehl überbringen, weil sich unsere Schützenpanzer ständig in Deckung hinter der Front befanden. Dann sind wir total zusammengeschossen worden und mußten flüchten, aber wir sind durch den Riegel nicht durchgekommen. Es war ein furchtbares Durcheinander. Die eigenen Panzer sind über unsere Fahrzeuge gerollt, sofern sie überhaupt noch fahren konnten. Überall lagen massenhaft Tote und Verwundete. Ich saß mit in einem Panzer, der fuhr auch zurück, in dem schrecklichen Feuer. Da hieß es plötzlich, Benzin ist alle. Der Richtschütze und der Kommandant lagen oben tot drin, der Fahrer und ich unverwundet unten. Wir mußten aussteigen, wußten aber nicht, wo wir uns befanden. Als wir raus waren, standen da sieben unserer Leute. Ich habe gesagt, daß wir uns unter einem Gebüsch verstecken und erstmal schlafen sollten. Am nächsten Morgen wollten wir uns dann irgendwie durchschlagen. Aber am Morgen stand neben uns ein Jeep und einige andere Amerikaner drum herum. Das war am 14. August.

Was wir alle in der Normandie mitgemacht haben, läßt sich nicht wirklich beschreiben – aber es bleibt ein lebenslanges Trauma."

1. September

Mit der Schlacht von Falaise war der Kampf um die Normandie endgültig beendet und für die deutsche Seite verloren. Bis zu diesem Tag betrugen die Verluste der deutschen Truppen seit dem 6. Juni 1944 in der Normandie insgesamt mehr als 240.000 Tote und Verwundete und 250.000 Gefangene. Die Verluste der Alliierten betrugen insgesamt 210.000, davon 37.000 Gefallene.

Ein mitgebrachter Hafen und eine Ölleitung

Der Erfolg des gesamten Invasionsunternehmens war abhängig von raschem Nachschub an Versorgungsgütern jeder Art, sowie an Soldaten, Waffen, Munition und Fahrzeugen. Solange noch keine großen Seehäfen eingenommen waren, war man dringend auf eine adäquate Alternative angewiesen. So brachte man die benötigten Häfen „einfach" mit, in Fertigbauweise, um sie vor Ort zusammenzusetzen.

Bereits als am 6. Juni die Kämpfe in der Normandie tobten – und trotz ungünstiger Witterungsbedingungen – hatten sich in Großbritannien die ersten Hochseeschlepper in Bewegung gesetzt, um die ersten riesigen Hohlraum-Betonelemente für die erste von drei „künstlichen" Hafenanlagen an die Küste der Normandie zu ziehen.

Die Bauzeit der Senkkästen betrug vier Monate. Für alle diese Caissons waren insgesamt 275.000 Kubikmeter Beton erforderlich mit einem Gesamtgewicht von etwa 600.000 Tonnen. Auch wurden 31.000 Tonnen Stahl für die Senkkästen verarbeitet. Vor Arromanches und Vierville wurden diese Caissons vom 10. bis 16. Juni geflutet und somit – dicht aneinandergestellt – auf den Meeresboden gesenkt, jedoch so, daß mindestens eineinhalb Meter über die Wasseroberfläche hinausragte. Sie bildeten dann die Molen (Schutzmauern) der beiden Hafenanlagen.

Foto: Archiv Gerstenberg

Vom 10. bis zum 16. Juni wurden 115 gigantische, sogenannte Senkkästen *(Betonkästen, jeweils 60 Meter lang, 17
Meter breit und 18 Meter hoch – siehe Seite 64)* in den Abschnitten *Omaha (vor Vier-ville-sur-Mer)* und *Gold (vor Arromanches)* in die richtigen Positionen bugsiert, mittels riesiger
Ventile geflutet und bis zu einem Kilometer vor der Küste auf
den Meeresboden gesenkt. *(Eine Hafenanlage vor „Utah Beach" konnte nicht angelegt werden, weil die in diesem Raum
stehende schwere Marine-Küsten-Batterie Marcouf mit ihren weitreichenden 21-cm-Kanonen noch bis einschließlich
11. Juni den amerikanischen Angreifern widerstanden hatte,
außerdem die noch im Abschleppmanöver befindlichen, für
diese Hafenanlage bestimmten Caissons bei einem Orkan
am 19. Juni versenkt wurden).* Zum Schutz dieser großdi-
mensionierten, *(vor Arromanches)* insgesamt sechs Kilometer langen Mole *(mit zwei breiten Durchfahrmöglichkeiten für
große Schiffe – siehe auf dem Foto im oberen Bildbereich
links sowie im unmittelbaren Vordergrund)* wurden davor als
Bombardons benannte, schwimmende Wellenbrecher mindestens 21 Meter tief verankert *(die Dünungen bis zu Windstärke
6 mit Wellen bis drei Metern Höhe auf nur noch 25 Zentimeter
Höhe „glätten" konnten).* Bereits zum Zeitpunkt der starten-
den Invasionsflotte hatte man begonnen, sie von Portland zur
Küste der Normandie zu schleppen. Auch wurden *(für beide
Hafenanlagen)* 75 ausgediente Fracht- und Kriegsschiffe, teilweise mit Beton ausgegossen, als weitere Wellenbrecher unmittelbar vor die großen Senkkästen auf Grund gesetzt. Innerhalb dieses *(vor Arromanches)* 2,65 Quadratkilometer großen
Areals bildeten ebenfalls auf Grund gesetzte, riesige, sogenannte *Phoenix*-Senkkästen Kais zum Entladen der Frachter. Sie konnten sich, entsprechend des Gezeitenwechsels
und Tidestandes, auf stählernen „Stelzen" eigenständig heben und senken. Von diesen Kais, die innerhalb der Hafenanlage und näher an der Küste installiert wurden, führten stählerne, auf etlichen Beton-Schwimmelementen *(sogenannte*

*Im D-Day-Museum in Arroman-
ches wird die Hafenanlage in
Form eines großen Modells
dargestellt. Ein Teil des Modells stellt einen der Phönix-
Senkkästen sowie seine
Funktionsweise mittels seiner
hohen „Stelzen" dar.*

Foto: von Keusgen

*Links: Der östliche Bereich
des „Mulberry B"-Hafens. Im
Hintergrund links ist die Ortschaft Asnelles zu erkennen,
im Vordergrund die „Kette" der
Senkkästen, dahinter die aus-
gedienten Schiffe – alles als
riesige Wellebrecher vor der
Hafenanlage. Im Bildzentrum
ist einer der „Phönix"-Senk-
kästen, die als Kais dienten,
zu sehen, dahinter die lange
Metallbrücke, die zum Ufer
führt. Über diese insgesamt
elf Kilometer langen „Straßen"
konnten die Lastwagen rollen.*

Fotos: Archiv Gerstenberg

„Wale") aufliegende Brücken zum Land. Beide Hafenanlagen waren mit dem Decknamen *Mulberry (Maulbeere)* bezeichnet *(Mulberry A für den amerikanischen im Abschnitt „Omaha Beach"; Mulberry B für den britischen im Abschnitt „Gold Beach")*. Bereits am 16. Juni *(10 Tage nach dem D-Day)* konnten vor Arromanches die beiden ersten Landungsbrücken mit ihren Molen zum Entladen von Frachtschiffen in Betrieb genommen werden, allerdings behinderte zunehmend schlechtes Wetter die weiteren Montagearbeiten. Am 18. Juni konnten bei strahlendem Sonnenschein noch 25 „Wale" in ihre Positionen gebracht werden, doch in den frühen Morgenstunden des 19. Juni verfinsterte sich der Himmel, und ab dem Nachmittag begann ein Orkan über dem Ärmelkanal zu wüten, der stärkste seit mehr als vierzig Jahren. Er hielt drei Tage an und verursachte schwerste Schäden. Die Hafenanlage vor *Omaha* wurde derart verwüstet, daß eine Wiederinstandsetzung unmöglich war *(siehe den Titel „Omaha Beach" zur Buchserie)*. Die Hafenanlage vor Arromanches erlitt zwar beträchtliche Schäden, auch wurden etliche darin befindliche Schiffe durch den wütenden Sturm in Mitleidenschaft gezogen, doch vereitelten die als Wellenbrecher hinter den Senkkästen auf Grund gesetzten Schiffe eine Katastrophe. Der Hafen konnte in den nächsten Wochen – wie geplant – komplett in Betrieb genommen werden. Täglich wurden tonnenweise Kriegsmaterial und Massen von Soldaten an Land gebracht. Die *Phönix*-Kais ermöglichten den Schiffen, ohne Rücksicht auf die Gezeiten anzulegen. Auch das Löschen der Schiffsla-

Nach der Einnahme der kleinen Hafenstadt Port-en-Bessin, am 7. Juni, konnte mit dem Nachschub von Versorgungsgütern und Kriegsgerät der Alliierten begonnen werden.
Foto: Battlefield Historian Ltd.

Die Pumpenanlage für die lange Pipeline wurde nahe des Hafens errichtet.
Foto: Archiv von Keusgen

dungen und ihr Transport zum Land konnten unabhängig von der Tide vorgenommen werden. Nach Einnahme der großen Seehäfen von Cherbourg und Le Havre wurde ab Weihnachten 1944 damit begonnen, die beiden „künstlichen" Hafenanlagen wieder zu demontieren. Sie waren eine einmalige logistische Leistung der britischen Seekriegsführung. Während ihres fast siebenmonatigen Bestehens wurden über sie 2,5 Millionen Soldaten, 500.000 Fahrzeuge und vier Millionen Tonnen Kriegsmaterial angelandet. Da diese *Mulberry*-Hafenanlagen eine „Erfindung" Winston Churchill's war – schon zur Zeit des Ersten Weltkriegs, aber damals nicht angenommen – wurde ihm zu Ehren Arromanches zusätzlich mit dem Namen Port Winston benannt.

Der kleine Fischerhafen Port-en-Bessin *(auf der „Schnittstelle" der amerikanischen und britischen Operationsräume)* konnte in den frühen Morgenstunden des 7. Juni von einem Kommando der Royal Marines eingenommen werden *(ebenso wie die kleinen Häfen von Courseulles, Grand-Camp, Isigny, Barfleur und Saint-Vaast an diesem und in den folgenden Tagen)*. Auch konnte nun von der britischen Südküste her und quer durch den Ärmelkanal eine Pipeline bis in den kleinen Fischerhafen verlegt werden. So war es möglich, die vielen Fahrzeuge der Alliierten einigermaßen problemlos mit Kraftstoff zu versorgen. Bis Juli 1945 flossen insgesamt 172 Millionen Gallonen Benzin durch das *Project PLUTO (Pipe Line Under The Ocean)*.

Caen

Ursprünglich hatte der militärische Plan der Alliierten eine Umgehung der Hauptstadt der Unteren Normandie vorgesehen. Doch durch das Eintreffen starker deutscher Verbände im Raum Caen *(so wird es von britischer Seite dargestellt)* sahen sich die Briten zu langen *(und dann für alle Betroffenen verlustreichen)* Kämpfen veranlaßt. Zwei Monate lang dauerte das Ringen um die an der Orne liegende Stadt. Sie wurde von Anfang Juni bis Ende Juli 1944 von den Alliierten zu mehr als drei Vierteln zerstört. Allein in einer einzigen Stunde fielen am 6. Juni 7.000 Tonnen Sprengbomben auf die historische Universitätsstadt.

Die diversen Bombenabwürfe hatten drei wesentliche Gründe: Zuerst sollten die deutschen Nachschubwege zerstört, dann die Verteidigungsanlagen in den jeweiligen Landeabschnitten eliminiert und von jeglichem Nachschub an Material und Truppen abgeschnitten werden, außerdem sollten sie in den Städten und Ortschaften des Hinterlandes die deutschen Verluste erhöhen und gleichzeitig durch das Zerstören der Häuser eine Blockade der wichtigen Durchfahrtstraßen erwirken. Um jedoch für das spätere eigene Vorwärtskommen keine hinderlichen Bombenkrater zu erzeugen, wurden Bomben mit Frühzündern verwendet, deren Sprengkraft somit mehr in die Breite ging, und alles regelrecht „beiseite fegte". In Saint-Lô, in Périers, ganz besonders in Caen, wurden diese Bombardierungen „äußerst erfolgreich" durchgeführt.

(Anmerkung des Autors: Mein langjähriger Freund Christian Thomas, der als 10-Jähriger in Caen die Feuerwalze der Alliierten erleben mußte, konnte das Grauen, das sie verursacht hatte, niemals mehr vergessen und litt bis zu seinem Tode im Jahr 2014 unter diesem Trauma. Wie viele der älteren Einwohner der Unteren Normandie sympathisierte er zeitlebens mehr mit den Deutschen, als mit den Briten oder Amerikanern.)

Britische Fallschirmjäger in einem Straßengraben nahe Caen.

Foto: Battlefield Historian Ltd.

Montgomerys Kanal-Plan

Einem ganz speziellen (niemals offiziell bekanntgegebenen) Plan General Montgomerys zufolge lag schon sehr früh nahe östlich der Orne-Bucht (außerhalb des offiziellen Angriffsbereichs) eine Vielzahl von Booten, die auf dem Caen-Kanal bis in den großen Binnenhafen im Zentrum Caen's fahren und eine Masse Soldaten absetzen sollten, um von dort aus in die Stadt einzudringen. Montgomery, der den Einsatz der 21. Heeresgruppe der Alliierten im gesamten Invasionsraum leitete, hatte vor Beginn der Invasion gegenüber General Eisenhower erklärt, daß ein Teil der britischen Truppen am Abend des D-Day mehr als zehn Kilometer im Hinterland stehen würde – und Caen liegt 14 Kilometer im Hinterland und bildete den strategisch wichtigsten Ausgangspunkt für den weiteren Vorstoß der britisch-kana-

Die propagandistischen Schlagzeilen des „Frankfurter Anzeiger" vom 7. Juni' 44 sagen etwas gänzlich anderes aus, als es Realität war: „Nach der Landung an der nordfranzösischen Küste – schlagartiger Einsatz der Abwehr" und „Die Landungstruppen in erbitterten Kämpfen zurückgeworfen, abgewehrt oder vernichtet"...

Abbildung: Archiv von Keusgen

dischen Truppen in südliche sowie östliche Richtung, ebenso aber auch die Hauptvormarschroute für den Vorstoß weiterer deutscher Truppen gegen die Invasoren.

1983 hatte Raimund Steiner, der Ex-Chef der Matterie Merville, gegenüber dem Buchautoren ausgesagt, daß er in den 1970er Jahren von einem britischen Ex-Offizier erfahren hatte, daß tatsächlich geplant war, am D-Day den Kanal mit Kriegsschiffen, Landungs- und Sturmbooten zu befahren (beginnend schon am frühen Morgen) und auf diesem Weg – zur Überraschung der Deutschen – relativ schnell möglichst bis zu insgesamt 38.000 Soldaten ins Stadtzentrum Caen's zu transportieren.

Nachdem Leutnant Steiner um 03:15 Uhr seiner Merville-Batterie den Feuerbefehl auf das wichtige Maschinenhaus der Kanalschleuse erteilt hatte, wurde es augenblicklich von zwei der vier 10-cm-Feldhaubitzen eingeschossen. So war mit der somit entstandenen Blockierung der Schleusentore Montgomerys Plan nicht mehr realisierbar. So ließ er diese Truppen in ihrem lediglich als Sammelraum geplanten Abschnitt *Band*, nahe östlich der Orne, anlanden.

Eine Aussage von historischer Bedeutung

Am 15. Oktober 2007 bewilligte mir – dem Autor – der damals 79-jährige Dr. Manfred Rommel *(der Sohn des Generalfeldmarschalls)*, trotz gesundheitlicher Probleme, ein Interview in seinem Haus – vier Stunden lang. Es war sein längstes und letztes in seinem Leben *(siehe meine Autobiographie „Meine D-Day-Story", Seite 266 bis 276)*. Betreffs meiner Frage, was ihm wichtig ist, das ich unbedingt über seinen Vater schreiben soll, sagte er: „Daß er in Frankreich kapitulieren wollte, um den Krieg zu beenden; das wollte er, aber das ist ihm leider nicht gelungen."

Auszug aus Manfred Rommels Buch „1944 – das Jahr der Entscheidung – Erwin Rommel in Frankreich": *Im Juli 1944 sprach Rommel Dietrich (Joseph „Sepp" Dietrich, Kommandierender General des I. SS-Panzer-Korps) an und fragte: „Mit wem geht Ihr, wenn ich hier (in der Normandie) Schluß mache?"*

Dietrich antwortete: „Sie sind unser Oberbefehlshaber; wir gehen mit ihnen!"

Erwin Rommel erwähnte dieses Gespräch vor seinem Tode mehrmals im Familienkreis. Frau Rommel und ihr Sohn bestätigten diese Aussage Erwin Rommel's durch eine Eidesstattliche Erklärung vom 22. Mai 1950.

Dr. Manfred Rommel kurz vor Beendigung seines letzten und längsten Interviews in seinem Leben (4 Stunden). Die Erschöpfung ist ihm anzusehen.

Foto: Élodie

Quellenverzeichnis

Dokumente

Berichte des Oberkommandos der Wehrmacht 1939-1945

Fernsprech-Meldebuch der 352. Inf.-Div. – Küstenverteidigungsabschnitt Bayeux / Landungstag

Gefechtsbericht des Ost-Bataillons 642

Kampfbericht Artillerie-Regiment 1716

Kampfbericht des Generalleutnants Wilhelm Richter, Kommandeur der 716. Infanterie-Division

Kriegstagebuch der 352. Infanterie-Division *(Auszüge vom 6. Juni 1944)*

Kriegstagebuch der deutschen Seekriegsleitung 1944

Kriegstagebuch Admiral Kanalküste

Kriegstagebuch Oberkommando der Wehrmacht 1943/1944, vom Wehrmachtführungsstab

Kriegstagebucheinträge an der Invasionsabwehr beteiligten deutschen Kommandostellen

Küstenverteidigungsplan bezüglich Küstenverteidigungsabschnitte H1 und H2 1944

Tagesberichte der deutschen Wehrmachtführung

Luftwaffennachrichten-Regiment 53, Douvres-la-Délivrandes

London Gazette, Ausgabe vom 31.8.1944

Zeitzeugen (64 mündliche und schriftliche Erlebnisberichte)

Bannet, Bruce – Panzerkommand., Royal Engin. 81th Assault Sqn. *(mündlicher Bericht, 2004)*

Bernstein, Sydney – Panzerkommandant, Royal Engin. *(mündlicher und schriftlicher Bericht, 2007)*

Bissoir, Erich – Sturm., Krad-Aufkl., SS-Pz.-Rgt.12 ,12. SS-Pz.-Div. *(mündl. und schriftl. Bericht)*

Blanchard, Gaston – Widerstandskämpfer (mündlicher Bericht 1992)

Bowen, Dennis – Gefr. Infanter., 5th Batln. East Yorksh. Rgt. 50th Div. *(schriftlicher Bericht)*

Brunn, Eberhard von – Oberleutnant, Ju-88-Pilot, Kampfgeschw. 54 *(schriftlicher Bericht)*

Buskotte, Johannes – Hauptwachtmeister/„Spieß" Batterie Merville *(mündlicher Bericht, 1986)*

Camping, Derek John – See-Kanonier der Royal Navy / LCT 1262 *(schriftlicher Bericht, 2006)*

Clinton, William – Soldat, 4th Troop / N° 3 Codo. 1st Spec. Serv. Brig. *(schriftlicher Bericht, 2005)*

Cook, Steve – Soldat, canadian 3st Inf. Div. *(mündlicher Bericht, 2004)*

Cross, Ron – Panzersoldat *(mündlicher Bericht, 2004)*

Dubot, Jean-Robert – Bürger von Ouistreham *(schriftlicher Bericht, 2005)*

Fenninger, Max – MG-Schütze / Stützpt. 20, 716. Inf.-Div. *(mündlicher Bericht, 1992)*

Gautier, Léon – Soldat im Kommando Kieffer *(mündlicher Bericht, 2015)*

Habekost, Friedrich – Kanonier der 5. Batt. / Art. Rgt. 1716 *(schriftlicher Bericht)*

Halm, Günter – Leutnant / Offizier, 1. Btln. Rgt. 192, 21. Pz.-Div. *(mündl. und schriftl. Bericht, 2010)*

Henke, Hans – Sturmmann / Pz.-Artil.-Rgt. 12, 12. SS-Pz.-Div. *(mündlicher Bericht, 2003)*

Hoffmann, Walter – Soldat / Gren.-Rgt. 914, 353. Inf.-Div. *(mündlicher Bericht, 2004)*

Hornack, Willy – MG-Schütze / WN 21, Inf.-Rgt. 936, 716. Inf.-Div. *(mündlicher Bericht, 2005)*

Howard, John – Major / Komp.Chef und Handstreichkodo.-Führer *(mündl. Berichte, 1984 u. 1993)*

Jacobs, Wilfried – Kanonier, Gren.-Rgt. 726, 352. Inf.-Div. *(mündlicher Bericht, 1989)*

Keller, Kurt Karl – Soldat, Füs.Btln. 352, 352. Inf.-Div. *(mündliche Berichte, 2004, 2006 und 2007)*

Kortenhaus, Werner – Gefreiter, 4. Komp. Pz.-Rgt. 22, 21. Pz.-Div. *(schriftlicher Bericht, 1993)*

Laure, Monique – Bauerntochter *(mündlicher Bericht, 1991)*

Lemon, Henry James – Seemann / Royal Navy *(mündlicher Bericht, 2005)*

Luck und Witten, Hans-Ulrich Freiherr von – Major, Kommandeur Pz.-Rgt.125 *Kampfgr. von Luck (mündlicher und schriftlicher Bericht, 1993)*

Lücking, Hans – Gefreiter, Beobachter, 716. Inf.-Div. *(mündlicher Bericht, 1974)*

Machemer, Helmut – Gefreiter, Funktruppfüh. III. Abtlg. Art.-Rgt. 352 *(mündlicher Bericht, 2006)*

Milton, John – Leutnant, Zugfüh. / B-Komp. 6th Btln. Green Howards *(mündlicher Bericht, 1989)*

Milton, Philipp Alexander – Pz.Kanonier / brit. Spezialeinheit *(schriftlicher Bericht, 2006)*

Millin, William „Bill" – Piper, 1st Spec. Serv. Brig. *(mündlicher Bericht, 1988)*

Mitchell, Albert – 6th Bataillon, Royal Scots Fusil. *(schriftlicher Bericht, 2008)*

Nash, Brian – Soldat, 3st Inf. Div., Can. Scottish Rgt., 7th Brig. *(mündlicher Bericht, 1990)*

Noak, Kurt – Fernmelder, Div.-Stab 716. Inf.-Div. Fernm.-Einh. Ic Feindaufkl. *(mündl. Bericht 2010)*

Orrel, Robert „Bob" – Lt., Royal Eng. 91th Field Coy, 6th Beach Group *(schriftlicher und mündlicher Bericht, 2002 und 2004)*

Pennington, John – Seemann, Royal Marine *(mündlicher und schriftlicher Bericht, 2004)*

Ravelli, Jacques – Einwohner von Arromanches *(mündlicher Bericht, 2008)*

Rivé, Marie-Dénise – Einwohnerin von Caen *(mündlicher Bericht, 1982)*

Rommel, Dr. Manfred – Sohn d. Generalfeldmarschalls Erwin Rommel *(mündlicher Bericht, 2007)*

Römer, Helmut – Soldat, 4. Komp. Gren.-Rgt. 736, 716. Inf.-Div. *(mündl. und schriftl. Bericht, 2005)*

Sauer, Erwin – Soldat, 4. Komp. Gren.-Rgt. 736, 716. Inf.-Div. *(mündlicher Bericht, 1983)*

Sauer, Hans – Obergefreiter / Stab Gren.-Rgt. 736, 716. Inf.-Div. *(mündlicher Bericht, 2011)*

Schütte, Werner – Stabsunteroffizier, WN 39, 352. Inf.-Div. *(mündlicher Bericht, 1977)*

Staab, Hans – Gefreiter, Flak-Schütze, Batterie Merville *(mündliche Berichte, 2007, 2011, 2014)*

Steiner, Raimund – Leutnant, Chef Batterie Merville *(mündliche und schriftliche Berichte, 1983)*

Thomas, Christian – Einwohner von Caen *(mündlicher Bericht, 1991)*

Uhlitz, Walter – Kanonier, 5. Bat. / Art.Regt. 1716 (mündlicher Bericht, 1987)

Wallwork, James „Jim" – Pilot, Horsa-Segler Nr. 92 *(mündl. u. schriftl. Berichte, 1984, 2007, 2012)*

Webb, Jack V. – Gefreiter, 5th Batln. Royal Berkshire Rgt. *(mündlicher Bericht, 2004)*

Welter, Hermann – Gefreiter, Artillerist / 7. Bat. Art.-Rgt. 1352 *(mündl. und schriftl. Bericht, 2003)*

Wienand, Albin – Gefr. / Heeres-Küsten-Artillerie-Abteilung 1260 *(mündlicher Bericht, 2005)*

Wilkop, Hermann – Obergefreiter, Richtkanon. 2. Bat. Art.-Rgt. 1716 *(mündlicher Bericht, 1982)*

Wilson, Geroge – Hauptmann / Komp.Chef, 7th Btln. Gr. Howards Rgt. *(schiftlicher Bericht, 1984)*

Wight, Leslie – Funker, Royal Corps of Sign. 7th Field Rgt. Royal Art. *(schriftlicher Bericht, 2006)*

Young, George – Major, stellvertr. Kom. Green Howard Rgt. *(mündlicher Bericht, 2006)*

…sowie der dem Autor namentlich unbekannt gebliebene Leutnant und Feuerleitoffizier der Marine-Küsten-Batterie Longues *(mündlicher Bericht, 1973)*

…Außerdem liegen diesem Buch weitere detaillierte Aussagen von insgesamt neun Zeitzeugen zugrunde *(Briten, Deutsche, Franzosen und Kanadier)*, die namentlich nicht erwähnt werden wollten, deren Aussagen betreffs ihres Wahrheitsgehaltes vom Autoren mit den von anderen Zeitzeugen gemachten Aussagen abgeglichen wurden.

Institutionen und Museen

Bundesarchiv / Militärarchiv, Freiburg

Bundesarchiv / Militärarchiv, Koblenz

Deutsche Dienststelle Berlin / Wehrmachtauskunftstelle

Deutsches Rotes Kreuz, München / Suchdienst

Imperial War Museum, London

N° 1 Special Service Brigade – Operation Overlord, Bericht

Mémorial Grand Bunker, Ouistreham

Mémorial Pegasus, Bénouville

Musée La Batterie de Merville, Merville

Musée du 6 Juin – Jour J, Arromanches

Ein Foto für den in England befindlichen Kriegsgefangenen Rudolf Heisecke von seiner 14-jährigen Tochter Inge (später die Mutter des Autoren). **Foto: Kollektion von Keusgen**

Danksagungen

Für ihre freundliche Mithilfe an diesem Buch bedanke ich mich bei Mister Bruce Bannet, Herrn Oberstleutnant a. D. Hans-Dieter Bechtold, Monsieur Gaston Blanchard, Mister Sydney Bernstein, Mister Dennis Bowen, Herrn Eberhard von Brunn, Herrn Johannes Buskotte, Mister Derek John Camping, Mister James Clinton, Monsieur Fabrice Corbin, Mister Ron Cross, Monsieur Pierre Derouet, Monsieur Jean-Robert Dubot, Herrn Max Fenninger, Monsieur Léon Gautier, Herrn Friedrich Habekost, Herrn Günter Halm, Frau Inge Heisecke, Herrn Rudolf Heisecke, Herrn Hans Henke, Herrn Walter Hoffmann, Herrn Willy Hornack, Mister John Howard, Herrn Wilfried Jacobs, Herrn Kurt K. Keller, Herrn Eckhard Kersten, Herrn Werner Kortenhaus, Herrn Jürgen Krug, Monsieur Bernard Lemoine, Mister Henry James Lemon, Madame Monique Laure, Herrn Hans von Luck, Herrn Hans Lücking, Herrn Helmut Machemer, Mister William „Bill" Millin, Mister John Milton, Mister Philipp Milton, Herrn Frank Montag, Mister Brian Nash, Mister Robert „Bob" Orrel, Mister John Pennington, Monsieur Jacques Ravelli, Madame Marie-Dénise Rivé, Herrn Dr. Manfred Rommel, Frau Karin Clarissa Röhrs, Herrn Helmut Römer, Herrn Erwin Sauer, Herrn Hans Sauer, Herrn Manfred Schnüll, Herrn Werner Schütte, Herrn Hans Staab, Herrn Raimund Steiner, Monsieur Christian Thomas, Herrn Walter Uhlitz, Herrn Rolf Vallentin, Mister James Wallwork, Mister Jack V. Webb, Herrn Hermann Welter, Herrn Albin Wienand, Herrn Hermann Wilkop, Mister George M. Wilson, Mister Leslie Wight, Mister George Young, sowie der dem Autor namentlich unbekannt gebliebene ehemalige Leutnant und Feuerleitoffizier der Marine-Küsten-Batterie Longues und meiner Frau Élodie.

Der Autor im Interview mit Dr. Manfred Rommel
Fotos: Élodie

Mit seinen äußerst freimütigen Berichten anläßlich seines letzten Interviews offenbarte mir Dr. Manfred Rommel betreffs seiner Person und der seines Vaters auch einige sehr familiäre, bisher der Öffentlichkeit noch vorenthaltene, durchaus interessante Begebenheiten. Seine Offenheit mir gegenüber betrachte ich als ein wirklich großes Kompliment, wofür ich ihm sehr dankbar bin.

Dr. Manfred Rommel verstarb am 7. November 2013 im Alter von 85 Jahren.

Helmut Konrad von Keusgen

Das Ende. Nach der Zerschlagung und Einnahme der deutschen Verteidigungsanlagen gerieten die letzten Soldaten, samt jener der am 6. Juni zur Unterstützung eingetroffenen, in britische Gefangenschaft.

Foto: Archiv Gerstenberg

Impressum

Eine Veröffentlichung von EK-2 Publishing GmbH

Friedensstraße 12, 47228 Duisburg
Registergericht: Duisburg
Handelsregisternummer: HRB 30321
Geschäftsführerin: Monika Münstermann

E-Mail: info@ek2-publishing.com
Website: www.ek2-publishing.com
Druck und Distribution im Auftrag von: tredition GmbH, Heinz-Beusen-Stieg 5, 22926 Ahrensburg

Alle Rechte vorbehalten
Autor: Helmut Konrad von Keusgen
Karten: Helmut Konrad von Keusgen
Titelfoto: Britische "Mulberry"-
Hafenanlage von Arromanches
(Battlefield Historian Ltd.)

Helmut Konrad von Keusgen
EK-2 Publishing, 2023

Verpassen Sie keine Neuerscheinung mehr!

Tragen Sie sich in den Newsletter von EK-2 Militär ein, um über aktuelle Angebote und Neuerscheinungen informiert zu werden. Somit verpassen Sie auch kein Buch von Helmut Konrad Freiherr von Keusgen! Wir werden nämlich Stück für Stück seine komplette D-Day-Serie sowie weitere ausgewählte Titel des Autors neu veröffentlichen. Als besonderes Dankeschön erhalten Sie kostenlos das E-Book »Die Weltenkrieg Saga« von Tom Zola. Enthalten sind alle drei Teile der Trilogie.

Link zum Newsletter:
https://ek2-publishing.aweb.page

Über unsere Homepage: www.ek2-publishing.com
rechts oben
EK-2 Verlag

Druckhinweis:
Libri Plureos GmbH
Friedensallee 273
22763 Hamburg